한국유교와 타종교

금장태

 박문사

유교는_ 중국이나 우리나라에서 어느 시대에도 홀로 있었던 일이 없었다. 유교는 성립단계에서부터 언제나 다른 종교와 사상으로부터 영향을 받기도 하고 대립하여 갈등을 일으키면서 그 위치와 성격을 정립하여 왔다. 공자는 노자를 찾아가 도(道)를 물었다 하고, 유가(儒家)와 묵가(墨家)는 일찍부터 논쟁을 벌이기도 했다. 그러니 『논어』 위정(爲政)편에 나오는 공자의 말씀 한 구절 "攻乎異端, 斯害也已"는 유교 전통에 한가지 의미깊은 숙제를 던져주었다. 이 구절을 주자는 "이단을 '전공'(攻)하면 해로울 따름이다"라고 풀이하여, '이단'에 대한 거부의 입장으로 해석하였지만, 이와 달리 "이단을 '공격'(攻)하면 해로울 따름이다"라고 포용적 입장으로 해석하는 정반대의 견해도 있다. 곧 여박사(呂博士: 藍田 呂大臨)는 "이제 사설(邪說)이 정도(正)를 해치는 것을 미워하여 공격한다면 단지 스스로 가리워지는 것일 뿐이다"(今惡邪說之害正而攻之.則適所以自蔽而已)라고 하여, '전공'(攻)이 아니라 '공격'의 뜻으로 해석하였고, 주자 자신도 「답왕상서서」(答汪尚書書)에서 자신의 견해와 상반된 여박사의 견해를 긍정적으로 받아들이기도 하였다. 그렇다면 공자의 '이단'에 대한 입장은 '전공'하지 말라는 배타적 입장인지 '공격'하지 말라는 포용적 입장인지 단정하기 어려운 것은 사실이다.

그러나『중용』(30장)에서는 공자의 덕을 서술하면서, "'도'는 함께 행하여도 서로 어긋나지 않는다"(道並行而不相悖)라고 하여 포용과 조화의 입장을 보이고 있으니, 공자는 여전히 포용적 입장을 지녔던 경우로 볼 수 있을 것 같다. 이에 비해 맹자는 '이단'비판의 배타적 입장을 명확히 밝히고 있다. 맹자는 양주(楊朱)를 임금도 없다(無君)하고 묵적(墨翟)을 부모도 없다(無父)하여 '이단'으로 배척하면서, "양주·묵적의 '도'가 그치지 않으면, 공자의 '도'가 드러나지 않는다"(楊墨之道不息, 孔子之道不著.<『맹자』, 滕文公下>)라고 극단적 '이단'배척의 태도를 밝히고 있다. 이처럼 '이단'에 대한 유교전통의 태도에는 비판적 거부의 입장과 개방적 포용의 입장이라는 두 얼굴을 드러내어 왔던 것이다. 포용과 배척은 어떤 의미에서 유교전통이 지닌 두 얼굴이라 할 수 있다. 어느 한쪽도 부정되면 전체의 모습을 찾을 수 없게 되는 문제점이 드러날 것이니, 양면을 함께 보는 눈으로 유교와 타종교 내지 타사상의 관계를 이해하는 것이 필요할 것으로 보인다.

조선시대에 들어오자 유교는 국가의 통치이념이요 체제교학(體制敎學)으로서 조선사회를 이끌어왔다. 말하자면 유교는 조선시대의 국교(國敎)로서 권위와 역할을 담당하였던 것이다. 그러나 조선사회는 유교만 있었던 단일종교체제가 아니라, 언제나 다른 종교와 만나고 부딪치면서 지속되어 왔던 것도 사실이다. 조선시대 전반기에는 고려시대에서 물려받은 막강한 불교적 유산과 대결하여야 했고, 조선시대 후반기

에는 새로 전래해온 서양종교로서 천주교와 충돌하여야 했다. 그 밖에
도 유교는 조선시대를 관통하며 사회저변에 자리잡고 있었던 무속을
비롯한 민간신앙과 대결하거나 통제해야 했고, 조선시대 말기에는 붕
괴해가는 유교적 영향력의 빈틈을 파고드는 동학을 비롯한 신종교(新
宗敎)들과 부딪치기도 하였다. 또한 유교이념의 그늘 속에는 중국사상
으로서 유교와 더불어 가장 오랜 전통을 지닌 도가(道家: 老莊)사상도 언
제나 일정한 자리를 차지하고 있었다.

조선시대에서 유교이념의 기준이요 중심축을 이루었던 것은 도학-
주자학(道學-朱子學)이었다. 도학이념은 '정통'(正統)을 표방하면서, 한편
으로 다른 종교를 '이단'(異端)으로 비판하고 배척하였을 뿐만 아니라,
유교내에서도 주자학에 배치되는 양명학을 '이단'으로 비판할 만큼 엄
격한 배타적 정통론을 견지해왔다. 그 가운데서도 조선시대 유교가 맞
서야 했던 가장 큰 종교적 세력은 조선전기의 불교와 조선후기의 천주
교였다. 곧 조선전기에는 불교비판에 이단배척론을 엄격하게 적용하
여 상당한 견제력을 발휘하는데 성공하였지만, 조선후기에는 천주교
비판에 이단배척론을 강경하게 지켜갔음에도 불구하고 서양과 일본의
외세(外勢)를 막아내지 못하면서 유교체제 자체가 붕괴하는데 이르고
말았다. 이처럼 유교의 타종교에 대한 대결과정에서 본다면 조선시대
유교의 가장 중요한 특징의 하나는 바로 도학이념에 어긋나는 모든 다
른 종교와 주자학에 어긋나는 다른 사상유파를 비판하고 배척하는 정

통주의적 성격이라 할 수 있다. 따라서 조선시대 유교의 특성은 한편으로 도학정통의 순수성을 지킨다는 의미에서 순정성(醇正性)을 추구하는 것이요, 다른 한편으로 도학에 어긋나는 타종교나 사상유파를 철저히 비판하고 배척하는 폐쇄성을 드러내고 있는 것이기도 하다.

조선사회에서 도학이념은 '성리설'의 형이상학적 이론과 '수양론'의 인격적 정립으로 근본을 삼고, '의리론'의 강인한 신념을 표출하며, '예학'의 구체적 의례절차로 절제된 질서를 구현함으로써, 조선사회의 도덕적 이상과 사회적 기강을 정립하였던 것이 사실이다. 그러나 도학이념은 권위적이고 폐쇄적인 독선에 빠지면서 시대변화에 적응력을 잃게 되었고, 밖으로부터 다른 종교나 외세의 도전을 받기 전에 스스로 사회붕괴를 자초하고 말았던 것으로 보인다. 결국 조선시대 도학은 강인한 신념의 정립으로 융성하였지만 배타적 폐쇄성으로 자멸의 길을 걸었던 것이다.

조선후기의 실학파 유교지식인들 가운데는 도학의 독선적 폐쇄성에 대해 절실하게 성찰하고 비판하였던 인물이 있었다. 조선후기 실학은 개방적 포용성을 발휘하면서 현실문제에 대한 합리적 개혁을 추구함으로써 도학이념의 시대적 한계를 극복하고자 시도하기도 하였다. 그렇다면 조선전기에 도학이념의 유교가 융성하였던 사실은 불교를 비롯한 다른 종교를 비판하는데서 이룬 것이 아니라, 도학정신을 시대정신의 이상으로서 발휘하는데서 가능하였던 것이라 할 수 있다. 또한 조선후기에 도학이념이 쇠퇴하였던 사실은 다른 종교 내지 다른 사상에 대한 배타적 폐쇄성에 빠지면서 자기변혁의 기회도 잃었기 때문이라 하겠다. 그만큼 유교가 다른 종교와 사상에 대해 배타적이었는지 개방적이었는지는 유교이념의 성쇠에 연결되는 것이요, 조선사회의 성쇠와도 직결되는 것이라 할 수 있다.

'한국유교와 타종교'라는 이 책의 주제는 바로 조선시대에 도학이념의 유교가 불교·도가·제자백가·서학 등 다른 종교와 만남에서 얼마나 폐쇄성과 개방성을 보여주고 있는지를 점검하고, 동시에 불교와 천주교가 유교사회에서 어떻게 적응하거나 충돌하였는지를 해명하고자 하는 것이다. 조선시대 유교와 타종교의 만남을 통한 상호 교류와 갈등의 성격과 한계를 이해한다면, 바로 오늘의 현실에서 종교간의 이질감과 대립의식을 해소하고 갈등을 넘어 조화로 가는 길을 찾을 수 있는 지혜와 교훈을 얻을 수 있는 기회가 될 것이라 본다.

이 책은 여섯 편의 논문으로 구성되어 있는 제1장 '조선전기 불교인의 유교인식'은 기화(己和)·설잠(雪岑)·보우(普雨)·서산(西山)을 통해 삼교조화론(三敎調和論)이 변용되어 가는 과정을 살피면서 불교가 조선사회의 억불(抑佛)정책 속에서 정착하는 양상을 해명하고자 한 것이다. 제2장 '조선후기 유교의 『장자』(莊子)이해'는 도학 정통론자인 한원진(韓元震)이 『장자』를 해석하면서 포용적으로 이해하는 범위와 비판하는 논리를 확인하고자 한 것이다. 제3장 '조선후기 유교의 제자백가 인식--신후담(愼後聃)의 『팔가총평』(八家總評)을 중심으로'는 18세기에 서학비판의 이론을 체계적으로 제시한 「서학변」(西學辨)을 저술한 신후담이 유가류를 비롯하여 제자백가류를 '8가류'로 도학적 입장에서 비판적 해석과 논평을 한 저술로 조선시대에 제자백가에 대한 해석에서 가장 뚜렷한 자리를 드러내준 경우를 보여주고자 하였다. 제4장 '18세기 유교지식인의 천주교신앙 수용'은 제사폐지와 신주파괴로 한국천주교의 최초 순교자가 된 윤지충(尹持忠)과 권상연(權尙然)의 경우에서 천주교의 '천주'사상과 영혼론을 수용하는 과정과 유교적 교화체제에 충돌하는 양상을 점검해보고자 하였다. 제5장 '19세기 성리학파의 분화와 서학(西學)·서세(西勢)에 대한 대응'은 한말의 시대적 격변 속에서 영남학파와 기호학파의 분파적 특성을 확인하고 서학(西學)·서세(西勢)에 대한 비판론의 양상을 검토함으로써 유교이념의 사회와 타종교에 대한 대응논리를 밝혀보고자 하였다. 제6장 '명말(明末) 불교-천주교의 교리논쟁'은 부록으로 붙여진 것인데, 천주교가 중국에 전래한 초기에 조선사회에서는 찾아보기 어려운 불교-천주교 사이의 교리논쟁이 명나라 말기에 활발하게 일어났던 사실을 통해, 유교사회 안에서 불교와 천주교의 갈등과 쟁점을 확인하고자 하였다. 한 마디로 이러한 작업을 통해 조선시대 도학이념의 유교가 드러낸 타종교에 대한 배타적 폐쇄성의 문제점과 한계를 조명해보고 시도하였던 것이다.

　‘한국유교와 타종교의 만남’이라는 주제를 위해서는 이 책에서 다루지 못한 많은 문제들이 남아 있다는 사실을 나 자신 잘 알고 있다. 일부의 문제들은 나의 다른 저술들 속에서 이미 다루었던 일이 있지만, 그래도 남은 문제들은 다른 기회로 미루는 수 밖에 없었다. 더욱 중요한 문제는 ‘유교와 타종교의 만남’이라는 큰 주제를 통해 유교의 종교적 성격을 더욱 선명하게 포착하고 교류와 갈등을 통해 드러나는 문제점과 방향제시를 위한 밝은 안목이 너무 부족하다는 자신의 한계를 뼈아프게 돌아보지 않을 수 없었다. 이 책은 앞으로 좀 더 투명한 이해를 위해 나 자신을 성찰하는 자료로 삼고자 할 뿐이다.

　이 책의 출판을 허락해주신 박문사 윤석원 사장님께 감사하고, 교정의 번거러운 일을 도와준 아내 소정(素汀)의 도움에 고마음을 밝히고 싶다.

2010년 3월 20일

靜淸堂에서　琴　章　泰

⑤ 19세기 한국성리학의 시대인식과 서학(西學)· 서세(西勢)에 대한 대응

한국유교와 타종교

조선전기 불교의 유교인식

─기화(己和)・설잠(雪岑)・보우(普雨)・휴정(休靜)의 삼교조화론(三敎調和論)

1. 조선전기 불교의 삼교조화론이 지닌 성격

조선왕조는 건국과 더불어 도학이념을 통치원리로 표방하면서 불교를 이단으로 배척하고 불교교단을 억압하는 것을 기본입장으로 정립하였다. 가장 먼저 도학-주자학의 이단비판론에 근거하여 불교교리를 체계적으로 비판하였던 대표적 인물로 정도전(三峯 鄭道傳)은 『불씨잡변』(佛氏雜辨, 1398) 등을 통해 도학의 이단비판론을 불교비판에 철저히 적용시켜 집대성하였다. 이러한 상황에서 불교교단에서는 유불조화론(儒佛調和論)[1]을 표방함으로써 유교의 비판이론을 완화시키는 동시에 유교체제

---

1) 조선전기에서 儒・佛・道 三敎 내지 儒・佛관계를 해명하면서 '一致論'・'調和論'・'融和論'・'會通論'의 여러 명칭이 제시되고 있지만, 비록 불교에서 三敎의 '一致'를

안에서 불교교단의 안정을 추구하였던 것이다. 그러나 불교는 이미 중국에 전래된 초기부터 유·불·도 의 공통기반을 확인하며 조화론을 제기하여 왔다.[2]

조서전기에 유학자들의 불교비판론에 맞서서 불교교단에서 제기된 대응론은 크게 보면 네 단계로 구분해볼 수 있을 것이다.

첫 단계는 세종때 활동하던 기화(己和)의 『현정론』(顯正論)에서 비롯한다. 기화는 정도전의 『불씨잡변』을 읽었던 것으로 보기는 어렵지만 그 자신 21세에 출가하기 전에는 성균관 유생이었던 만큼, 일찍부터 유교의 불교비판 이론에 익숙하였던 인물로서 당시 유학자의 통상적인 불교비판론에 대해 전반적으로 변론하였던 것으로 볼 수 있다. 『현정론』과 비슷한 시기의 저작으로 저자가 불확실한 『유석질의론』(儒釋質疑論)이 등장하였다. 『현정론』과 『유석질의론』은 대체로 세종때 저술된 것으로 볼 수 있는데, 삼교조화론이라는 기본입장에 공통성을 지니면서, 『현정론』이 불교우위론의 의식을 내포하고 있지만 기본적으로 삼교조화론의 입장에서 유교의 불교비판에 대한 불교변호에 관심을 집중하고 있다면, 『유석질의론』은 삼교조화론의 기조 위에 있지만

주장한다고 하더라도 차이를 동시에 인식하고 있다는 점에서 '一致論'으로만 규정하기는 어려움이 있고, 같은 맥락에서 三敎 사이를 상호 불가분한 것으로 보는 입장이 아니라는 점에서 '融和論'이라 하기도 어렵다. 서로 일치점과 차이점을 전제로 대립을 지양하자는 의미에서 '조화론'이라는 용어가 무난할 것으로 생각된다. '會通論'은 일치점과 차이점에 대한 인식을 넘어서 이해의 근원적 공통기반을 확립하고 있다는 점에서 '調和論' 보다 한 차원 더 심화된 단계라 할 수 있을 것이다.

2) 儒·佛·道 三敎調和論은 중국에서도 魏晉南北朝 때와 唐나라 때 성행하였으며, 그 영향을 받아 신라말의 崔致遠은 「鸞郎碑序」에서 花郎의 정신기반으로 우리의 玄妙한 道인 '風流'가 三敎의 가르침을 모두 포용하고 있음을 지적하였다.(『三國史記』, 권4, '新羅本紀 第4, 眞興王 37년')

불교의 근원적 정당성과 우월성을 더욱 강경하게 주장하는 '불교우위론'의 입장을 밝히고 있는 것이라 할 수 있다.

둘째 단계는 성종때 주로 활동하던 설잠(雪岑 金時習)이다. 그는 21세때 세조의 왕위찬탈 소식을 듣고 출가하였지만 출가하기 전까지는 유학자로 촉망받던 인물이었으며, 승려로서 불교에 가장 깊은 조예를 지녔지만 여러 저술을 통해 유·불·도 삼교를 비교적 자유롭게 넘나들며 그 핵심을 밝히고 있는 점에서 '삼교병행론'의 입장을 보여준 경우라 할 수 있을 것이다. 그는 출가한 승려였지만 유학자들에 의해 절의가 높이 평가되어 생육신(生六臣)의 한 사람으로 꼽히고 있으며, 율곡(栗谷 李珥)은 그를 '마음은 유학자이면서 자취는 불승'(心儒跡佛) 이라하여, 유학자의 대열에 받아들여지기도 하였다.

셋째 단계는 명종때 문정(文定)왕후의 후원아래 불교중흥운동을 일으켰던 보우(普雨)이다. 그는 유교의 비판을 해소하기 위해 적극적으로 불교의 유교체제에 대한 순응태도를 밝히는 '유불동조론'을 보여주고 있다. 그가 왕실의 비호를 받으며 불교중흥운동을 벌인데 대해 당시 유학자 신료들의 격렬한 공격을 받았으며, 마침내 문정왕후가 죽자 제주도에 유배되어 죽임을 당하였다. 보우의 활동과정에서 보면 조선전기의 사회체제에서는 불교를 대하는 태도에 있어서 왕실과 유학자 사이에 상당한 거리가 있는 사실을 잘 드러내주고 있다.

넷째 단계는 선조때 활동하였던 휴정(休靜)이다. 그는 조선전기 성리학의 전성시대에 살면서 단순하게 유교에 대응하는 논리를 넘어서 유·불·도 삼교의 근원적 조화와 소통을 추구하였다는 점에서 한 차원 높게 '삼교회통론'을 제시하였던 경우라 할 수 있다.

조선전기 불승들은 도학-주자학의 이념에 기반하는 유학자들이 벽이단론(闢異端論)에 따라 집중적으로 불교비판론을 제기하는데 대응하여, 유교와 불교 및 도교의 삼교조화론(三敎調和論)을 기본입장으로 제기하였다. 당시 유학자의 불교비판이 엄격하였고, 조선정부의 불교억압정책도 단호하여 불교교단의 통폐합과 사찰의 훼철이 광범하게 일어나고 승려의 천민화와 도성출입의 금지까지 시행하였으나, 고려시대에 확보된 불교교단의 양적 세력은 워낙 광대하여 여전히 뿌리가 깊었던 것이 현실이다.

기화의『현정론』이 불교우위론을 전제로 하고 있지만 삼교조화론과 불교비판에 대한 변호에 충실하였던 것은 당시 불교는 유교의 엄격한 비판과 조선정부의 억압 속에 놓여 있다는 현실에 대한 대응이다. 이에 비해,『유석질의론』에서 '불교우위론'을 제기할 수 있었던 것은 바로 이 시기에 불교세력은 여전히 강성하게 남아 있다는 현실의 또 다른 일면에 근거하는 자신감의 표출이라고도 볼 수 있을 것이다. 실제로 조선초기의 왕실은 불교에 대해 공식적인 억불(抑佛)정책의 이면에서 불교에 호의적인 호불(好佛)태도를 보여왔다. 조선초 왕실의 호불태도는 단순한 왕실의 기복(祈福)행위에 그치는 것이 아니라, 국가통치의 안정기반을 확보하기 위한 종교정책으로서 억불정책과 더불어 호불정책을 병행하고 있었던 사실을 보여준다. 세종은 억불정책을 펴면서도 유학자 신하들의 강경한 반대를 무릅쓰고 궁중에 내불당(內佛堂)을 지어 불교를 포용하고 있었던 것이다. 따라서 설잠의 '삼교병행론'은 억불과 호불이 복합되어 있는 조선왕조의 종교정책에 상응하여 한층 더 초연한 객관적 입장을 보여주는 것이라 할 수 있다.

왕실의 불교에 대한 호의적 분위기에 호응하여, 그 동안 계속된 억압 아래서 위축되었던 불교교단에서는 왕실과의 접촉을 통해 교세의 안정을 추구하기 위해 불교중흥운동을 일으켰던 인물이 보우였다. 이때 왕실과 긴밀한 관계를 유지하는 승려들은 유교가 조선사회의 통치이념으로서 지닌 권위와 현실적인 힘을 인식하고 있었다. 따라서 보우의 '유불동조론'은 유교이념의 가치체계에 적응하는 것이 필요하다는 절실한 현실인식을 표출하였던 것으로 보인다. 곧 유교이념의 사회체제 속에 참여하여 불교를 유지할 수 있는 이론적 정당성을 확보하고자 하였던 것이다.

조선전기 불승들은 유학자들의 불교배척이론에 대해 불교의 입장을 변호하는 것이 당면과제였음을 인식하였으며, 이에따라 유교의 강경한 비판에 대해 포용적 입장에서 해명하는 조화론이 불교의 공통된 입장이라 할 수 있다. 유교체제의 억압 속에서 불교교단이 갈수록 침체에 빠졌을 때, 휴정은 불교변호를 위한 삼교조화론에서 한 걸음 나아가 열린 자세로 불교의 수행현실에 대해서도 비판적 성찰을 함으로써, 삼교가 하나의 근원으로 소통할 수 있음을 밝혔던 것은 '삼교회통론'으로 한 차원 끌어올린 것으로 볼 수 있다. 이처럼 조선전기의 불교 승려들은 유교체제의 현실 속에서 유교와 조화를 추구하면서 유불관계에 대한 인식을 다양하게 심화시켜 가고 있는 사실을 드러내 준다.

2. 『현정론』의 삼교조화론과 호불(護佛)변론

1) 기화(己和)의 삼교조화론과 불교우위론

기화(己和, 1376-1433, 호 得通·涵虛堂)는 불교비판론에 익숙한 성균관 유생이었다가 불교에 귀의하게 되는 과정을 읊은 시에서, "경(經)·사(史)와 정주(程朱)의 비판을 익히 들어온 터나/ 불교가 옳은지 그른지 알지 못했는데/ 여러해 엎치락 뒤치락 생각에 잠겼다가/ 비로소 진실을 알고 부처에 귀의했네"[3] 라고 하였다. 그것은 유교에서 불교를 거짓된 가르침이요 이단이라 비판하는 것이 불교에 대한 올바른 인식이 아님을 각성하고 불교의 진실성을 확신하면서 불교에 귀의하였음을 밝히고 있는 것이다. 이에 따라 그는 불교승려로서 유교와 불교 관계의 올바른 이해를 제시하여 유교의 불교비판론에 대응하기 위해『현정론』을 저술하였다.『현정론』은 서론과 14항목에 걸쳐서 유교의 불교비판론을 반박하거나 해명하면서 삼교의 일치를 제시하기도 하고, 불교의 우위론을 전제하면서도, 기본적으로는 유교의 불교비판에 따라 불교와 유교를 대립시키는 관점을 넘어서 조화할 수 있는 길을 찾아가는 '삼교조화론'을 제시하고 있다.

먼저 그는 유·불·도 삼교의 차이나 우열에 대해 종파 중심의 평가태도를 거부하면서, "실천이 높은지 낮은지, 작용이 같은지 다른지에 대해서는, 마음의 때를 씻어내고 지혜의 눈을 맑게 한 다음에 불교

---

3)『顯正論』(『韓國佛教全書』, 제7권, 동국대 출판부, 1986, 220쪽<이하 '한불전[7], 220' 으로 줄임>), "素聞經史程朱毀, 未識浮圖是與非, 反復潛思年已遠, 始知眞實却歸依."

경전과 유교·도가의 여러 경서를 다 읽어보고, 일상생활이나 생사나 화복에서 참작한다면 말을 기다리지 않고도 저절로 고개를 끄덕일 것이다"4) 라고 하여, 편파적인 비판을 벗어나 객관적이고 공정한 안목으로 판단하기를 요구하고 있다.

기화는 유·불·도 삼교를 대비시키면서, 그 기본교리에서 겉으로 드러난 차이를 넘어서 근본적 상통성을 확인함으로써, 서로 다른 종교 사이에 배타적 갈등을 극복하고 상호이해와 화합의 길을 찾아가고 있다. 그는 노자·석가·공자의 핵심적 가르침이 서로 일치하고 소통함을 지적하였다. "(공자의) '고요함'(寂然)이란 감응하지 않음이 없으니, 곧 (석가의) '고요하면서도 항상 비춘다'(寂而常照)는 것이요, (공자의) '감응하여 통달함'(感通)이란 고요하지 않음이 없으니, 곧 (석가의) '비추면서도 항상 고요하다'(照而常寂)는 것이다. (노자의) '함이 없으면서 하지 않음이 없다'(無爲而無不爲)는 것은 곧 (공자의) '고요하면서도 항상 감응한다'(寂而常感)는 것이요, (노자의) '함이 있으면서 하는 바가 없다'(有爲而無所爲)는 것은 곧 (공자의) '감응하면서도 항상 고요하다'(感而常寂)는 것이다. 이에 의거하면 삼교에서 말하는 바는 가만히 서로 부합하여 같은 입에서 나온 것과 같다"5)고 하였다. 그것은 공자의 '적·감'(寂·感)과 불교의 '적·조'(寂·照)나 노자의 '무위·무불위'(無爲·無不爲)가 용어는 다르지만 뜻은 일치하는 것임을 밝히고 있는 것이다.

---

4) 『顯正論』(한불전[7], 225), "若履踐之高低, 發用之同異, 則洗盡心垢, 廓淸慧目然後, 看盡大藏儒道諸書, 參於日用之間, 生死禍福之際, 則不待言而自點頭矣."
5) 『顯正論』(한불전[7], 225), "夫寂然者, 未嘗無感, 卽寂而常照也, 感通者, 未嘗不寂, 卽照而常寂也, 無爲而無不爲, 卽寂而常感也, 有爲而無所爲, 卽感而常寂也, 據此則三家所言, 冥相符契而如出一口也."

기화는 『순자』(荀子: 解弊)에서 "세상에는 두 가지 도가 없고 성인에게는 두 가지 마음이 없다"(天下無二道, 聖人無兩心)는 구절을 인용하여 '도'의 근원적 일치성을 강조함으로써 유·불조화론을 추구하고 있다. 여기서 그는 공자가 "사사로운 뜻이 없고, 기필하는 마음이 없고, 집착하는 마음이 없고, 이기심이 없었다"(無意, 無必, 無固, 無我.<『논어』, 子罕>)는 언급과, 부처가 "'나'라고 하는 생각도 없고 '남'이라고 하는 생각도 없이 모든 선한 행위를 닦으면 깨달음을 얻는다"(無我無人, 修一切善法, 卽得菩提)는 말씀이 같은 마음임을 지적하였다. 따라서 그는 "성인이란 비록 천리(千里)가 떨어져 있고 만세(萬世)가 멀어졌더라도 그 마음에는 차이가 있지 않다"6)고 하여, 공자와 부처의 마음이 같은 것임을 강조하고 있는 것이다. 또한 그는 『대학』에서 말한 '명덕'(明德)과 불교에서 말한 '묘정명심'(妙精明心)이 같은 것이라 보면서, "말한 바의 이치가 이미 같으니, 가르친 바의 자취가 어찌 다르겠는가? 자기만을 오로지 하고 남을 소홀히 하며, 이쪽은 옳고 저쪽은 그르다 하는 것은 사람의 일상적 감정이지만, 통달한 선비는 오직 의로움만을 따를 뿐이요, 어찌 남과 나, 저쪽과 이쪽으로 옳다 그르다 하겠는가?"7) 라고 하여, 자기중심의 편협한 비판과 배척에서 벗어나 마음을 열고 허심탄회하게 서로를 이해함이 중요함을 강조하였던 것이다.

기화의 '삼교조화론'은 단순히 일치를 확인하는 것이 아니라 불교의 우위성을 전제로 하고 있음을 보여준다. 곧 그는 불교의 '반야'(般若)개

---

6) 『顯正論』(한불전[7], 224), "夫聖人者, 雖千里之隔, 萬世之遠, 其心未嘗有異也."
7) 『顯正論』(한불전[7], 225), "所言之理旣同, 而所敎之迹, 何以異乎, 專己略人, 是此非彼, 人之常情也, 通人達士, 唯義是從, 豈以人我彼此而是非者乎."

념 속에 삼교의 모든 교설을 포섭하는 입장을 제시하여, "매우 깊은 불교의 12부 여러 경률(經律)이나/ 도가·유가·제자백가의 저술이나/ 세간·출세간의 여러 법문들이/ 모두 다 그(반야) 가운데서 흘러나오네"[8] 라고 하였다. 곧 유·불·도 삼교와 제자백가를 비롯한 모든 교설들이 유출되어 나오는 근원을 불교의 '반야'로 제시하여, 불교를 기준으로 진리의 근원이 하나라는 인식을 밝히고 있는 것이다. 같은 맥락에서 그는 '반야'를 하나의 '원상'(圓相)으로 설명하면서, "선종(禪宗)에서 말하는 '최초의 한 귀절'이요, 교종(敎宗)에서 말하는 '가장 청정한 법계'이며, 유교에서 말하는 '통체(統體)인 하나의 태극'이요, 노자가 말하는 '천하의 어미'(天下母)다"[9]라고 하여, '반야'의 개념 속에 불교의 선종과 교종을 일치시킬 뿐만 아니라, 유교와 도교도 흡수하여 일치시키는 관점을 보여주고 있다. 또한 그는 '성'(性)·'정'(情)개념을 해석하면서, "보살은 비록 '성'을 깨달았지만 '정'이 오히려 다 없어지지 않았으므로 '각유정'(覺有情)이라 일컫는다.····부처는 깨달음이 원만하고 지혜가 두루하지 않음이 없으며 깨끗함이 극진하여 '정'의 번뇌가 다 없어졌으므로 '정'이라는 말은 부처에게는 덧붙이지 않는다. 오직 부처 한 사람 이외에는 모두 '유정'(有情)이라 일컫는다"[10]라고 하여, 부처를 최고의 경지로 확인하고 모든 성인도 그 아래 보살의 단계에 두는 불교

---

8) 『涵虛堂得通和尙語錄』(한불전[7], 240), '般若歌', "甚深十二諸經律, 道儒百家諸子述, 世與出世諸法門, 盡從這裏而演出."

9) 『金剛經五家解說誼』(한불전[7], 20), "禪謂之最初一句子, 敎謂之最淸淨法界, 儒謂之統體一太極, 老謂之天下母."

10) 『顯正論』(한불전[7], 217), "菩薩性雖已覺, 而情猶有所未盡, 故稱之云覺有情也,···佛則覺滿而智無不周, 淨極而情累已盡, 故情之言, 不可加於佛也, 唯佛一人之外, 皆稱有情者."

우위론의 입장을 밝히고 있는 것이다.

또한 그는 유교에서 '도'의 핵심개념인 인(仁)·의(義)·예(禮)·지(智)·신(信)의 '오상'(五常)을 불교의 실천계율인 '오계'(五戒)와 일치시켜, "죽이지 않는 것은 '인'이요, 훔치지 않는 것은 '의'요, 음란하지 않는 것은 '예'요, 술 마시지 않는 것은 '지'요, 헛된 말을 하지 않는 것은 '신'이다"11) 라 하여, 유교의 '오상'을 불교의 '오계'에 상응시켰다. 그러나 이러한 일치론은 유교의 근본개념을 불교체계의 하위적인 규범형식과 일치시켜 불교 속에 유교를 포섭하는 불교우위론의 표출이라 할 수 있을 것이다. 또한 그는 유교와 불교의 교화(敎化)방법을 대비시키면서, 유교에서 덕(德)과 예(禮)로 이끄는 성인의 교화방법을 제시한 것은 부처의 가르침과 일치하는 것이라 인정하고, 이에 비해 유교에서 상벌(賞罰: 刑政)로 이끌어 가는 하급의 교화방법은 대중이 마음으로 복종하지 않는 한계가 있는데 비해 불교에서 인과(因果)로 제시하는 교화방법은 대중이 마음으로 복종하는 것이라 하여, 불교의 교화방법이 유교의 경우보다 더 효율적이요 우월한 것임을 주장하는 것이다. 여기서 그는 "마음으로 복종하지 못하는 자에게는 잠시 상벌로 이끌어서 점차 마음으로 기뻐하여 진실로 복종하게 한다. 그러므로 '인과'로 제시하는 이외에도 상벌의 훈도가 있어야 하니, 이른바 마땅히 거두어들일(攝受) 자는 거두어들이고, 마땅히 꺾어 굴복시킬(折服) 자는 꺾어 굴복시켜야 한다는 것이다. 이것은 유교에 가까운 것으로, 유교와 불교는 모두 폐지될 수 없는 까닭이다"12)라고 하여, 유교의 상벌을 통한 교화방법도

---

11) 같은 곳, "儒以五常而爲道樞, 佛之所謂五戒, 卽儒之所謂五常也, 不殺, 仁也; 不盜, 義也; 不婬, 禮也; 不飮酒, 智也; 不妄語, 信也."

가장 낮은 단계로 필요한 것이라 하여 유교와 불교의 교화방법이 모두 필요한 것이요 폐지되어서는 안되는 것이라 확인하고 있다. 그러나 교화방법의 우열에서 불교가 대중을 심복시키는데 효율적인 상위의 방법이지만, 유교에서 상벌의 교화방법은 하위적인 단계로 인정하는 것으로서 불교의 우위론을 드러내고 있는 것이라 하겠다.

2) 기화(己和)의 불교비판에 대한 호교론

기화는 당시 유교에서 불교를 비판하는 다양한 주제들에 대해 불교의 입장에서 14항목에 걸쳐 조목별로 구체적 변호를 하는 호교론의 이론을 전개하고 있다. 그 변론의 주제들을 분류해보면 대체로 ① 일상의 생활규범 문제, ② 죽음과 사후존재의 문제, ③ 중화(華)와 오랑캐(夷)의 분별문제, ④ 사회적 폐단의 문제 등 네가지 영역으로 나누어 볼 수 있을 것이다.

① 일상의 생활규범 문제: 먼저 불교에서 출가(出家)하여 부모에 효도하지 않고 제사를 받들지 않으며 후손을 단절시켜 인륜을 저버린다는 비판에 대해, 기화는 혼인과 제사가 인륜의 큰 기준임을 인정하지만, 인륜의 도리를 다하는 것만으로는 번뇌와 윤회를 벗어나 해탈을 얻을 수 없음을 지적하였다. 여기서 그는 부처가 출가하여 득도(得道)

---

12)『顯正論』(한불전[7], 218), "其未能心服者, 則姑以賞罰而導之, 使駿駿然心悅而誠服也, 故示之以因果之外, 亦有賞罰之訓存焉, 所謂應攝受者而攝受之, 應折服者而折服之, 是也, 此則近於儒也, 所以儒與釋, 皆不可廢也."

함으로써 부모의 이름을 빛낸 것은 대효(大孝)에 해당하는 것이라 하여, '출가'는 '효'에 어긋나는 것이 아니라 '권변'(權變)의 방법으로 '효'를 이루는 것이라 해명하고 있다.13) 다음으로 불교에서 군왕을 섬기지 않고 나라 일에 봉사하지 않으니 불충(不忠)하다는 비판에 대해, 그는 불교에서도 군왕이 계(戒)를 받아 몸과 마음을 맑게하며, 예불(禮佛)할 때 군왕과 나라를 위하여 축원하는 것이 '충'이라 해명한다.14)

또한 불살생(不殺生)의 불교 계율이 노인을 봉양하기에 어렵고 제수(祭需)를 마련하지 못하게 한다는 비판에 대해, 그는 불교에서 "만물과 나는 일체이다"라 하고, 유교에서 "어진 이는 천지·만물을 자기 몸과 하나로 삼는다"고 하여, 양쪽이 사실상 같은 말을 하지만, 불교에서 살생을 금하는 것이 그 말의 원래 뜻을 온전하게 실천하는 것이다. 이에 비해 유교에서는 오히려 실천이 미진하다고 반박하고 있다.15) 이와더불어 금주(禁酒)의 불교 계율은 사람의 교제를 즐겁게 해주고 제사에서 강신(降神)을 하는데 필요한 술을 거부하는 것이라 비판하는데 대해, 기화는 술의 해독으로 정신을 어지럽히고 덕을 손상시킴을 지적하며, 유교에서도 제사를 위해 재계(齋戒)할 때 술을 마시지 않고 심신을 정결하게 하는 사실을 지적하여, 불교는 평생토록 재계하는 지극히 정성스러운 삶이라 변호하였다.16)

---

13) 『顯正論』(한불전[7], 218-219), "其德播天下後世, 而使天下後世, 稱其父母曰大聖人之父母,…豈不謂之大孝乎."
14) 『顯正論』(한불전[7], 219), "敎中使爲君者, 先受戒品, 潔淨身意然後, 方登寶位, 又令凡出家者, 莫不朝焚夕點而祝君祝國, 可不謂之忠乎."
15) 같은 곳, "萬物與我一體, 此釋氏之言也, 仁者以天地萬物爲一己, 此儒者之言也, 爲行一如其言, 然後方盡仁之道矣,…此儒者之所以善論爲仁之道, 而未盡善也."
16) 『顯正論』(한불전[7], 220-221), "齋者, 不茹薰酒, 專誠而致潔也, 以誠不專潔不至, 則

② 죽음과 사후존재의 문제: 유교에서는 인간이 사후에 '혼'(魂)은 하늘로 올라가고 '백'(魄)은 땅으로 내려가 점차 사라진다는 견해에 따라 사후에 소멸하지 않고 천당이나 지옥에 간다는 불교의 혼불멸설(魂不滅說)과 천당지옥설을 비판하는데, 기화는 타고나는 마음(天心)을 두 가지로 나누어 유교에서 말하는 죽은 뒤에 소멸하는 혼·백은 '육단심'(肉團心)이라 하고, 불교에서 말하는 진정한 마음은 생사를 넘어선 '진명'(眞明) 곧 '견실심'(堅實心)으로 제시하여, '견실심'으로 '혼'의 불멸성과 사후의 천당지옥설을 입증하고자 하였다. 또한 그는 "천당·지옥은 실재로서 존재하는 것이 아니라 사람의 업(業)이 감응함이 저절로 이와 같다.…천당·지옥이 설령 없다 하여도 사람들은 이를 듣고서 천당을 좋아하여 선으로 나아가고, 지옥을 싫어하여 악을 그칠 것이니, 천당·지옥설이 백성의 교화에 이익이 막대하다"[17]라고 하여, 천당·지옥의 실재를 논증하는 것이 아니라 마음이 감응한 상태로서 제시하며, 실재하지 않더라도 대중교화의 기능이 큼을 변호하고 있다. 또한 불교의 화장(火葬)제도를 비판한데 대해, 기화는 죽은 뒤에도 육신에 집착하는 것은 육신에 속박되어 정신의 자유를 얻지 못하는 것이라 보았다. 따라서 그는 근기(根機)가 뛰어난 사람은 육신에 구애받지 않으므로 상관없지만, 근기가 낮은 사람에 대해서는 "몸을 잊어 자아에 대한 집착이 없는 데에까지 이르지 못하였으므로 반드시 불로 태워없앰을 거친 뒤에야 비로소 정신이 맑게 올라가 얽매임이 없게 된다"[18]고 하여, '화

神不享矣, 佛之齋戒也, 誠則長誠而無雜, 潔則終身而不汙, 若以數日比之."
17) 『顯正論』(한불전[7], 221-222), "天獄, 則非是實然固有, 乃人之業感, 自然如是也,…天堂地獄, 設使無者, 人之聞者, 慕天堂而趨善, 厭地獄而沮惡, 則天獄之說之於化民, 利莫大焉."

장'은 육신의 구속에서 정신을 해방시키는 '해탈'의 방법으로 중요한 의미가 있음을 적극적으로 주장하고 있다.

③ 중화와 오랑캐의 분별문제: 불교는 중화문화(華)와 다른 오랑캐(夷)의 교설이라는 비난에 대해, 기화는 중국이 자신을 중심으로 잡고 부처가 나온 천축(天竺)을 서쪽이라 하는 중국중심의 화이론(華夷論)이 근거가 없음을 지적하면서, "태어난 곳은 자취요, 행한 바는 '도'이니, 다만 그 '도'가 따를만한가 따를 수 없는가를 볼 것이지, 그 태어난 곳에 구애받는 것은 옳지 않다"19)고 하여, 공간이 아니라 '도'를 중심의 기준으로 강조하고 있다. 따라서 그는 맹자가 순(舜)을 동이(東夷)의 사람이요 문왕(文王)을 서이(西夷)의 사람이라 언급하면서도 그 '도'를 따랐던 사실을 들어, 부처를 '서쪽 오랑캐'라 하여 배척하는 것은 진리를 추구하는 올바른 태도가 될 수 없음을 지적하였던 것이다.

④ 사회적 폐단의 문제: 먼저 불교가 중국에 전래해 온 이후 세상이 더욱 혼란해졌다는 비판에 대해, 기화는 그 시대의 혼란에 대한 책임을 불교에 돌리는 것이 부당함을 지적하면서, 불교가 성행하던 시대에도 당 태종이 천하를 통일하거나 신라가 삼국을 통일하였던 사실을 반대 사례로 들었다. 다음으로 승려들이 생산에 종사하지 않아 백성들을 빈궁하게 한다는 비판에 대해, 그는 승려의 임무는 '불법(佛法)을 널리 펴서 중생을 이롭게 하는 것'(弘法利生)이라 지적하면서, 유교에서도 선비가 생산하지 않고도 먹을 수 있는 것을 말한 것처럼, 승려들도 생산에 종사하지 않으나 '도'를 지키는 임무가 있는 사실을 들어서 변호하

---

18) 『顯正論』(한불전[7], 223), "自餘則未能忘形無我, 故須經火化, 然後其神淸昇而無滯也."
19) 같은 곳, "所出迹也, 所行道也, 但觀其道之可遵不可遵也, 不可拘其所出之迹也."

고 있다. 또한 승려들이 청정(淸淨)의 수행을 지키지 않고 타락한 현상을 비난하는 데 대해, 기화는 덕행을 갖춘 수행자가 드물다는 현실을 인정하면서도, 이러한 현상은 불교만이 아니라 공자 문하의 3천제자 가운데도 철인(哲人)으로 일컬어지는 사람은 단지 10명 뿐이었다는 사실을 들어, 승려들의 허물 때문에 불법(佛法)을 폐지한다는 것은 부당함을 지적하였다.[20] 나아가 불교에서 보시(布施)를 권하고 보응설(報應說)로 유인하여 백성들이 재물을 부처에게 바침으로써 곤궁에 빠지게 한다는 비판에 대해, 기화는 "재물이란 탐욕을 기르고 재앙을 부르는 도구요, 보시는 마음을 맑게 하여 복을 부르는 방법이다"[21]라 밝히고, 『대학』에서도 "재물이 모이면 백성이 흩어지고, 재물을 흩으면 백성이 모인다"(財聚則民散, 財散則民聚)고 하여 재물의 탐욕을 경계하였음을 끌어들여, '보시'의 정당성을 해명하고자 하였다. 이 경우 유교경전에서 끌어들인 구절이 적합성은 없지만, 그가 불교의 변호에 유교경전으로 뒷받침하려고 하는 태도는 불교변호론이 유불조화론을 기반으로 삼고 있음을 보여주는 것이라 할 수 있다.

이처럼 『현정론』에서 기화는 당시 유교의 구체적 비판을 조목별로 해명하는 호불(護佛)변론을 제시하였는데, 그 특징은 무엇보다 먼저 유교경전에서 불교의 교설과 일치점을 다양하게 이끌어내어 유교와 불교의 근원적 조화가능성을 확인하고자 하는 것이다. 곧 그의 변론에 깔려있는 일관된 입장은 유교의 비난이 유교교리에 비추어도 무리한 것이며, 불교와 유교는 근본적으로 상호 이해하며 조화를 이루어야 할

---

20) 『顯正論』(한불전[7], 224), "豈得因其失而廢其法也."
21) 『顯正論』(한불전[7], 221), "珍財, 長貪取禍之具也, 布施, 淸心致福之方也."

넓은 기반을 공유하고 있다는 사실을 부각시키고 있는 것이다. 다음으로 혼인을 않고 출가하는 사실이 충·효에 위배된다는 비판에 대해, 유교의 '경권론'(經權論)으로 해명하거나, 불교를 오랑캐의 교법이라 배척하는데 대해 유교의 '화이론'(華夷論)을 재음미하였던 것은 유교의 기본논리를 불교적 입장의 해명에 적극적으로 활용하여 유불조화론을 전개하고 있는 것이다. 나아가 그는 유교의 일방적 비난과 배척의 태도가 지닌 관점의 세속성 내지 편협성을 드러냄으로써, 진리의 근원을 한 차원 깊이 확인하여 그 비난의 부당함을 드러내고 있다. 이와 더불어 그는 불교의 진실성을 유교와의 일치성 및 진리의 보편성이라는 두 기준을 전제로 설득하고자 노력하였던 사실을 분명하게 보여준다.

3. 『유석질의론』(儒釋質疑論)의 삼교대비와 불교우위론

1) 삼교(三敎)대비를 통한 불교우위론

『유석질의론』[22]에서는 삼교의 핵심개념과 차이를 대비시켜 그 특징을 밝히면서 불교우위론의 입장을 확인하고 있다. 그 첫머리에서 '도'(道)의 범위에 가까운 것과 먼 것의 차이가 있고, '교'(敎)의 수준에 얕은 것과 깊은 것의 차이가 있음을 지적하여, 가깝고 얕은 교설에 얽

---

22) 『儒釋質疑論』이 己和의 저작이라 보기 어려운 이유와 己和의 『顯正論』과 차이점은 박해당의 「『顯正論』과 『儒釋質疑論』의 삼교론」(『불교학연구』10, 2005, 불교학연구회)에서 자세히 검토되고 있다.

매여서는 멀고 깊은 진리를 말하기 어렵다는 점을 강조하여, 불교의 멀리 뻗은 '도'와 깊이 침잠한 '교'를 이해하기 위해서는 좁고 얕은 안 목을 열지 않으면 안되는 것이라 지적하고 있다.

이 저술에서는 성인들이 세상을 다스리는 큰 가르침으로 유교·노 장·불교의 삼교를 제시하면서, "삼교의 '도'는 모두 '마음'(心)에 근본 하고 있는데, 유교는 '자취'(迹)를 추구하고, 불교는 '진리'(眞)에 합치하 며, 그 둘 사이에 붙어서 연결시켜주는 것이 노장의 '도'이다"23)라고 하였다. 곧 '마음'을 중심으로 삼교를 대비시켜 보면 유교는 마음의 '자 취'를 닦고(修之) 다스리는(治之) 것이라면, 불교는 '진리'(眞如·眞體)를 밝히고 깨달아가는 것으로 대비시키며, 노장(도교)은 그 중간쯤에 위치 한 것으로 자리를 부여하고 있는 것이다. 여기서 '자취'와 '진리'의 개 념을 규정하여, "'자취'(迹)란 형상으로 드러난 다음이요, '정'(情)이다.… 닦지 않고 다스리지 않으면 수신(修身)·제가(齊家)·치국(治國)·평천 하(平天下)를 이루는 효과가 없을 것이며, 그 효과가 없으면 혼란에 빠 질 것이다. 그러므로 성인의 가르침은 이보다 급한 것이 없었다.…'진 리'(眞)란 형상을 넘어선 것이요, '성'(性)이다.…부처는 이를 밝히고 깨 달아 큰 깨달음의 극치에 까지 넘어섰으니 그 몸은 소리나 빛깔로 구 할 수 없고, 그 마음은 생각이나 의논으로 미칠 수 없다. 성인의 '도'가 이보다 더 큰 것이 없으니, 흐름을 거슬러 그 근원으로 돌이키는 방법 이다. 그렇기 때문에 여러 갈래 흐름을 모아서 큰 물에 흘러들게 하고, 마음을 거두어들여 근본으로 나아가니, 천지의 시조가 되며 모든 것에

---

23) 『儒釋質疑論』(한불전[7], 252), "三敎之道, 皆本乎心, 而儒者攻乎迹, 佛者契乎眞, 接 於其兩間而爲之膠粘者, 老氏之道也."

명을 내린다. 이것을 '성'이라 한다"24)고 하였다. 곧 유교는 마음의 '자취'로 형이하(形而下: 形而後)요 '정'이요, 불교는 마음의 '진리'로 형이상(形而上)이요 '성'으로 대비시킴으로써, 불교가 본체의 근원이요 유교는 현상의 구체적 표출로 규정하였으며, 따라서 불교와 유교를 마음에서 '성'과 '정'의 관계로 자리잡게 함으로써, 불교가 근원적이고 우월한 것임을 밝히고 있는 것이다.

또한 『유석질의론』에서는 삼교의 성인들을 병을 고치는 의원에 비유하여, 그 목적은 같지만 방법적 단계에서는 차이가 있음을 지적하였다. 여기서 유교는 '심'(心)을 위주로 하고, 노장은 '기'(氣)를 위주로 하고, 불교는 '성'(性)을 위주로 하는 것이라 대비시키고 있다.25) 바로 이 점은 정도전이 「심기리편」(心氣理篇)에서 불교를 '심'이요, 도교를 '기'요, 유교를 '리'(理)라고 삼교의 중심개념을 규정함으로써, 불교와 도교의 한계를 비판하는 것과는 삼교의 중심개념 인식에서 뚜렷한 차이를 보인다.26) 여기서 정도전은 유교의 '리'가 '심'(불교)과 '기'(도교)의 그릇됨을 바로잡아 준다고 하여, 유교중심의 체계를 제시하고 있는 것과는 반대로, 『유석질의론』에서는 '심'(유교)과 '기'(도교) 보다 불교의 '성'이

---

24) 같은 곳, "迹也者, 形而後者也, 情也,…不修不治, 則無以致修身齊家治國平天下之效, 無效則亂矣, 故聖人之敎, 莫急於斯焉,…眞也者, 形而上者也, 性者,…佛於是也, 明之悟之, 超極於大覺, 而其身也, 不可以聲色求, 其心也, 不可以思議及, 聖人之道, 莫大於斯焉, 所以泝流而返其源者也, 其然故, 能會派以朝宗, 攝心以趨本, 爲乾坤之祖, 命於一切, 夫是謂性也."
25) 『儒釋質疑論』(한불전[7], 255), "三敎之聖者, 各醫其民之病者也, 但其漸有不同耳,… 儒者主乎心者也, 老者主乎氣者也, 佛者主乎性者也."
26) 鄭道傳의 「心氣理篇」(『三峰集』, 권6)은 '心難氣'에서 불교(修心)가 도교를 비판하고, '氣難心'에서 도교(養氣)가 불교를 비판하며, '理論心氣'에서 유교(義理)는 불교와 도교를 깨우친다는 체제로 구성되어 있다.

근원적 본체임을 드러냄으로써 불교의 우위성을 확인하고 있는 것이다. 나아가 "'심'과 '성'은 유교와 노장에서도 말하지 않음이 없으나 그 말이 지극하지 못하며, 지극한 것은 불교이다"27)라고 하여, 유교와 노장에서 '심'·'성'에 대한 언급을 하고 있다하더라도 듣고 보는 경험적 세계에 머무는 세도(世道)이기 때문에 불교처럼 삼세를 꿰뚫고 시방을 다하는 '도'(貫三世盡十方之道)에 미치지 못한다는 불교우위론의 입장을 재확인하고 있다. 동시에 '심'·'성'·'도'개념에 대한 인식의 차이를 지적하여, "그 이른바 '성'이란 '천명의 성'일 뿐이요 불교의 '원만한 큰 깨달음의 성'이 아니며, 그 이른바 '심'이란 '육신으로 생멸하는 마음'이요 불교의 '진여로서 청정한 마음'이 아니며, 그 이른바 '도'란 '성품을 따르는 도'일 뿐이요 불교의 '생사를 벗어나 윤회를 면한 오묘한 도'가 아니다"28)라고 하여, 유교 및 노장의 인식내용이 불교의 깊고 온전한 인식에 미치지 못하다는 불교우위론의 입장을 밝히고 있다.

이와 더불어 『유석질의론』에서는 근본원리로서 천하에 소통하는 '도'와, 변화를 지어내는 '기'와, 만물을 균평하게 하는 '리'를 제시하면서, "불교에서 '진공'(眞空)이라 한 것은 '성'의 본체를 들어 말하는 것이요, 노자가 '곡신'(谷神)이라 한 것은 변화를 밝혀 말하는 것이며, 유교에서 '대본'(大本)이라 하는 것은 사물에 의지하여 말하는 것이다"29) 라

---

27) 『儒釋質疑論』(한불전[7], 270), "心與性, 儒老亦莫不言之, 而其所言未至也, 至之者佛也."
28) 같은 곳, "其所謂性, 天命之性耳, 非佛之謂圓滿大覺之性也, 其所謂心肉團生滅之心耳, 非佛之謂眞如淸淨之心也, 其所謂道, 率性之道耳, 非佛之謂脫生死免輪廻之妙道也."
29) 『儒釋質疑論』(한불전[7], 265), "通天下一道也, 工變化一氣也, 均萬物一理也,…釋曰眞空, 擧性體而言也, 老曰谷神, 明變化而言也, 儒曰大本, 依事物而言也,"

고 하여, 불교의 '진공'은 '도'에, 노장의 '곡신'은 '기'에, 유교의 '대본'은 '리'에 해당시키고 있다. 여기서도 노장의 '곡신'은 만물의 근원으로 사물을 벗어나지 못하는 것이요, 유교의 '대본'은 사물에 내포된 근본과 지말을 격물치지(格物致知)하여 만 가지 차별 속에서 하나의 이치를 드러내는 것이라 하여, 불교는 '진공'이 지극한 근원의 본체를 드러내어 가장 우월한 것임을 밝히고 있다. 또한 삼교를 나무심는 것에 비유하여, "대지가 품어 키우는 것 같음을 '진공'이라 하고, 씨앗에서 싹터 나오는 것과 같음을 '곡신'이라 하며, 가지와 잎이 같은 뿌리를 갖는 것을 '대본'이라 한다"30)고 하여, 나무가 자라는 대지(불교의 '진공')가 씨앗이 싹터 나오는 것(노장의 '곡신')이나, 가지와 잎의 같은 뿌리에 달려 있는 것(유교의 '대본')을 모두 포섭하는 근본바탕이 되는 포괄적인 것임을 강조하였다.

이에 따라 삼교는 서로 근거가 되어 천하를 조화하고 형성하는 것이라 하여, 삼교의 조화론을 제시하고 있지만, 그것은 불교우위론을 전제로 한 것이다. 곧 "유교가 노장을 배척하는 것은 꽃을 감상하면서 나무가 있음을 알지 못하는 것이요, 노장이 불교를 배척하는 것은 나무를 키우면서도 뿌리가 있음을 알지 못하는 것이다.…멋대로 파괴하고 배척하는 것은 나무를 심으면서 뿌리를 없애는 것이니, 비록 오래도록 무성하기를 바라지만 그럴 수 있겠는가?"31) 라 하여, 유교를 꽃의 부분적이고 말단적인 관심에 빠진 것이고, 노장은 나무로 관심이 넓혀졌

---

30) 같은 곳, "比猶種樹也, 如地含養之謂眞空, 如種生芽之謂谷神, 枝葉同根之謂大本."
31) 같은 곳, "儒而排老者, 賞花而不知有樹也, 老而排佛者, 養樹而不知有根也,…恣意毀斥者, 樹而撤根也, 雖欲久榮 其可得乎."

지만 현상에 머무는 것인데 비해, 불교는 뿌리의 근본에 까지 관심이 미치는 가장 포괄적 인식임을 지적함으로써, 불교를 비판하고 억압하는 것은 유교 자체도 온전하게 지킬 수 없게 하는 불리한 것임을 강조하였다.

2) 유·불대비를 통한 불교우위론

『유석질의론』은 모두 19가지 문답으로 구성되어 있는데, 그 가운데서 유교와 불교를 대비하여 불교의 우위론을 확인하거나 유교의 비판에 대해 변론하는 주제를 간추려 보면, ① 유·불의 '성'개념 대비, ② 『역』(易)과 불교의 대비, ③ 불교의 인과응보설(因果應報說)에 대한 해명, ④ 불교의 사회교화기능에 대한 해명의 문제들을 들어 볼 수 있다.

① 유·불의 '성'개념 대비:『유석질의론』에서는 유교와 불교의 '성' 개념이 명칭은 같지만 내용이 다르다는 차이점을 밝히고 있다. 곧 유교의 '하늘이 명령한 성'(天命之性)으로서 '성'은 "하늘이 있고난 다음에 사람에게 부여된 것이다.『능엄경』에서 '깨달음의 바다는 그 본성이 맑고 원만하다'고 말하니,…천지보다 앞서 우뚝하며, 사물에 따라 생겨나거나 사물에 따라 변하지 않는 것이다. 이것은 선악이나 생각이 미치지 못하는 자리이다"[32]라고 함으로써, 불교에서 '성'이 '천'(天)에 앞서는 것이요, '성선'(性善)이나 '성악'(性惡)으로 말할 수 없는 것이라 하

---

32)『儒釋質疑論』(한불전[7], 253), "後乎天而賦於人者也, 楞嚴曰, 覺海性澄圓,…卓乎天地之先, 而不隨物生, 不隨物變者, 是也, 此則善惡思議不及之地."

여, 유교의 '성'개념보다 더욱 근원적인 것임을 강조하고 있다.

②『역』과 불교의 대비:『유석질의론』에서는 유교의 형이상학적 근거를 제시한『역』의 체계를 불교의 '연기'(緣起)라 규정하고, 본성의 깨달음 속에서 근원하는 것이라 하여, 불교와『역』이 서로 표리관계를 이루는 것이요, '근원으로 돌아가고 진리에 들어가는 첫 관문'이라 하여 중시하였다.[33] 이에 따르면『역』은 불교에서 '연기'의 현상적 세계를 설명하는 것으로 '해탈'의 진리에 들어가는 관문의 차원일 뿐으로 한정되고 있음을 볼 수 있다.

나아가『역』에서 '태극'의 근원인 '무극'을 부처의 '법신'(法身)에 해당시키면서, '무극'에서 신령하고 오묘함이 발현하며 '일진'(一眞)을 간직한 것이 '태극'이요, 여기에 '일기'(一氣)가 왕성하게 일어나는 것이 '태초'(太初)요, 여기에 '기'가 돌고 있는 것이 '태시'(太始)요, 여기에 신령하고 오묘함이 순수하고 참된 것이 '태소'(太素)라 하였다.[34] 이에 따라 부처의 삼신(三身) 가운데 '법신'의 왼손과 오른손을 하나로 모아 쥔 '수인'(手印: 結手)은 '체'(體)를 드러내는 것으로『역』에서 '무극으로부터 태극'이 나오는 것이요, '보신'(報身)의 왼손 오른손을 편 '수인'은 '상'(象)을 드러내는 것으로『역』에서 '태초로부터 태시'가 나오며 '음양'과 '사상'(四象)이 나타나는 때요, '화신'의 왼손 세 손가락을 펴고 오른손 세 손가락을 오무린 '수인'은 '용'(用)을 드러내는 것으로『역』에서 '태

---

33)『儒釋質疑論』(한불전[7], 268), "易也者緣起, 原乎性覺之中, 盖與吾敎相爲表裏, 是亦還源入法之初門, 不可不明也."
34) 같은 곳, "無極者,…卽佛之法身是也, 極乎無極之中, 靈妙將發, 謂之太極, 太極者, 含畜一眞, 充塞六合之謂也, 靈妙發矣, 一氣盛矣, 謂之太初, 氣之轉旋, 謂之太始, 靈妙純眞, 謂之太素."

시로부터 태소'가 나오며 '오행'이 생성되고 '팔괘'(八卦)가 형상을 드러 내는 때라 하였다.35) 이처럼 『역』의 전개과정을 부처의 '삼신'에 상응 시켜 해명하는 것은 『역』의 전통적 해석 체계와는 맞지 않지만, 『역』 과 불교를 일치시키는 적극적 관심을 표출한 것으로 주목된다.

③ 불교의 인과응보설(因果應報說)에 대한 해명: 『유석질의론』에서는 불교의 인과응보설에 상응하는 유교적 개념을 『서경』 '홍범'편에서 찾 아내어, '보응'을 '오복'(五福: 壽·富·康寧·攸好德·考終命)과 '육극'(六極: 凶短 折·疾·憂·貧·惡·弱)이라 하고, '죄'·'복'은 선과 악을 말하는 것이라 하였 다. 그러나 '홍범'편에서 말하는 유교적 보응설은 불교에서처럼 '삼세' (三世)에 미치는 것이 아니므로 미진한 것임을 지적하면서, 유교에서 불교의 인과응보설을 거짓된 것이라 비판하는 것은 불교의 이치를 자 세히 알지 못한 것일 뿐만 아니라 '홍범'편에서 말하는 '황극의 도'를 모르는 것이라 반박하였다.36) 나아가 유교에서 '정신이 한 번의 생애 로 소멸된다'고 말하는 것은 불교에서 말하는 '단견'(斷見)에 빠지는 것 일 뿐만 아니라 유교에서 말하는 '낳고낳는 이치'에도 어두운 것이라 하고, 또 유교에서 '사람은 항상 사람이고 축생은 항상 축생이다'라고 말하는 것은 불교에서 말하는 '상견'(常見)에 빠지는 것일 뿐만 아니라 유교에서 말하는 '음양이 변하고 바뀌는 이치'에도 어두운 것이라 지적

---

35) 『儒釋質疑論』(한불전[7], 261), "法身之結手, 合左右爲一拳示其體也, 易之自無極而 太極是也,…報身之結手, 闢而展左右, 示其象也, 易之自太初而爲太始, 自太始而爲 太素, 陰陽已判, 四象已分之時也,…化身之結手, 左舒右縮, 示其用也,…以五行生成 配之,…以八卦之成象配之."
36) 『儒釋質疑論』(한불전[7], 272), "報應者何, 福極之謂也, 罪福者何, 善惡之謂也, 此則 明乎儒氏之皇極造化矣, 但儒者之言, 不及乎三世, 此其所以未至也,…儒之以是爲誕 者, 不惟不詳其佛理, 而不知皇極之道者矣."

하며, 불교의 가르침인 '삼세'는 밤낮의 '도'요, 음양과 밤낮은 '인과'에서 벗어나는 것이 아니라 제시하였다.[37] 이처럼 불교의 '인과응보설'은 유교에서 중시하는 자연질서와도 소통하는 것이요, 또 이 자연질서를 온전하게 표출하고 있는 것임을 지적하여, 유교의 '인과응보설'에 대한 비판이 부당함을 주장하고 있다.

④ 불교의 사회교화기능에 대한 해명: 『유석질의론』에서는 대중을 교화하고 국가의 태평을 위하는 불교의 사회적 교화기능의 효용성을 강조함으로써, 유교에서 불교의 사회적 폐단을 집중적으로 비판하고 있는 사실에 대응하였다. 먼저 온 세상의 무수한 대중이 불교의 가르침에 감화되어 상벌로 다스릴 수고로움이 없이 스스로 교화되어 변함으로써 극진하게 다스려진 백성이 되고 있음을 강조하며, 또한 대중 속에 어리석고 사나운 사람도 부처의 대자대비한 사랑에 부모 보다도 더욱 깊이 감격하게 되는 사실을 지적하였다. 나아가 사악한 사람을 형벌과 정치로 다스리는 유교의 교화방법이 한계가 있음을 지적하면서, 불교의 경우에서는 "살피는데는 귀신이 있고, 심문하는데는 명부(冥府)가 있어서, 선·악의 두가지 장부로 헤아리고, 저울과 거울의 두가지 증험으로 판단한다. 아귀·축생으로 벌주고, 지옥으로 형벌을 내려, 털끝만한 악도 도망갈 곳이 없으며, 천당으로 상을 주고 부귀로 보응한다"[38]고 하여, 선·악을 살피고 상·벌을 시행함이 공정하고 엄

---

37) 같은 곳, "若言精神, 止一生而殄滅者, 斷見也, 是昧生生之理也, 人恒爲人, 畜恒爲畜者, 常見也, 是昧陰陽變易之理也,…所謂三世者, 晝夜之道也,…陰陽晝夜, 而不出乎因果."
38) 『儒釋質疑論』(한불전[7], 254), "察之則有鬼神, 鞫之則有冥府, 數之則有善惡二簿, 質之則有秤鏡二證, 罰之則以鬼畜, 刑之則以泥犂, 而纖毫之惡無所逃, 賞之以天堂,

격한 법도가 있음을 강조하였다. 따라서 이러한 불교의 '인과응보설'을 들으면 사람들이 재빠르게 악을 고쳐 선에 들어가며, 동시에 악을 모두 없애지 못할까 염려하고 선을 극진하게 하지 못할까 두려워하여, 불교에서 대중교화가 유교에서 보다 더욱 효율적이고 깊이 이루어지는 것이라 주장하고 있다. 이처럼 유교의 불교비판에 대한 불교변호는 불교가 유교보다 오히려 더 우월한 교화기능이 있는 것으로 반박하는 입장을 보여주는 것이다.

또한 『유석질의론』은 유교에서 요(堯)·순(舜)이 널리 베풀어 대중을 구제하는 일에 부족하게 여겼고, 주공(周公)도 정벌(征伐)을 없애지 못하였으며, 공자도 제사에서 양(羊)을 희생으로 바치는 의례를 제거하지 못하였던 것을 미진하고 부족한 점으로 지적하면서, 세상에서 말하는 '성인'은 인·의(仁義)를 지키고 도덕을 행하지만 온전하게 실현할 수 없었던 인물이라 하고, 오직 부처만이 인·의와 도덕을 온전히 실현할 수 있는 것이라 하여, 부처는 유교적 가치규범을 유교의 성인보다 더 온전하게 실현하는 존재로 높이고 있다. 따라서 정벌의 전쟁을 하고, 사냥과 고기잡이를 하며, 희생으로 제사를 드리고, 사냥하여 주방에서 요리하는 유교의 도덕에 비하여 살생을 금하는 부처의 도덕은 하늘과 땅처럼 큰 차이가 있다고 하여, 불교의 우월함을 강조한다.[39]

그렇다고 『유석질의론』은 유교를 불완전한 것이라 하여 거부의 대상으로 제시하는 입장은 아니라, 유교를 기초적 단계로 확인하고 그

報之以富貴.”
39) 『儒釋質疑論』(한불전[7], 255), “世之所謂聖人者, 遵仁義而不能盡仁義, 行道德而不能盡道德者也, 仁義道德, 唯佛能盡之,…至夫爲弧矢以威其天下, 爲綱罟以事其佃漁, 屠犧牲以祀其宗廟, 佃禽獸以供其庖廚, 以此比佛之道德, 猶霄壤之不侔也.”

위에 한층 높은 단계로서 불교를 자리잡게 하여 유교와 불교를 조화시키려는 입장을 제시하고 있는 것이다. 곧 "먼저 선왕(先王)과 주공·공자의 법으로써 형벌과 정치를 밝히고 예법과 음악을 정하여 천하를 평화롭게 다스린 이후에, 나아가고 끌어올려 생사의 밖으로 벗어나게 하며, 근본으로 돌아가고 근원으로 되돌려서 청정한 열반의 즐거움으로 나아가게 하며, 마음먹은 대로 몸을 생겨나게 하여 시방의 국토에 인연 따라 태어나서 중생들을 교화하지 못함이 없다면 금상첨화(錦上添花)라 할 것이요, 자신의 광채를 충분히 드날릴 것이니 어찌 진선진미(盡善盡美)하지 않겠는가?"40)라 하였다. 그것은 불교가 유교의 기초단계를 넘어서 가장 높은 단계에서 교화를 완성시켜주는 역할을 하는 것이라 하여, 불교우위론의 입장을 불교비판에 대한 변호론에서도 관철시키고 있음을 보여준다.

또한『유석질의론』에서는 중국의 성인도 모두 큰 방편을 지닌 보살들이 드러난 것이라 하였다. 곧『수미사역경』(須彌四域經)의 응성(應聲)보살이 복희(伏羲)요, 길상(吉祥)보살이 여와(女媧: 복희의 누이)라 하고,『공적소문경』(空寂所問經)의 가섭(迦葉)보살을 노담(老聃: 노자)이라 일컫고, 유동(儒童)보살을 공구(孔丘: 공자)라 일컫고 있음을 소개하여, 중국의 성인을 부처보다 낮은 단계인 '보살'의 단계로 자리매김을 해주고 있다.41) 이처럼『유석질의론』의 기본입장은 철저히 불교우위론의 전제

---

40)『儒釋質疑論』(한불전[7], 256), "若以先王周孔之法, 明刑政定禮樂, 平治天下而後, 進而昇之, 使之脫乎死生之外, 還其本返其源, 以趍淸淨涅槃之樂, 得意生身, 於十方國土, 隨緣降誕, 接化群生, 無不可者, 可謂錦上添花, 發揚自家十分光彩矣, 豈不盡善盡美也."
41)『儒釋質疑論』(한불전[7], 262), "東夏之所謂聖人者, 亦皆大權菩薩之示現, 故須彌四

위에서 불교와 유교가 상하단계로 조화를 이루는 체제를 제시하는 것이다. 이에 따라 부처의 위대함을 극도로 높이면서, "세간에서 성현(聖賢)이라 하는 이들로 누구를 (부처에) 견줄 수 있겠는가?"[42]라고 하여, 모든 성인을 초월하는 최고의 존재로 부처를 높이고 있다. 여기서 불교는 천성(天性)과 천심(天心)에 합하는 것이라는 인식의 전제 위에서, 유교가 불교를 비판하는 사실에 대해, "이미 천성과 천심에 따라 합하지 않으니 또한 어떻게 유교인이라 할 수 있겠는가? 세상의 군자들이 진실로 정심(正心)·성의(誠意)로 생각하여 치우침에 빠지지 않는다면 진실로 우리 성인(부처)을 모독할 수 없음을 알 것이다"[43]라고 하여, 유교인으로서 불교를 배척하는 것은 '천성'과 '천심'을 따라야 하는 유교인의 본분에도 어긋나며 편파적 행위일 뿐이라 반박하고 있다.『유석질의론』은 이미 유교의 불교비판에 대해 불교변호에 급급한 것이 아니라, 불교의 우월함을 당당히 내세우며 유교의 비속하고 미진함을 지적하고 꾸짖기 까지 하는 불교우위론의 확고한 제시라 하겠다.

域經云, 應聲菩薩爲伏羲, 吉祥菩薩爲女媧, 空寂所問經云, 迦葉彼稱老聃, 儒童彼稱孔丘."
42) 『儒釋質疑論』(한불전[7], 270), "其所謂世間聖賢者, 誰得而比肩哉."
43) 『儒釋質疑論』(한불전[7], 271), "旣不率合乎天性天心, 則亦將何以爲儒者哉, 世之君子, 苟以正心誠意思之, 而不溺於偏儻, 則信知吾聖之不可侮也."

4. 설잠(雪岑)의 삼교인식과 유·불병행론

1) 유교 정통론의 도교·불교비판

설잠(雪岑, 1435-1493, 俗名 金時習; 호 梅月堂·東峰·淸寒子)은 21세때 출가하여 59세로 죽을 때까지 생애의 대부분을 불교승려로 살았는데, 출가하기 전의 청년시기에 이미 성리학에 깊은 조예를 지닌 유학자로서 학문적 기반을 정립하였으며, 출가 후에는 '선'과 '교'에 두루 통달한 이 시대 불교의 대표적 학승이었다. 따라서 그의 저술[44]에는 출가이전 청년시절 유교를 중심으로 도교·불교를 비판하는 입장과 출가이후 불승으로서 유교와 불교의 조화를 추구한 입장의 두 층이 구별됨을 확인할 수 있다. 그는 불승으로서도 불교우월론의 종파적 입장에서 유교를 보았던 것이 아니라 유·불의 조화를 통해 유교사회 규범체계에 불교의 적응을 추구하였다. 이러한 설잠의 입장은 유교와 불교의 상호이해를 도모함으로써 사회체제 속에 함께 참여하는 '유불병행론'을 제시하는 것이다. 먼저 초기의 유교중심으로 도교·불교를 비판하는 입장을 짚고 넘어갈 필요가 있다.

설잠은 "하늘이란 머리 꼭대기이니 높아서 그 위가 없고, 담박하여 가이 없으며, '기'가 회전하며 굳건히 운행하여 쉼이 없다"고 하여, 어떤 형상으로 묘사될 수 없는 것임을 제시하면서, "이른바 이가(二家:

---

44) 雪岑·梅月堂 金時習의 저술은 불교관계 저술을 제외한 문집으로『梅月堂集』이 있고, 불교저술로는『蓮經別讚』,『華嚴經釋題』,「一乘法界圖註」,『十玄談要解』, 및 『曹洞五位要解』가 있다.

佛·道)에서 하늘을 말할 때에 인물과 궁전이나 정원과 의복과 음식의 제도는 특히 사람을 미혹시키는 해괴한 말일 뿐이다. 어찌 이치에 두 가지가 있겠는가?"[45]라고 하여, 불교와 도교에서 하늘을 인간 세상처럼 묘사하는 것은 사람을 속이는 허망한 이야기일 뿐이요 이치에 맞지 않는 것이라 부정하였다. 여기서 그는 도교의 『진무경』(眞武經)과 『연생경』(延生經)에서 성궁(星宮)과 성신(星神)들의 인물·궁전·의복·음식의 제도 등이 자세하게 묘사되고 있는 것을 들어서 그 허황됨을 드러내고 있다. 또한 그는 유교의 의례에서 천자만이 하늘에 제사한다는 점을 들어, "하늘을 공경하는 것은 예법이지만, 하늘에 제사하는 것은 예법이 아니며, 별을 존숭하는 것은 예법이지만 별에 제사하는 것은 예법이 아니다"[46]라고 하여, 도교에서 대중이 하늘과 별에 제사드리는 의례를 예법에 어긋나는 것으로 비판하였다. 같은 의미에서 그는 도교에서 상제(上帝)와 성신(星辰)에 제사하여 장수를 빌거나 양무제(梁武帝)처럼 무수한 사찰과 도관(道觀)을 짓고 무수한 승려와 도사(道士)를 양성하여 복을 받고자 하였지만 마침내 반란이 일어나 유폐당하고 말았던 사실을 들어 헛된 일임을 강조하였다.[47] 따라서 그는 하늘을 공경하고 복을 받는 방법이 도교나 불교에서처럼 빌어야 하는 것이 아니라 마음을 간직하고 성품을 배양하는(存心養性) 수양과 선을 행함에 있음을 보여주는 것이다.

---

45) 『梅月堂集』, 권17, 1, ‘天形’, “夫天者, 顚也, 高而無上, 淡而無際, 有氣圓轉, 健行不息,…向所謂二家之談天, 人物宮室, 園林服食之制, 特惑人之駭語耳, 夫豈理有二哉,
46) 『梅月堂集』, 권17, 3, ‘天形’, “敬天, 禮也, 祭天, 非禮也, 尊星, 禮也, 祭星, 非禮也.”
47) 『梅月堂集』, 권17, 5, ‘天形’, “梁武以此生復有他生, 創無數之寺觀, 以種善芽, 度無數之僧道, 以植福田,…卒不避臺城之殍.”

설잠은 '성'을 '리'라고 보는 주자학의 '성즉리설'(性卽理說)을 받아들여, "'성'은 하늘이 명하고 사람이 받은 것으로 '실리'(實理)가 내 마음에 갖추어진 것이다.…자사(子思)가 '천명'(天命)이라 하고 맹자가 '성선'(性善)이라 말한 것이 이것이다. 저 고자(告子)가 '타고 난 것'(生)이라 하고, 순자(荀子)가 '악'(惡)이라 하고, 양웅(揚雄)이 '선악이 뒤섞인 것'(混)이라 하고, 한유(韓愈)가 '세 등급이 있다'(三)하고, 불교에서 '작용'(作用)이라 한 것은 모두 '기'(氣)로 본 것이요 '리'(理)를 빠뜨린 것이다"[48]라고 하여, 자사·맹자를 정통으로 삼는 입장에서 고자·순자·양웅·한유의 '성'개념을 비롯하여 불교의 '성'개념을 '리'가 아니라 '기'로 본 것이라 규정하여 거부함으로써 주자학의 정통적 '성'개념을 제시하고 있는 것이다. 이처럼 그는 출가이전에 주자학의 정통론을 뒷받침하는 형이상학적 기반을 확립하고 있음을 보여준다.

나아가 그는 '성'을 따르는 것이 '도'(率性之道)라는 자사의 '도'개념을 근거로, 노장에서 중심주제로 제시되고 있는 '도'·'덕'개념에 대해서도 비판하고 있다. 곧 "저 노자는 '도'를 체득하면서도 '성'을 따르는 '도'가 아니요, '덕'을 논하면서도 '천명'을 밝히는 '덕'이 아니니, 어떻게 세상에 혜택을 주고 후세에 가르침을 내려줄 수 있겠는가?"[49]라고 하여, 노자에서 말하는 '도'·'덕'이 '성'·'명'에서 벗어난 것임을 지적하여 비판하였다. 또한 그는 "저 노자·장자가 말하는 '도'는 현묘하고

---

48) 『梅月堂集』, 권17, 15, '性理', "天所命, 人所受, 而實理之具於吾心者也.…子思之言天命, 孟子之言性善者是也. 彼告子之言生. 荀子之言惡, 楊子之言混, 韓子之論三, 釋氏之作用, 皆以氣而遺其理也."
49) 『梅月堂集』, 권17, 14, '性理', "彼老氏者, 體道而非率性之道, 論德2而非明命之德, 則如之何其澤於世, 垂於後也."

황홀하여 보아도 보이지 않고 들어도 들리지 않으며,…몸은 참으로 마른 나무같이 되게 하고 마음은 참으로 불꺼진 재처럼 되게 하여 곧바로 담장이나 목석이 되는 것을 '도'라고 하니, 세상을 경륜하고 기강을 세우며 '도'를 닦는 가르침은 버려버리고 들어볼 수 없다"50)고 하여, 노장의 '도'개념이 관념적 정적의 세계에 머물고 있으며 현실에서 생동하는 역할이 없는 것임을 비판하였다. 이와 더불어 '덕'에 대해서도, "성인의 천지와 합치하는 '덕'은 노장의 '덕'으로 삼지 않는 '덕'(不德之德.)이 아니다. 저 노장이 말하는 '덕'이란 자기에게서 체득되는 것을 버려두고 자연의 영역과 보고 들음을 벗어나는 세계에서 추구하는 것이다"51)라고 하여, 노장의 '덕'이 인간의 주체와 현실의 세계를 벗어나 자연과 초월의 세계를 지향하는 것임을 지적하여 비판하고 있다. 이처럼 그는 '성'·'도'·'덕'의 근본개념에서 불교와 노장이 유교적 인식체계에서 벗어나는 사실을 비판함으로써, 주자학에 기반하는 유교의 정통성을 확립하고 있는 것이다.

설잠은 도교의 '수진술'(修眞術: 神仙術)을 비판하면서, 먼저 "'신선'이란 '양성'(養性)·'복기'(服氣)하고 '용호'(龍虎)를 단련하여 늙음을 물리치는 것이다"라 정의하고, 그 수련방법을 자세히 설명하고나서, "만약 보는 것을 거두어 들이고 듣는 것을 돌이키며, 눈을 감고 입을 닫기를 극진히 하면 사람의 무리는 마치 허물벗지 않은 애벌레나 진흙 속의 조

---

50) 『梅月堂集』, 권17, 16, '性理', "彼老莊之言道者, 希夷恍惚, 視之不見, 聽之不聞,…身固可使如槁木, 一心固可使如死灰, 直做墙壁木石而謂之道, 則其於經世紀綱修道之教, 蔑乎未聞."
51) 『梅月堂集』, 권17, 17, '性理', "此聖人之所以與天地合德, 而非老莊不德之德也, 彼老莊之言德者, 遺其得於己, 而驅之於自然之域, 耳目之表也."

개와 같을 뿐이다. 어찌 이치를 갖추고 일에 대응하여 한 마음의 온전한 덕이 되며, 안으로 마음을 곧게 하고 밖으로 행동을 반듯하게 하여 한 몸의 덕행과 업적이 된다고 말할 수 있겠는가?"[52]라 하여, '신선술'의 수련법이 자기 몸을 보전한다 해도 몸과 마음을 닦음에 아무런 성과가 없고 세상에 아무런 도움이 되지 않는 것임을 비판하였다. '신선술'에서 호흡할 때 '기'를 적게 나가고 많이 들어오게 하여 '기'를 흡수하는 '복기'의 방법에 대해서도, "성인의 '도'에 있는 것은 그렇지 않으니, '양기'(養氣)를 논하지 '복기'를 논하지 않는다. 마음에 있는 것이 '지'(志)가 되고 '지'가 발동하여 '기'가 되니, '지'는 '기'의 장수이다.… '리'가 있게 되면 바로 '기'가 있는 것이니, '기'를 흡수할 수 있겠는가?…나는 '기'를 길러서(養氣) 천명을 즐거워한다는 말을 들었지만 '기'를 흡수하여(服氣) 수명을 늘인다는 말은 듣지 못하였다"[53]고 하였다. 그는 맹자가 말하는 '호연지기'(浩然之氣)를 기르는 것 곧 '양기'를 수양방법의 정당한 기준으로 확인함으로써 도교에서 장생의 술법으로 제시한 '복기'가 이치에도 맞지 않고 성과도 없는 것이라 비판하였다.

'용호'(龍虎) 곧 납(鉛)과 수은(汞)으로 '단'(丹)을 만드는 '연단'(煉丹)의 수련으로 천지의 원기(元氣)를 훔쳐 장생(長生)을 이룬다는 술법에 대해서도, "오래 살고 일찍 죽음의 길고 짧음은 스스로 정해진 수가 있으니

---

52) 『梅月堂集』, 卷17, 19-20, '修眞', "夫神仙者, 養性服氣, 鍊龍虎以却老者也,…若以收視反聽, 瞑目窒口爲極, 則爲人之類, 如未化之螟蛉, 蟠泥之螺蛤耳, 何以言具理應事, 爲一心之全德, 直內方外, 爲一身之行業乎."
53) 『梅月堂集』, 권17, 22, '服氣', "在聖人之道則不然, 論養氣, 不論服氣, 蓋在心爲志, 志發爲氣, 志, 氣之帥也,…纔有理, 便有是氣, 氣可服乎,…吾聞養氣以樂天命, 未聞服氣以延天年者也."

'천명'에 관계된 것이다. 어찌 수명을 훔치고 편안할 수 있겠는가? 진실로 적송자(赤松子)와 왕자교(王子喬)처럼 장생한다면 하늘을 어긴 것이요 '천명'을 모르는 것이라 할 수 있다"54)고 하여, 장생술이 '천명'을 받아들이고 따르는 태도가 아님을 지적하여 비판하였다. 실제로 설잠은 도교의 '장생술'만이 아니라 수명을 점치는 '복명'(卜命)의 술법이나 장사지낼 때 묘지의 길흉을 점치는 '복지'(卜地)의 풍수설(風水說)을 비롯하여 무속(巫俗)의 술법 등에 대해서도 유교의 바른 도리에 어긋나며 이치에도 어긋나는 것으로 엄격하게 비판하는 주자학의 정통주의적 입장을 확고하게 밝히고 있었던 것이다.

나아가 설잠은 주자학의 '벽이단론'(闢異端論)에 따라 불교에 대해 유교 정통에서 벗어나는 '이단'으로 비판하는 입장을 밝히기도 하였다. 곧 "오랑캐가 중화를 어지럽히는 것은 간교한 꾀에 있는 것이 아니라 교묘한 말과 잘 꾸미는 얼굴빛에 있다.…불교의 무리가 '인연'과 '업보'를 논하는 것은 교묘한 말이요, 세상의 법규를 제거하는 것은 잘 꾸미는 얼굴빛이다.…하물며 불교란 오랑캐의 한 법도일 뿐이다"55)라고 하여, 조선초 성리학자들에서 볼 수 있는 가장 엄격한 불교비판 태도를 드러내고 있는 것이다. 그는 불교가 어리석은 자를 미혹하여 세력을 이루는 것이라 보면서도, 현실적으로 통달하고 고명한 선비들이 나라가 위태롭고 자신이 곤궁한 처지에 놓이거나 쫓겨나서 울분을 참지 못하는 등 여러 가지 불행한 사정으로 불교에 의탁하는 경우가 있고,

---

54) 『梅月堂集』, 卷17, 27, '龍虎', "壽夭長短, 自有定數, 關於天命, 豈可偸生而可安, 苟能久視如松喬, 謂之違天, 不知命也.
55) 『梅月堂集』, 권20, 27-28, '異端辨', "夷狄之猾夏, 不在於姦宄, 而在於巧言佞色以誘之,…佛者之徒, 論緣業, 巧言也, 疏世網, 佞色也,…況佛者, 夷狄之一法耳."

임금의 경우도 나태하고 교만하거나 어리석어서 불교에 빠져드는 경우가 있음을 제시하며, 한 번 빠져들면 넘어진 자가 다시 짓밟히듯이 거듭 빠져들어 헤어나오지 못하는 사실을 지적하였다. 따라서 그는 "진실로 그 말을 말하지 말고 그 일을 일삼지 말면, 사설(邪說)이 들어올 틈이 없을 것이다"56)라고 하여, 불교의 교묘한 말과 꾸미는 얼굴빛에 미혹되지 말고, 가까이 하지도 말기를 당부하여 경계하고 있는 것이다.

이처럼 설잠은 출가이전의 청년시절에 일찍이 주자학의 정통주의에 따라 불교와 도교에 대해 그 형이상학적 근본개념이나 실천의 수련체계에 이르기 까지 전반적으로 '벽이단론'의 엄격한 비판 입장을 확고하게 정립하고 있었음을 보여준다. 따라서 출가이후에 전환된 입장과 대조를 이룰 뿐만 아니라, 그가 출가 이후에 '유불병행론'의 입장을 형성하는데도 출가 이전의 유교정통론의 인식이 깊은 영향을 미쳤을 것으로 볼 수 있다.

2) 세도(世道)를 통한 유·불병행론

설잠은 출가 이전에 유교의 입장에서 도교·불교를 비판하였지만, 출가 이후에는 '선'과 '교'에 정통한 학승으로서 중요한 저술을 많이 남겼고, 유교와 불교의 관계에 대해서도 인식의 새로운 세계를 열어주었

---

56) 『梅月堂集』, 권20, 28, '異端辨', "有達人高士湮於彼者, 以其或有不幸也,…入於其中, 則如顚者之復踢, 蹈者之復躪, 不能自躋也, 而七顚八倒, 則復求投於彼, 乞靈於彼,… 苟勿言其言, 勿事其事, 邪說無隙而入."

다. 그는 유교에서 불교를 비판하는 중심 주제인 현실세계를 벗어난 출세간의 교설이라는 점에 초점을 맞추어 불교가 출세간의 세계를 지향하지만 세간을 버리는 것이 아님을 강조함으로써, 현실의 세계에서 불교가 벗어나는 것이 아니라 참여하는 것임을 밝혀, 세도(世道)에서 유교와 불교가 공존할 수 있다는 '유불병행론'을 제시하고 있다. 그것은 불교와 유교를 무리하게 일치시키는 것도 아니고, 상하의 우열관계로 질서지우려는 것도 아니다. 마치 『중용』에서 "'도'가 병행하여 서로 어그러지지 않는다"(道竝行而不相悖)고 말하는 것처럼 함께 참여하여 각자의 역할과 기여를 한다는 것이다. 그가 이러한 '유불병행론'의 입장을 밝히는 것은 유학자들에게 불교를 변호하는 논리가 될 수 있지만, 동시에 불교인에게도 불교의 치우친 인식을 바로잡아주는 불교해석의 논리이기도 하다는 점을 주목할 필요가 있다. 그의 '유불병행론'은 크게 불교가 세간을 떠나지 않는다는 견해와 불교가 치도(治道)에 역할을 한다는 견해의 두가지 주제를 중심으로 제시되고 있음을 보여준다.

(1) 불교는 세간을 떠나지 않는 가르침임을 변론:

먼저 '도'는 '사려함이 없다'(無思無慮)는 견해에 대해, "사려함이 없다는 것은 '도'의 본체요, 정밀하게 사려하여 나태하지 않는 것은 공덕을 세우는 요령이다"57)라고 하여, '사려함이 없음'과 '사려함'은 본체와 작용의 관계처럼 서로 떠나지 않는 것으로 어느 쪽도 부정할 수 없는 것임을 밝히고 있다. 따라서 예법의 절차와 풍속의 규범이 치밀하게 구

---

57) 『梅月堂集』, 권16, 1, '無思', "無思無慮者, 道之體也, 精慮不怠者, 立功之要也."

성되어 있는 '방내'(方內: 유교)의 가르침과 세상의 규범체계를 끊어버리고 모든 사려를 쉬는 '방외'(方外: 불교)의 가르침으로 대비시키는 견해에 대해, "세상 사람들이 '선'(禪)이라 일컫는 것은 '선정'(禪定)하여 고요하고 한가롭게 한다는 뜻이지만, '선'이라는 글자가 '사유수'(思惟修)·'정려'(靜慮)를 칭하는 것인 줄을 알지 못한다.… (공자가) '배우기만 하고 생각하지 않으면 어둡고, 생각하기만 하고 배우지 않으면 위태롭다'고 하였는데, '사'(思)는 간사한 생각이 아니고 '도'를 행할 방법을 생각하는 것이요, '려'(慮)는 미친 염려가 아니라 배우기 위한 방법을 염려하는 것이다"58)라고 하였다. 여기서 그는 '선'(禪)의 정신에도 '사려'가 내포되어 있으며, '사려'가 사악한 경우도 있지만 '도'를 행하기 위해서도 필수적 조건이 되는 경우가 있음을 밝혀, 불교가 '사려'를 거부하며 무념무상으로 '참선'을 하기만 하는 것이 아니라 '참선' 자체가 고요하고 깊은 사려이며, 불교에서 '도'를 행하는데도 중요한 요소임을 확인시켜 주고 있다.

설잠은 '선비'(士)란 '도'를 지키고 '뜻'(志)을 붙들어야 하는 것임을 지적하면서, 불승(方外之士)이 산 속에 사는 것은 세상을 등지고 고행하는데 목적이 있는 것이 아니라 '도'를 독실하게 지키고 '뜻'을 확고하게 세우는데 있는 것임을 강조하였다. 바로 이 점에서 그는 유교의 '선비'(方內之士)가 산림에 은거하거나 벼슬에 나오는 일과 불교의 승려(方外之士)가 산 속에서 수도하거나 세간에 나오는 일이 '도'를 지키고(守道)

---

58) 『梅月堂集』, 권16, 2, '無思', "夫世人稱禪, 是禪定, 安閑之意, 未知禪字, 乃思修靜慮之稱,…盖學而不思則罔, 思而不學則殆, 思非邪思, 乃思其所以爲道, 慮非狂慮, 乃慮其所以爲學."

'뜻'을 세운다(立志)는 같은 원리를 따르는 사실을 보여주고 있다. 여기서 설잠은 '도'를 지닌 선비가 산 속에 엎드려 있으면서 세상을 잊어버리는 것이 이욕이나 영예에 마음과 지조를 잃지 않는 길이라는 견해의 편협성을 지적하고서, "'도'를 지닌 선비로는 산 속에 엎드려 있는 것이 원하는 바가 아니요, 세상에 '도'를 행하는 것도 뜻이 원하는 바가 아니다. 행할만하면 행하고 그칠만하면 그치는 것이다.…때가 된 뒤에 움직이니 움직임이 '도'를 어그러뜨리지 않고, 믿음이 있은 뒤에 말을 하니 말이 교화를 어그러뜨리지 않는다"[59]고 밝혀, 산에 있는가 세상에 나오는가의 자리에 중점을 두는 것이 아니라, 상황과 처지에 따라 숨기도 하고 나오기도 하며, 행동하기도 하고 말하기도 하는 것임을 강조하였다. 그것은 바로 공자가 말하는 '시중'(時中)의 '도'이다. 그렇다면 불승으로서는 산 속에 있거나 세간에 나오는 것이 선택해야할 필연적 조건이 아니라, '도'를 지키고 '뜻'을 세웠는지 아닌지가 추구해야할 근본원리요, '때'에 맞는지 아닌지가 산 속에 있을지 세간에 나올지를 결정하는 판단기준임을 보여준다. 바로 이 점에서 그는 불교와 유교의 나가고 들어감(出處)이 같은 원리임을 확인시켜주고 있으며, 불교가 결코 세간을 끊고 산림에서 수도하는 것으로 최종 목적을 삼는 것이 아님을 밝히고 있는 것이다.

또한 설잠은 고승의 거취하는 태도에 대해, "'도'에 의거하여 은거하니, 비록 산야에 곤궁하게 머물더라도 그 즐거움을 바꾸지 않으며, '법'에 의거하여 나아가니, 비록 임금 앞에서 경전을 강론하더라도 그 뜻

---

59)『梅月堂集』, 권16, 4, '山林', "盖有道之士, 跧伏山林, 非所願也, 行道於世, 亦非志願也, 可以行則行, 可以止則止,…時而後動動, 不乖其道, 信然後言, 言不戾其化."

을 교만하게 하지 않는다"60)고 하였다. 곧 '도'와 '법'을 기준으로 나아가기도 하고 물러나 은거하기도 하는 것이라 하여, 비록 고승이라 하더라도 세간을 끊는 것으로 지조를 삼는 것은 옳지 않음을 밝혀, 불교가 결코 세속을 벗어나는 출세간의 가르침이기만 한 것이 아님을 강조하였다. 여기서 그는 유교의 선비(士君子)란 나아가거나 물러나 은거하거나 나라와 임금을 생각하는 마음을 잊지 않는 것으로 세간적 가르침에 치중한 것이라면, 불교의 고승은 나아감과 물러남에 자유로우면서도 초연하여 세간과 출세간에 구애됨이 없는 것이라 대비시킴으로써, 불교가 초세간적 가르침의 경향이 강한 차이점을 드러내주기도 한다.

그는 불교의 가르침과 고승이 '세도'에 미친 역할을 제시하면서, "부처의 가르침이 분수에 안주시키지 않았다면, 용감한 자는 성내어 싸우고 지혜로운 자는 조용히 모략을 꾸미며, 농민들은 어지럽게 봉기하였을 것이니, 어떻게 보전할 수 있었겠는가?"61)라고 하여, 진(晉)이 붕괴하면서 남북조시대에 이르는 극심한 혼란기에 사회를 그나마 안정시키는데 불교의 역할이 컸음을 강조하였다. 여기서 그는 '세도'에 역할을 하였던 고승으로서 서진(西晉)의 지둔(支遁: 字 道林)·도안(道安)과 동진(東晉)의 혜원(惠遠)·혜지(慧持) 등이 고담준론으로 사람들을 감동시키고 위로하여 사회가 안정되는데 기여하였음을 지적하여, "비록 '인의'(仁義)의 말씀이 없지만 살생하지 않고 도둑질하지 않아야 한다는 경계는 이미 '인의'의 자취를 드러내었으니, 그 군왕을 복이 있도록 돕

---

60) 『梅月堂集』, 卷16, 5, '三請', "以道而處也, 雖窮居山野, 不改其樂, 以法而出也, 雖對御談經, 不驕其志."

61) 『梅月堂集』, 권16, 8, '松桂', "不有釋氏之敎, 使安其分, 則將見勇者奮而鬪, 智者靜而謀, 擧阡陌之人, 皆紛紛而蜂起矣, 如何而可保哉."

고 백성의 삶을 길이 편안하게 하는 공로가 더 보탤 것이 없었다"[62]고 하였다. 곧 불교에서 살생과 도둑질을 금하는 계율이 혼란한 시대에 왕실과 민심을 안정시키는 역할을 한 것은 유교에서 '인의'로 세상을 다스리는 효과에 해당하는 것임을 밝히고 있는 것이다.

또한 그는 불교의 화복설(禍福說)·보응설(報應說)·윤회설(輪廻說) 등이 괴이하거나 거짓됨에 빠져 통달한 사람들을 놀라게 하는 사실을 인정하면서도, 순(舜)임금이 부모에게 고하지 않고 아내를 취한 사실의 경우를 들어 "군자는 백성을 교화함이 넓고 잃는 것이 적으면 이를 행하고, 잃는 것이 크고 교화함이 작으면 행하지 않는다"고 하여, 부처가 왕위를 버리고 출가하여 부모가 슬퍼하고 아내가 원망한 사실에 대해, "부모의 슬픔과 아내의 원망은 비록 한 때의 인륜에 상반되는 것이지만 뭇 생명에게 깨달음을 열어주는 것은 천년의 성대한 일이니 이른바 '일이 공덕을 이루어주고, 공덕은 허물을 가려준다'는 것이다"[63]라고 하였다. 그는 부처가 출가한 사실 자체를 정당화하는 것이 아니라, 출가하여 '도'를 깨달음으로써 백성을 구제하였던 공덕을 강조함으로써, 출세간의 출가는 권도(權道)로서 해명하고 세간을 위해 큰 공덕을 이루었던 것이 부처의 가르침이 지닌 중요한 의미임을 확인하였던 것이다.

설잠은 불교를 깊이 신봉했던 양무제(梁武帝)가 비판받는 사실에 대

---

62) 『梅月堂集』, 권16, 9, '松桂', "雖無仁義之談, 而不殺不盜之警, 已形仁義之迹, 其福祐王祚, 永綏生民之功, 亦莫加焉."
63) 『梅月堂集』, 卷16, 10, '扶世', "君子其所化民者博, 其所失者小, 則爲之也, 其所失者大, 而所化者小, 則不爲也 故舜有不告而娶,…父悲妻怨, 雖一時之反常, 開悟羣生, 乃千載之盛事, 所謂事能濟其功, 功能掩其過也."

해 불교의 형식에 빠져 진정한 뜻을 잃은 사실을 지적하여 그 비판에 동의하였다. 여기서 그는 부처의 가르침에 대해 "다만 '유'(有)에 집착하는 자를 위해 '공법'(空法)을 설하고, '무'(無)에 집착하는 자를 위해 '유법'(有法)을 설하여 근기의 마땅함에 따른 것이고, 병을 보고 처방을 내려 주신 것일 뿐이다"라 하여 '유'나 '무', 혹은 세간이나 출세간의 어느 쪽에라도 집착하면 이를 깨뜨리는 것이 부처의 가르침임을 확인하였다. 또한 혜능(慧能)이 "불법(佛法)은 세간에 있으니, 세간의 깨우침을 떠나지 않는다. 세간을 떠나 보리(菩提)를 찾는 것은 토끼의 뿔을 구하는 것과 같다"[64]고 언급한 사실을 들어, 불교가 세간을 벗어난 것이 아님을 역설하였다. 곧 세간에 있으면서 세간에 매몰되지 않고 출세간의 법도를 발현할 수 있는 것이 불교의 진정한 정신임을 밝혀주고 있는 것이다.

(2) 불교는 치도(治道)에 기여하는 가르침임을 변론:

설잠은 불교를 신봉하는 바른 태도를 제시하여, "부처를 섬김은 마땅히 '인애'(仁愛)를 다하여 백성을 편안케 하고 중생을 구제함을 근본으로 삼아야 하며, '법'(法)을 구함은 마땅히 지혜를 배워 일의 기미를 철저히 비추어 봄을 우선으로 삼아야 한다"[65]고 하였다. 이에 따라 그는 역사적 현실에서 양무제는 불교를 신봉하면서도 성(城)을 공격하고 땅을 약탈하는 '패도'(覇道: 伯道)를 행하였던 것은 부처의 가르침을 실

---

64) 『梅月堂集』, 卷16, 11, '梁武', "但爲着有者說空法, 着無者說有法, 隨順機宜, 看病施方而已, 故南能曰, 佛法在世間, 不離世間覺, 離世覓菩提, 猶如求兎角."
65) 『梅月堂集』, 권16, 13, '人主', "事佛當盡仁愛, 以安民濟衆爲本, 求法當學智慧, 以鑑徹事機爲先."

현하는 길이 '인의'로 가르치고 '충신'(忠信)으로 인도하여 사방에 근심이 없게 하는 '왕도'(王道)에 있음을 알지 못한 것이라 지적하였던 것이다. 또한 불도징(佛圖澄)은 서진(西晉) 말에 조(趙)나라를 세웠던 석호(石虎)에게 "다만 형벌을 줄만하면 형벌을 주는 것이니, 형벌을 벗어남이 알맞지 않는다면, 재물을 기울여 부처를 섬기더라도 무슨 이득이 있겠는가?"라 하고, 구나발마(求那跋摩)가 송(宋: 南朝)의 문제(文帝)에게 "제왕과 필부는 닦는 바가 다르니, 다만 그 말하고 명령을 내림을 바르게 하는 것이다.···하필 반나절동안 식사를 그만두거나 한 마리 짐승의 생명을 보전하는 것을 수행으로 삼겠는가?"[66]라고 언급한 사실을 인용하여, 부처가 자비를 가르치고 살생을 금하는 계율을 따른다고 제왕이 형벌을 폐지할 수는 없는 것임을 지적하고 있다. 이처럼 그는 군왕의 '치도'는 바른 도리에 따르는 것이라면 형벌로 죽이거나 살생하는 것도 '권도'로 인정할 수 있음을 보여주는 것이다.

또한 설잠은 북위(北魏)때 군왕이 복을 빌기 위해 절(永寧寺·瑤光寺)을 지었던 사실에 대해, 부처님의 본심에 합당하지 않음을 지적하면서, "군왕이 복을 닦아 나라를 복되게 하고자 하면, 다만 만백성을 갖난아이 같이 사랑하고, 천하를 마치 한 몸같이 다스려야 하니, 한 사람의 백성이 굶주리는 것을 나의 굶주림이라 말하고, 한 사람의 백성이라도 추워하면 나의 추움이라고 말하여, 광활한 천하와 억조의 백성들로 하여금 다 어루만지고 교화 하는 가운데 들어오게 하는 것이다"[67]라고

---

66) 『梅月堂集』, 권16, 15, '人主', "澄曰,···但刑其可刑, 罰其可罰, 脫刑罰不中, 雖傾財奉佛, 何以益乎,···跋摩曰, 帝王與匹夫, 所修當異, 帝王者, 但正其出言發令,···何必輟半日之餐, 全一禽之命, 爲之修乎."
67) 『梅月堂集』, 권16, 15-16, '魏主', "人君修福, 欲祚邦家, 但愛萬姓如赤子, 馭四海如一

하였다. 곧 군왕으로서 백성의 고혈을 짜서 절을 화려하고 웅장하게 짓는 것이 복을 닦는 것이 아니라 백성을 자기 몸처럼 사랑하는 것이 복을 닦는 도리임을 제시하고 있는 것이다. 여기서 그는 "참된 지혜를 써서 어리석고 어두움을 깨뜨리면 '천리'(天理)가 간직되고 '인욕'(人欲) 이 막히게 될 것이다. 이로써 수신(修身)하면 몸을 닦을 수 있고, 이로써 제가(齊家)하면 집안이 가지런히 될 수 있고, 이로써 나라에 나아가고 천하에 나아가면 다스려지고 평안하지 않음이 없을 것이니, 이것을 '종 복'(種福)이라 하고, 이것을 '무위실상'(無爲實相)이라 한다"68)고 하였다. 따라서 부처를 받들고 복을 닦는 진정한 길은 참된 지혜(眞智: 般若)를 밝히는 것이요, 이 참된 지혜는 수신·제가·치국·평천하를 실현하 는 것이라 하여, 불교가 바로 '치도'의 원리가 되는 것임을 확인하고 있 다. 그렇다면 불교는 소극적으로 세간을 끊어버리는 것이 아닐 뿐만 아니라, 적극적으로 세간의 '치도'에 진정한 원리가 되는 것임을 강조 하고 있는 것이다.

설잠은 중국의 전통 예악과 법제를 지키면서 불교로 '치도'를 이루었 던 군주의 모범으로 수(隋)나라 문제(文帝)를 들면서, "불교가 중국에서 행해지는 것은 행할만하면 행하는 것이지, 행하여 해독이 되어서는 안 될 것이요, 그만 둘만하면 그만 두는 것이지, 끝까지 행함을 이득으로 삼아서는 안될 것이다. (불교를) 버려두고 쓰지 않을 것이지 삼무(三武:

身, 一民飢則日我之飢 一民寒則日我之寒, 使四海之廣, 兆民之衆, 悉入煦嫗陶甄之 內."
68)『梅月堂集』, 권16, 17, '魏主', "用眞智以破愚闇, 則將見天理存而人欲遏矣, 以之修身, 身可修矣, 以之齊家, 家可齊矣, 以是而之國之天下, 無不治而平矣, 是之謂種福, 夫是 之謂無爲實相."

불교를 탄압했던 北魏의 道武帝, 西周의 武帝, 唐의 武宗)처럼 전멸시켜 원천을 막아서는 안될 것이요, 행하더라도 합당하게 해야지 이주(二主: 불교를 혹신했던 梁武帝와 北魏의 皇后)처럼 깊이 **빠져서** 돌이키지 못해서는 안될 것이다. 치우침도 없고 기울어짐도 없으며, 탐닉하지도 않고 미혹되지도 않아야, 덕이 높고 지혜로운 군주가 남는 힘이 있어서 (불교를) 행한다고 말할 수 있다"[69]고 하였다. 여기서 그는 불교를 행하는 것 자체가 옳다는 포교적 신념에서 벗어나, 군주로서 어떻게 불교를 대할 것인지 올바른 종교정책의 자세를 밝히고 있는 것이다. 군주가 불교에 대해 극단적 배척의 태도나 극심한 혹신(惑信)의 태도를 모두 비판하면서, 어떤 종파에 대해 편파적 태도가 아니라 공정한 자세를 가질 때에 불교도 올바르게 행할 수 있음을 밝혀준다. 그만큼 설잠의 종교적 자세는 기본적으로 일치나 융화를 추구하는 것도 아니고 불교의 우월성도 아니요, 유교체제의 사회 속에서 '치도'를 건강하게 실현하는데 불교와 유교가 함께 참여하고자 하는 '유불병행론'의 입장을 확립하고 있는 것이라 하겠다.

이에 따라 그는 고승들이 '자비'와 '인애'의 불교적 방법으로 정치에 참여할 수 있는가 하는 문제에 대해, 설잠은 "같은 짐승이지만 순록과 사슴이 마당에 오면 사람들이 다 같이 괴이하게 여기고, 개와 양이 산에 머물면 사람들이 다같이 의아해 하는 것은 그 거처하는 자리가 같지 않기 때문이다"[70]라고 하여, 유교의 선비와 불교의 승려는 각각 머

---

69) 『梅月堂集』, 권16, 19, '隋文', "佛教之行於中國也, 可以行則行之, 不必行之而爲害, 可以已則已之, 不必盡行而爲得也, 捨之而不用, 未必盡滅而塞源如三武, 行之而得宜, 未必耽溺而不返如二主, 無偏無側, 不泥不罔, 可謂聖哲之主有餘力而爲之也,"
70) 『梅月堂集』, 권16, 20, '仁愛', "同是獸也, 麋鹿來場, 則人共怪之, 犬羊居山則人共訝

무는 자리가 있어서 뒤섞을 수 없다는 경계를 유의하고 있다. 그것은 유교와 불교가 함께 '치도'에 참여한다 하더라도 각각의 자리에서 그 역할을 행하는 것이지, 승려가 세속의 정치에 직접 뛰어드는 것을 경계하고 있는 것이다. 그러나 역사 속에 당의 영일(靈一)·관휴(貫休)와 송(宋)의 가구(可久)·혜홍(惠洪) 등 많은 승려들이 사대부(士大夫)와 교유하였던 사실에 대해서는 매우 긍정적으로 평가하여, 유교와 불교의 교류에서 바람직한 면모로 인식하고 있음을 보여주는 것이 사실이다. 이처럼 설잠은 유교와 불교가 각각 '도'를 실현하는 독자적 방법과 세계를 존중하면서도, 불교가 세간을 끊는 것이 아니라 세간의 '치도'를 위해 유교와 더불어 상호보완적 역할로 기여할 수 있다는 '유불병행론'의 입장을 거듭 확인하고 있다. 이와더불어 그는 '유불조화론'의 기반 위에서 유교의 선비와 불교의 승려가 각각의 독자적 '도'의 세계를 지키면서 대립과 갈등을 넘어서 인간적 깊은 교류의 길이 있음을 주목하였던 것이다.

5. 보우(普雨)의 유불동조론

1) 충효의 강조와 유불동조론

보우(普雨, 1506~9?-1565, 호 懶庵·虛應堂·圓澤)는 15세 무렵 금강산 마

之, 以其所居之處不同故也."

하연(摩訶衍) 암자에서 삭발 수계했다. 그는 시문을 잘 짓고 학식 있는 승려로 이름을 얻었으며, 여러 유학자들과 널리 교유하였다. 명종3년 (1548) 당시 수렴청정하던 문정왕후(文定王后)에게 발탁되어 봉은사(奉恩寺)의 주지가 되고, 1550년 문정왕후의 후원을 받아 선종판사(禪宗判事)가 되어 죽기 전까지 불교 중흥운동에 나서서 큰 성과를 거두었다. 그러나 1565년 문정왕후가 죽자 그는 제주도로 유배되어 죽음을 당했고, 그 이듬해(1566) 선교 양종과 승과, 도첩제가 다시 폐지되고 말았다.

보우는 불교에서 '선'과 '교'의 일치뿐 아니라, '왕이 곧 부처(王卽佛)'라는 논리로 승려들이 군왕과 국가에 충성할 것을 강조하여 유교체제에 순응하는 '유불동조론'을 제시하였다. 그는 "부처가 말씀하신 경전의 뜻을 자세히 궁구하면 단지 인간의 본성에 본래 간직되어 있는 것을 말씀하였지, 인간의 본성에 본래 없는 것을 말씀하신 적이 없다. 본성에 본래 간직되어 있는 것은 다른 것이 아니라 임금과 부모로서는 어질고 자애로우며, 신하와 자식으로서는 충성하고 효도해야 한다는 것이다"[71]라고 하여, 부처의 가르침은 인간의 본성을 매개로 인(仁)·자(慈)·충(忠)·효(孝)의 유교적 도덕규범과 일치하고 소통하는 것임을 강조하고 있다.

따라서 그는 중생의 근기(根機)에 따라 제시되는 부처의 가르침의 성격을 규정하여, "천하의 사람마다 저절로 본성의 덕을 알아서 임금에게 충성하고 부모에게 효도하여, 살아계실 때는 봉양하고 돌아가시면

---

71) 『懶庵雜著』(한불전[7], 580), '薦母印經跋', "詳原佛之說經之意, 只說人之性上之所固有, 不曾說人之性上之所本無也. 盖性之所固有者非他, 爲君父則仁與慈, 爲臣子則忠與孝也."

장사지내며, 상례에 슬픔을 다하고 제사에 공경을 다하여 극진하게 하지 않음이 없도록 하니, 살아서는 봉양함으로 뜻에 순종하는 영화로움을 누리고, 죽어서는 천계(天界)에 태어나는 천도(薦度)를 받게 한다"[72]고 하였다. 이처럼 부처의 가르침은 바로 인간이 본성을 따름으로써 충과 효의 도리를 지키게 하여, 살아서는 신하와 자손들의 받들고 봉양함을 받고 죽어서는 불교에서 말하는 천상 세계에 다시 태어날 수 있게 하는 것으로 부처의 가르침과 유교의 가르침이 본성 안에서 일치하고 소통하는 것임을 확인하고 있다. 곧 유교에서 제시하는 '충·효'의 규범이 부처의 가르침임을 인식하지 못하면 그것은 불경의 깊은 뜻을 잘못 읽는 것이라 보는 입장으로 불교를 유교의 세간적 질서 속에 끌어들이는 '유불동조론'을 보여준다.

보우는 조선사회의 불교억압체제 아래에서 왕실을 등에 업고 불교 중흥운동을 벌이면서 왕실에 대한 '충'의 마음가짐과 실천을 자신의 생활 속에 철저히 자리잡게 했던 사실을 엿볼 수 있다. 그는 젊은 시절 금강산에서 수도할 때부터 이미 임금에 대한 충성의 마음을 밝히면서, "불문(佛門)에 들어온 뒤로/ 인간세상 시비란 잊어버렸지만/ 충성의 마음만은 바뀐 일이 없어/ 임금님 축원하여 향로에 연기 피어오르네"[73]라 읊었고, 또한 "청정한 선심(禪心)이야 속세 인연 꿈도 꾸지 않았으나/ 하늘이 내려준 충성의 마음이야 다하기 어려워라"[74]라고 읊었다. 그

---

72) 같은 곳, "使天下之人人, 自然知性之德, 而能忠孝其君父, 而其養生送死愼終追遠, 無所不用其極, 而使其君父, 生得享養志之榮, 死得蒙生天之薦."
73) 『虛應堂集, 卷上』(한불전[7], 534), '山居雜咏(5)', "自從入此空門後, 忘却人間是與非, 惟有忠誠曾不革, 祝君爐上篆煙飛."
74) 『虛應堂集, 卷上』(한불전[7], 546), '次全藎卿韻', "禪心無復夢塵緣, 只難天賦忠肝

가 세속을 벗어나 출가한 승려로서도 임금을 향한 충성의 마음을 지울 수 없음을 강조하는 것은 바로 이 충성의 마음이 인간의 본성에 근원한 것이요, 따라서 부처의 가르침도 이 본성을 벗어나지 않는 것이라는 인식에 따른 것이다. 이와 더불어 그는 "마음 일어나면 대상도 일어나고/ 대상이 사라지면 마음도 사라지니/ 마음과 대상이 모두 공(空)한 자리에/ 임금님 축원하는 정성 절로 간절하네"[75]라고 읊은 시에서는 임금에 대한 충성의 마음이 불교적 깨달음의 궁극적 경지로서 '공'(空)에서 발현되어 나오는 것이라 밝히기도 한다. 곧 충성의 마음은 유교에서 말하는 인간의 본성을 통해서나 불교에서 말하는 '공'의 경지에서 어떤 경로를 통해서도 불교와 소통되는 것이요, 군왕에 대한 충성심은 불교의 필연적 조건임을 확인하고 있는 것이다.

그는 자신이 임금(明宗)과 섭정을 하고 있는 왕대비(文定王后)에게 바치는 충성심을 간곡히 표현하여, "현재부터 미래의 모든 날에 이르기까지, 임금님 생각하는 백성의 마음(獻芹心)이 갈수록 굳어져서 다시 태어날 때마다 언제나 밝은 시대(昭代: 今上의 治世)의 백성이 되고자 하며, 임금님 사랑하는 백성의 심정(負暄情)이 더욱 깊어져서 세세토록 성스런 왕후(聖后: 文定王后)를 그림자나 메아리처럼 따르고자 합니다. 도적의 칼날 위에 있거나 천둥 번개치는 속에 있거나, 진실로 나라의 평안에 이로움이 있다면 목숨을 버리는 것도 결코 사양하지 않겠습니다"[76]

盡."
75) 『虛應堂集, 卷下』(한불전[7], 566), '天壇祝釐', "心生境亦生, 境滅心還滅, 心境兩俱空, 祝君誠自切."
76) 『懶庵雜著』(한불전[7], 593), '淸平寺保上春秋水陸齋疏', "自從現在之時, 窮至未來之際, 獻芹心之轉固, 生生常向昭代而作臣民, 負暄情之愈幽, 世世恒隨聖后而爲影

라고 하였다. 이러한 태도는 어떤 유학자가 군왕에 대해 보이는 충성심보다 극진하지만, 유교에서 임금의 마음을 바로잡기(格君心) 위해 직언으로 간쟁하는 자세가 없다면 단지 추종하고 영합하는 모습으로 비쳐질 수도 있다. 그러나 그는 자신의 충성심이 진실함을 밝혀, "반드시 내 마음의 충성심이 다하기를 기다려야만 부처를 이룸(佛果)이 원만하기를 기약할 수 있을 것입니다. 저 온갖 물체를 벗어난 본성(虛空性)이야 소멸되어 없어질 수 있다 하더라도, 이 진실한 마음(眞實心)이야 결코 바뀌고 변함이 없을 것입니다"[77]라고 하여, 충성심이 부처를 온전히 이루는 필연의 조건이요 불변의 진실한 마음임을 역설하고 있다. 진여(眞如)인 본성이 없어지는 한이 있어도 충성의 진실한 마음이 변치 않겠다는 충성의 선언은 "백골이 진토되어 넋이라도 있고 없고/ 임향한 일편단심이야 그칠줄이 있으랴"라는 정몽주의 「단심가」(丹心歌)에 견주어지는 충성심의 불교적 표현이라 하겠다.

문정왕후가 왕실의 금을 내어 불경인 『장수경』(長壽經)·『약사경』(藥師經)·『금강경』(金剛經)과 도장(道藏)인 『옥추경』(玉樞經) 등 경전을 베끼는 사경(寫經)의 공덕으로 왕실의 복을 비는 불사(佛事)를 일으켰을 때, 보우는 문정왕후가 임금을 축원하고(祝君) 나라를 수호하려는(護國) 뜻이 환자를 살리려는 의사의 간절한 마음을 넘어서 중생을 구제하려는 부처의 온전한 서원에 견주면서, "여래의 서원으로 성렬(聖烈: 文定王后의 號)의 심정을 생각해 보면 서원과 심정에 차이가 있은 적이 없고,

---

響, 或盜賊刀釖之上, 或雷電霹靂之中, 苟有利於安邦, 終不辭於捨命."
77) 같은 곳, "必待吾心之忠盡, 方期彼佛之果圓, 彼虛空性兮, 可有消亡, 此眞實心兮, 決無改變."

성렬의 행실로 여래의 사적에 비교해 보면 행실과 사적이 같지 않은 적이 없으니, 여래는 곧 성렬이요 성렬은 곧 여래이다. 여래는 곧 과거의 성렬이고 성렬은 곧 현재의 여래이다"[78]라고 하였다. 여기서 보우는 문정왕후와 부처가 마음과 행적에서 같으므로, 문정왕후와 부처가 동일함을 주장하였다.

'일체의 만물이 모두 불성을 지녔다'는 불교의 입장에서 보면 본질적인 의미에서 문정왕후를 부처라 하여도 안될 것은 없다. 그러나 그는 마음과 행실의 실제적 의미에서 부처와 문정왕후가 안과 밖으로 조금도 차이가 있었던 일이 없다고 강조하고 있으며, 여기서 한걸음 더 나아가 역사적 의미에서 과거에 계셨던 석가모니와 문정왕후를 일치시키고 현재 살고 있는 문정왕후를 과거에 계셨던 석가모니와 일치시키고 있다는 것이다. 그것은 문정왕후를 부처의 현신 곧 활불(活佛)로 보고 받들겠다는 선언이라 할 수 있다. 한 불승이 권력에 아부하는 첨사(詔辭)의 절창(絶唱)으로 들릴 수도 있지만, 유교체제의 왕실권력과 불교를 연결시킴으로써 불교에 대한 탄압을 벗어나야 한다는 절박한 요구의 현실에서 본다면, 불교중흥의 활로를 열어주는 문정왕후가 보우에게는 부처의 현신이요 활불로 닥아왔던 것이 진심일 수도 있었을 것이다. 이처럼 보우는 유교체제의 '충효'규범을 불교 속에 적극적으로 받아들이고 실행하여 유교체제에 동조하는 '유불동조론'의 입장을 선명하게 드러내 주었다.

---

78) 『懶庵雜著』(한불전[7], 578), '寫經跋', "以如來之願, 想聖烈之情, 情願未嘗有異, 以
聖烈之行, 較如來之事, 行事未曾不同, 而如來卽聖烈, 聖烈卽如來也, 如來卽過去之
聖烈, 聖烈卽現在之如來."

2) 유불화합의 동조론과 성리학적 이해

(1) 유불화합의 동조론

보우는 유교와 불교가 동일한 근원에서 나왔다는 근원의 일치성에 따라 현상적 차이를 넘어서야 한다는 화합론을 강조함으로써, 유교의 불교비판에 따른 갈등을 해소하고자 하였다. 이러한 그의 유불화합에 대한 인식은 유교와 불교의 융화나 병행을 추구하려는 의도가 아니라 불교를 유교에 동조하게 하는 유불동조론의 입장을 드러내고 있는 것이 사실이다. 그는 불교와 유교가 분별적 의식에 젖어 있는 태도에 대해 '도'의 근원적 일치성을 망각한 것으로 보고 양쪽 모두를 비판하고 있다.

> "세상에는 노자와 부처에 빠져서 임금과 부모를 버리는 자가 있는데, 헛되이 허무(虛無)를 일삼기만 하지 군신(君臣)과 부자(父子)의 도리가 큰 근본에서 나온 큰 작용임을 알지 못하거나, 공자와 맹자를 스승으로 삼고 인의(仁義)를 받드는 자가 있는데, 단지 충서(忠恕)를 높이기만 하지 진공(眞空)과 적멸(寂滅)의 이치가 큰 작용이 나오는 큰 근본임을 알지 못한다.
> 이 둘은 모두 '도'의 본체와 작용에 어둡고, 또 성인이 권변(權變)을 쓰기도 하고 상도(常道)를 쓰기도 하는 방법이 이어가기도 하고 서로 일으키기도 하여, 지극히 바르고 지극히 크며 둘로 나뉠 수 없는 큰 근원을 붙들어 준다는 것을 알지 못한다. 이에 둘로 나뉨이 없는 '도'가 드디어 쪼개져 하나는 유교요, 하나는 불교가 되며, 우열이 없는 성인은 앞세우고 뒤로 미루어 '오랑캐'(夷)라 하고 '중화'(夏)라 한다.…한쪽은 옳고 한쪽은 그르다 하니, 누가 둘이 아님을 알겠는가?"79)

곧 불교인은 '허무'의 본체만 추구하다가 인륜의 도리라는 작용을 망각하고, 유교인은 '충서'의 작용만 추구하면서 '적멸'의 이치를 거부함으로써, 본체와 작용이나 '상도'와 '권변'을 전체로서 통합하지 못하고 한쪽에 치우치는 폐단에 빠져 있음을 지적하였다. 이처럼 전체를 못보고 한쪽에 치우침에 따라 불교의 승려는 유교의 '인'(仁)을 애착이라 하여 거부하게 되고, 유교의 선비는 불교인에 대해 인륜을 저버린 금수로 보게 되는 현실을 지적하고 있다. 따라서 그는 전체를 못보는 한계 때문에 유교와 불교의 분렬과 오랑캐와 중화의 분별이 일어나는 것임을 강조함으로써, 분렬과 대립을 벗어난 통합과 화합의 길을 제시하고자 하였던 것이다.

따라서 그는 '인의'를 본성으로 삼으면서 산중에 몸을 두고(性仁義而身泉石), '적멸'을 '도'로 삼으면서 '충효'를 마음으로 지키는(道寂滅而心忠孝) 화법사(華法師: 未詳)의 경우를 불교인의 모범으로 높임으로써, 유불동조론의 입장을 한 모범으로 제시하기도 하였다. 여기서 그는 "임금에 충성하고 어른을 공경하는 큰 작용이 '적멸'에서 말미암아 일어나고, 형상을 끊고 명목도 여읜 큰 근본이 사물에 있으면서 항상 운행됨을 아는 것이니, 이것이 어찌 헛되이 '공'(空)을 지키는 어리석은 선객(痴禪)이나, 단지 '의'(義)를 등진 미친 중(狂釋)에 견주겠는가?"[80]라고

---

79) 『虛應堂集, 卷上』(한불전[7], 538), '次華法師軸韻序', "夫世有淫老佛而舍君父者, 徒事虛無, 而不知其君臣父子之道, 是大本之大用, 師孔孟而宗仁義者, 但尊忠恕, 而不知其眞空寂滅之理, 是大用之大本之二者, 皆迷道之體用, 而又不知聖之所以或權或常, 而接武相興以扶持, 夫至正至大無二之大源也, 肆其無二之道, 逐柝而一儒一釋, 無優劣之聖, 乃先後而日夷日夏,…一是一非, 孰知夫無二也."
80) 같은 곳, "以知夫忠君弟長之大用, 由寂滅而飜興, 絕相離名之大本, 在事物而常行, 此豈比夫徒守空之痴禪, 但背義而狂釋者也."

하여, 유교적 가르침을 포섭하지 못하고 '공'을 관조하기만 하거나 '의'를 돌보지 않는 승려들을 '어리석은 선객'이나 '미친 중'으로 엄격하게 비판하고 있다. 그만큼 유교의 가르침인 '인의'를 불교에서 버려두면 불교의 진리조차 실현할 수 없는 것임을 밝혀 유불화합을 통한 '유불동조론'을 제시하고 있는 것이다.

유교와 불교가 본래 하나의 '도'에 근원한다는 '유불동원론'의 인식은 보우의 일관된 논리이다. "유래가 없는 것이 있는데/ 누가 둘로 쪼갤 수 있으랴/ 물과 물결은 축축함이 원래 같고/ 얼음과 눈은 차가움이 본래 같다네/ '도'가 어찌 유교와 불교로 나뉠까마는/ 사람들이 창과 방패로 맞서는구나"[81]라고 읊어, 유교와 불교의 차이란 물과 물결이나 얼음과 눈의 차이처럼 감각적 현상의 차이고 본질은 동일하다는 관점을 제시하며, 단지 어리석은 인간들이 갈라놓고 창과 방패처럼 서로 다투는 것이라 하였다. 또한 대장경에서 말하는 '청정한 법신'(淨法界身)과 『주역』에서 말하는 '하늘의 큰 근원'(乾元)이 어느 쪽이 더 깊거나 더 얕음이 없는 동일한 본체를 가리키는 것이라 보면서, "지극한 '도'에 어찌 일찍이 두 영역이 있으랴/ 크게 보면 형상과 옷으로 다르게 여기지 않으리/ 입술과 혀를 놀려 서로 배척하고 있구나"[82]라고 읊은 시에서도 유교와 불교를 갈라놓는 것은 밖으로 드러난 모습이나 옷모양 같은 말단적 그림자에 현혹되어 입을 놀려 다투는 것일 뿐이라 비판하였

---

81) 『虛應堂集, 卷上』(한불전[7], 540), '次玉師軸韻', "有物沒巴鼻, 誰能析二端, 水波元共濕, 氷雪本同寒, 道豈分儒釋, 人應竪戟干."
82) 『虛應堂集, 卷下』(한불전[7], 556), '有一儒士, 來自無何, 深忌兩宗之興, 兼綴長篇爲贈, 問佛通塞甚切, 余事不獲已, 把筆依韻奉酬', "至道何曾有二域, 大觀不以象服殊, 搖脣鼓舌相排鬪."

다.

나아가 그는 공자와 부처를 같은 수레를 밀고가는 두 사람에 비유하면서, "공자는 '상도'(常)를 말씀하고 부처는 '방편'(權)을 말씀하니/ 같은 손을 손바닥과 주먹으로 나눈 것 같네/…두 성인 함께 수레를 밀고 계신데/ 자리를 바꿔본들 어찌 앞섰느니 뒤섰느니 따지겠는가"[83]라고 하여, 유교와 불교가 하나의 진리에서 '상도'(常)와 '방편'(權)을 어느 쪽이 이야기 하던지 손바닥을 편 것과 주먹을 쥔 것의 차이일 뿐이지 그 진리는 하나의 동일한 손임을 강조하였다. 두 사람이 같은 수레를 밀고 간다는 것은 걸음을 걸을 때 두 발이나 새가 날 때의 두 날개처럼 앞서고 뒤서는 선후(先後)나 경중(輕重)을 나눌 수 없는 것임을 보여준다. 그만큼 불교와 유교는 근원적 일치성을 근거로 화합을 이루어야 하는 것이지 갈라놓고 우열을 다툴 수 없는 것임을 역설하고 있는 것이다.

당시 유학자들이 불교를 비판하는 조목으로 불교가 흥성하면 유교가 쇠망하고 나라가 혼란해진다는 역사적 사실을 지적하는데 대해, 보우는 불교를 탄압했던 '삼무(三武: 北魏 道武帝, 西周 武帝, 唐 武宗)의 시대에 유교가 흥성하지 않음을 지적하여 반박하면서, "세상 흥망을 따라 성쇠도 함께 하는 것이니/ 그대 불교를 못 행하게 하고자 하면/ 천지 변역의 소식을 바꿔야 할걸세/ 이 논의야 앞 사람도 논하지 못했었으니/ 소견 얕은 자 보고서 반드시 크게 비웃을 걸세"[84]라고 읊었다. 여기서

---

83) 『虛應堂集, 卷上』(한불전[7], 535), '儒釋權常一致', "孔卽言常佛卽權, 如分一手掌幷拳,…二仙具是同推轂, 易地何曾較後前."
84) 『虛應堂集, 卷下』(한불전[7], 556), '有一儒士,…把筆依韻奉酬', "隨世興亡同擡溺, 君欲使吾道不行, 須變乾坤易消息, 此論前人所未論, 小知見之必大噱."

"천지 변역의 소식을 바꿔야 할걸세"(須變乾坤易消息)라고 말한 것은 불교가 유교 사이란 하나가 흥성하면 하나가 쇠퇴하는 것이 아니라, 융흥하는 세상에서는 함께 융성하고 쇠망하는 시대에서는 함께 쇠망하는 것이 천지가 변역하는 이치라 하여, 천지변역의 이치가 바뀌지 않는 한 유교와 불교가 한쪽이 흥성하면 다른 쪽이 쇠퇴하는 일이 없을 것이라는 신념을 밝히고 있는 것이다. 그는 유교와 불교가 상극(相剋)의 관계가 아니라 상생(相生)의 관계임을 제시한 것이며, 이 이론은 이전에 아무도 제기한 일이 없는 자신의 독보적 주장으로 큰 안목이 없으면 받아들일 수 없는 것임을 지적하고 있다.

(2) 성리학적 이해

보우가 활동하던 16세기 중반은 유학자들 사이에서도 성리학의 이해가 심화되면서 정밀한 토론이 활발하게 일어나고 있는 시기였다. 이시기에 보우는 벼슬이 높은 유교지식인에게 호설(號說)로 지어준 글인 「경암명병서」(敬庵銘并序)와 「일정」(一正) 두 편에서 상당한 이해의 수준으로 성리학적 지식을 활용하고 있음을 보여준다.

'경암'(敬庵)으로 호를 지어준 글 「경암명병서」에서는, "사람이 하늘에서 얻은 바로 나에게 있는 것이 '성'(性)이 된다. 그 본체는 신령하고 밝아 어둡지 않으며, 그 작용은 빛나고 커서 걸림이 없다. 거울이 비었으나 비춤과 같아서, 털끝만큼의 인위(人僞)도 그 사이에 끼어 들지 않으니, 움직이거나 고요하고 말하거나 침묵함이 모두 '천리'(天理)의 본연이다. 하늘은 사람이 아닌 적이 없고 사람은 하늘이 아닌 적이 없었다"[85]고 하였다. 여기서 보우가 "사람이 하늘에서 얻은 바로 나에게 있는 것이 '성'이 된다"(人之所得乎天, 而在我爲性)는 구절은 주자가 『대학장구』(大學章句; 經1章)에서 "'명덕'은 사람이 하늘에서 얻은 바로 비었고 신령하여 어둡지 않으며, 모든 이치를 갖추고서 모든 일에 대응하는 것이다"(明德者, 人之所得乎天, 而虛靈不昧, 以具衆理而應萬事者也)라고 한 말과 상응된다.

'성'(性)이나 '명덕'(明德)이 하늘로부터 부여받아 인간이 지닌 것이라는 점에서는 보우의 언급은 주자의 견해와 크게 다를 것이 없다. 보우는 이 '성'을 '천리'라 보았으니, 바로 성리학의 '성즉리'(性卽理)에 합치된다. 그러나 주자가 "선학에서는 다만 비어서 신령하고 어둡지 않은 것을 '성'이라 하지만, '모든 이치를 갖추고'라는 말 그 다음의 일(모든 일에 대응하는 것)이 없다"[86]고 하여, 성리학과 선학의 입장을 차별화하고 있는 사실을 유의한다면, 본체로서의 '성'과 작용으로서의 '정'을 대비시키면서 '심'으로 양자를 통합하고 있는 체계를 벗어나면 성리학의 심성론과 달라지는 것으로 보지 않을 수 없다. 바로 이 점에서 보우는 '성'의 본체를 '신령하고 밝아 어둡지 않다'(靈明而不昧)고 하며, 그 작용을 '빛나고 커서 걸림이 없다'(光大而無累)고 하여, '성'이 '정'으로 발현되는 작용의 영역을 드러내지 않고, '성' 안에서 본체와 작용을 설명하려 하는 점에서 성리학과의 차이가 드러나는 것이다.

본체와 작용 사이에 분리와 통합의 긴장된 균형을 확보하려는 것이

---

85) 『懶庵雜著』(한불전[7], 580), '敬庵銘幷序', "盖人之所得乎天, 而在我爲性者, 其體, 靈明而不昧, 其用, 光大而無累, 正如寶鑑之空照, 無一毫人僞介乎其間, 而其一動一靜一語一黙, 渾是天理之本然, 天未嘗不爲人, 人未嘗不爲天也."
86) 『朱子語類』, 권14, '大學(1), 經上', "禪家, 則但以虛靈不昧者爲性, 而無以具衆理以下之事."

성리학의 입장이라면, 통합의 일체성을 강화하는 것이 불교의 입장이라 할 수 있다. 바로 이 때문에 보우는 성리학에서 발언할 수 없는 명제로서, "하늘은 사람이 아닌 적이 없고, 사람은 하늘이 아닌 적이 없었다"(天未嘗不爲人, 人未嘗不爲天也)고 발언한다. 그는 「일정」에서 "하늘이 곧 사람이요, 사람이 곧 하늘이다"(天卽人, 人卽天)라고 말한 것도 같은 맥락이다. 성리학에서는 인간이 '천명'을 부여받았고, 인간의 '본성'이 이치라 확인하지만, 인간이 하늘과 즉자적(卽自的)으로 일치되거나 이치와 일치시키는 발언은 결코 있을 수 없는 일이다. 바로 이 점에서 보우는 성리학적 개념들을 본격적으로 활용하여 제시하고 있지만, 불교적 입장을 전제로 하고 있는 것이요, 성리학 자체를 논의하는 것이라 볼 수는 없다.

　보우는 「일정」에서 '일'(一)을 '리'(理: 天理)와 일치시키고 '정'(正)을 '심'(心: 人心)과 일치시키는 기본 관점을 제시하고 있다. 이에 따라 '일'은 '성실하여 거짓됨이 없는 것'(誠實無妄)이라 하고, '정'을 '치우치지도 않고 사특하지도 않으며, 순수하여 뒤섞임이 없는 것'(不偏不邪, 而純粹無雜)이라 하였다.[87] '일'을 '리'라고 해석하는 점에서는 성리학에서도 문제가 없다. 그러나 '정'을 '심'으로 보는 점에서는 성리학에서도 많은 쟁점을 유발할 수 있는 대목이다.

　"'심'은 고요하여 생각함이 없으나, 천지만물의 이치가 갖추어지지 않음이 없으며, 영명하여 어둡지 않으니 천지만물의 일이 대응되지 않음이 없

---

87) 『懶庵雜著』(한불전[7], 581), '一正', "一者, 非二非三, 而誠實無妄之謂也, 天之理也,…正者, 不偏不邪, 而純粹無雜謂也, 人之心也."

으며, 한 생각의 사사로움이 치우치게 하고 간사하게 함도 없었다. 그래서 하나인 본성이 발현하여 측은(惻隱)·수오(羞惡)·사양(辭讓)·시비(是非)에서 희(喜)·로(怒)·애(愛)·락(樂)에 이르기까지 온갖 일에 따르면서 대응하니, 마치 거울이 사물을 비추는 것과 같아서 어떤 일도 잘못됨이 없다. 이것은 사람 마음이 본래 바르니 순수하고 뒤섞임이 없는 까닭이다."[88]

보우는 '심'개념을 해석하면서, "'심'은 고요하여 생각함이 없다"(其心, 寂然無思)고 하였는데, 『주역』(繫辭上)에서는 "'역'은 생각함이 없고 행함이 없으며, 고요하여 활동하지 않다가 감응하여 천하의 일에 소통한다"(易无思也, 无爲也, 寂然不動, 感而遂通天下之故)는 언급에 상응하는 것이다. 마음이 고요하고 사려분별이 없다는 것은 바로 마음의 본체를 가리키는 것으로서, 비어 있다는 '허'(虛)의 조건과 더불어 밝은 지각능력이 있다는 '령'(靈)의 조건을 말한다. 주자학에서도 마음의 본체가 '비어서 영명하고 어둡지 않다'(虛靈不昧)하고 '모든 이치를 갖추고 있다'(具衆理)고 하지만, 동시에 이 마음의 작용은 '모든 일에 대응한다'(應萬事)고 하였다. 보우는 마음을 '고요하여 생각함이 없다'(寂然無思)는 '허'의 조건과 '영명하여 어둡지 않다'(靈然不昧)는 '령'의 조건을 양면으로 제시하면서, '허'에서 모든 이치가 갖추어지는 것이라 하여 마음의 본체 자체를 지적하고, '령'에서 모든 일에 대응한다고 하여 마음의 본체에서 작용이 전개되어 나오는 면을 지적하였다. 보우의 이러한 '심'개념 해석은 성리학과 별로 충돌하지 않는 것으로 보인다.

---

88) 같은 곳, "其心, 寂然無思, 而天地萬物之理, 無所不該, 靈然不昧, 而天地萬物之事, 無所不應, 而未曾有一念之私, 以偏之邪之也, 是故一性之發, 惻隱羞惡辭讓是非, 以至喜怒哀樂, 隨應萬事, 如鏡照物, 未曾有一事之錯, 此人心之所以爲本正, 而純粹無雜者也."

그러나 보우는 '심'의 본체를 확인하면서, "사람 마음이 본래 바르니 순수하고 뒤섞임이 없다"고 언급한 것은 '사람의 마음'(人心)을 본체의 면에서 보는데 초점이 맞추어져 있다. 따라서 성리학에서는 '성'을 '리'라고 하면서, '심'는 그 속에 '성'을 내포하고 있다는 측면에서 '심'의 '리'를 말하지만, 기본적으로 '심'은 '성'과 달리 그 바탕이 '기'(氣: 氣質)로 이루어져 있다는 점에서, 퇴계의 경우 '심'에 '리'(性)와 '기'(情)가 함께 내포되어 있다는 의미에서 '심합이기설'(心合理氣說)을 제시하였고, 율곡의 경우 '심'은 '성'과 구별된다는 의미에서 '기'라고 규정하여 '심즉기설'(心卽氣說)을 제시하였다. 그러나 유교전통에서도 왕양명은 마음의 본체를 강조하면서 마음을 '성'이나 '리'와 일치시켜 '심즉리설'(心卽理說)을 제시하였다. 여기서 보우가 '심'개념을 본체의 면에서 제시하는 것은 바로 '심즉리설'에 해당하는 것이요, 조선시대 주자학전통에서 왕양명의 '심즉리설'은 퇴계에 의해서도 선학에 빠진 것이라 비판을 받았던 일이 있다.[89]

인간의 마음이 '본래 바르다'(本正)는 보우의 주장은 마음의 본체를 말하는 것으로서 아무런 무리가 없지만, 마음에 본체의 '성'만이 아니라 작용의 기반인 기질에 온갖 욕망이 끊임없이 일어나 공격하고 있는 현실을 외면하고 마음이 '본래 바르니' 바르게 지키기만 하면 된다고 주장하는 것은 이미 불교의 '심학'(心學)인 것이요, 끊임없이 마음의 작

---

89) 퇴계는 왕양명이 "온갖 일과 사물을 쓸어내고 모두 '본심'에 끌어들여 뒤섞어 설명하고
  자 하는 것은 불교의 견해와 무엇이 다르겠는가"(欲事事物物一切掃除, 皆攬入本心
  衮說了, 此與釋氏之見何異.<『退溪集』, 권41, '傳習錄論辯'>)라고 비판하였으며, 19
  세기 후반 퇴계학파의 李震相이 '心卽理說'을 제기하였을 때도 禪學에 물든 것이라
  비판을 받기도 하였다.

용을 성찰하고 기질을 바로잡아야할 대상으로서 '심'개념을 제시하는 성리학의 '심학'과 상당한 거리를 보이지 않을 수 없는 것이다. 이처럼 '심'개념의 해석에서 보우는 성리학의 용어를 자유롭게 끌어들이고 있지만 성리학의 정통적 입장과 근본적인 차이를 지니고 있는 사실을 주목할 필요가 있다.

이와더불어 보우는 '경암'(敬庵)이라는 호에서 '경'(敬)의 수양론적 의미를 밝히고 있으며, 또한 '일정'(一正)이라는 호에서 '성'(誠)의 수양론적 의미를 밝히고 있다. 또한 그는 이러한 수양론적 실행의 정당성을 심성론의 근거에서 해명하고 있다는 사실에서 성리학적 이해의 면에서도 상당히 세련된 논리를 제시하였다는 점을 인정할 수 있을 것이다. 그러나 성리학에서 불교의 비판은 바로 주자가 「중용장구서」(中庸章句序)에서 "이치에 가까운 것처럼 드러낼 수록 진리를 더욱 크게 어지럽힌다"(彌近理而大亂眞)고 언급한 것처럼 주자학의 비판을 벗어나기는 어렵지만, 보우가 당시 성리학 지식인들에게 얼마나 적극적으로 접근하였고, 불교와 유교의 거리를 좁히기 위해 얼마나 심혈을 기울였는지 엿볼 수 있게 한다.

6. 휴정(休靜)의 삼교회통론과 유교인식

1) 삼교회통론과 불교자성론(自省論)

휴정(休靜, 1520-1604, 호 西山·白華道人·退隱·淸虛·玄應)은 조선시대

선불교의 대표적 인물 가운데 한 사람이다. 그는 12세(1532)에 성균관에 입학하여 유교를 공부하였으나, 15세때 과거시험에 낙방 후 불교에 귀의하게 되었고, 29세(1549)때 승과(僧科)에 장원하였다. 그는 지눌(知訥)의 선학중심 선교일치 사상을 충실하게 계승하였으며, 조선후기의 불교계에서는 가장 큰 법맥을 이루었다. 만년에 임진왜란이 일어나자 승병(僧兵)을 이끌어 국가를 위기에서 구출하는데 큰 공을 세웠으며, 이에 따라 조선사회 안에서 불교의 지위를 안정시키는데도 중요한 역할을 하였다. 휴정의 저술 가운데『선가귀감』에서는 선학의 입장에서 선·교의 일치를 밝히고 있으며,『삼가귀감』90)에서는 삼교의 가르침 가운데 핵심적 내용을 들어서 그 근원의 일치성을 드러냄으로써 단편적이지만 '삼교회통론'의 입장을 보여주고 있다.

휴정은 삼교가 대립에 빠져 있는 현실에서 갈등을 해소하고 소통의 길을 찾는 것을 자신의 과제로 밝히고 있다. 곧 "나는 삼교의 무리들이 각각 다른 견해에 집착하여 서로 만나려들지 않는 것을 많이 보았다. 그래서 이제 삼교의 문호를 조금 열어 통하게 하려할 뿐이다. 아! 삼교를 통칭하면 '도'라 한다. '도'란 무엇인가? 철저히 궁구해 보면 바야흐로 '유교'도, '불교'도, '도교'도 모두 헛된 명목일 뿐임을 깨닫게 될 것이다"91)라고 하여, 삼교가 헛된 명목에 사로잡혀 서로 문을 닫고 대립

---

90)『三家龜鑑』은 두 가지 판본이 있다. 正本는 卷上·卷中·卷下에 각각 '儒敎'·'道敎'·'佛敎'의 부제가 붙은 것이고(한불전[7], 616-625), 異本은 한 권 안에 '禪家龜鑑'·'儒家龜鑑'·'道家龜鑑'의 세 편이 수록된 것이다(한불전[7], 625-634). 道家와 佛家의 내용은 두 판본이 같지만, 儒家에 관한 설명은 正本이 더 상세하며, 異本에서는 三敎에 대한 休靜의 주장을 알 수 있다.『한국철학사자료집』참조.

91)『三家龜鑑(異本)』(한불전[7], 634), "余多見三敎之徒, 各執異見, 莫肯會同, 故今略開三門戶而通之爾, 噫三敎通稱曰道, 道是何物, 若究得徹去, 方悟儒也釋也道也, 皆虛

할 것이 아니라, 서로 문을 열고 하나의 '도'라는 만남의 마당에로 나오
도록 끌어내겠다는 의사를 밝히고 있다. 이것은 바로 종교간의 대화와
이해를 통한 화합의 길을 제시하고자는 하는 '삼교회통론'의 선언이라
하겠다.

그는 삼교의 특성과 관계를 규정하면서, "이른바 하나의 법(法: 道) 가
운데 유교는 뿌리를 심고, 노자는 뿌리를 배양하고, 불교는 뿌리를 뽑
아낸다는 것이 이것이다. 뒷날 백가(百家)로 갈라진 유파는 혹 자취에
집착하여 근본을 버린 자와, 혹 분파만 보다가 근원을 잃은 자가 각각
국량의 크고 작음에 따라 한(漢)·당(唐)·송(宋)시대에 시끄럽게 떠들
었으니, 무수한 모기떼가 한 항아리 속에서 윙윙거리며 날고 있는 것
과 다를 바 없었다"[92]고 하였다. '도'가 하나라는 것은 채소나 곡식을
기르는 한가지 일에 비유한다면, 유·불·도는 각각 뿌리를 심거나 기
르거나 뽑아내는 제나름의 역할이 있는 것인데, 이들이 서로 자기 역
할만 주장하여 다투고 있는 현실은 모기떼의 짓에 불과하다고 비판하
고 있는 것이다.

특히 유교의 불교에 대한 억압과 비판이 엄격하고 이에 대해 불교의
반론이 맞서기도 하는 이 시대의 현실에서, 휴정은 대립을 벗어나 통
달한 인격의 모습을 제시하여, "옛날 유교와 불교를 꿰뚫고 안과 밖을
통달한 사람은…혹은 무위진인(無爲眞人)과 더불어 노닐고, 혹은 시작
도 끝도 없는 자와 벗하였다. 부득이한 다음에야 대응하면 만물을 기

名耳."
92)『淸虛集』(한불전[7], 715), '地異山黃嶺庵記', "所謂一法中, 儒之植根, 老之培根, 佛
之拔根者, 是也, 後之百家衆枝之流, 或執迹遺本, 或見派迷源者, 各隨形器之大小, 而
啾啾亂鳴於漢唐宋間, 無異百千蚊蚋鼓翼於一甕中也."

르고 천하를 조화롭게 하였다. 혼자 힘으로도 임금을 요·순 보다 위에 올려 놓기를 손바닥 뒤집듯이 쉽게 여겼다. 그 걱정을 스스로 걱정하고 그 즐거움을 스스로 즐겼으니, 어느 겨를에 유교가 그르니, 불교가 그르니 하고, 불교가 그르니, 유교가 그르니 하며, 서로 원수를 삼고, 서로 비난했겠는가?"[93]라고 하였다. 곧 유교와 불교에 통달한 인격은 출세간의 '도'를 근본으로 삼으면서도 세간의 치도(治道)에도 온전하게 대응할 수 있음을 보여주고, 이러한 인격의 모범으로 신라의 진감(眞鑑)과 최치원(崔致遠)을 들고 있다. 곧 불교의 진리를 열어준 진감과 진감의 비문을 지어 유교와 불교의 핵심을 밝힌 최치원 두 사람의 깊이 교감하여 하나가 되는 마음을 '줄없는 거문고'(沒絃琴)에 비유하고, "유교와 불교의 헛된 이름을 깨뜨리고 천지의 크게 온전함을 즐겼다"(碎儒釋之虛名, 樂天地之大全)고 칭송하였다.

휴정은 삼교의 분별적 명목을 벗어나 근원에서 융화하는 '삼교회통론'을 제시하고 있지만, 동시에 그는 삼교의 차이를 무시하는 것이 아니라, 그 차이를 분명하게 지적하기도 한다. 그는 "유교와 불교가 비록 하나라고 하더라도, 한 쪽은 분망하고, 한 쪽은 한가롭다"[94]고 하여, '도'를 닦거나 일을 수행하는 태도에서의 차이를 밝혀, 불교의 방법에 대해 약간의 기울어진 호감을 보여주고 있다.

또한 그는 도교에 대해서는 비판적 견해를 좀더 적극적으로 제시하

---

93) 『淸虛集』(한불전[7], 705), '智異山雙谿寺重創記', "古之洞精儒釋, 博達內外者,…或與無位眞人爲之游, 或與無始終者爲之友, 不得已而後應之, 則育萬物和天下, 以隻手能致君於堯舜之上, 視之猶如反掌焉, 自憂其憂, 自樂其樂, 奚暇非儒非佛, 非佛非儒, 相讐而相非乎."
94) 『淸虛集』(한불전[7], 690), '次李秀才韻', "儒釋雖云一, 一忙而一閑."

고 있다. 곧 "도가에서 '내가 나를 잃었다'는 것은 단순히 자아가 없는 가운데 또 사물도 없음을 말하는 것이다. 이것은 그 그릇됨을 버리는 것이니, 비록 비고 고요한 본체를 간직하지만 자성(自性)이 지닌 영명한 지각의 작용을 빠뜨리고 있다. 선가는 '저것은 내가 아니나, 나는 지금 저것이다'라는 것은 자아가 없는 가운데 진실하게 자아가 있음을 동시에 밝힌 것이다. 이것은 옳음을 드러내는 것이니, 비고 고요한 본체에서 또한 영명한 지각의 작용이 어둡지 않은 것이다"[95]라고 하였다. 도가는 그릇됨을 버리고 선가는 옳음을 드러낸다는 것은 각각의 방법적 차이와 특징을 보여주는 것이다. 그러나 여기서 도가는 본체를 간직하지만 작용을 빠뜨렸고, 선가는 본체를 간직하면서도 작용에 어둡지 않는 것이라는 지적은 불교의 입장에서 도교의 한계를 지적하는 것이고, 결과적으로 도교에 대한 불교의 온전성 내지 우월성을 주장하는 것이다.[96] 이 점에서 그의 '삼교회통론'은 근원에서 말하는 원칙론이고, 현실에서는 불교우위론적 의식을 벗어난 것은 아니라 할 수 있다.

　바로 이 점에서 휴정은 승려들에게 불교가 아닌 유교나 도교의 서적 곧 외전(外典)을 읽는 것을 경계하여, "출가인이 '외전'을 익히는 것은

---

95) 『淸虛集』(한불전[7], 730), '答朴學官書', "道家, 吾喪我者, 單言無我中又無物, 此遣其非也, 雖存空寂之體, 而闕自性靈知之用也, 禪家, 渠不是我, 我今是渠者, 雙明無我中眞有我, 此現其是也, 空寂體上, 亦不昧靈知之用也."
96) 休靜은 노자에서 핵심개념인 '도'와 '덕'을 체용구조로 파악하여, "본체를 '도'라 하고, 작용을 '덕'이라 한다. 본체가 없으면 작용이 오묘하지 못하고, 작용이 없으면 본체가 생겨나지 못한다. 그러므로 '도'와 '덕'을 갖추어 들어올렸다"(體曰道, 用曰德, 體無用不妙, 用務體不生, 故備擧道德."<『삼가귀감』(한불전[7], 617하), '道敎'>)고 언급하여, 노자에서 '도'와 '덕'을 통해 본체와 작용이 갖추어져 있음을 지적하기도 하였다.

칼로 진흙을 자르는 것이니, 진흙에도 쓸모가 없으며, 칼도 스스로 손상된다"[97]라고 하였으니, 그 자신인 종파에 갇힌 닫힌 문을 열겠다는 '삼교회통론'의 입장과 상반된 견해를 보여주기도 한다. 그렇다면 그의 '삼교회통론'은 종파적 벽을 허물자는 것이 아니라, 각자의 세계에 충실하면서 서로에 적대적인 비판과 대립을 해소하자는 것이라 할 수 있는 '삼교조화론'의 단계에 머물고 있는 일면도 보여주는 것이라 하겠다.

그러나 휴정은 삼교가 서로 비판하고 대립하는 것을 해소하는 데에만 관심을 기울인 것이 아니라, 불교인으로서 수행하는 삶의 어디에나 병폐가 내재되어 있는 사실에 대해서도 엄격한 성찰을 하고 있다는 점을 주목할 필요가 있다.

그는 승려가 출가하는 목적을 밝혀, "편안함을 구하는 것이 아니요, 따뜻하고 배부름을 구하는 것도 아니요, 이익과 명성을 구하는 것도 아니다. 생사를 벗어나고 번뇌를 끊으며, 부처의 지혜와 생명을 이으려는 것이며, 삼계(三界: 欲界·色界·無色界)를 벗어나 중생을 제도하기 위함이다"[98]라고 출발점에서 출가하는 동기와 이유를 확인함으로써, 승려로서 명성과 이익을 추구하는 태도를 엄격히 질책하였다.

여기서 그는 부처의 말씀으로 "어찌하여 도적들이 나의 옷을 빌려 입고 여래를 팔아먹으며 여러 가지 업(業)을 짓느냐"(云何賊人, 假我衣服, 禪販如來, 造種種業.<『楞嚴經』, 권6>)라는 구절을 인용하여, 승려가 타락하면 부처를 해치는 도적이 된다는 경고를 함으로써, 이미 타종교에 대

---

97) 『禪家龜鑑』(한불전[7], 641), "出家人習外典, 如以刀割泥, 泥無所用, 而刀自傷焉."
98) 『禪家龜鑑』(한불전[7], 641), "出家爲僧,… 非求安逸也, 非求溫飽也, 非求利名也, 爲免生死也, 爲斷煩惱也, 爲續佛慧命也, 爲出三界度衆生也."

해 불교를 변호하는 '호교론'(護敎論)의 차원을 넘어서, 안으로부터 불교를 성찰하고 정화하기를 추구하는 '자성론'(自省論) 내지 '자정론'(自淨論)의 입장을 확립하고 있다.

이에 따라 그는 불승이 자신의 본분을 잃은 양상을 비판하는 명목으로 '박쥐중'(鳥鼠僧), '벙어리 염소중'(啞羊僧), '머리 깎은 거사'(禿居士), '지옥 찌꺼기'(地獄滓), '가사 입은 도둑'(被袈裟賊) 등이 있음을 들면서, "여래를 팔아먹는 자는 '인과'를 폐기하고, 죄와 복도 배척하며, 몸과 입을 물 끓듯이 하여 사랑과 미움을 교대로 일으키니 가엾다고 할 만하다. 중도 아니고 속인도 아닌 것을 '박쥐'라 하고, 입으로 '법'을 말하지 못하는 것을 '벙어리 염소'라 하며, 중 모습을 하고도 속인의 마음을 가진 이를 '머리 깎은 거사'라 하고, 죄가 무거워도 고치지 않는 이를 '지옥 찌꺼기'라 하며, 부처를 팔아 삶을 영위하는 이를 '가사 입은 도둑'이라 한다"99)고 질책하였다. 휴정이 이렇게 불교의 내부적 성찰과 정화에 힘쓰는 것은 불교를 일으키는 동력이 불교의 내부에 진실한 힘이 배양되고 참된 불교정신이 실현되는데서 오는 것이지, 세상에 영합하는데 얻어지는 것이 아니라는 당당한 신념을 밝히는 것이라 할 수 있다.

나아가 그는 '선'에 대해서도 그 병폐를 통렬하게 지적함으로써, '선'의 참된 실현을 추구하였다. 곧 "'선'(禪)을 공부하는 사람이…종종 끊고 없애고 비우는 것을 '선'으로 여기고, 선하지도 악하지도 않은 성질(無記)의 비어 있음을 '도'로 여기며, 일체가 없다는 것을 고견으로 여

---

99) 『禪家龜鑑』(한불전[7], 642), "禪販如來者, 撥因果, 排罪福, 沸騰身口, 迭起愛憎, 可謂愍也, 避僧避俗曰鳥鼠, 舌不說法曰啞羊, 僧形俗心曰禿居士, 罪重不遷曰地獄滓, 賣佛營生曰被袈裟賊."

긴다. 이것은 어둡고 완고한 비어 있음으로서 깊이 병든 것이다. 오늘날 '선'을 말하는 자들 만이 이 병에 빠져 앉아 있다"[100]고 하여, '선'을 공부하는 승려들이 끊고 버리기만 힘써서 '어둡고 완고한 비어 있음'(冥然頑空)에 빠지는 병통을 엄중하게 경계하였다. 또한 그는 이러한 병통이 '선'을 배우는 승려에게 만 있는 것이 아니라, '선'을 가르치는 스승(宗師)에게도 눈을 치켜뜨거나 귀를 기울이거나 입을 열어 말하거나 손발을 움직이거나 마음을 갖는 등 어디에서나 병통이 드러나고 있음을 지적하였다. 그만큼 불교인이 자신의 정당을 주장하기에 앞서 자신을 바르게 실현하는 것이 얼마나 어려운 일인지를 깨우쳐 주고 있는 것이다. 그의 '삼교회통론'은 이러한 불교의 진실성을 확보하는 기반 위에서 추구되는 것으로 보인다.

2) '심'개념의 인식과 삼교회통론

휴정은 삼교의 근원과 핵심을 이루는 주제를 '심'(心)개념으로 인식함으로써, 본체의 인식에서 삼교가 소통하는 것임을 밝히고 있다. 따라서 그는 삼교가 모두 '심'개념에 뿌리를 두고 있다는 공동의 기반을 확인함으로써, 이를 통해 '삼교회통론'을 제시하고 있는 것이다.

먼저 유교의 경우, 휴정은 공자가 '천'(天)을 말한 것과 동중서(董仲舒)가 '천'과 '도'의 관계를 말한 것과 채침(蔡沈)이 '천'과 '심'(心)의 관계를 말한 것[101]이 모두 주렴계(周濂溪)가 말한 '무극이면서 태극이다'(無極而太

---

100) 『禪家龜鑑』(한불전[7], 643), "禪學者,…往往斷滅空以爲禪, 無記空以爲道, 一切俱無以爲高見, 此冥然頑空受病幽矣, 今天下之言禪者, 多坐在此病."

極.<「太極圖說」>)라는 언급과 일치한다고 하여, '천'·'도'·'심'·'태극'이 유교의 근원적 본체로서 동일한 존재를 가리키는 것으로 확인하였다. 특히 채침이 「서집전서」(書集傳序)에서 언급한 "'정일·집중'(精一執中)은 요·순·우가 서로 전해준 심법(心法)이요, '건중·건극'(建中建極)은 탕왕·무왕이 서로 전해준 심법이다. '덕'(德), '인'(仁), '경'(敬), '성'(誠)이라 하는 것은 말이 비록 다르지만 이치는 하나이니, 이 마음의 미묘함을 밝히지 않는 것이 없다"102)라는 구절을 인용하면서 마음의 덕을 성대하게 드러낸 것이라 하고, 또한 "『중용』의 '성'(性)·'도'(道)·'교'(敎) 세 구절도 명목은 다르지만 실지는 같으며, 본체와 작용을 갖추고 있는 것이다. 이것은 공자와 맹자가 전해주고 받은 '심법'이다"103)라고 하였다. 곧 유교에서는 '천'·'도'·'심'·'태극'의 궁극적 실제가 하나로 통하며 동시에 '심'으로 연결되어 있고, 그 실현의 방법으로서 '덕'·'인'·'경'·'성'이 모두 하나의 '심'을 실현하는 '심법'의 표현양상이라 보고 있는 것이다. 이렇게 '천'·'도'·'태극'을 '심'으로 연결시키는 것은 유교의 입장에서도 가능한 것이지만, 여전히 유교에서는 '천'·'도'의 근원적 본체와 '심'의 인간내면의 실체 사이에 엄격한 분별이 있다는 점은 휴정의 입장에서 심각하게 인식되지 않고 있는 것도 또 하나의 사실이다.

---

101) 공자가 "하늘이 어찌 말하겠는가"(天何言哉.<『논어』, 陽貨>)라 하고, 동중서(董仲舒)가 "'도'의 큰 근원은 하늘에서 나온다"(道之大原出於天.<「原道」>)라 하고, 蔡沈이 "하늘이란 마음이 나온 곳을 높이는 것이다"(天者嚴其心之所自出.<「書集傳序」>)고 하여 '천'(天)을 중심으로 '도'와 '심'을 말한 것을 들고 있다.
102) 蔡沈, 「書集傳序」, "精一執中, 堯舜禹相傳之心法也, 建中建極, 商湯周武相傳之心法, 曰德·曰仁·曰敬·曰誠, 言雖殊而理則一, 無非所以明此心之妙也."
103) 『三家龜鑑, 卷上』(한불전[7], 616), '儒敎', "中庸性道敎三句, 亦名異而實同, 體用備焉, 此乃孔孟傳授心法."

　도교의 경우, 노자가 "혼연하게 일체를 이룬 것이 있으니, 천지보다 앞서 생겨났다"(有物渾成, 先天地生.<25장>)고 언급한 것에 대해, 휴정은 이 구절이 노자사상에서 궁극적 본체를 가리키는 것으로 파악하면서, 노자의 말을 종횡으로 끌어들여 자신의 입장에서 이 궁극적 존재의 의미를 해석하고 있다.

> "지극히 크고 지극히 오묘하며, 지극히 비었고 지극히 영명하며, 가득하고 광대하며 또렷하고 환하여, 어떤 방위로도 그 머무는 곳을 정해놓을 수 없고 억겁의 시간으로도 그 수명을 헤아릴 수 없다. '나는 그 이름을 알 수 없다. 억지로 이름붙여 마음이라 한다.' 또한 '곡신'(谷神)이라고도 한다. 마침내 삼재(三才)의 근본이요 만물의 어미가 되는 것이다. 이름이 있는 것이나 이름이 없는 것과 생각이 있는 것이나 생각이 없는 것은 모두가 여기서 나온다. 그러므로 '현묘하고 또 현묘하니 온갖 오묘함의 문이다'라고 한다."104)

　무엇보다 노자는 "나는 그 이름을 알 수 없다. 애호하여 '도'라 하고, 억지로 이름붙여 '대'(大)라 한다"(吾不知其名, 字之曰道, 强爲之名曰大.<25장>)고 언급하였던 사실을 유의할 필요가 있다. 여기서 노자는 크다는 뜻의 '대'라는 명칭을 썼는데, 휴정은 '마음'을 가리켜 '심'으로 고쳐서 해석함으로써, 노자의 궁극존재를 '심'개념 속에 끌어들여 파악하였다. 바로 이 점에서 휴정은 노자의 궁극존재를 불교적 입장에서 새롭게 해

---

104)『三家龜鑑, 卷中』(한불전[7], 617), '道敎', "至大至妙, 至虛至靈, 浩浩蕩蕩, 歷歷明明, 方隅不可之其居, 劫數不能窮其壽, 吾不知其名, 强名曰心, 亦曰谷(虛明)神(靈妙), 遂爲三才之本, 萬物之母, 有名無名 有念無念 同出於斯, 故曰, 玄之又玄, 衆妙之門."

석하고 있는 것이 사실이다. 그가 이렇게 노자의 궁극존재를 '심'으로 해석할 수 있는 근거는 『노자』(제6장)에서 궁극존재를 '곡신'(谷神)이라 일컫는 사실을 끌어들여 해석하는데서 찾아볼 수 있다. 곧 그는 '곡신'에서 '곡'(谷)을 '비고 밝은 것'(虛明)이라 하고, '신'(神)을 '영명하고 오묘한 것'(靈妙)이라 해석함으로써, 지각능력이 있는 존재로 끌어내어 '곡신'을 '심'으로 해석할 수 있는 발판을 마련하고 있는 것이다. 그러나 그 자신 "'도'는 볼 수도 없고, '도'는 들을 수도 없다. 아는 자는 말을 하지 않고, 말하는 자는 모른다"[105]라고 하여, 사실상 노자의 근본개념으로서 '도'는 감각적 인식대상을 벗어난 것이요 어떠한 언어로도 표상할 수 없는 것임을 강조하였던 사실에서 보면, 그가 '도'를 '심'으로 말하면 그 '심'은 노자의 '심'개념과는 다른 불교의 '심'개념임을 짐작할 수 있다.

따라서 그는 불교의 '심'개념에서 모든 논의의 근원이요 천지를 그 안에 수용하는 궁극적 개념으로 인식하고 노자도 이런 불교적 '심'개념 속에 끌어들이고 있다. 곧 "온갖 구멍의 바람은 하나의 빈 곳(虛)에서 나와 하나의 빈 곳으로 들어가고, 백가(百家)의 의론도 한 마음에서 옳다하고 한 마음에서 그르다한다. 이 마음은 천지의 주막이요, 천지는 만물의 주막이다. 이 마음은 나와도 근본이 없고 들어가도 구멍이 없으며, 충실함이 있지만 머무는 곳이 없고, 항상 활동하는 가운데 있다. 하나에 통달하면 만사가 마쳐지고, 마음을 비우면 귀신도 굴복한

---

105) 『三家龜鑑, 卷中』(한불전[7], 618), '道敎', "道不可見, 道不可聞, 知者不言, 言者不知."

다"106)고 하여, '심'개념은 노자가 "마음을 비우고, 배를 채워라"(虛其心, 實其腹.<3장>)라고 말하는 욕심이 가득 차 있는 마음과 다르다. 불교에서의 마음은 본래 비어 있는 것이기에 바깥의 사물에 끌려들지 않으면 그 자체로 비고 고요하며 맑고 밝은 것이다. 그렇다면 휴정이 '심'개념을 통해 삼교의 일치된 근원을 확보한다는 것은 결국 불교적 '심'개념으로 유교나 도교의 '천'과 '도'를 해석하는 것이라 할 수 있다.

휴정이 선학적 입장에서 제시하는 '심'개념은 그 자체로서 상대가 없는 궁극적 개념이다. 곧 "여기에 한 물건이 있으니, 본래부터 밝고 영명하여 일찍이 생겨나지도 않고 일찍이 소멸하지도 않으며, 이름도 없고 모양도 없다"107)고 하여, 생멸도 없고 형상도 없으며 명칭도 없는 궁극적 실재로서 밝고 영명한 무엇이라 규정하고 있을 뿐이다. 그러나 이 궁극적 존재에 이름을 붙여본 사실을 소개하면서, "억지로 여러가지 이름을 붙였으니, 혹은 '마음'(心)이요, 혹은 '부처'(佛)요, 혹은 '중생'(衆生)이라 한다. 이름을 지키면서 분별적 이해를 내어서는 안된다.… 한 물건에 억지로 세 가지 이름을 붙이는 것은 '교'(敎)의 부득이한 일이요, 이름을 지키면서 분별적 이해를 내어서 안된다는 것은 또한 '선'(禪)의 부득이한 일이다"108)라고 하여, '교학'의 필요에 따라 부득이 명칭을 붙이지만 그 명칭에 얽매이지 말 것을 요구하는 '선학'의 입장이

---

106) 『三家龜鑑, 卷中』(한불전[7], 618), '道敎', "萬竅之風, 出一虛入一虛, 百家之論, 是一心非一心, 此心天地之逆旅, 天地萬物之逆旅, 此心出無本入無窮, 有實而無乎處, 常在動用中, 通於一而萬事畢, 虛於心而鬼神服."
107) 『三家龜鑑, 卷下』(한불전[7], 619), '佛敎', "有一物於此, 從本以來, 昭昭靈靈, 不曾生, 不曾滅, 名不得, 狀不得."
108) 『禪家龜鑑』(한불전[7], 635), "强立種種名字, 或心, 或佛, 或衆生, 不可守名而生解,…一物上强立三名字者, 敎之不得已也, 不可守名生解者, 亦禪之不得已也."

서로 조응하고 있음을 보여준다. 이런 의미에서 불교에서 말하는 '심'
이란 '심'의 명칭 자체도 부정할 수 있는 궁극적 실재를 가리키고 있는
것이다. 그는 바로 이러한 불교의 '심'개념 속에 유교와 도교도 포용하
는 '삼교회통론'을 제시하고 있는 것이라 하겠다.

7. 조선전기 불교의 삼교조화론이 지닌 의미

조선전기 불교는 유교체제의 혹독한 비판과 억압을 겪으면서, 그 교
세는 심각한 타격을 입었으나 유교체제에 맞서서 다양한 대응논리를
제시하였던 점은 이 시대 불교사상의 성격을 이해하는데도 중요하지만,
유교·불교·도교의 삼교를 중심으로 하는 종교간의 대응태도와 상호
이해의 성격을 이해하는데 매우 중요한 의미가 있다. 크게 두가지 의미
를 찾아본다면, 하나는 삼교조화론이 다양하게 전개되는 과정에서 드러
나는 시기적 성격과 논리의 연관성을 확인할 수 있다는 것이요, 다른
하나는 불교의 삼교조화론을 통해 종교간의 상호이해와 불교의 자기정
체성 인식에 풍부한 성과를 거두었던 사실을 확인할 수 있다는 것이다.
먼저 조선전기의 불교계를 대표하는 고승들로서 세종대의 기화(己
和), 성종대의 설잠(雪岑), 명종대의 보우(普雨), 선조대의 휴정(休靜)을 든
다면, 이들의 삼교조화론은 각 시기의 상황에 따라 다양하게 드러나고
있는 사실이 주목된다.
세종시대의 유불조화론을 대표하는 두 저작으로서 기화의『현정론』
과 저자 미상의『유석질의론』에서는 유교의 불교비판에 대한 초기적

대응의 성격을 띠고 있다. 곧 기화의 『현정론』과 저자미상의 『유석질의론』은 유교의 불교비판에 대해 조목별로 해명하는 호교론적 입장으로 격심한 비판과 억압에 당면하여 일차적으로 유교와 불교의 일치점을 찾아 조화론을 제시함으로써 피상적 비판에 대한 피상적 대응논리라는 한계를 지니고 있는 것이 사실이다.

그러나 『현정론』에서는 다소 미약한 목소리이지만, 『유석질의론』에서는 강한 목소리로 삼교조화론의 기조 위에서 '불교우위론'을 제기하고 있다는 점이 이 시기 대응논리의 중요한 특징이라 할 수 있다. 유교의 불교비판에 대해 불교우위론을 제기하는 것은 이 두 저술이 유교사회를 향하여 발언하고 있다기 보다 유교의 강력한 억압 속에 위축되고 침체된 불교 내부의 자신감을 확보하기 위한 논리라고 보인다.

설잠은 삼교에 대한 인식이 출가이전과 출가이후에 전환하는 양상을 가장 잘 보여주는 인물이다. 그는 출가이전 유교의 정통론적 입장에 서 있었지만 출가이후 불교에 대한 확고한 신념 위에서 유교체제 속에 불교가 참여하여 독자적으로 기여할 수 있는 방법을 찾았다. 곧 그가 불교의 세도(世道)를 위한 논리를 계발하여 '유불병행론'을 제시하였던 것은 이미 안정기반을 확보한 조선사회 안에서 불교가 지향할 현실적 방향을 모색하는 것으로 중요한 의미가 있다.

이에 비해 문정왕후의 후원 아래 불교중흥운동을 일으켰던 보우는 유교적 규범에 순응하고 성리학적 사유체제에 맞추어가는 '유불동조론'을 제시하였던 것이다. 이처럼 유교사회체제에 순응하는데 치우친 '동조론'은 불교교세를 회복하는데는 일시적으로 큰 성과를 거두었지만, 불교의 정체성에 또다른 변화를 일으킬 수 있는 문제점을 지닌 것도 사실이다.

　나아가 휴정이 활동하던 시기는 성리학이 융성하게 일어났던 시기
이면서 동시에 불교체제도 안정기에 접어들었던 상황이었던 것으로
보인다. 휴정은 삼교의 근원적 일치와 소통을 이룰 수 있는 본체론적
인식을 심화하여 '삼교회통론'을 추구하면서, 불교의 내부를 향한 엄격
한 '자성론'을 제기하고 있는 사실은 그만큼 불교의 자신감과 더불어
불교 내부의 근원적 역량을 배양하려는 의지를 보여주는 것이라 하겠
다. 그만큼 휴정은 불교가 유교체제 안에서 한정된 위치이지만 안정된
독자기반을 확보하는 입장에서 열린 자세를 엿볼 수 있게 한다.

　다음으로 조선전기 불교에서 제기하였던 다양한 삼교조화론은 종교
간의 이해를 심화시켜준다는 사실에서 또 하나의 큰 의미가 있다. 불
교를 비판하는 유학자와 이에 대응하는 불교학자 사이에 직접 대화나
토론을 거쳤던 것은 아니지만, 유교의 비판과 억압에 맞서는 상황에서
제기된 진지하고 다양한 논변은 불교의 관점에서 조명되는 유교와 도
교의 성격을 여러 쟁점에서 점검해주고 그 이해를 풍부하게 드러내 준
다. 특히 보우나 휴정의 경우에서처럼 불교에서 성리학의 개념에 대한
이해와 해석은 상당히 정밀하여, 성리학자들의 불교비판이 이념적 강
경성만 있고 피상적이해에 머물고 있는데 비한다면 매우 의미있는 쟁
점을 부각시켜주고 있다. 이러한 삼교조화론의 다양한 논리는 이 시대
불교 자체의 정체성을 확인하고 전개방향을 찾아가는데도 매우 의미
있는 성과를 거두었던 것이 사실이다. 종교간의 충돌과 대화과정은 결
국 상호이해와 자기이해의 양면에서 의미있는 성취를 이룬다는 사실
을 이 시대 불교의 삼교조화론에서 쉽게 확인할 수 있다.

이 시대 유교의 비판과 불교의 변론 과정에서 제시되었던 불교의 '삼교조화론'은 사실상 불교가 지속적 억압 속에서도 다른 종교에 대한 관심의 문을 열면서 불교사상 자체의 생명력을 더욱 강인하게 지켜갈 수 있는 기회가 되었다면, 유교는 정통적 이념에 따른 비판으로 다른 종교에 대한 관심의 문을 닫으면서 폐쇄성 속에 점점 굳어져가고 말라들어가는 결과를 초래하였던 것으로 볼 수 있을 것이다.

조선후기 유교의 『장자』(莊子)이해

--한원진(韓元震)의 『장자』해석과 비판논리

1. 조선후기 유학자의 『장자』해석의 성격

노장(老莊) 곧 『노자』(老子: 道德經)와 『장자』(莊子: 南華經)로 대표되는 도가(道家)는 공맹(孔孟) 곧 공자와 맹자로 대표되는 유가(儒家)와 더불어 중국사상의 전통에서 가장 뿌리깊은 두 줄기를 이루고 있다. 유가전통으로서 유교와 도가전통에 연원을 두는 도교는 후한 말엽 인도에서 전래해온 불교와 더불어 중국역사에서 3대종교(三教)를 이루어 왔다. 유가는 인륜의 규범질서를 근거로 하는 도덕주의적 사상체계라 한다면, 도가는 규범질서에서 벗어나는 자연주의적 사상체계로서 상반된 성격을 뚜렷하게 지니고 있지만, 중국사상사를 통해 서로 광범하게 영향을 주고받았던 것이 사실이다. 바로 이 점에서 유가와 도가는 상호 대립적 양상이 가장 선명하면서 동시에 상호 보완적 역할을 해 왔던 것이다.

유가사상은 송대에 성리학의 이론을 정립하는 과정에서 불교와 노장사상의 영향을 받았지만, 정통론을 강화하면서 불교와 도가를 이단(異端)으로 규정하여 엄격하게 비판하고 배척하였다. 그러나 유교지식인은『노자』와『장자』를 익숙하게 읽어왔고, 비판과 이해의 양면적 태도를 보여왔다. 조선시대 유학자들도 노장을 이단으로 비판하는데 철저하였다. 그럼에도 불구하고 퇴계는 선조 임금에게 상소를 올려 '도술을 밝혀 인심을 바르게 할 것'(明道術, 以正人心)을 제시한 조목에서도 "정밀한 의리로 신묘한 경지에 들어가며 눈에 온전한 소가 없게 한다"(精義入神, 而目牛無全)고 언급한 구절은 '정밀한 의리로 신묘한 경지에 들어간다'(精義入神)는『주역』(繫辭下)의 말과 '온전한 소는 보이지 않게 되었다'(未嘗見全牛: 目牛無全)는『장자』(養生主)의 말을 연결시켜 인용하고 있는 것이다.[1] 또한 율곡은 당시 동인과 서인의 분당이 일어나자 이를 조정하기 위해 양쪽의 모두에 옳은 점과 그른 점이 있다고 '양시양비'(兩是兩非)를 주장하였던 것은『장자』(齊物論)에서 말하는 '구시구비'(俱是俱非)에서 나온 말이라 볼 수 있다.[2] 이처럼 유학자들의 의식 속에는 노장사상의 그림자가 항상 곁에 드리워져 있었던 것이라 하겠다.

---

1) 『退溪全書』, 권6, 48-49, '戊辰六條疏', "自至於精義入神, 而目牛無全, 睟面盎背, 而左右逢原, 此之謂躬行心得, 而道明於己." 또한 퇴계는 "心喻於理義, 目中無全牛."(『退溪全書』, 권41, 26, '傳習錄論辯')라 언급하기도 하였다.

2) 『栗谷全書』, 권29, 93, '經筵日記'(萬曆4年丙子), "或有謂珥者曰, 天下無兩是兩非, …珥應之曰, 天下固有兩是兩非矣." 또한 율곡은 "若以爲一是一非, 則乃所以助其傾軋也, …兩是兩非之論, 方被士類之詆斥."(『栗谷全書』, 권11, 12-13, '答成浩原')이라 언급하기도 하였다.

조선후기에도 유학사상의 주류는 여전히 주자학이었지만, 양명학·실학 등으로 다변화하는 현상을 보여준다. 조선후기 유학자로서『장자』를 해석한 저술을 남긴 경우는 두가지가 보인다. 박세당(西溪 朴世堂, 1629-1703)이『남화경주해산보』(南華經註解删補, 1682)를 저술하였고, 한원진(南塘 韓元震, 1682-1751)이『장자변해』(莊子辨解, 1716)를 저술하였다. 박세당은 주자학에서 벗어나 실학적 성격을 보여주는 인물로서, 정통주의적 이단배척의 입장을 떠나서『노자』를 해석한『신주도덕경』(新註道德經)을 저술하기도 하였으며,『장자』에 대해서도 적극적으로 이해하는 개방적 입장을 보여주었다. 이에 비해 한원진은 주자학의 정통성을 신봉하며 당시 성리학의 핵심쟁점이었던 인물성동이논쟁(人物性同異論爭: 湖洛論爭)에서 인물성상이론(人物性相異論: 湖論)의 입장을 대표하는 성리학자였다. 그는 정통론적 입장에서 양명학을 비판하는『왕양명집변』(王陽明集辨)과 불교를 비판하는『선학통변』(禪學通辨)을 저술하였다. 그는『장자』해석에서도 이단비판의 입장을 관철하고 있다.

실학자 박세당의『남화경주해산보』는『장자』전체를 해석한 것으로, 표제에서 보여주는 것처럼『장자』에 대한 여러 주석서들을 폭넓게 모아서 40명에 이르는 많은 주석가의 견해를 정밀하게 검토하여 깎아내고 '안설'(按說)을 붙여 보완함으로써 자신의 독자적 주석서로 완성한 것이다. 이에 비해 성리학자 한원진의『장자변해』는『장자』해석의 '내편'(內篇) 7편을 해석한 것으로 표제에서 보여주는 것 처럼『장자』에 대해 비판적 해석을 한 것이다. 그만큼 조선후기 유학자의『장자』해석서로서 이 두 저술은 긍정적 입장과 비판적 입장으로 좋은 대조를 이루고 있다. 이 글에서는『장자』해석을 둘러싸고 유가와 도가의 입장이 지닌 차이점의 인식과 쟁점의 이론적 해석을 확인하고자 하는 관심에서 한원진의『장자변해』를 중심으로 해명하고 박세당의『남화경주해산보』는 보완자료로 활용하고자 하였다. 곧 같은 유학자로서『장자』의 입장에 대해 한원진의 해석과 박세당의 해석이 극명한 차이를 보이는 대목에서는 박세당의 견해를 대조시켜 봄으로써, 유교에서『장자』를 이해할 수 있는 입장의 폭을 드러내 보이고자 하였다. 한원진이『장자』의 '내편'만을 해석하였기 때문에 여기서 논의하는 범위도 '내편'에 한정될 것이다.

2.『장자』'내편'의 구조와 문체의 이해

1)『장자』해석의 저술 동기와 입장

한원진은 자신이『장자』를 인식하는 과정에 중요한 전환의 단계가 있었음을 밝혔다. 먼저 그가 젊었을 때『장자』를 읽으면서는 그 문장의 기이함을 좋아하였지만 그 뜻을 깊이 이해할 수 없어서 덮어두고 다시 읽지 않았다고 한다. 다음으로 그가 45세때(1716)의 중년시절 친우 성군각(成君覺)의 요청으로『장자』를 강술하기 위해 다시 반복하여 읽으면서 그 요령을 파악하고 나서, 비로소『장자』의 글이 바로 주자가『중용장구』(中庸章句) 서문에서 노장과 불교를 규정하여 언급한 말인 "이치에 더욱 가까울수록 진리를 크게 어지럽히는 것"이 됨을 인식하게 되었다고 밝혔다.3) 곧 문장으로 보는 시야와 의리로 보는 시야에 따라 유학자로서『장자』에 대한 평가가 전혀 달라질 수 있음을 잘 보여준다.

따라서 한원진은『장자』를 주석한 여러 주석서를 읽어보아도 모두 『장자』의 본래 의미에서 벗어나는 엉뚱한 이야기를 하고 있는 것이라 파악하고서, 이에 그는 주석가들의 입장을 버리고 자신의 독자적 입장에서『장자』를 강술하였다 한다. 강술을 마치자 성군각이 그 이론을 저술로 남길 것을 요청하자, 한원진은 "내가 비록 힘이 미약하여 그 글을 불태우고 끊어없앨 수 없지만, 어찌 차마 주석을 붙일 수 있으며, 비록 심히 천박하다 하더라도 어찌 장주(莊周)를 만세에 한 번 만나는 성인으로 삼기를 달게 여기겠는가"라고 하여,『장자』을 불태워 없애게 하지는 못할지언정 도리어 그 책에 주석을 붙여 장주를 높일 수는 없다고 거절했다. 그러나 성군각이 "이미 불태우고 끊어없앨 수 없다면 차라리 그 글에 나아가서 밝게 변론하여 그 치우치고 방탕하고 간사하고 빠져나가는 이론으로 하여금 천하와 후세에 숨을 곳이 없게 하는 것이 어찌 우리 유교에 일대 장쾌한 일이 되지 않겠는가"라는 설득에 동의하여『장자』를 변론하여 비판하는 저술을 하였고,『장자』'내편'(7편)을 변론하는 것으로 그쳤음을 밝히고 있다.4) 한원진이『장자』33편

---

3)『莊子辨解』(규장각소장 필사본), 1, "余少也, 讀莊生書, 雖喜其文章之古奇, 亦不能深解其意, 廢而不復觀者久矣, 今年冬, 友人成君覺請授是書, 復取而讀之, 反覆數遍, 似有得其要領者, 然後始見其爲彌近理而大亂眞也."

4) 같은 곳, "余曰,余雖力微,不能焚絶其書, 顧何忍爲箋註, 雖甚不腆, 亦何可甘心爲周之所謂萬世一遇之聖人歟, 君覺曰,…旣不能焚絶, 則無寧就其書而明辨之, 使其詖淫邪遁之說, 無所遁於天下後世, 亦豈不爲吾儒之一大快事也,…遂令執筆書之, 盡內篇而止."

가운데, '내편' 7편의 변해(辨解)로 그친 것은 '내편'을 변해하면 나머지
는 저절로 드러나는 것이라 보았기 때문이다. 이처럼 그는『장자』의
핵심적 기본 입장이 '내편' 7편에서 모두 드러나는 것이라 인식하고 있
음을 보여준다.

그는 존칭으로 '장자'(莊子)라 부르지 않고, 언제나 이름으로 '주'(周)
혹은 '장주'(莊周)라 부를 만큼『장자』에 대한 비판적 입장에 엄격하고
철저하였다. 그러나 그의『장자』에 대한 비판은 무조건 비판에만 급급
한 맹목적 태도가 아니다. 그가『장자』해석에 '변해'라 표제를 붙인 것
인 '비판적 변론'과 더불어 '객관적 이해'를 추구하겠다는 의도를 내포
하고 있는 것으로 보인다. 특히 그는『장자』'천하'(天下)편에서 '육경'
(六經)의 취지를 논하면서, "『시』로 성정(性情)을 말하고,『서』로 정사
(政事)를 말하고,『례』로 행위(行)를 말하고,『악』으로 조화(和)를 말하
고,『역』으로 음양(陰陽)을 말하고,『춘추』로 명분(名分)을 말한다"5)라
고 말한 장자의 언급에 대해, "정자·주자가 아직 출현하기 전에 능히
한마디 말로 그 강령을 끌어내어 논의 함이 이처럼 명백하고 극진한
것이 없었다. 그렇다면 장주의 학문이 깊지 않다고 말할 수 없으며, 성
인의 뜻을 알지 못했다고 말할 수도 없다"고 하여, 장자가 유교 경전의
핵심 요지를 파악하는데 있어서도 송나라의 정자·주자가 출현하기
이전에 가장 탁월한 인식을 보여주었던 경우로 높이 평가하고 있다.
이에 따라 그는 장자가 공자의 뜻을 상당한 깊이에서 이해하고 있으며,

---

5)『莊子辨解』, 1-2, "詩以道性情, 書以道政事, 禮以道行, 樂以道和, 易以道陰陽, 春秋
  以道名分." 한원진의 인용문은『장자』(天下편) 본문에 "詩以道志, 書以道事, 禮以道
  行, 樂以道和, 易以道陰陽, 春秋以道名分."라고 언급한 것과 글자에 약간의 차이가
  보인다.

그만큼 장자의 학문적 수준과 깊이도 인정하지 않을 수 없음을 밝히고 있다.

여기서 한원진은 그가 장자를 비판하는 입장이 바로 장자의 학문적 깊이 자체를 부정하는 것이 아니라, 장자가 '도'의 근원을 이해하는 데서 드러내는 한계를 주목하는 것임을 제시한다. 곧 그는 장자에 대해 "단지 그 본원의 상달처에서 아직 못미친 것이 있는데 멋대로 말한 것이다. 그러므로 그 폐단은 드디어 이단이 되는데 이르렀으며, '도'를 해침이 심한 것이다"[6]라고 하였다. '본원의 상달처'란 유교에서 '도'의 근원으로서 위로 천명을 아는 자리를 의미한다. 곧 '도'의 근원을 제대로 모르면서 함부로 단정하여 말하면 그것은 도리어 '도'를 해치는 것이고 이단이 되는 것임을 강조하였다. 여기서 한원진의 『장자변해』는 『장자』가 이단으로서 '도'의 근원을 잘못 함부로 규정한 점을 분석하고 해명하는데 저술의도가 있는 것임을 확인할 수 있다.

이에 비해 박세당이 『남화경주해산보』를 저술한 것은 자신의 『장자』를 보는 독특한 시야에 근거한 것이다. 그는 『장자』의 중심문제가 제자백가와 유가 및 묵가를 비판하는데 있는 것으로 파악하는 것이 아니라, 장자와 혜시 사이의 이론적 논변에 초점이 있는 것으로 보아야 한다는 입장을 밝히고 있다.

"장자가 비록 제자(諸子)를 꾸짖으면서 아울러 유가와 묵가도 논란하였

---

6) 『莊子辨解』, 2, "程朱未出之前, 能以一言提其綱而論之, 未有若是之明且盡者也, 然則周之學, 不可謂不深矣, 其於聖人之意, 亦不可謂不知也, 特於其本源上達處, 有所未及者而肆言之, 故其弊遂至於爲異端, 賊道之甚者矣."

지만, 그 글(『장자』)을 지은 것은 본래 혜시(惠施)의 무리들과 변론하기 위한 것이었다. 그래서 「소요유」와 「천하」의 두 편은 모두 혜자(惠子)로 끝맺었다. 첫 편(「逍遙遊」)에서는 혜시의 말을 빌어다가 자기 의도가 있는 곳을 밝혔고, 끝 편(「天下」)에서는 혜시를 깊이 배척하여 그 이론이 그릇됨을 변론하였으니, 그 글의 의도는 머리에서 꼬리까지 매우 분명하다. 중간에 혜시를 인용한 것도 모두 서로 반복하여 변박하고 논란한 것이니, 우언(寓言)의 비유가 아닌데 세상에서 이를 말한 사람이 없다. 그래서 내가 이제 특별히 이 점을 드러내 제시한다."[7]

여기서 박세당이 장자와 혜시의 논쟁이라는 측면에 초점을 맞추어 보는 새로운 『장자』해석의 관점을 제시함으로써, 유가와 노장 사이의 대립적 관점에서 『장자』를 이해하는 입장을 벗어나고자 하였던 것이다. 그것은 유교와 노장으로 대립시키는 이단비판론의 시야에서 풀려남으로써 열려 있는 입장에서 『장자』를 객관적으로 이해하고자 의도한 것으로 볼 수 있다. 이처럼 박세당과 한원진의 『장자』해석은 서로 상반된 성격을 보여주는 것이지만, 동시에 박세당이 '장자·혜시 사이의 논변'으로 보는 독자적 입장을 주장하고, 한원진이 장자의 본래 의미가 지닌 문제점을 밝혀내겠다는 독자적 입장을 주장한 것은 양쪽 모두 기존 주석서들과 달리 『장자』를 새롭게 보는 자신의 입장을 내세우고 있다는 점에서 공통성을 보여주는 것이기도 하다.

---

7) 『南華經註解刪補』, 권1, 1, "莊子雖多譏斥諸子, 并論儒墨, 其著書, 本爲與惠施之流辨, 故逍遙及天下二篇, 皆以惠子終之, 首篇, 則假惠施之語, 以明己意之所存, 終篇, 則深斥惠施, 以辨其術之非, 其書意首尾甚明, 若其中間所引惠施, 亦皆相與反覆辨難者, 非如寓言之比, 而世未有言之者, 故今特發之."

2) 『장자』 ‘내편’의 구조에 대한 인식

한원진은 『장자』 ‘내편’의 7편이 일관된 연속성을 지닌 하나의 체계로 이루어진 것으로 해석하고 있다. 그가 ‘내편’ 7편에서 각 편의 첫머리에서 그 편의 근본 취지(大旨)를 제시하고 앞 편과의 연속성을 해명하며, 각 편의 제목을 설명한 내용[**표]은 다음과 같다.8)

① 「소요유」(逍遙遊): 근본취지는 단지 하나의 ‘대’(大)라는 글자이다. ‘소요유’란 만물의 바깥에 노닐며 광대하고 자득한 모습이다. ‘지인(至人)의 도’는 크기가 만물의 바깥에 나가고, 사물이 이와 병행할 수 없음을 말한다.

② 「제물론」(齊物論): 앞 편에서 ‘지인의 도’가 큼을 말하였는데, ‘지인’이 큰 까닭은 만물을 가지런히 하여 하나로 하는데 있으니, 그래서 ‘제물’이 다음에 온다. **‘제’는 하나로 함이요, ‘물론’은 ‘중론’(衆論)이라 하는 것과 같으니, 중론을 합하여 하나로 함을 말한다.

---

8) 『莊子辨解』에서 각 편의 연결관계와 題名을 설명한 원문은 다음과 같다.
　『莊子辨解』, 2, ‘逍遙遊’, “此篇大指, 只是一大字, 逍遙遊者, 逍遙乎萬物之表也, 廣大自得之貌, 言至人之道, 其大出乎萬物之表, 而物無得與竝也.”
　『莊子辨解』, 5, ‘齊物論’, “前篇言至人之道大, 而至人之所以大者, 在於齊萬物而爲一, 故齊物次之, 齊一也, 物論猶言衆論也, 言合衆論而爲一也.”
　『莊子辨解』, 20, ‘養生主’, “前篇言齊物, 齊物則物無害已, 而可以養生, 故養生次之, 主猶言本也, 言養生之本也.”,
　『莊子辨解』, 22, ‘人間世’, “前篇言養生, 養生則道得於已而可以行世, 故人間世次之.”
　『莊子辨解』, 28, ‘德充符’, “前篇言養生處世, 旣能養生, 又能處世, 則德之充實於內者, 符驗於外矣, 故德充符次之, 充, 充實也, 符, 符驗也.”
　『莊子辨解』, 32, ‘大宗師’, “大宗師者. 道也, 前篇言成德之至, 成德者, 以道爲本, 故繼之以大宗師, 以示大本之所在.”
　『莊子辨解』, 39-40, ‘應帝王’, “前篇言道, 得道者, 可以爲帝王, 故以應帝王終之, 應猶言合也, 言合乎帝王之道也.”

③ 「양생주」(養生主): 앞 편에서 '제물'을 말하였으니, '제물'이면 사물이 해롭지 않을 뿐이요, '생명을 배양하는 것'이라 할 수 있으니, 그래서 '양생'이 다음에 온다. **'주'는 근본(本)이라 하는 것과 같으니, '양생'의 근본이다.

④ 「인간세」(人間世): 앞 편에서 '양생'을 말하였으니, '양생'하면 '도'는 자기에게 얻어져 세상에 행해질 수 있으니, 그래서 '인간세'가 다음에 온다.

⑤ 「덕충부」(德充符): 앞 편에서 '양생'과 '처세'를 말하였으니, 이미 '양생'할 수 있고, 또 '처세'할 수 있으면, '덕'이 안에서 충실함이 밖으로 부합될 것이다. 그래서 '덕충부'가 다음에 온다. **'충'은 충실함이요, '부'는 부합(符驗)함이다,

⑥ 「대종사」(大宗師): '대종사'란 '도'이다. 앞 편에서 '덕'을 이룸이 지극함을 말하였으며, '덕'을 이룸이란 '도'를 근본으로 하는 것이니, 그래서 '대종사'로 이어가서 큰 근본이 있는 곳을 보여준다.

⑦ 「응제왕」(應帝王): 앞 편에서 '도'를 말했고, '도'를 얻은 자는 '제왕'이라 할 수 있으니, 그래서 '응제왕'으로 마쳤다. **'응'이란 합한다고 하는 것과 같다. '제왕의 도'에 합하는 것을 말한다.

곧 '지인'(至人)의 큰 '도'(「소요유」)가 본체라면 만물을 가지런히 하여 하나로 함(「제물론」)은 그 작용으로 긴밀하게 연결되며, 사물을 해롭지 않게 하는 '제물'의 대상적 조건을 기반으로 '생명'을 배양하는 것(「양생주」)은 인간적 생명의 실현이 이루어지는 것이며, '양생'하여 안으로 '도'를 실현하는 것은 밖으로 사회적인 '도'의 실현(「인간세」)으로 확장된다는 것이다. 나아가 안으로 '양생'과 밖으로 '처세'를 통해 인격의 양면적 실현은 '덕'이 안밖으로 충실하고 부합되는(「덕충부」) 인격적 주

체의 성취를 이루고, 인격적 주체로서 '덕'의 성취는 '도'의 근본(「대종사」)에 근원하는 것이며, '도'의 근본을 얻으면 제왕이 될 수 있다(「응제왕」)는 것이다. 이러한 '내편' 7편의 연결구조에 대한 인식을 도표로 제시해보면 다음과 같이 보일 것이다.

①「소요유」[體]
②「제물론」[用]┘→③「양생주」[內]┐→⑥「대종사」[道]┐→⑦「응제왕」[王]
　　　　　　　④「인간세」[外]┘→⑤「덕충부」[德]┘

한원진은 '내편' 7편 가운데서도 ③「양생주」와 ④「인간세」편은 유교에서 '수신'(修身)·'행기'(行己)와 같고, ⑦「응제왕」은 유교에서 '치국'(治國)·'평천하'(平天下)와 같다고 지적하여, 『장자』 '내편'의 구조는 유교의 『대학』이 지닌 8조목의 구조와 상응하는 측면이 있음을 지적하고 있다.9) 그만큼 한원진은 『장자』 '내편'이 긴밀한 구조를 지닌 완성된 체계로서의 성격을 지닌 것으로 확인하고 있는 것이다.

이에 비해 박세당은 『장자』 '내편'의 각편 근본취지를 집약시켜 제시하였다.10)

---

9) 『莊子辨解』, 40, '應帝王', "養生主·人間世, 如吾儒之修身·行已, 應帝王, 如吾儒之治國·平天下也."

10) 『南華經註解刪補』, 권2, 33, '應帝王', "第一篇, 述著書之意, 言立識遠度之士, 蘊抱絶異, 所樂有存, 非淺見小知所及也, 第二篇, 言大道破碎於小知小成, 盖欲瘖閉衆喙, 廢天下之辯, 而使知一歸於大道之全也, 第三篇, 言達於道者, 順理處物, 而生不傷也, 第四篇, 言處物在於能虛, 虛者不以情之私, 而累其天德之全也, 第五篇, 言天德全於內者, 不鄿化, 而人自化也, 第六·第七篇, 言有是德, 有是道, 而後可以爲君師也."

① 「소요유」: 저술의 의도를 서술한 것으로, 식견이 서고 풍도가 고원한 선비가 온축하여 품은 바는 전혀 달라 즐겨 간직하는 바는 천박한 견문과 자잘한 지식을 지닌 자가 미칠 바가 아님을 말한 것이다.

② 「제물론」: 큰 '도'가 작은 지식과 작은 성취에서 깨어지니, 뭇사람의 입을 닫게 하고 천하의 변론을 폐지하여 지식이 큰 '도'의 온전함에로 귀일하게 하고자 함을 말한 것이다.

③ 「양생주」: '도'에 통달한 사람은 이치에 순응하여 사물에 대처하여 생명을 손상시키지 않음을 말한 것이다.

④ 「인간세」: 사물에 대처함은 '허'(虛)하게 할 수 있음에 있으며, '허'함이란 정감의 사사로움으로써 하여 '천덕'(天德)의 온전함에 방해되지 않도록 함을 말한 것이다.

⑤ 「덕충부」: '천덕'이 안에서 온전한 자는 교화되기를 바라지 않아도 사람들이 스스로 교화됨을 말하는 것이다.

⑥ 「대종사」 · ⑦ 「응제왕」: 이러한 '덕'이 있고, 이러한 '도'가 있은 다음에 임금이 될 수 있음을 말하는 것이다.

  박세당은 『장자』 '내편'의 7편 사이에 내재된 긴밀한 연관구조에 관심을 보이지 않고, '도'를 드러내는 방법과 '도'에 통달한 사람이 행동하는 양상을 조명하며, '도'와 '덕'을 갖추어서 제왕이 될 수 있다는 조건을 확인하고 있다. 박세당은 『장자』해석에서 '내편'만이 아니라 '외편'과 '잡편'까지 33편의 전체를 주석하였으므로, '내편' 속에서 하나의 완결구조를 찾으려고 하지 않았던 것으로 볼 수도 있을 것이다.

  전반적으로 한원진이 『장자』 '내편'을 중심으로 완결구조를 찾는데 예리한 관심을 보이고 있는 사실은 중요한 특성의 하나라 하겠다. 특히 그는 첫머리의 「소요유」와 「제물론」의 두 편에 대해서는 각 편의 구조를 정밀하게 분석하고 있다. 먼저 「소요유」편을 3대절(大節)로 나누어 보면서, 제1대절은 첫머리에서 '소대지변'(小大之辨)까지로서, 사물을 이끌어다 '대·소의 분별'(大小之分)을 밝힌 것이라 하고, 제2대절은 '지효일관'(知效一官)에서 '요연상천하'(窅然喪天下)까지로서, 사람을 들어서 '대·소의 분별'을 밝힌 것이라 하며, 제3대절은 '혜자위장자'(惠子謂莊子)에서 끝까지로서 위의 '소·대의 변론'(小大之辨)을 이어서 '용대의 방법'(用大之術)을 밝힌 것이라 하였다.11) 이처럼 그는 「소요유」한편을 '대·소의 분별' 곧 '소·대의 변론'을 다룬 두 절과 '용대의 방법'을 다룬 한 절로 제시하여, 실체의 인식과 활용의 방법이라는 체·용(體用) 구조 내지 지·행(知行)구조의 문제로 집약시켜 파악하고 있다. 여기서 그는 "글을 쓰는 첫 마디말이 곧 곤(鯤)과 붕(鵬)의 큼(大)을 말하였고, '큼을 쓴다'(用大)로 끝을 맺었으며, 중간에는 '소·대의 변론'을 극진하게 말하였는데, '작음'을 빌어서 '큼'을 깨우쳐주면서 도리어 '소대지변'(小大之辨) 네 글자를 벗어남으로써 갖추었다. 제2절 이상은 단지 '대'(大)자를 말하고 끝에 가까워서야 하나의 '용'(用)자를 썼으니, 머리와 꼬리가 서로 호응하고 전개함에 순서가 있어서, 문장의 핵심요소가 갖추어지지 않음이 없다"12)고 하여, 문장의 역설적 전변(轉變)과 구조의 정교한 상응을 주목하여 높이 평가하였다. 이에 따라 그는 "장주의

---

11) 『莊子辨解』, 5, '逍遙遊', "此篇當作三節看, 自篇首至小大之辨, 共爲一大節, 引物以明大小之分, 知效一官以下, 至窅然喪天下, 共爲一大節, 擧人以明大小之分, 惠子謂莊子至終篇, 共爲一大節, 承上小大之辨, 以明用大之術."
12) 같은 곳, "下筆第一言, 卽言鯤鵬之大, 終以用大結之, 而中間極言小大之辨, 借小喻大, 而却出小大之辨四字以該之, 第二節以上, 只言大字, 而近末方下一用字, 首尾相應, 展鋪有序, 文章機軸, 無不備矣."

문장은 질서와 차례가 없으며 다만 그 구절과 말이 기이할 뿐이라고 말하는 자는 장주의 문장을 읽을 줄 모른다고 할 수 있다"13)고 언급하여, 비록 그가 장자의 사상에 대해 엄격한 비판의 입장을 지키고 있지만, 장자의 문장에 대해 그 표현 구절의 기이함을 훨씬 넘어서 문체의 탁월함과 사유구조의 정교함을 극진하게 높여 평가하고 있음을 보여준다.

또한 「제물론」편을 35단락으로 자세히 분석하여 변론하면서, 이 편의 구조를 네가지 양상으로 제시할 만큼 정밀한 관심을 기울였던 사실이 주목된다. 첫 번째로 그는 '상아'(喪我)·'물화'(物化)·'도추'(道樞)의 세가지 개념을 중심으로 「제물론」편의 전체가 일관한 구조를 지닌 것으로 파악하였다. 곧 "이 편 첫머리의 '상아'(喪我) 두 글자는 '제물'의 방법을 제시한 것이고, 이 편 끝의 '물화'(物化) 두 글자는 '물제'(物齊)의 실제를 증명한 것이고, 중간에서 '도추'(道樞) 두 글자를 설명한 것은 '제물'의 근본을 가리킨 것이다"14)라고 하여, '상아'·'도추'·'물화'의 세 개념으로 '제물'의 방법과 근본과 실현이라는 세 중심 축을 확인하고 있는 것이다. 두 번째로 「제물론」의 제2단락(大塊噫氣段)은 '하나의 근본'(一本)이 '만가지 차이'(萬殊)가 됨을 말하여, '제물'의 단초를 열어주었고, 제34단락(罔兩問景段)은 만물이 다시 일체가 됨을 말하여, '제물'의 극치와 부합시키며, 중간에는 '제물'의 뜻을 상세히 설명한 것으로 제3단락(吹萬不同)이하는 '물론'(物論: 衆論)의 말단은 다르지만 근

---

13) 같은 곳, "夫謂莊周之文, 無有倫序, 而特其句語之奇而已者, 可謂不知讀周之文矣."
14) 『莊子辨解』, 19, '齊物論', "此篇篇首, 即擧喪我二字, 以示齊物之方, 篇末, 復出物化二字, 以證物齊之實, 中間, 又說道樞二字, 以指齊物之本."

본은 같음을 말하는 것이라 제시하였다.15) 곧 '일'(一)과 '만'(萬)의 관계구조, 및 '동'(同)과 '이'(異)의 관계구조로서 '제물'의 논리를 이해하는 것이다.

세 번째로 '도추'를 「제물론」편의 중심축으로 인식하는 구조로서, "귀결은 모두 제16단란의 '시와 비가 상대를 얻지 못하는 것'(是非莫得其偶)이라는 한 구절에 있으니, '도추'가 있는 곳을 보여준다. '손가락과 말의 비유'(指馬之喩)는 반복하여 가지런히 하는 뜻을 말한다. 모두 제16단락의 '고리 속에 있는 것으로 응용이 무궁하다'(環中以應無窮)는 한 구절에서 미루어 나온 것으로 '도추'의 작용이 됨을 보여준다. 이 '도추' 두 글자는 한 편의 중심축이 된다"16)라고 하여, '도추'를 「제물론」편의 중심축(樞紐)으로 인식함으로써, 「제물론」 한 편에 중심축을 통한 또 하나의 구조가 제시되는 것이다. 네 번째로 「제물론」편을 두 단계로 나누는 관점인데, 그는 "제16단락 이상은 '가지런히 한다'(齊之)의 뜻이 없는 것은 아니지만, 큰 의도(大意)는 '물론'(物論)을 위주로 하였으니, 그래서 '가지런히 함'을 설명하는 것이 간략하지만, 제16단락 이하는 진실로 모두 '물론'를 겸하여 설명하는 것이지만, 큰 의도는 '가지런히 함'을 위주로 하니, 그래서 단락마다 반드시 '가지런히 한다'는 뜻으로 맺었다"17)고 하여, 「제물론」편을 제16절 이상과 그 이하의 두 단계로

---

15) 같은 곳, "大塊噫氣一段, 言一本之散爲萬殊, 以啓齊物之端, 罔兩問景一段, 言萬物之復爲一體, 以會齊物之極, 中間方詳說齊物之意, 而吹萬不同以下, 言物論之末異而本同."

16) 같은 곳, "結歸都在十六段, 是非莫得其偶一句上, 以示道樞之所在, 指馬之喩以下, 反覆言齊之之意, 皆自十六段, 環中以應無窮一句上, 推出來以示道樞之爲用, 此道樞二字, 爲一篇之樞紐者也."

17) 같은 곳, "十六段以上, 非無齊之之意, 而大意以物論爲主, 故其說齊之者略矣, 十六段

나누었을 때, '물론'(物論: 衆論)과 '제지'(齊之: 齊一)의 두 주제가 양쪽에 모두 내포되고 있지만, 상단에서는 '물론'이 중심이 되고, 하단에서는 '제지'가 중심이 되고 있는 체제를 밝히고 있다. 곧 「제물론」 한 편이 몇가지 중첩된 구조를 내포하고 있는 사실을 제시함으로써, 그가 「제물론」을 얼마나 다각적인 시야에서 읽어내고 있는지를 잘 보여준다.

　「제물론」편의 문장에 대해서도 "이 편에서 장주의 문장은 용의주도함이 가장 깊다. 그래서 처음에 합하였다가 나누고, 중간에 다시 합치시키며, 이미 합하였으면 나누고서 끝에 이르러 다시 합치시킨다. 우언(寓言)을 빌어다 실상(實相)을 담론하니, 말은 비록 환망하지만 뜻은 홀로 이르니, 진실로 뜻을 얻고 말을 잊어버릴 수 있는 자가 아니라면 이 글을 읽기 어려울 것이다. 그 문자의 체제를 논한다면 구절마다 신묘하고 글자마다 기이하다"18)라고 하여, 「제물론」의 문장이 보여주는 구조적 정교함과 서술의 특이한 화법과 글자나 구절의 신묘한 구사에 이르기 까지 극진한 칭송을 아끼지 않았다. 곧 한원진은 장자에서 문장과 사상을 분별하여, 문장의 탁월함을 높이 평가하면서 사상의 오류를 비판하겠다는 입장을 지키고 있는 것이다.

　以下, 固皆兼說物論, 而大意以齊之爲主, 故每段必以齊之之意結之."
18) 같은 곳, "此篇盖周之文, 用意最深者, 故始合而分, 至中而復合, 旣合而分, 至末而復合, 假寓言而談實相, 語雖幻而意獨至, 苟非得意而忘言者, 難乎讀是書矣, 若論其文字之體, 則句句神, 字字奇."

3. 장자의 '도'(道)개념에 대한 인식

1) '도'의 본체에 대한 인식

(1) 장자에서 '대'(大)와 '지인'(至人)의 '도'(道)

한원진은『장자』'내편'의 구조를 해명하면서, 「소요유」편은 '지인'
(至人)의 '도'가 큼을 말한 것이고, 「제물론」편은 '지인'의 '도'가 큼이 만
물을 가지런히 하여 하나로 함(齊物)에서 드러나는 것임을 밝혔다. 따
라서 장자의 '도'개념은 「소요유」와 「제물론」 2편을 중심으로 확인해
볼 수 있을 것이다.

우선 한원진은 장자에서 '도'가 지극히 큰 것으로 제시되고 있다는
점과, 이 '도'는 '지인'의 인격을 통해 드러나는 것으로 제시하고 있다
는 점을 주목하였다. 먼저 그는 장자에서 '도'를 지극히 큼으로 제시되
고 있는 점을 들어, "(「소요유」)편의 첫머리에서 곤(鷗: 鯤)과 붕(鵬)의
큼으로써 '지인'의 '도'가 큼을 비유하였으며, 그 아래로 또 아지랑이(野
馬)와 티끌(塵埃), 매미(蜩)와 작은 비둘기(鳩), 메추라기(斥鴳)의 작음을
끌어들임으로써 곤과 붕의 지극히 큼을 드러내었다"19)고 하여, 장자가
큼(大)과 작음(小)을 극단적 비유로 대비시키는 것은 모두 '지인'의 '도'
가 큼을 드러내려는 의도를 지닌 것이라 지적하였다. 따라서 그는 "'소
대지변'(小大之辨)의 네 글자는 「소요유」편의 관건이 되는 곳이다.…비
록 큼과 작음을 상대시켜 말하였지만 그 실지는 작음을 빌어다가 큼을

---

19)『莊子辨解』, 2, '逍遙遊', "篇首鷗・鵬之大, 以喩至人之道大, 其下又引野馬・塵埃・
蜩・鳩・斥鴳之小, 以見鷗・鵬之至大也."

드러내는 것이니, 이 편의 근본 취지는 하나의 '대'(大)라는 글자에 있음을 또한 볼 수 있다"20)라고 하였다. '도'의 큼(大)을 밝히기 위한 방법으로 '큼과 작음의 변론'(小大之辨)을 전개한 것이요, '작음'을 '큼'에 대비시킴으로써, 그 '큼'이 얼마나 지극한 것인지를 드러내는 화법을 쓰고 있다는 것이다. 그만큼 한원진은 장자에서 '도'는 극진하게 큼(至大)으로 제시되는 것이라 강조하고 있다. '큼'(大)은 '도'를 그려내는 여러 가지 형용의 하나가 아니라, 가장 중요한 대표적 표상으로 주목한 것이다.『노자』(25장)에서도, '도'를 서술하면서, "혼연한 일체로 이루어진 것이 있으니, 천지보다 먼저 있었다. 고요하고 텅 비었으나, 홀로 서서 바뀌지 않으며, 두루 운행하지만 위태롭지 않으니, 천하의 어미가 될만하다. 나는 그 이름을 모르는데, 자(字)로 불러 '도'(道)라 하고, 억지로 이름을 붙여 '대'(大)라 한다"21)고 하여, '도' 혹은 '대'가 모두 하나의 궁극적 존재에 대해 붙일 수 있는 이름으로 제시되고 있다. 바로 이 점에서 장자가 '소대지변'을 제시한 것은 큼과 작음의 비교에 의미가 있는 것이 아니라, '도'로서의 '대'를 드러내기 위한 논리적 방법임을 보여주는 것이다.

다음으로 장자에서 '도'가 '지인'의 인격을 통하여 드러나는 사실에서도, 장자는 '도'를 체득한 '지인'의 지극히 높은 위상을 드러내기 위해 이에 못미치는 인물들을 들어서 대조시키는 화법을 쓰고 있다. 곧 "송영자(宋榮子)는 비난한다고 기(氣)가 꺾이거나 칭찬한다고 더 힘쓰지

---

20)『莊子辨解』, 3, '逍遙遊', "小大之辨四字, 是一篇關鍵處,…雖以小大對說, 其實借小以見大也, 此篇大指之在一大字者, 又可見矣."
21)『노자』, 25장, "有物混成, 先天地生, 寂兮寥兮, 獨立不改, 周行而不殆, 可以爲天下母, 吾不知其名, 字之曰道, 强爲之名曰大."

않았다 한다. 안과 밖의 변론에 밝으며 버리고 취함의 분별이 확립되었다 한다. '여전히 수립하지 못함이 있다'는 것은 '도'를 구하였지만 아직 '도'에 이르지 못하였다는 것이다. '열자(列子)가 바람을 탄다'고 하는 '바람'은 '도'를 비유한 것이요, '바람을 타고 간다'는 것은 '도'를 좇아서 행한다는 것이다.…(열자가) '보름이 지나서 돌아온다'는 것은 열흘이 넘으면 '도'와 서로 어긋나는 것이니, 마치 안자(顏子)가 석달동안 '인'(仁)에 어긋나지 않았다는 것은 석달이 지나면 '인'에 어긋나지 않을 수 없다는 것과 같다. '비록 걸어다니는 것을 면했지만 아직도 의지하는 바가 있다'는 것은 모두 '도'에 이르렀지만 아직 '도'와 하나가 될 수 없다는 것이다"[22]라고 하여, 송영자는 '도'를 구하였지만 '도'에 이르지 못한 단계라면, 그 보다 높은 열자는 '도'에 이르렀지만 '도'와 일치하지 못한 단계임을 제시하여 '지인'의 단계가 더욱 높음을 보여준다는 것이다.

여기서 '지인'의 단계를 제시하여, "'천지의 바른 기운을 타고 육기(六氣: 陰·陽·風·雨·晦·明)를 조종한다'는 것은 단지 바람을 타는 것에 그치는 것이 아니요, '무궁함에 노닌다'는 것은 단지 열흘에 그치는 것이 아니다. 저들(송영자·열자)은 한 단서를 얻고서 쉬는 것이라면, 이쪽(至人)은 전체를 얻고서도 쉬지 않는 것이다. '무엇에 의지할 것인가'라는 말은 자신이 곧 '도'요, '도'가 곧 자신이니, 다시 서로 의지함이

---

22) 『莊子辨解』, 3, '逍遙遊', "宋榮子不以毀譽而有所勸沮, 明乎內外之辨, 而定乎取舍之分也, 然猶有未樹, 則蓋求道而未至於道者也, 列子御風, 風喩道, 御風而行, 遵道而行也,…旬有五日而後返, 言旬日之後, 與道相違也, 如顏子三月不違仁, 而三月之後, 不能無違仁者也, 雖免乎行, 猶有所待, 則皆至於道, 而未能與道爲一者也."(※ 인용문에 밑줄친 부분은 『장자』의 원문이다. 이하 같음.)

없는 것이요, '도'와 하나된 자이다"23)라고 확인하였다. 곧 지식이 한 가지 벼슬자리를 맡을 만 하거나 행실이 한 고을에서 적합하거나 덕이 한 임금에 합치하는 자잘한 인격에 비해, 송영자의 단계와 열자의 단계를 제시하고서, 그 위에 '도'와 온전하게 일치한 인격으로 '지인'을 제시한 것이다.

「소요유」에서 "'지인'은 자기가 없고, '신인'은 공적이 없고, '성인'은 명성이 없다"(至人無己, 神人無功, 聖人無名)고 말한 '지인'·'신인'·'성인'이 바로 '도'와 일치한 인격이며, 이들을 통해 '도'가 드러나는 것임을 보여준다. 또한 막고야(藐姑射)산의 '신인'에 대해 서술하면서, "'오곡을 먹지 않고 바람을 들이쉬고 이슬을 마신다'는 것은 세속에서 하는 것을 하지 않음을 비유한 것이요,…'정신이 집중되면'에서 '해마다 곡식이 잘 익는다'에 이르기 까지는 '지인'의 덕이 만물에 미치며 단지 한 나라에서 쓰여지는 것이 아님을 말한다. '물에 빠지지 않는다'거나 '불에 타지 않는다'는 것은 '지인'이 가난하고 비천함이나 근심과 슬픔 등 바깥의 우환에 동요함이 없음을 말하는 것이지, 참으로 물에 들어가도 빠지지 않고 불에 들어가도 불타지 않는 일이 있음을 말하는 것이 아니다. 장주의 문장은 무릇 모두 우언이니 읽는 자는 마땅히 그 중심 뜻이 어디에 있는지를 보아야지 곧바로 말과 문자에 나아가서 찾으려고 하는 것은 옳지 않다"24)고 하였다. 여기서 그는 '지인'이나 '신인'을 장

---

23) 『莊子辨解』, 3-4, '逍遙遊', "乘天地之正, 御六氣之辨, 非但御風而已也, 以遊無窮, 非但旬日而已也, 彼得其一端而或息, 此有其全體而不息也, 惡乎待, 言身則道, 道則身, 不復相待也, 盖與道爲一者也."

24) 『莊子辨解』, 4, '逍遙遊', "不食五穀, 吸風飲露, 喻不爲世俗之所爲也, …神凝至年穀熟, 言至人之德及於萬物, 非但徵一國也, 不溺·不熱, 言至人之無所動於貧賤憂慽等

자의 표현을 그대로 받아들여 신화적 존재로 신비화시키는 태도를 경계하면서 장자가 우언을 빌어서 말하고자 하는 의도를 바르게 이해할 것을 강조한다. 따라서 '신인'은 '도'와 일체가 되어 '덕'을 이룸으로써 세속적 관심에 이끌리거나 동요되지 않는 중심을 확립한 인격으로 제시하고 있다. 이 대목에서도 한원진은 장자를 이해하는데 상당히 포용적인 입장을 보여주고 있다.

한원진에 의하면 「소요유」편은 상단에서 '큼'과 '작음'의 변론 곧 '소대지변'(小大之辨)을 통해 '도'의 큼을 제시하였고, 끝머리에 혜시와 장자의 문답 두 단락은 이를 이어서 '도'의 큼을 활용하는 방법 곧 '용대지술'(用大之術)을 제시하고 있는 사실을 지적하였다. 따라서 '도의 큼'(道之大)과 '큼의 활용'(用大)의 구조로 확인하면서, 이를 '소능'(所能: 所·대상)과 '능'(能: 주체)의 관계로 제시하고 있다.[25] 여기서 그는 장자에서 '도'를 인식하는 기본구조가 바로 대상적으로 접근하면 '도의 큼'으로 드러나고, 주체적으로 접근하면 '큼의 활용'으로 드러나는 두가지 형식으로 제기되고 있음을 밝히고 있다. 바로 '도'의 '소능'은 '도'의 본체라면 '능'은 '도'의 작용이니, 체·용구조로 파악하는 것과 통하는 것이라 하겠다.

또한 그는 「제물론」편에서 장자가 '육합의 바깥'(六合之外)이란 말을 한 것에 대해, "장주 이전에는 아직 이런 말이 없었는데, 장주가 비로

外患也, 非謂眞有入水不溺·入火不熱之事也, 周之文, 大抵皆寓言, 讀者當看其主意所在, 不可直就言語文字而求之也."
25) 같은 곳, "惠子莊子問答兩段, 承上文小大之辨, 而皆言用大之術, 盖讀此篇者, 當知能與所能之辨, 堯治天下以上, 極言道之大, 卽所謂所能也, 惠子以下, 皆言用大之術, 卽所謂能也."

소 이를 말했으니, 장주의 견지(見地)가 또한 스스로 원대한 것이니, 천박한 사람이 견줄 수 있는 바가 아니다"[26]라고 하여, '육합의 바깥' 곧 우주의 바깥이라는 공간개념의 새로운 영역을 열어준 것으로 적극적 평가를 하였던 사실을 엿볼 수 있다.

(2) 장자의 '도'와 '기'(氣)

한원진의 『장자』해석은 결코 공감적 이해가 아니라, 근본적 차이를 확인하고 비판하는데 초점이 있다. 그는 「제물론」편에서 말한 "땅덩이가 숨을 내쉬면,…온갖 구멍이 노하여 소리지른다"(大塊噫氣,…萬竅怒呺)는 구절에 대해, "하나의 기운이 움직이면 온갖 소리가 어지럽게 일어나, 마치 정자(程子)가 '틈 속의 햇볕'으로 비유한 것과 같다. 그러나 정자는 '리'(理)로 말하였지만 장주는 '기'(氣)로 말하였고, 정자는 물성(物性)으로 말하였지만 장주는 물론(物論)으로 말하였으니, 이것이 다른 점이다"[27]라고 하여, 궁극존재로서 '도'를 정자가 '리'(理)로 인식하며, 사물의 성품을 논의하는 입장과 장자가 '기'(氣)로 인식하며 사물의 양상을 논의하는 입장의 차이로 확인하였다. 그것은 성리학과 장자를 이학(理學)과 기학(氣學)으로 대립시키고 있음을 의미한다.

여기서 그는 장자의 입장을 해명하여, "'노여워하는 자는 누구인가'라는 것은 중론(衆論)이 있게 하는 '하나'(一)요, '하나'는 곧 이른바 '진재'(眞宰)인 '천'(天)이며, 곧 장주가 말하는 '허무의 도'이다. 앞 단락에서

---

26) 『莊子辨解』, 16, '齊物論', "六合之外, 周之前未有言者, 而周始言之, 周之見處, 亦自
　　遠大, 非淺夫之所可方也."
27) 『莊子辨解』, 6, '齊物論', "大塊噫氣, 萬竅怒號, 言一氣所動, 衆聲紛挐, 盖如程先生隙
　　中日光之喩, 然程先生以理言, 周以氣言, 程先生以物性言, 周以物論言, 此其不同也."

‘땅덩이가 숨을 내쉬면, 온갖 구멍이 노하여 소리지른다’는 것은 하나의 근본(一本)이 흩어져 만가지 차이(萬殊)가 되는 것이고, 이 단락에서 ‘불어대는 소리가 만가지로 같지 않으니, 노여워하는 자는 누구인가’라는 것은 만가지 차이가 하나의 근본으로 돌아오는 것이다. 만물은 하나에서 나오고 하나에로 다시 돌아간다. 그래서 ‘지인’으로 이 ‘도’를 체득한 자는 반드시 만물을 가지런히 하여 하나가 되게 할 것이다”28) 라고 하였다. 곧 그는 장자가 ‘천뢰’(天籟)를 설명한 내용이 근원으로서 ‘하나의 근본’(一本)과 현상으로서 ‘만가지 차이’(萬殊)의 연관구조를 제시한 것으로 파악하여 해명하고 있다. 그러나 여기서 그는 장자의 관점이 유교와 달라지는 차이점을 지적한다.

“우리 유교가 보는 곳은 하나의 근본과 만가지 차이가 모두 ‘리’이며, 장주가 보는 곳은 하나의 근본과 만가지 차이가 모두 ‘기’이다. ‘리’는 한결같이 선하지만, ‘기’는 선과 악에 뒤섞여 있다. 그러므로 ‘리’로 가지런히 하면 일마다 사물마다에서 한결같이 하늘을 따르니, 털끝만큼도 사사로운 생각이 틈사이에 끼어듦이 없고 만물은 진정으로 그 가지런함을 얻지만, ‘기’로 가지런히 하면 일마다 사물마다 사이에 참됨과 거짓됨 옳음과 그름이 얽히고 뒤섞여 있으니, 그 가지런히 한다는 것이 사사로운 생각으로 억지로 시키며 만물도 끝내 그 가지런함을 얻지 못한다. 이것이 주자가 말하는 ‘이치에 가까울 수록 진리를 더욱 크게 어지럽힌다’는 것이다.”29)

---

28)『莊子辨解』, 6-7, ‘齊物論’, “怒者其誰, 言使之有是衆論者一也, 一者, 卽所謂眞宰之天也, 卽周所謂虛無之道也, 前段大塊噫氣·萬竅怒號, 一本之散爲萬殊也, 此段吹萬不同·怒者其誰, 萬殊之歸於一本也, 萬物出於一而復歸於一, 故至人之體是道者, 必齊萬物而爲一也.”
29)『莊子辨解』, 7, ‘齊物論’, “在吾儒見處, 則一本萬殊皆理也, 在周之見處, 則一本萬殊皆氣也, 理一於善, 氣雜於善惡, 故以理齊之, 則事事物物之上, 一循天, 則無一毫私意

이처럼 한원진의 장자에 대한 비판은 장자의 '도'가 '기'로 인식되고 있음을 지적함으로써, '리'를 순수한 선이요 정대한 것이며, '기'를 선악이 되섞여 있고 사사로운 것이라는 '이·기'개념의 기초 위에서 비판하고 있다. 그는 주자가 노장과 불교를 비판하면서 언급한 '이치에 가까울 수록 진리를 더욱 크게 어지럽힌다'(彌近理而大亂眞)는 구절을 끌어들인 것은 장자의 '도'개념에서 성리학적 논리와 사유방식에 일치되는 점이 다양하게 있음을 인정한다. 다만 근본적 개념에서 털끝만큼의 어긋남이 생겼기 때문에 그 결과로서 전체가 엄청난 오류에 빠져들게 된다(毫釐之差, 千里之謬)는 성리학적 이단비판론의 기본입장을 그대로 적용하고 있는 것이다.

또한 한원진은 하나의 근본(一本)과 만가지 차이(萬殊) 사이의 구조에서도 장자의 인식에 문제가 있음을 지적하고 있다. "'천지는 나와 더불어 함께 생겨나고, 만물은 나와 더불어 하나가 된다'는 것은 장횡거의 「서명」(西銘)에서 말한 것과 뜻이 같다. 이것은 장주의 보는 곳이 세속보다 한층 더 높은 것이다. 그러나 「서명」은 '이치가 하나임'(理一)에 의거하여 '갈라져 다름'(分殊)을 미루어가는데, 장주의 '제물'은 '갈라져 다름'을 폐지하여 '이치가 하나임'을 어지럽히니, 소견에 허실이 있기 때문이다"30)라고 하여, 장자도 '일본'(一本)과 '만수'(萬殊)로써 장횡거가 「서명」에서 제시한 '이일'(理一)과 '분수'(分殊)의 사유구조를 보여주고

之間隔, 而萬物眞得其齊矣, 以氣齊之, 則事事物物之間, 眞妄是非, 錯雜混淆, 其所以齊之者, 不過以私意强之, 而萬物終不得其齊矣, 此朱子所謂彌近理而大亂眞者也."
30) 『莊子辨解』, 15, '齊物論', "天地與我幷生, 萬物與我爲一, 與張子西銘之意同, 此盖周之見處, 高於世俗一層者也, 然西銘, 據理一而推分殊, 周之齊物, 廢分殊而亂理一, 所見有虛實故也."

있는 것을 인정하지만, 다만 장자는 '분수'의 현상을 부정의 대상으로 보기 때문에 '이일'도 혼란에 빠지게 되고 말았다고 비판한다. 곧 유교의 입장을 대변하는 장횡거는 '이일'과 '분수'를 구별하면서 양자를 일관시켜 통합하는 논리라면, 장자는 '분수'를 부정함으로써 '일본'을 드러내려 하지만, '분수'와 상관구조를 이루는 '이일'의 의미도 정립할 수 없게 하였다는 문제점을 제기하는 것이다.

나아가 그는 장자가 근원으로서 '도'의 단계를 '사물이 처음 있기 이전'(未始有物)이라 하고, '기'(氣)의 단계를 '사물이 있게 됨'(有物)이라 하고, 천·지가 갈라진 단계를 '구별이 있음'(有封)이라 하고, 사물이 어지럽게 나열되는 단계를 '옳고 그름이 있음'(有是非)이라 하여, 단계적으로 제시하고 있는 사실에서도 결국 장자의 '도'는 '기'를 의미하는 것임을 지적하였다. 여기서 그는 장자의 '도'가 '음'과 '양'이 순환하는 '기'의 차원을 넘어서서 그 근원에 자리잡는 '리'의 세계를 알지 못한 것이라 비판하였다.

> "성인의 '제물'은 그 '도'의 근본이 하나임을 회복하는 것이니, 이것이 장주의 뜻이다. 그러나 장주는 '사물이 처음 있기 이전'을 '도'로 삼았으니, '도'자를 전혀 알지 못한 것이고, 또한 '물'(物)자도 알지 못한 것이다. '동·정에는 단초가 없고 음·양에는 시작이 없다'는 것은 '양'이 사물이 되면 '양'의 앞에 '음'이 있으니, '음'도 역시 사물이요, '동'(動)이 사물이 되면 '동'의 앞에 '정'(靜)이 있으니, '정'도 역시 사물이라는 것이다. 어찌 사물이 없었던 때가 있겠는가? 이미 사물이 없었던 때가 없다면 이른 바 '도'란 역시 사물의 속에 있으면서 사물의 주인이 되는 것이다.
>
> 이제 사물이 없었던 때가 있다고 한다면 이것은 단지 '동'하여 '양'인 사

물이 있음을 알뿐이고, 이 '양'의 앞에 또한 '정'하여 '음'인 사물이 있음을 알지 못하는 것이다. '사물이 처음 있기 이전'을 '도'로 삼으면, 이것은 단지 '동'하여 '양'인 것을 사물로 삼으면서 도리어 그 '정'하여 '음'인 것을 '도'로 인식하는 것이다. 그렇다면 장주의 이른바 '도'는 곧 형기(形氣)의 거친 것에 불과하며 이 위에 다시 이른바 '한 번 음이 되고 한 번 양이 되는 도'가 있음을 알지 못하는 것이다."31)

한원진은 '동·정에는 단초가 없고 음·양에는 시작이 없다'(動靜無端, 陰陽無始.<『程氏經說』, 권1, '易說·繫辭'>)라는 정자가 제기한 명제를 근거로 현상세계에서는 음·양과 동·정이 시작이나 끝이 없이 영구히 순환하는 것이므로, 어떤 사물이 있기 이전의 시간적 선행조건을 아무리 설정해 보아도 장자는 여전히 이 순환의 고리를 벗어날 수 없다는 것이다. 그렇다면 장자가 '사물이 처음 있기 이전'(未始有物)의 조건을 '도'로 인식하여 사물의 세계를 넘어서려고 하여도 여전히 음양·동정의 순환 속에 있을 수 밖에 없다면, 장자는 결국 '도'를 알지 못하고 '사물'의 존재양상조차 올바로 알지 못하는 것이라는 비판이다. 그는 '도'란 『주역』(繫辭上)에서 말하는 "한 번 '음'이 되고 한 번 '양'이 되는 것을 '도'라고 한다"(一陰一陽之謂道)는 말에서 처럼 음·양이 순환하는 현상에 내재하는 주재요 원리를 의미하는 것이지, 음·양의 순환현상 속

---

31) 『莊子辨解』, 13-14, '齊物論', "聖人之齊物, 所以復其道之本一也, 此周之意也, 然周以未始有物爲道, 則全不識道字, 又不識物字, 盖動靜無端, 陰陽無始, 陽爲事物, 而陽前有陰, 則陰亦事物也, 動爲事物, 而動前有靜, 則靜亦事物也, 夫豈有無物之時哉, 旣無無物之時, 則所謂道者, 亦在乎事物之中, 而爲此事物之主也, 今謂有無物之時, 則是只知有動而陽之物, 而不知此陽之前, 又有靜而陰之物也, 以未始有物爲道, 則是只以動而陽者爲物, 而却認其靜而陰者爲道也, 然則周之所謂道者, 卽不過形氣之粗者, 而不知此上而更有所謂一陰一陽之道也."

에서 시간적 시초를 찾는 것은 '도'와 '사물'의 양쪽을 모두 모르는 결과에 빠지는 것임을 강조하였다. 이처럼 그는 '도'의 진정한 모습이란 음양·동정이 순환하는 사물을 벗어나는 것이 아니라 그 사물의 속에서 그 사물을 주재하는 다른 차원의 존재임을 확인하며, 이에 따라 장자가 '도'개념을 잘못 인식하는데서 초래되는 폐단을 지적하여 비판하고 있다.

2) '도'의 양상에 대한 인식

한원진은 『장자』에서 '도'를 설명하기 위해 다양한 시각에서 '도'의 양상을 제시하고 있는 사실에 대해 정밀하게 검토하고 있다. 장자는 「대종사」편에서 '도'를 설명하여, "정감이 있고, 믿음이 있으며, 작용이 없고 형체가 없다"(有情有信, 無爲無形)하고, 또 "스스로 바탕이 되고 스스로 뿌리가 된다"(自本自根)라 하며, "귀신을 신령하게 하고 상제를 신령하며, 하늘을 생겨나게 하고 땅을 생겨나게 한다"(神鬼神帝, 生天生地)는 등 다양한 양상으로 서술하였는데, 한원진은 이 단락이 장자가 '도'를 논의한 것으로 가장 자세하다고 지적하였다.

여기서 그는 "'정감이 있다'는 것은 주재로 말한 것이요, '믿음이 있다'는 것은 지극한 실지로 말한 것이다. 주재하면서 작위하는 바가 없고, 지극한 실지이면서 형체가 없으니, 그러므로 '작위가 없고 형체가 없다'고 한다. 장주가 '도'를 논함은 거의 이르렀다고 할 수 있다. 그러나 '도'에다 '정'(情)를 붙일 수 없는데 이 한 글자를 붙였으니 역시 장주는 '기'(氣)를 '도'로 인식하고 있음을 볼 수 있다"[32]라고 하여, 장자가

'도'의 주재성과 실제성을 제시하면서 동시에 작위와 형상을 넘어서는 초월성을 제시하고 있다는 점에서 '도'를 제대로 인식하는데 거의 도달한 것으로 높이 평가하였다. 그러나 정감(情)으로 '도'를 설명한 사실에서 장자가 '도'를 '기'로 인식하는 오류에 빠진 것이라 비판하고 있다.

이어서 그는 "'스스로 바탕이 되고 스스로 뿌리가 된다'는 것은 스스로 모든 조화(萬化)의 바탕이 되면서 스스로는 바탕하는 바가 없으며, 스스로 모든 사물(萬物)의 뿌리가 되면서 스스로는 뿌리로 삼는 바가 없다. '아직 천지가 있기 전에 예로부터 존재하였다'는 것은 이른바 '스스로 바탕이 되고 스스로 뿌리가 된다'는 것이다. '귀신을 신령하게 하고 상제를 신령하게하며, 하늘을 생겨나게 하고 땅을 생겨나게 한다'는 것은 곧 모든 조화와 모든 사물의 근본이 되는 것이다"33)라고 하여, '도'는 귀신과 상제에 의한 모든 조화나 하늘과 땅의 모든 사물에 근본이 되는 것으로 인식하고 있음을 받아들인다. 또한 '도'를 '태극'(太極)과 '육극'(六極)의 바깥에 있고 '천지'와 '상고'(上古)에 앞서 있다고 하는 장자의 언급에 대해, "'태극'이란 천지의 형체가 있는 지극한 자리를 가리켜 말한 것이니, 공자가 말하는 '태극'이 아니다. '육극'이란 천지의 형체가 있는 것과 상하 사방의 극진함을 말한다. 위의 두 구절[太極・六極의 언급]은 위치로 말하였으니, 형체가 있는 위에 있어도 높다고 여

---

32) 『莊子辨解』, 34, '大宗師', "有情, 以其主宰而言也, 有信, 以其至實而言也, 主宰而又無所作爲, 至實而又無有形體, 故曰無爲無形, 周之論道可爲幾矣, 然道上不得着情字, 着此一字, 亦可見周之認氣爲道也."
33) 같은 곳, "自本自根, 自爲萬化之本, 而自則無所本, 自爲萬物之根, 而自則無所根也, 未有天地, 自古以存, 卽所謂自本自根也, 神鬼神帝, 生天生地, 卽其爲萬化萬物之根本也."

기지 않으며, 형체가 있는 아래에 있어도 깊다고 여기지 않음을 말한
다. 아래의 두 구절[天地·上古의 언급]은 시간으로 말하였으니, 앞으
로 미루어가면 천지가 생겨나기에 앞섰지만 오래된 것으로 여기지 않
으며, 뒤로 끌어당기면 고금에 걸쳐서 존재하여도 늙은 것으로 여기지
않음을 말한다"34)고 하여, '태극'개념에서 차이가 있지만 '도'의 양상을
설명한 것으로 인정하였다.

여기서 한원진은 장자가 '도'의 실체가 드러나는 양상을 이렇게 다양
하게 제시한 것에 대해 전반적으로 평가하면서, "이 한 단락은 '도'의
실체를 설명함에 그 깊고 오묘함을 다하였고 그 넓고 큼을 극진히 하
였으나, 한 마디 말도 우리 유교와 같지 않은 것이 없다. 그러나 이른
바 '도'라는 것이 곧 천지가 아직 생겨나기 이전에 한 번 '음'이 되어
비고 고요한 것을 가리키면 그 두뇌의 보는 자리가 곧 저절로 우리 유
교와 달라진다. 정자가 일찍이 노장과 불교의 말을 논하여 말하기를
'말마다 옳고 구절마다 같다. 그러나 같지 않다'고 한 것이 바로 이것을
말한다"35)고 하였다. 곧 장자의 '도'에 대한 해명은 그 깊고 넓음이나
용어의 사용에서 유교와 다름이 없지만, 단지 '도'를 가리키는 내용이
'기'의 범위를 벗어나지 못하면서 유교와 본질적으로 달라지는 것이라
확인하고 있다. '도'를 설명하는 용어나 사유구조가 유교와 매우 유사

---

34) 『莊子辨解』, 34-35, '大宗師', "太極, 指天地有形之極處而言, 非如孔子所謂太極也,
六極, 亦言天地有形上下四方之極也, 上二句以位言, 言在有形之上, 而不爲高, 在有
形之下, 而不爲深也, 下二句以時言, 言推之於前, 則先天地生而不爲久, 引之於後, 則
亙古今存而不爲老."
35) 『莊子辨解』, 35, '大宗師', "此一段, 發明道體, 盡其幽妙, 極其廣大, 無一言不同於吾
儒矣, 然所謂道者, 乃指天地未生之前, 一陰虛靜者, 則其頭腦看起處, 便自如吾儒不
同矣, 程子嘗論老佛之言, 曰言言是, 句句同, 然而不同, 正謂此矣."

하지만, 그만큼 본질적 차이점을 인식하는데 더욱 세밀한 주의를 기울일 것을 요구하는 것이다.

장자가 이 단락에서 '도'의 양상을 제시한 것을 다시 음미해보면, '정감이 있고, 믿음이 있다'(有情有信)는 것은 경험적 대상으로 설명한 것이라면, '작용이 없고 형체가 없다'(無爲無形)는 것은 경험적 대상이 아닌 것으로 설명한 것이라 할 수 있다. 또한 '스스로 바탕이 되고 스스로 뿌리가 된다'(自本自根)는 것은 '도'의 작용에서 주체의 측면을 지적한 것이라면, '귀신을 신령하게 하고 상제를 신령하게 하며, 하늘을 생겨나게 하고 땅을 생겨나게 한다'(神鬼神帝, 生天生地)는 것은 '도'의 작용에서 활동의 측면을 지적한 것이라 하겠다. 이를 다시 크게 보면 형상으로 드러나기 이전의 실체를 가리키는 측면과 형상의 세계에서 작용하는 측면의 두 가지로 구분되는데, 그 밖에 『장자』 '내편'에서 제시되는 '도'의 양상에 대한 논의들도 이 두가지 형식으로 검토해 볼 수 있을 것이다.

(1) 형상 이전의 실체로서 드러나는 '도'의 양상

① '무'(無) · '태극'(太極) · '무극'(無極):

한원진은 「대종사」편에서 언급된 '무' · '태극' · '무극'을 장자가 '도'를 설명한 개념으로 주목하였다. 곧 장자가 "'무'(無)를 머리로 삼고, '삶'(生)을 등뼈로 삼고, '죽음'(死)을 꽁무니로 삼는다"(以無爲首, 以生爲脊, 以死爲尻)라고 언급한데 대해, "이 세 구절은 비록 간략하지만 장주의 견해가 여기에 다 들어 있다. 만물은 '무'에서 생겨나고, 죽으면 다시 '무'로 돌아가니, 그러므로 '무'와 '죽음'은 머리와 꼬리가 된다.

'삶'은 그 사이에 머물러서 '무'에서부터 '무'로 가는 것이니, 그러므로 등뼈라 한다"[36]고 하여, 장자가 '무'를 시작이 되고 귀결이 되는 '도'의 근원성을 제시하는 개념으로 확인하고 있다. 여기서 그는 장자의 '무'개념을 검토하면서, "한 사물의 삶과 죽음으로 말하면 진실로 '무'에서 생겨나고, '무'로 돌아가지만, 만약 '음·양'이라는 것으로 말하면 앞에서는 '무'가 있었던 일이 없으며, 뒤에서도 '무'가 있었던 일이 없으니, 어찌 '무'로 머리를 삼을 수 있겠는가. 그렇다면 장주가 말하는 '무'라는 것은 천지가 열리고 만물이 생성되기 이전의 한 번 '음'이 되어 고요한 것을 가리키는 것임을 알 수 있다. 이를 '도'로 삼는다면 '도'의 참됨이 아니며 그 '무'도 또한 '지극한 무'(至無)의 '무'가 아니다"[37]라고 하여, 장자가 '도'의 근원적 양상을 '무'로 제시하는 것은 '음양의 기'를 벗어나지 못하는 것이라 하여, '도'가 될 수 없을 뿐만 아니라 진정한 의미의 형이상학적 실체로서 '무'가 아니라 '생·사'의 이전이나 이후를 가리키는 의미로 한정시키고 있다.

따라서 그는 「대종사」편에서 '무극'(無極)과 '태극'(太極)을 언급한 것에 대해서도, "모두 '형기'로 말한 것이니 우리 유교에서 이른바 '무극·태극'과 같지 않다. 세상에서 장주의 착오를 논의하는 자가

---

36) 『莊子辨解』, 36-37, '大宗師', "此三句, 雖略, 周之見盡於是矣, 萬物生於無, 而死則復歸於無, 故以無與死爲首尾, 生者, 居其間, 自無而適無, 故謂之脊."
37) 『莊子辨解』, 37, '大宗師', "以一物之生死而言, 則固生於無, 而歸於無也, 若以陰陽之物而言, 則前未嘗有無, 後亦未嘗有無也, 安得以無爲首哉, 然則周之所謂無者, 可見其指天地未闢萬物未生之前, 一陰之靜者也, 以是爲道, 非道之眞, 而其無亦非至無之無也."

번번이 '도'가 '태극'에 앞서 있다고 말한 것으로 구실을 삼아 장주를 '도'에서 '도'를 찾는 자로 여겼다.(龜山 楊時의 說) 그러나 이 '무극'이라는 글자도 '도'자로 볼 수 있는가? 장주가 비록 '도'를 알지 못하였지만, '도'에 두 층이 있다고 여긴 일이 없으니, 이로써 꾸짖는다면 장주가 어찌 복종하겠는가? 또 장주는 '도'자에서 본래 얻어 본 것이 없으니, 또한 어찌 '무극·태극'이 '도'가 되는 줄을 알겠는가. 다만 스스로 이 표현을 지어내어 형기의 극진한 곳을 형용하니, 이것은 무궁한 것일 뿐이다"[38]라고 하였다. 곧 장자가 '태극'이라는 용어를 쓴 것은 유교에서 처럼 형이상학적 궁극존재가 아니라 형체가 있는 것의 극진한 곳을 가리키는 것으로 여전히 물질적 세계에 속하는 것이요, '도'가 아니다. 따라서 장자의 '태극'개념도 '도'라고 본 양시(楊時)의 견해는 장자도 받아들일 수 없는 잘못된 해석임을 지적하였다. 또한 장자가 '무극'이라는 용어를 발명해 낸 것을 인정하지만, 장자에서 '무극'이라는 말은 무한이 넓은 세계를 의미하는 것일 뿐이지, 성리학에서 말하는 '무극이면서 태극'(無極而太極)의 형이상학적 개념이 아님을 분명히 밝혔다. 결국 그는 장자가 '도'를 설명하면서 '무'·'태극'·'무극'을 말하지만 이들은 형기의 세계에 속하는 것임을 지적하여, 장자가 '도'를 올바르게 알지 못한 것이라 비판하고 있는 것이다.

---

38) 같은 곳, "無極, 與上文所謂太極, 皆以形氣言, 非如吾儒所謂無極太極也, 世之議周之失者(楊龜山說), 每以道在太極之先爲口實, 以周爲若道上求道者, 然此無極字, 亦可作道字看耶, 周雖不知道, 亦未嘗以道爲有二層, 以是詬厲, 周豈服哉, 且周於道字, 本不見得, 則又安知無極太極之爲道耶, 特自撰出此名言, 以形容形氣之極處, 此無窮者耳."

② '독'(獨)·'영녕'(攖寧)·'의시'(疑始):

「대종사」편에서 성인의 '도'를 지닌 여우(女偊)가 성인의 재능을
지닌 복량의(卜梁倚)에게 가르치면서 이루어가는 과정을 서술하였는
데, 천하를 잊는데서 시작하여, 사물을 잊고, 사는 것을 잊고, 아침
햇살(朝徹) 같은 경지를 지나 '독'(獨)을 보게 되는 단계를 말했는데,
한원진은 이 '독'을 '도'라고 보며, "만물은 상대가 없는 것이 아직 없
지만, 오직 '도'는 상대가 없으니, 그러므로 '독'이라 한다"[39]고 하였
다. 상대가 없는 '독'의 상태가 '도'의 양상임을 확인하는 것이다. 이
와 더불어 장자는 보냄도 없고 맞이함도 없고 훼손시킴도 없고 이루
어줌도 없는 것을 '영녕'(攖寧) 곧 어지러운 가운데 편안함이라 하였
는데, 한원진은 '영녕'에 대해 "만상이 어지럽게 베풀어져 있지만
'도'는 안정된 실체가 있음을 말한다.…『논어』에서 말하는 '하나로
꿰뚫었다'(一貫)의 취지와 같다"하고, 장자가 '독'과 '영녕'을 설명한
것에 대해 "'도'를 논함이 지극히 좋다. 다만 그 '도'가 우리(유교)가
말하는 '도'가 아니다"[40]라고 하여, 장자가 '독'의 개념으로 상대가
없는 '도'가 사·생(死生)과 존·망(存亡)을 벗어남을 제시하고, '영녕'
의 개념으로 현실 속에서 실체를 정립하고 있는 '도'의 양상을 설명
한 점은 적극적으로 높이 평가하면서, 단지 '도'개념 자체가 형기의
세계에 머물기 때문에 유교의 '도'와 어긋나는 것임을 비판하였다.
그것은 '도'에 들어가는 절차를 설명하는데는 장자의 설명이 매우 좋

---

39) 『莊子辨解』, 35, '大宗師', "獨, 道也, 萬物未有無對者, 而惟道無對, 故謂之獨."
40) 『莊子辨解』, 35-36, '大宗師', "攖寧,…言萬象紛羅, 而道有定體也,…如論語一貫之
　　旨, 自見獨以下, 論道極善, 但其道非吾所謂道也,"

다고 동의하지만 그 '도'자체가 잘못된 것임을 지적하는데 초점이 맞추어져 있는 것이다.

또한 그는 장자에서 '독'과 '영녕'이 '도'에 들어가는 절차(入道次第)를 설명한 것이라면 이와 더불어 '도'를 전해 듣는 절차(聞道次第)가 제시되고 있음을 지적하면서, 그 '도'를 듣는 과정을 거슬러 올라가면 처음에 문자를 의미하는 '부묵'(副墨)의 아들'에서 듣고, 거슬러 올라가 언어를 의미하는 '낙송'(洛誦)의 손자에서 듣고, 그 위로 몇 단계 올라가면 형상이 없는 '현명'(玄冥)에게서 듣고, 그 위로 소리가 없는 '참료'(參寥)에게서 듣고, '참료'는 그 위로 시초이지만 시초라 할 수 있는 것이 없는 '의시'(疑始)에게서 '도'를 들었다고 한다. 여기서 한원진은 "장주가 말하는 '도'는 언어와 문자로 '도'가 전하는 바를 말하고, 천지·일월과 음양·조화로 '도'가 간직된 바를 말하며, '의시'에 이르러서는 바야흐로 '도'가 나오는 본체를 가리키려고 하는데 실지는 한 번 '음'이 되어 비고 고요함을 떠나지 않으니, 형기의 거친 것이다. 장주가 이 곳에서 또 한 층을 나아간다면 어찌 진실하게 '도'를 알지 못하겠는가?"[41]라고 하여, 장자가 '도'를 제시하는 세가지 양상으로 '도'가 전하는 바를 말하는 언어·문자의 차원과 '도'가 간직된 바를 말하는 자연현상의 차원과 '도'가 나오는 본체를 가리키는 근원의 차원을 들고 있다. 앞의 두 차원은 수단적 설명의 경우라면 세 번째 차원은 바로 '도'의 본체를 드러내는 것으로 '의시'라는 장자

---

41) 『莊子辨解』, 36, '大宗師', "周之所謂道也, 言語·文字, 以道之所傳而言也, 天地日月·陰陽造化, 以道之所存而言也, 至於疑始, 方指出道之本體, 而實則不離於一陰虛靜, 形氣之粗也, 周於此處, 又進一層, 則豈不爲眞知道者哉."

의 개념이 지닌 중요성을 인정하고 있다. 여기서 그는 '의시'도 형기의 세계를 벗어나지 못하고 있음을 지적하면서, 장자가 한 단계만 더 넘어선다면 '도'의 본체를 진실하게 인식할 수 있었을 것이라 하여, 장자의 '도'개념이 머물고 있는 한계를 드러내고 있는 것이다.

③ '허정'(虛靜)과 '혼돈'(混沌):

한원진은 장자가 「제물론」편에서 '도'를 해명하면서 여러 가지 양상으로 제시한 가운데 '도'를 표현한 대표적 양상으로서 '허정'(虛靜)과 '혼돈'(混沌)의 두 가지를 들고 있다.

"장자가 말하는 '도'란 하나는 '허정'이요, 또 하나는 '혼돈'이다. '허정'과 '혼돈'은 모두 천지가 아직 개벽되지 않고 만물이 아직 생겨나지 않은 때이니, 한 번 '음'이 되는 형상이다.…나누어져 천지와 만물이 되고, 높고 낮음이 흩어지고 달라져 사물의 시비·선악이 역시 모두 여기에서 생겨난다. 그러므로 장주는 시비·선악을 모두 '도'에 마땅히 있어야 하는 것으로 삼아서 '도'를 구하는 방법은 오로지 사물을 가지런히 하는 것으로 근본을 삼았으니, 그래서 그 학문은 마침내 드디어 아무 절제없이 멋대로 행동하는 지역에 빠져들었다. 보는 바가 한 번 어긋나자 그 해독이 이에 이르렀으니 두렵지 않겠는가."42)

여기서 한원진은 장자가 '도'를 사물 속에서 주재하는 원리로 인식하지 않고, 사물의 발생근원으로 '허정'이나 '혼돈'을 '도'의 형상으로 인

---

42) 『莊子辨解』, 14, '齊物論', "周之語道, 一則曰虛靜, 二則曰混沌, 虛靜·混沌, 皆是天地未闢, 萬物未生之時, 一陰之象也,…分而爲天地萬物, 高下散殊, 而事物之是非·善惡, 亦皆由此而生, 故周使以是非·善惡, 爲皆道之當有, 而其所以求道者, 專以齊物爲宗, 故其學遂陷於猖狂妄行之域, 所見一差, 其害至此, 可不懼哉."

식하면 그 결과로 현실에서 발생하는 시비·선악의 차이를 무시하고 하나로 혼합시키게 될 것이요, 그것은 인간의 도덕적 질서와 가치를 무시하게 되어 무절제하고 무도덕적인 상황에 빠지지 않을 수 없음을 비판하여 경계하고 있는 것이다. '도'의 인식은 관념적 사유 속에 머무는 것이 아니라 바로 인간사회의 도덕적 현실에 심각한 영향을 미치게 되는 사실을 주목하고 있다.

또한 「제물론」편에는 구작(瞿鵲)과 장오(長梧)의 문답 가운데, 공자가 '맹랑한 말'(孟浪之言)이라 평가하면서 소개하였다는 성인이 일에 종사하지 않고 이익을 추구하지 않는다는 등의 행동 모습의 설명이 보인다. 이에 대해 한원진은 우둔하여 알지 못한다는 뜻의 '우둔부지'(愚芚不知)의 모습이라 하고, 이것은 「천도」(天道)편에서 말한 비고 고요하여 담박하며, 적막하여 작위함이 없다는 뜻의 '허정적막'(虛靜寂寞: 虛靜恬淡·寂寞無爲)과 표리를 이루는 것이라 하여 대비시켜 해석하였다.

> "저쪽은 '허정적막'으로 만물의 근본을 삼고, 이쪽은 '우둔부지'로 오묘한 '도'의 실행을 삼으니, 장주의 견지가 여기에 다 드러났다. 그러나 '허정적막'은 한 번 '음'이 되는 고요함으로 이 '음'은 또 앞의 '양'에 근본하니, 어찌 만물의 근본이 될 수 있겠는가? '우둔부지'는 곧 선·악이 뒤섞여 있는 것으로 천리(天理)가 언제나 인욕(人慾)에 굴복하니, 어찌 오묘한 '도'의 실행이 될 수 있겠는가? 이른바 '도'는 지극히 비어있는 가운데 지극한 실지가 간직되어 있으며, 지극히 고요한 가운데 지극한 활동이 갖추어져 있는 것이요, 온전하여 지극히 선하며 찬란하여 지극히 밝으니, '허정적막'과 '우둔부지'가 어찌 '도'를 말하는 것이겠는가?"[43]

---

43) 『莊子辨解』, 17, '齊物論', "彼以虛靜寂寞爲萬物之本, 此以愚芚不知爲妙道之行, 周

여기서 '허정적막'과 '우둔부지'는 위의 '허정'과 '혼돈'에 상응하는 것으로 '음양'의 형기에서 벗어나지 못하니 만물의 근본이나 오묘한 '도'의 실행이 될 수 없는 것임을 강조한다. 또한 그는 '도'의 유교적 정의로서 지극히 비어있음과 지극한 실지가 일치되고, 지극히 고요함과 지극한 활동이 일치되어 반대의 일치가 이루어진 것이요, 지극히 선하고 지극히 밝은 가치가 드러나는 것임을 제시하여, 장자의 '도'에 대한 인식이 잘못된 것임을 확인하고 있다. 나아가 「제물론」편에서 말하고 있는 '천부'(天府)를 '도'가 주장으로 간직되어 있는 곳이요, '보광'(葆光)은 그 '도'를 거두어 갈무리하여 드러내지 않는 것이라 하고, 특히 '보광'은 「제물론」의 다른 곳에서 말하고 있는 '골의'(滑疑)나 '우둔'(愚芚)과 같은 뜻이라 확인하며, 역시 천지가 생겨나기 이전에 한 번 '음'이 되어 비고 고요한 형상을 가리키는 것이라 한다.[44) 이처럼 그는 장자가 형상을 벗어난 '도'의 양상을 밝히려고 하는 다양한 언급들이 모두 하나의 '음'으로 비고 고요한 상태를 가리킬 뿐이지, 형상 속에 내재하면서 형상을 초월한 이치로서 형이상학적 '도'의 인식에 이르지 못하였음을 일관하게 비판하고 있는 것이다.

之見處盡於是矣, 然虛靜寂寞, 卽一陰之靜, 而此陰又本於前陽, 則安得爲萬物之本也, 愚芚不知, 卽善惡之混, 而天理常屈於人慾, 則安得爲妙道之行也, 所謂道者, 至虛之中, 至實者存, 至靜之中, 至動者具, 渾然而至善, 粲然而至昭, 則虛靜寂寞·愚芚無知者, 豈所以語道者哉."

44) 『莊子辨解』, 16, '齊物論', "天府, 道之所存主處也, 葆光, 歛莊其道而不露也, 葆光字, 與上文滑疑, 下文愚芚一意, 皆天地未生前, 一陰虛靜之象也."

(2) 작용을 통해 드러나는 '도'의 양상:

이에 비해 한원진은 장자가 형상 속에서 드러나는 '도'의 작용양상을 언급한 것에 대해서도 주의를 기울이고 있다.

① '도추'(道樞):

한원진은 「제물론」편에서 제시된 '도추'의 개념을 설명하면서, "저것과 이것이 상대되는 것으로부터 집약하여 상대가 없는 것에 이르러 '도추'의 하나됨(一)이 되며, '도추'의 하나됨으로부터 이 '고리 속'(環中)을 얻어서 사물에 대응하여 시비의 무궁함을 가지런히 한다"45)고 하여, 서로 대립된 현상세계 속에서 상대가 없는 절대의 통일된 중심으로서 '도추'의 하나됨이 인식되는 과정과, 이 '도추'의 하나됨이 매개적 장치로서 '고리 속'(環中)을 만남으로써 하나의 중심축으로 모든 시비와 대립의 상대적 현실세계를 일치시키고 조화시키는 '도'의 역할이 이루어지는 실행과정을 제시하고 있다.

② '진재'(眞宰):

「제물론」편에서 망량(罔兩: 곁그림자)이 영(景: 그림자)에게 묻는 대화의 내용에 대해 한원진은 "만물이 모두 '도'에서 나온다는 것을 말한다"고 해석하면서, 그림자(景)는 형체(形)를 기다려 나타나고, 형체는 '진재의 도'(眞宰之道)를 기다려 나타나는 것이라 해석하면서, "만물의 옳고 그름이나 이루어지고 훼손됨이 서로 원인이 되어 생겨나면서, 또 모두 같이 '도'에로 돌아가는 것을 말하니, 스스로 사사롭게 하는

---

45) 『莊子辨解』, 12, '齊物論', "自彼是相對, 約之以至於莫得其偶, 而爲道樞之一, 自道樞之一, 得之以是環中, 應物而齊是非之無窮."

것은 '도'에서 멀어지고, 가지런히 하나로 하는 것은 '도'에 합치하는 것을 알 수 있다"[46]고 하여, '도'의 작용은 모든 현상이 나타나게 되는 근원의 역할을 하는 것이며, 동시에 모든 현상의 차별과 대립을 가지런히 하여 하나로 하는데 있는 것임을 밝히고 있다.

③ '탁'(卓)과 '진'(眞):

「대종사」편에 하늘을 부모로 삼아 자신을 바쳐 사랑하는 사람들에게 하늘보다 더 우뚝한 초월적 존재 곧 '탁'(卓)이나, 임금으로 삼아 목숨을 바치는 사람들에게 임금보다 더 뛰어난 진실한 인격 곧 '진'(眞)을 제시하였다. 한원진은 장자가 언급한 '탁'과 '진'에 대해, "모두 '대종사'의 '도'를 가리키는 것으로 위에서 말한 '진인'(眞人)·'진지'(眞知)를 이어서 말한 것이며, 비로소 '도'의 실체(道體)를 제기하였다"[47]라고 하였다. 곧 하늘을 뛰어넘는 '탁', 임금을 뛰어넘는 '진'(진인)에서 '도'의 실체를 찾으면서, 그는 이 '탁'과 '진'이 드러내는 작용의 양상으로서 잇달아 서술되고 있는 내용이 '시비를 모두 잊음'(是非兩忘)과 '사생을 하나로 봄'(死生一視)과 '사물을 각각 사물에 맡겨둠'(物各付物)의 '도'를 제시한 것으로 해석하고 있다. 따라서 그는 이러한 '도'의 작용양상들이 모두 '탁'과 '진'에 포함되는 것이라 지적하였다. 여기서 그는 '도'의 작용으로 '사물을 각각 사물에 맡겨둠'에 대한 인식에서 장자와 유교의 입장을 대비시키고 있다.

---

46) 『莊子辨解』, 18, '齊物論', "罔兩問景, 言萬物之皆出於道也, 吾有待而然, 景之待於形也, 所待又有待, 形之又待於眞宰之道也, 言萬物之是非·成毁, 相因而生, 而又皆同歸於道, 則可見其自私者之爲遠於道, 而齊之者之爲合於道也."

47) 『莊子辨解』, 33, '大宗師', "所謂卓, 所謂眞, 皆指大宗師之道, 而言承上眞人·眞知, 시제出道體."

"(장주는) 조화하는 바에 안주할 수 있어서 죽음과 삶으로 마음에 걸림이 없게 한다면, 그 사람이 되고 사물이 됨이 나에게서 훔쳐 달아날 수 없으며 나는 없어지지 않는다고 본다. 이른바 '사물을 훔쳐 달아날 수 없는 곳에서 노닐어 모두 보존한다'는 것이다. 그러나 우리 (유교의) 성인이 사물을 각각 사물에 맡겨둠은 살아서는 순응하고 죽어서는 편안하니 진실로 죽음과 삶이 마음에 걸리지 않게 할 수 있다. 장주가 사물을 각각 사물에 맡겨둠은 요컨대 '사물을 훔쳐 달아날 수 없는 곳에 노님'으로써, 형체(육신)는 비록 만가지로 변화하나 나는 항상 존속하고자 하는 것이다. 이런 이치가 없음을 알지 못할 뿐만 아니라 그 스스로 사사롭게 하고 스스로 이롭게 하며 즐겨 자기를 버리지 않으려 함이 심하다. 이것이 어찌 진실로 죽음과 삶이 그 마음에 걸림이 없게 할 수 있음이 우리 성인과 더불어 같을 수 있겠는가. 그 공변되고 사사로움과 사특하고 정대함의 구분은 배우는 사람이 몰라서는 안될 것이다."[48]

한원진은 장자의 '도'개념이 그 실체가 형기를 벗어나지 못함으로써, '도'의 작용에 따른 인간의 태도에서도 형기의 사사로움을 벗어나지 못하고 있는 것임을 비판하는데 초점을 맞추고 있다. 이러한 한원진의 장자에 대한 비판은 성리학의 이기론적 사유체계에 근거하고 있는 것인 만큼 장자의 세계관 자체를 이해하는 입장과는 분명한 차이가 있을 수 밖에 없다. 다만 장자의 논리를 정교하게 분석하여 그 사유방법과 논리에서 유교와 매우 접근하는 사실을 확인하면서도 '도'개념의 근본

---

48) 『莊子辨解』, 34, '大宗師', "能安於所化, 不以死生累其心, 則其爲人爲物, 莫能遯我, 而我未嘗亡也, 所謂遊於物之所不得遯而皆存者也, 然吾聖人之物各付物, 生順死安, 眞能不以死生累其心矣, 周之物各付物, 要以遊於物之所不得遯, 而形雖萬化, 我欲常存也, 不惟不知無此理, 其自私自利, 不肯舍我, 甚矣, 是豈眞能不以死生累其心, 與吾聖人同哉, 其公私邪正之分, 學者不可不知也."

전제에서 차이를 확인하는 비판의 이론을 관철하고 있는 것이다.++

4. 장자의 심(心)과 지(知)에 대한 인식

1) 장자 '심'개념의 이기론적 해석

『장자』에서 '심'개념의 문제는 중요한 비중을 지니고 있다.「제물론」편에서는 마음이 쉴새없이 사물과 접촉하여 날마다 마음에서 싸움이 일어나는 사실(心鬪)을 언급하였는데, 한원진은 이에 대해, "사물이 날마다 마음에 접촉하면서 물론(物論)이 말미암아 생겨난다"[49]고 하여, '물론'(物論) 곧 사람들의 온갖 논란으로서 '중론'(衆論)은 사물이 마음에 접촉하면서 발생하게 되는 것임을 확인한다. 또한 장자가 마음의 작용 양상을 말하면서 "가을과 겨울처럼 쇠락한다"(其殺如秋冬)고 언급한 구절에 대해, 한원진은 "본심이 날로 없어지는 것을 말한다.…객심(客心)이 안에서 주장이 되므로 본심이 날로 없어지며, 본심이 밖에서 날로 없어지므로 (마음이 사물에) 빠져서 돌이키지 못한다"[50]고 하여, 사물에 얽매인 '객심'이 주장을 하게 되면 주체의 '본심'이 쇠퇴하여 없어지는 현실을 지적하였다. 나아가 장자는 감정의 다양한 양상으로 '희·노·애·락'(喜怒哀樂)·'려·탄·변·접'(慮嘆變慹: 억측·탄식·변심·집착)

---

49) 『莊子辨解』, 7, '齊物論', "事物之日接於心, 物論之所由生也."
50) 『莊子辨解』, 7-8, '齊物論', "言本心之日亡也,…客心爲主於內, 故本心日亡, 本心日亡於外, 故溺而不返."

등을 제시한데 대해, 한원진은 "'물론'이 지극히 어지럽지만 '시·비'의 두 단서에 불과하다. '시비'가 일어남은 또한 '칠정'이 감응함에 근원하는데 불과하다"[51]고 하여, 감정의 반응에서 시비가 발생하고 시비에 따라 온갖 논란의 '물론'이 일어나는 것임을 밝혀, '물론'의 근원이 마음의 감정에 뿌리를 두고 있는 것으로 해석하고 있다.

한원진은 「제물론」편에서 언급한 '진군'(眞君)을 마음이라 해석하면서, "'백해'(百骸: 백개의 뼈마디)는 서로 다스릴 수 없지만 오직 마음은 이를 다스리며, '중론'(衆論: 뭇 사람의 논란)은 스스로 가리런히 할 수 없지만 오직 '도'가 가지런히 한다. 만물에 있어서는 '도'가 '진재'(眞宰)가 되고, 한 몸에 있어서는 마음이 '진군'(眞君)이 된다. 마음과 '도'는 하나이다. 소강절의 이른바 '마음이 태극이 된다'는 것이다. 그러나 우리 유교에서 이른바 '진군'의 마음은 '성명'(性命)을 포함하여 말하였지만, 장주의 이른바 '진군'의 마음은 '영각'(靈覺: 영명한 지각)을 가리켜 말한다. '성명'은 한결같이 선하나, '영각'은 선·악의 분별이 없다. 이것이 말은 같아도 실지는 다르게 되는 까닭이다"[52]고 하여, 신체를 다스리는 마음(心)과 '중론'(衆論: 物論)을 다스리는 '도', 곧 '진군'과 '진재'가 두가지 중심축을 이루는 것으로 제시하였다. 또한 그는 두 중심축이 되는 '도'와 '심'을 일치시키고 있다는 점에서 유교와 장자가 동일한 사유방법을

---

51) 『莊子辨解』, 8, '齊物論', "物論至紛, 而不過是非兩端, 是非之興, 又不過原於七情之感應."
52) 『莊子辨解』, 9, '齊物論', "眞君, 卽心也,…百骸不能相治, 而惟心治之, 衆論不能自齊, 而惟道齊之, 在萬物, 則道爲眞宰, 在一身, 則心爲眞君, 心與道一也, 邵子所謂, '心爲太極'者也, 然吾儒所謂眞君之心, 包性命而言, 莊周所謂眞君之心, 指靈覺而言, 性命一於善, 靈覺無分於善惡, 此所以語同而實不同也."

보여주고 있는 것이라 확인한다. 여기서 그는 장자의 마음은 '영각'(지각)에 머물고 유교의 마음은 '성명'을 내포하는 것이라 대비시켜 장자의 '심'개념이 '도'개념의 경우와 마찬가지로 형기의 세계에 머물고 있는 한계에 빠져 있는 것이라 비판하였다.

또한 장자가 스승으로 삼아야할 '성심'(成心)을 제시하였는데, 한원진은 "'성심'의 '심'은 곧 '진군'의 '심'이다. 마음을 스승으로 삼는다는 것은 장횡거가 '자기 마음으로 엄격한 스승을 삼는다'고 말한 것이나, 불교에서 '마음이 바로 부처이다'고 말한 것과 같다. 그러나 이른 바 '마음'이란 장자와 불교는 같고 우리 유교에 있어서는 저들과 다르다"53) 라고 하여, 마음을 스승으로 삼는다는 것은 유교와 불교에 모두 있는 공통적 인식임을 인정하면서도, 장자와 불교를 일치시키고 유교와 엄격하게 차별화시키고 있는 것은 유교에서 '심'이란 궁극적 기준이 되지 못하고 이치로서 '성'(性)을 따라야 한다는 데 있음을 전제로 하고 있는 것이라 하겠다.

여기서 박세당이 장자의 '성심'개념을 해석하는 입장은 한원진과 뚜렷한 대조를 보여주는 것을 확인할 수 있다. 곧 박세당은 "'성심'은 하늘이 일정한 이치가 있어서 나에게 부여해준 것이다.…만약 이 마음을 스승으로 삼을 줄 안다면 스승을 기다릴 것 없이 스스로 그 이치를 얻게 되니, 이른바 '돌아가서 구한다면 많은 스승이 있다'(『맹자』, '告子下') 는 것이다.…이것은 장자의 식견이 높고 제자백가를 우뚝하게 뛰어넘었음을 보여주며, 사람들에게 보여주는 것이 이렇게 밝고 절실하다"54)

---

53) 『莊子辨解』, 10, '齊物論', "成心之心, 卽所謂眞君之心也,…師心云者, 如張子所謂以已
　心爲嚴師, 釋氏所謂卽心卽佛也, 然所謂心者, 在莊·釋則同, 而在吾儒則不同於彼矣."

라고 하여, 장자의 '성심'개념에는 천리가 내재되어 있는 것이라 파악하고, 맹자의 말씀으로 뒷받침될 수 있는 절실한 가르침으로 높이 평가하고 있다. 문제는 장자의 '심'개념에 대해 한원진은 이치가 내재되지 않았다고 보고 박세당은 이치가 내재되었다고 보는 상반된 입장을 드러내고 있다는 사실이다. 장자 자신이 '심'과 '리'의 관계에 아무런 관심을 보이지 않았지만, '이학'(理學)이 주도하는 시대에 살고 있는 유학자로서는 장자를 보는 관점이 비판적인가 긍정적인가에 따라 장자의 '심'개념을 '리'개념에서 분리시키거나 연결시키는 어느 한 입장을 취하여 발언하지 않을 수 없음을 보여주는 것이다.

한원진은 「인간세」편에서 "'심'으로 듣지 말고 '기'로 들어야 한다"(無聽之以心, 聽之以氣)라는 구절을 해석하면서, 장자의 '심'개념을 유교의 '심'개념과 좀더 엄격하게 분석하여 비교하고 있다. 곧 "여기서 말한 '심'은 우리 유교에서 말하는 '의'(意)요, 여기서 말하는 '기'는 우리 유교에서 말하는 '심'이다.…마음이 비어 있으면 '도'가 응집하므로, '비어 있는 곳에 응집한다'고 한다. 장주의 뜻은 곧바로 '기'의 비어 있는 것을 '도'로 삼는 것이니, 우리 유교에서 '마음이 비어서 도가 갖추어진다'고 말하는 것과 같지 않다"55)고 하여, 유교와 장자 사이에 '심'이나 '기'라는 같은 용어를 쓰면서도 서로 다른 뜻으로 쓰이고 있는 사실을 지적하고 있다. 또한 장자에서는 '기'가 비어 있는 그 자체를 '도'와 일치

---

54) 『南華經註解刪補』, 권1, 15, '齊物論', "成心, 天有定理, 所賦於我者也,…若能知師此心, 則不待於師, 而自得其理, 所謂歸而求之, 有餘師者也,…此見莊子識高卓越諸子, 其所以示人者, 明切如此."
55) 『莊子辨解』, 24, '人間世', "此言心, 如吾儒所謂意也, 此言氣, 如吾儒所謂心也,…虛則道存, 故謂之集虛, 蓋周之意, 則直以氣之虛者爲道, 非若吾儒之言心虛而道具也."

시키는 것이라 보고 이를 비판하면서, 유교에서 '도'는 마음이 비어 있는 곳에 하늘에서 부여된 이치로서 '도'('성'과 같은 의미로 쓰인 것임)가 깃들어 있는 것이라 하여 그 차이를 밝히고 있다.

「대종사」편에서 '진인'(眞人)을 설명하면서 "마음으로 '도'를 손상시키지 않는다"(不以心損道)고 언급한데 대해, 한원진은 "'유심'(有心)으로 '도'를 손상시키지 않음을 말한 것이다. 장주는 '허무'를 '도'로 삼았으므로 또한 '무심'으로 '득도'(得道)로 삼는다"56)라 하여, 장자의 '심'개념 체계를 '유심'과 '무심'으로 구분하면서, '유심'을 거부하고 '무심'으로 '득도'를 이룰 수 있는 것으로 본다고 확인하였다. 곧 장자의 '도'가 '허무'이니, '무심'으로 '도'에 들어갈 수 밖에 없다는 것이다. 또한 그는 "장주는 '허무'를 '도'로 삼고, '제물'(齊物)을 '득도'의 요령으로 삼았으므로, '도를 안다'(知道)고 말하는 것은 '무심'과 '무지'(無知)로 말하는 것이니, '허무'로서 '허무'를 안다는 것이다"57)라고 하였다. '허무'의 '도'와 '무심'의 '심'이 상응하는 구조로서 장자의 사상체계를 규정함으로써, 장자와 유교의 차별적 인식을 극단화하고자 하는 것이라 하겠다.

한원진은 장자가 「덕충부」편에서 '지수'(止水)로 마음을 비유하고, 「응제왕」편에서도 '명경'(明鏡)으로 마음을 비유한 사실에 대해, '명경지수'(明鏡止水)라는 비유는 유교에도 쓰이고 있는 것으로 인정을 하였다. 그러나 마음을 비유하는 '지수'나 '명경'의 이해에서 유교와 장자의 입장에 차이점이 있음을 분명히 밝히고 있다.

---

56) 『莊子辨解』, 33, '大宗師', "言不以有心損道也, 周以虛無爲道, 故亦以無心爲得道也."
57) 『莊子辨解』, 39, '大宗師', "周以虛無爲道, 以齊物爲得道之要, 故其言知道以無心無知言者, 以虛無知虛無也."

"장주가 '심'에 대해 견식이 없다고 말할 수 없지만, 오직 그 '심'을 보았으나 '성'을 보지 못한 것이다. 그래서 이른바 '물'(水)이라 하고, '거울'(鏡)이라하는 것이 준칙으로 삼는 바가 없어서 혹 때로 비쳐줌이 정당함을 얻지 못한다. 대개 거울은 비록 다 같이 밝지만 쇠가 정밀한지 거친지는 같지 않고, 물은 비록 다 같이 그쳐 있지만 못의 크고 작음은 같지 않다. 거울이 사물을 비침에 거친 것은 혹 어긋남이 있고, 물이 형체를 비침에 작은 것은 혹 빠뜨림이 있다. 이것은 곧 마음이 비록 같고 고요함이 역시 비록 같아도, 그 기질의 치우치거나 온전함과 순수하거나 잡박함이 역시 스스로 다름이 있어서, 사물에 대응하는 즈음에 이 '기'에만 맡겨두는 것은 어긋남이 없을 수 없음을 밝혀준다."58)

한원진은 장자의 '심'개념에 대한 비판에서 일관하게 장자는 기질로서의 '심'을 보았지만, '심'에 내재된 이치로서의 '성'을 보지 못하였기 때문에, 보편적 기준을 확보할 수 없어서 현실의 구체적 대응에서는 어긋남이 발생하지 않을 수 없다는 것을 강조하였다. 그는 장자가 비유로 들고 있는 '물'과 '거울'의 경우도 비유로서만 받아들이지 않고, 그 비유의 실물에서 기질의 차이를 확인하여 비판의 입장을 관철하고 있는 것이다.

또한 「인간세」편에서 "비어 있는 방에 햇살이 비치니, 길상(吉祥)은 고요한 곳에 머문다"(虛室生白, 吉祥止止)라는 구절에 대해, 한원진은 '비어 있는 방'(虛室)을 마음을 비유한 것이라 하고, '길상은 고요한 곳에

---

58) 『莊子辨解』, 30, '德充符', "周之於心, 不可謂無見也, 唯其有見於心, 無見於性, 故所謂水, 所謂鏡, 無所準則, 或有時不得其監照之正也, 盖鏡雖同明, 鐵之精粗不同, 水雖同止, 潭之大小不同, 鏡之照物, 粗者或有所差, 水之鑑形, 小者或有所遺, 此卽心雖同, 靜亦雖同, 明其氣質之偏全粹駁, 亦自有不同者, 而應物之際, 專任是氣者, 不能無所差矣,"

머문다'는 것은 비고 밝은 자리가 온갖 선이 머무는 곳임을 말한다고 해석하고서, 여기서 장자의 '심'개념에 대해 유교(성리학)의 입장에서 본격적인 비판이론을 전개하고 있다.

"그 마음의 실체에서 본 바는 우리 유교와 다름이 없다고 할 수 있다. 그러나 장주의 학문이 방탕하고 방자한데 빠진 것은 왜그런가? 그 과실은 오로지 '길상은 고요한 곳에 머문다'라는 한 구절에 있다. '허명'(虛明)을 '길상'의 근본으로 삼으면서도 '허명'이 바로 '기'라는 것을 알지 못한다. 이미 '기'라면 '허명'의 속에는 맑고 흐리고 순수하고 잡박함이 뒤섞여 있는데, 상서롭지 못하고 길하지 못한 것도 여기에 근본한다. 이 기질을 따라서 행하는 자가 어찌 '길상'과 '흉구'(凶咎)가 뒤섞여 있지 않으며 방탕하고 방자하게 되지 않을 수 있겠는가?"[59]

한원진은 장자의 '심'개념이 비어 있고 밝다는 '허명'으로 인식함에서는 유교와 일치한다고 인정하였다. 그러나 장자는 '허명'을 길하고 상서로움의 선으로서 '길상'이라 주장하지만, 그 '길상'의 근본이 되는 '허명'이 '기'라는 사실을 인식하지 못하였고, 따라서 '허명'의 속에는 선과 악이 혼재되어 있을 수 밖에 없다는 사실을 인식하지 못했던 오류에 빠졌다고 보았다. 이처럼 그는 장자가 선·악이 혼재되어 있는 '기'로서의 '허명' 곧 마음을 선이라 보게 되면, 그 결과는 방탕하고 방자한 행동에 빠지는 과오를 저지르게 되는 것은 필연의 사실이라는 것

---

59) 『莊子辨解』, 25, '人間世', "其於心體所見, 可謂無異於吾儒矣, 然周之學, 陷於遙蕩恣睢者, 何也, 其失專在於吉祥止止一句, 盖以虛明爲吉祥之本, 而不知虛明卽氣也, 旣是氣, 則虛明之中, #有淸濁粹駁之雜, 而不祥不吉者, 亦本於此也. 循是氣質而行者, 安得不有吉祥凶咎之相雜, 而爲遙蕩恣睢也."

이다.

여기서 한원진은 성리학의 '심·성'개념에 따라 순수한 선인 '성'과 선·악이 뒤섞여 있는 '기'를 '미발'(未發)과 '이발'(已發)의 때로 나누어 상세하게 설명하고 있다.

> "'기'는 뒤섞여 있다. 그러므로 '미발'의 이전에는 선·악이 아직 나타나지 않았지만 순수하고 박잡함은 들어 있으며, '이발'의 즈음에서는 순수하고 박잡함이 작용하여 선·악이 이에 나누어 진다. 이것은 우리 유교의 학문이 '리'(理)로 '기'(氣)를 거느리게 하지, '기'로 '리'를 거느리게 하지 않는 까닭이다. 이에 장주의 견해는 천지가 개벽되기 이전 한 번 '음'이 되어 비어 있고 고요한 것으로 만물의 근본을 삼으며, 그래서 '인심'(人心)이 '미발'의 이전에 그 '기'가 '허명'한 것으로 모든 선의 근본을 삼으니, 이것이 그 소견의 첫머리에 한 번 착오가 있게 되면 하는 말마다 착오가 생기지 않음이 없게 된다는 것이다."[60]

그는 순수한 선인 '성'과 선·악이 뒤섞인 '기'인 '심'을 대비시킴으로써, '성'이 이치로서 기준이고 '심'이 기질적 실제라는 성리학적 '심·성'개념의 체계를 분명히 밝혔다. 따라서 그는 장자가 성리학에서 처럼 '성'으로 '심'을 통제하는 기준을 삼고, '리'로 '기'를 통제하는 기준을 삼아야 한다는 인식이 없이, '기'의 '허명'함으로서 '심'을 선의 근본으로 삼으면서 개념체계의 근원에서부터 착오가 일어나 모든 오류가 발생

---

60) 같은 곳, "氣有雜, 故未發之前, 善惡未形, 而粹駁則在, 已發之際, 粹駁用事, 而善惡斯分, 此吾儒之學, 所以以理御氣, 不以氣御理也, 乃周之見, 則以天地未闢之前, 一陰虛靜者, 爲萬物之本, 故亦以人心未發之前, 其氣虛明者, 爲萬善之本, 此其所見頭顱一錯, 無言不錯也."

하게 되는 것임을 지적하였다.

또한 그는 성리학에서 '기'의 근본으로서 '담일지기'(澹一之氣: 澹一淸虛
之氣)에 대해서도 청·탁·수·박(淸濁粹駁)의 뒤섞임이 없을 수 없으므
로 순수한 선인 '성'이나 '도'와 구별하지 않을 수 없음을 강조하여, 장
자에서의 '기'를 '담일지기'로 보더라도 순수한 선으로 볼 수 없음을 명
확하게 밝히고 있다. 이에 따라 그는 장자가 '기'로서의 '심'을 '도'로 인
식하는 근본적 오류에 빠져 있음을 정밀하게 논증하고자 하였다.

"장주가 '기'를 본 것은 대개 지금 천지가 이미 개벽된 이후에 한정되면
서, 이에 나아가 겨우 아직 생성되지 않은데 까지 미루어갈 수 있었던 것
을 '도'라고 하였다. 실지는 이 천지가 아직 생성되기 이전이 곧 한 번 '음'
이 되어 고요함임을 알지 못하였다.…그러므로 '인심'을 논하면서 역시 아
직 발동하기 이전의 '허명'을 가리켜 '도'라 하고, '길상'의 근본이라 하였으
니, 이른바 '성선'(性善)의 이치가 있는 줄을 알지 못한 것이다. 그렇다면
'도'를 논하고 '성'을 논하면서 장주의 이론에 가깝다면 '성'을 알고 '천'(天)
을 알았다고 할 수 없으니, 이단의 학문에 쉽게 빠져들 것이다. 배우는 자
가 이를 자세히 가리지 않을 수 없다."61)

한원진은 성리학자로서 '이기'·'심성'의 개념체계를 사유의 기반이
요 진실의 기준으로 삼고 있다. 따라서 그는 '기'란 '음양·동정'이 끝
없이 순환하는 것이므로 아무리 비어있고 밝은 '기' 곧 순수한 '기'를

---

61) 『莊子辨解』, 26-27, '人間世', "周之見乎氣者, 盖限於今天地已闢之後, 而僅能就此推
　　其未生者, 而謂之道, 實不知其此天地未生之前, 卽是一陰之靜,…故其論人心, 亦指
　　未發虛明, 而謂之道, 謂之吉祥之本, 而不知有所謂性善之理, 然則論道·論性, 而近
　　於周之說者, 不可謂知性·知天, 而易以陷於異端之學矣, 學者可不審所擇焉."

찾는다고 하여도 '음양·동정'의 순환고리 속에서 '음'의 고요한 어느 순간을 말하는 것일 뿐이라 본다. 따라서 '음양·동정'의 '기'를 뛰어넘은 '태극'이요 '도'인 이치(理)와는 전혀 다른 차원에 있는 것임을 역설한다. 따라서 그는 '리'를 망각하고 '기'를 궁극적 근원의 '도'라고 본다면 그것은 바로 선·악이 뒤섞인 현상을 선의 기준으로 삼는 착오에 빠지는 것이요, 장자가 바로 이러한 오류에 빠진 '이단'이라 규정하고 있는 것이다. 여기서 그는 '성'과 '도'를 논하면서도 장자의 경우처럼 '기'를 궁극적 실재로 삼으면 그것은 '성'과 '도'를 모르는 이단에 빠지는 것이라 하여 사실상 유학의 내부에도 '기학'의 입장에 대해 경고를 하고 있는 것이다.

2) '지'(知)·'언'(言)·'시비'(是非)에 대한 인식

장자에서 '도'가 인식되고 마음이 실현되는 작용으로서 '지'(知)가 또 하나의 중요한 과제로 이해될 필요가 있다. 한원진은 「대종사」편에서 언급한 '지'의 문제에 대해 해석하면서, "'하늘을 따라 산다'는 것은 『중용』에서 말하는 '생지'(生知)와 같고, '자기 지식으로 알고 있는 것을 가지고 알지 못하는 것을 기른다'는 것은 『중용』에서 말하는 '학지'(學知)와 같다.…'지식은 기다리는 바가 있은 다음에 합당해진다'는 것은 반드시 '생지'·'학지'의 사람을 기다린 다음에 지식이 합당하게 됨을 말한 것이니, 이른바 '진인이 있은 다음에 진지가 있게 된다'는 것이다.… '도'는 아는 것보다 앞서는 것이 없으므로 '도'를 논하는 첫마디 말이 곧 '지'라는 한 글자를 쓴 것이요, '도'는 사람마다 알 수 있는 것이 아

니므로 끝에는 또 '진인이 있은 다음에 진지가 있다'고 말했다"62)고 하
여, 장자의 말과 『중용』의 말을 상응시켜 제시하고 있다. 그만큼 '도'와
'지'의 관계를 해명하는 사유방법은 장자와 유교가 상응하지만, 다만
장자가 앎을 통해 제시하는 '도'의 내용이 유교와 다르다는 점을 전제
로 확인하고 있는 것이다.

장자는 '도'를 밝히기 위해 '지'의 중요성을 인정하면서도 동시에 '무
지'의 중요성을 강조하고 있다. 「제물론」편에서 설결(齧缺)과 왕예(王倪)
의 문답에 대해, "'제물'(齊物)의 '도'는 '무지'에 있으며, 지식이 없으면
변론하지 않음을 말했다. '무지'는 '불변'(不辨)의 근본이요, '불변'은 '무
지'의 작용이니, 작용으로부터 근본을 미루어 간다"63)고 하였다. 온갖
논의가 서로 충돌하고 있는 '물론'(중론)의 현실을 가지런히 하여 하나
로 일치시킴으로써 '도'를 실현하기 위해서는 '지'를 내세울 것이 아니
라 '불변'을 통해 '무지'를 내세우는 것이 좋은 방법이 될 수 있음을 보
여주는 것이다. 그렇다면 '지'를 바르게 하여 '진지'를 얻어 '도'와 일치
하는 방법과 더불어 '무지'를 통해 '제물'을 함으로써 '도'를 실현하는
방법을 제시한 것으로 볼 수 있다.

또한 한원진은 「제물론」편에서 구작(瞿鵲)과 장오(長梧)의 대화 가운
데 '편한대로 말한다'(妄言), '편한대로 듣는다'(妄聽)는 말에 대해, "'도'가

---

62) 『莊子辨解』, 32, '大宗師', "天而生者, 如中庸所謂生知也, 以其所知, 養其不知, 如中
庸所謂學知也,…知有所待而後當, 言必待生知・學知之人而後當知此也, 所謂有眞
人而後有眞知也,…道莫先於知之, 故論道第一語, 卽下知之一字, 而道非人人所可知,
故終又曰有眞人而後有眞知."
63) 『莊子辨解』, 16, '齊物論', "言齊物之道, 在於無知, 無知則不辨矣, 無知者, 不辨之本,
而不辨者, 無知之用也, 自用而推其本也."

'부지'(不知)에 있다면 참으로 언어로서는 전해주고 전해받을 수 없는 것이니, 이제 나와 네가 언어로서 변론하는 것은 허망하다는 것을 말한다. '도'의 오묘함을 말하려 하면서 먼저 스스로 그 말의 허망함을 꾸짖는 것은 도리어 '도'가 '부지'에 있음을 밝히는 것이다"64)라고 해석하였다. 곧 언어로 '도'를 변론하는 한계를 인식하면서 '도'는 '지'를 통해 드러나는 것이 아니라, '부지'(不知: 無知)를 통해 더 잘 드러날 수 있음을 보여주는 것이다. 지식과 언어는 '도'를 밝히는데 필연적으로 요구되지만 동시에 근원적인 한계가 있는 사실에 대한 장자의 통찰을 인정하고 있다.

'도'를 드러내는 방법으로 '지식'(知)과 더불어 '언어'(言)의 문제가 중시되고 있다. 한원진은 「제물론」편에서 "말은 바람소리가 아니다"(言非吹)라고 한 구절을 해석하면서, "말은 곧 '진재'의 '도'를 가리키는 것이다. '중론'의 말을 말하면 비록 '진재'의 시킴에서 나왔지만 또한 곧바로 '중론'을 '진재'로 삼을 수는 없다.…말이 과연 '진재'가 불어주기를 기다리는 것이요 자기에게서 나오는 것이 아니라면, 사람의 말이 있다는 것이 과연 말이 있지만 갓 깨어난 병아리 울음소리의 '무지'와 다름이 없다고 말할 수 없겠는가?"65)라고 하여, 언어가 근원적으로는 '진재' 곧 '도'에서 나온 것이고, '진재'의 표현이라야 하는데, 현실에서는 온갖 시비의 논란이 일어나는 '중론'의 언어란 자기에게서 나와 '진재'

---

64) 『莊子辨解』, 17, '齊物論', "妄言・妄聽, 言道在不知, 則固不可以言語傳受, 而今子與汝欲以言辨則是妄也, 將言道妙, 而先自咎其言之妄者, 還以明夫道在不知也."
65) 『莊子辨解』, 10-11, '齊物論', "言卽指眞宰之道也, 言衆論之言, 雖出於眞宰之所使, 然又不可直以衆論爲眞宰也,…言果待於眞宰之吹, 而非出於自己, 則人之有言, 果不可謂有言而無以異於鷇音之無知矣."

와 달라진 것이라는 현실을 지적한 것으로 이해하였다. 그렇다면 진정으로 '도'를 드러내는 언어란 '도'가 불어주는 대로 터져 나오는 것일 뿐이지 자기에게서 나오지 않는 것이라야 한다고 보았다.

여기서 그는 "'시비'는 마음에 근본하고 '언의'(言議)는 '도'에 근본하는데, 사람이 '제물'(齊物)을 할 수 없는 것은 마음을 이룸(成心)과 '도'를 앎(知道)을 할 수 없는데 있다"[66]고 보는 것이 장자의 입장이라 해석하였다. 곧 장자에서 '도'와 '심'의 두 중심축은 '도'에 근본하는 '언의'의 문제와 마음에 근본하는 '시비'의 문제로 전개되어 나올 수 밖에 없음을 보여준다. '도'와 '심'의 연결점, 및 '도'와 '언어'의 연결점에 '지'가 있는 것이라 할 수 있다. 곧 그는 "'도'와 '언어'는 시비가 서로 다투는데에서 은폐되니, 시비가 서로 다투며 시끄럽게 변론하고 힐난하기 보다는 차라리 양쪽을 모두 잊고 밝게 하는 것만 못하다"[67]라고 하여, '시비'로 은폐되는 '도'를 드러내기 위해서는 시비의 양쪽 논란을 모두 잊는 '양망'(兩忘)의 방법으로 '시비'를 벗어나고 '언어'와 '지식'을 벗어나서 '도'가 밝게 드러나는 길을 찾아가는 것이 장자의 사유방법이라 보고 있다. 이처럼 한원진은 장자에서 '제물'(齊物)이란 바로 시비가 끝없이 충돌하고 있는 '중론' 곧 '물론'의 시비를 가지런히 하여 하나로 함으로써 '도'를 드러내는 것임을 주목하고 있는 것이다.

먼저 '시비'의 정당성에 대한 판단 문제는 '피시'(彼是: 彼此)의 주체·객체를 나누는 분별적 인식에 기반하는 것으로 볼 수 있다. 장자는 「제

---

66) 『莊子辨解』, 11, '齊物論', "是非之本於心, 言議之本於道, 而人之不能齊物者, 在於不能成心與知道也."
67) 같은 곳, "道與言之隱, 在乎是非之相爭, 與其是非相爭, 呶呶於辨詰, 不若兩忘而明之也."

물론」편에서 저쪽(彼)과 이쪽(是: 此)을 분별하는 인식이 얼마나 뿌리깊은지를 밝혀, "사물에는 저쪽이 아닌 것이 없고, 사물에는 이쪽이 아닌 것이 없다"(物無非彼, 物無非是)고 하였는데, 한원진은 장자의 관점을 해명하여, "저쪽으로부터 보면 사물이 모두 저쪽이 되고, 나로부터 보면 사물이 모두 이쪽이 된다. 저쪽과 이쪽은 본래 정해진 분수가 없으며 '이쪽'(是)이라는 말이 있기 때문에 '저쪽'(彼)이라는 명칭이 성립하고, '저쪽'이라는 말이 있기 때문에 '이쪽'이라는 명칭이 성립한다. 저쪽과 이쪽의 명칭은 서로 원인이 되어 생겨난다.…근본으로부터 말하면 저쪽과 이쪽은 곧 하나가 되며, 분수로부터 말하면 저쪽과 이쪽은 실로 서로 원인이 되니, 이것은 저쪽과 이쪽이 한쪽을 폐지할 수 없고 만물이 마땅히 가지런히 되어야 하는 것이다"[68]라고 하였다. 곧 이쪽과 저쪽으로 주·객을 분별하는 인식은 상호의존적인 것이지, 원래 주·객이 정해져 있지 않은 상대적 개념임을 분명하게 확인하였다. 그렇다면 주·객의 분별은 근본에서 보면 일체를 이룰 뿐 분별이 성립하지 않으며, 분수에서 보면 주·객의 분별이 어쩔 수 없는 현실이지만, 당위적으로는 분별의 대립을 극복하고 하나로 화합되어야(齊) 한다는 것이다.

'피·시'의 분별은 근원적 일치에서는 이탈되었지만 현실적으로는 어느 한 쪽도 폐지할 수 없는 당연한 것이다. 그런데 문제는 현실적으로 '피·시'의 분별이 일어남으로써 이에따라 '시·비'의 논란이 일어나게 된다는 사실이다.

---

68) 같은 곳, "自彼觀之, 則物皆爲彼, 自我視之, 則物皆爲此, 彼是本無定分, 而有言是, 故彼之名立, 有言彼, 故是之名立, 彼是之名, 相因而生,…盖自本言之, 則彼是卽爲一, 自分言之, 則彼是實相因此, 彼是之不可偏廢, 而萬物之當齊也."

"'저쪽과 이쪽이 서로 대응하여 생겨난다는 주장'(彼是方生之說)은 저쪽과 이쪽이 각각 자기를 사사롭게 하는 것을 말한다. '서로 대응하여 생겨난다'는 것은 그 삶을 스스로 사사롭게 하여 그 죽음을 꺼리고 싫어하는 것이다.…삶과 죽음, 옳고 그름이 모두 서로 원인이 되어 서로 없을 수 없음을 말하며, '시'와 '비'도 마땅히 각각 그 분수에 원인하니 한 쪽을 폐지할 수 없는 것이다. '성인은 말미암지 않고 하늘에 비추어 본다'는 것은 성인이 '비'를 버리고 '시'를 위하는 한 쪽에 치우친 방법에 말미암지 않고 '천도'(天道)로 비추어 본다는 것이다. 이른바 '천도'는 역시 '시비'에 원인하여 버리고 취하기를 구하지 않는 것이다."69)

한원진은 장자가 '피·시'(피차)의 분별에 이미 각각을 사사롭게 하면서 '시비'의 분별이 내재되어 있음을 인식하고 있는 사실을 지적하면서, 장자의 입장이 '피·시'의 어느 한 쪽을 폐지하지 않는 것처럼 '시·비'의 어느 한 쪽도 버리고 취하는 태도를 요구하는 것이 아니라, '천도'로서 비추어 보는 방법을 제시한 점을 주목하였다. 그는 「제물론」편에서 손가락과 말의 비유를 제시한 것에 대해 '시·비'의 분별을 통한 해결이 아니라 양쪽 모두를 잊어버리는 '양망'(兩忘)의 방법을 제시하고 있으며, 또한 "'시'를 쓰지 않고, '용'에 맡긴다"(爲是不用, 而寓諸庸)는 구절에 대해서도 '시'를 '시비'의 '시'로 보고, '용'을 '중용'이라 하며, "여기서 이른바 '중용'이란 '시비'를 분별하지 않고 사물을 좇아서 따라 흐르는 것이니, 단지 호광·유종원의 '중용'과 같아서, '소인이 거리낌

---

69)『莊子辨解』, 11-12, '齊物論', "彼是方生之說, 言彼是各自私己, 猶方生者, 自私其生, 而諱惡其死也,…言之以明死生可否, 皆相因而不可相無, 則是非, 亦當各因其分, 而不可廢一也, 聖人不由, 照之于天, 言聖人不由去非取是一偏之術, 而照之以天道也, 所謂天道, 亦因其是非不求去取也."

이 없음'이 심한 것이다"[70]라고 하여, 기본적으로 장자에서 시비의 분별을 거부하는 입장을 부정하고 있음을 보여준다. 한원진은 '시비'의 끝없는 충돌에서 '양망'의 방법으로 벗어나 '도'를 드러낸다는 것이 장자의 '제물'의 방법임을 인정하지만, '시비'를 버리고 '중용'의 '도'를 실현한다는 것은 유교에서 비판하는 소인의 '중용'이요, 거리낌이 없는 행동에 빠질 위험이 있음을 심각하게 경계하고 있는 것이다.

5. 장자의 '양생'·'처세'·'치도'에 대한 인식

1) '양생'과 '처세'에 대한 인식

『장자』에는 '도'와 '심'개념을 중심으로 세계의 근본구조와 질서를 해명하는 원리적 과제와 더불어, 여기서 나아가 인간의 구체적 삶의 현실에서 요구되는 문제로서 '수양'·'처세'·'치술'(治術) 등에 대해 대답하는 또하나의 실천적 과제를 제시하고 있다.

(1) '양생'에 대한 비판

한원진은 「제물론」편에서는 '부지'(不知)를 '제물'의 방법으로 제시하고, 바로 뒤이어 「양생주」편에서도 '부지'를 '양생'의 방법으로 제시하고 있음을 주목하면서, 이에 따라서 그는 「양생주」편의 첫머리에서

---

70) 『莊子辨解』, 13, '齊物論', "此所謂中庸, 乃不分是非, 逐物流循者, 則政如胡廣·柳宗元之中庸, 而小人無忌憚之甚者也."

"유한한 생명으로 무한한 지식에 골몰하면 정신이 안으로 피폐해지고 환난이 밖에서 이르니, 지식이란 몸을 위태롭게 하는 도리요 양생하는 방법이 아님을 말하였다.…그래서 붓을 댄 첫마디 말이 곧 '지'(知)라는 한 글자를 타도하는 것이다"71)라고 하여, 장자의 양생론이 지식을 거부하는 '무지'(無知) 내지 '부지'(不知)를 강조하는데서 출발하고 있음을 지적하였다.

여기서 그는 장자의 양생법으로서 '부지'에 대해, "대개 '선을 한다'거나 '악을 한다'고 말한 것은 모두 암암리에 사람으로 하여금 지각하지 않게 하는 데 나아가니, 곧 지식을 사용하지 않는 것으로 양생의 근본을 삼았다. 그러나 선을 하면서 감히 크게 하지 않고, 악을 하면서도 감히 크게 하지 않아서 교묘하게 환난을 피하는 것은 그 지식을 씀이 매우 깊고 주밀함을 알 수 있다"72)라고 하여, 장자는 '부지'를 내세우지만 실상은 환난을 피하기 위해 세밀하게 지식을 쓰고 있는 것으로, 그만큼 허위적인 태도임을 비판하였다. 따라서 그는 장자의 양생법에 대해 유교의 수양론적 입장에서 엄격한 비판을 하고 있다.

"'악을 하여도 형벌에 가까이 함이 없다'는 것은 안으로 악을 하는 일을 끊지 않으면서 밖으로 악을 하는 재앙을 피하는 것이니, 소인의 허물이다. 그 이론의 그릇됨은 여러 변론을 기다릴 것도 없이 분명하다. '선을 하여도 명성에 가까이 함이 없다'는 것에 이르러서는 그 말이 군자의 '위기지

---

71) 『莊子辨解』, 20, '養生主', "言以有限之生, 役於無限之知, 則精神內弊, 患害外至, 知者, 卽危身之道, 而非養生之方,…故下筆第一言, 便打倒知之一字."
72) 같은 곳, "盖爲善·爲惡, 皆就暗暗地, 做不使人覺知者, 卽所以不用知者, 而爲養生之本也, 然爲善不敢做大, 爲惡亦不敢做大, 巧爲避患者, 可見其用知之深密也."

학'(爲己之學)에 흡사함이 있으니 자신을 단속하는 사람은 혹 취할 것이 있다. 그러나 실지는 공변됨과 사사로움 및 사특함과 정당함의 변론이 있으니, 군자가 명성을 가까이 하지 않으려는 것은 선이 아직 충실하지 못함을 두려워하는 것이지만, 여기서 명성을 가까이 하지 않으려는 것은 선이 재앙이 됨을 두려워하는 것이다. 한 쪽은 충실하지 못함을 두려워하니, 더욱 힘써서 선이 날로 쌓이는데 이를 것이요, 다른 한 쪽은 재앙이 됨을 두려워하여 감히 하지 못하니, 반드시 선을 전부 잃어버리는데 이를 것이다. 배우는 자는 마땅히 이렇게 비슷하게 보이는 곳에서 밝게 변론하기를 통렬하게 해야 한다."73)

'부지'에 의한 양생을 비판할 뿐만 아니라, 장자의 양생술이 선·악에 대한 도덕적 분별의식과 선을 취하고 악을 버리는 도덕적 지향의식을 잃었다는 점에서 매우 엄격한 비판입장을 제시하였다. 이런 의미에서 장자가 백정이 소잡는(庖丁解牛) 이야기에서 "두께가 없는 칼날로 뼈마디의 틈 사이를 들어가니 넓고 넓어서 칼날을 여유롭게 놀린다"(以 [刀刃之]無厚, 入[彼節之]有間, 恢恢乎其於遊刃)는 구절에 대해서도, 한원진은 "몸이 선과 악의 틈사이에서 행하는 것이 넓고 넓어 좌우로 재앙에 저촉됨이 없다"74)는 의미로 해석하였다. 이처럼 그는 장자의 양생론이 재앙을 면하는데 목적이 있지 선·악에 대한 도덕적 판단의식이 결여된 것임을 밝히고 있는 것이다.

---

73) 같은 곳, "爲惡無近刑者, 內不絕爲惡之事, 而外不被爲惡之禍, 小人之尤者也, 其說之非不待多辨, 而明矣, 至於爲善無近名者, 其語有似乎君子爲己之學, 則尙綱者亦或有取矣, 然實有公私邪正之辨, 君子不要近名, 懼善之未實也, 此之不要近名, 懼善之爲禍也, 一懼於不實, 則爲之益力, 而以至於善日積矣, 一懼於爲禍, 則爲之不敢, 而必至於善一喪矣, 學者正當於此似是處, 痛加明辨也."
74) 『莊子辨解』, 21, '養生主', "身之行於善惡之間者, 恢恢然, 無左右觸禍之患也."

한원진은 장자가 양생을 위해 선·악을 방치하는 것처럼 재앙의 원인이 되는 영화와 이익도 버려두고 취하지 않는 입장을 지적하고, 사생의 문제에 대해서는 "사람은 태어남이 있으면 반드시 죽음도 있으니, 죽음이란 인간이 꺼려할 수 없는 것이다. 비록 양생하는 자라도 (죽음을) 면할 수가 없음을 말한다. 그래서 죽음을 보기를 태어남과 같이 하여, 슬픔과 즐거움으로 그 마음을 동요하게 하지 않는 것이 또한 양생의 도이다"[75]라고 하였다. 그는 장자도 죽음을 면할 수 없는 사실을 받아들이고 죽음과 삶에 따라 감정의 동요를 일으키지 않는 것으로 양생의 방법을 삼았음을 확인하고 있다.

나아가 한원진은 '사생'의 문제에서 장자의 '땔감은 다타도 불은 전해간다'(薪窮火傳)는 뜻을 매우 중시하여, "사물은 다함이 있지만 '도'는 다함이 없음을 말한다.…한계가 있는 생명은 비록 때가 되면 다하지만 얻은 '도'는 다하는 때가 없다. 이것이 양생의 취지이다"[76]라고 하여, 장자의 '양생'이 육신의 편안함이나 마음의 평안함을 넘어서 '도'를 얻음으로 영속함을 얻는데 근본취지가 있는 것이라 인정하고 있다. 그러나 장자의 '도'와 유교의 '도'가 다름을 지적하면 장자의 '양생'이 그대로 받아들여질 수 없는 것임을 명확히 밝혀준다.

"사물은 다함이 있지만 '도'는 다함이 없다는 것은 우리 유교에서도 말하는 것이다. 그러나 우리 유교에서 말하는 '도'는 다함이 없다는 것은 곧

---

75) 같은 곳, "言人有生則必有死, 死者人之所不可諱, 雖養生者, 不得免焉, 故視死如生, 不以哀樂動其心, 亦養生之道也."
76) 『莊子辨解』, 21-22, '養生主', "言物有窮, 而道無盡也,…有涯之生, 雖有時盡, 而所得之道, 卽無時而盡也, 此養生之指意云也."

천지의 공공한 이치를 가리킨다. 우리 육신의 이치는 비록 우리의 육신과
더불어 존·망(存亡)하지만, 천지의 공공한 이치는 도리어 우리 육신의
존·망에 따라 존·망하는 것이 아니다.…그러나 우리 육신의 이치는 곧
천지의 공공한 이치와 두가지 이치가 아니니, 나의 육신의 '도'는 없어지지
않는다고 말하는 것이 옳다. 그렇지만 나의 육신이 갖추고 있는 이치는 비
록 죽은 뒤에 덩어리로 뭉쳐져 없어지지 않고서 천지 사이에 깃들어 있다
가 죽은 뒤에 여전히 나의 것으로 인정할 수 있다고 말하는 것이 아니다.
장주가 '도'는 다함이 없다고 말하는 것은 그 취지가 이와 다르다."77)

먼저 그는 사물 내지 인간존재의 유한성과 '도'의 무한성을 대비시키
면서, '도'의 무한성을 '리'(天地公共之理)로 파악하는 유교의 입장을 제시
하였다. 여기서 인간의 육신은 유한하지만 인간이 지니고 있는 '리'는
인간의 육신이 존·망함에 따라 존·망한다고 볼 수도 있고, 천지의
'리'와 동일하기 때문에 무한하다고 볼 수도 있는 두가지 시각이 가능
하다는 것이다. 문제는 여기서 한 인간이 지닌 '리' 혹은 '도'가 죽은 뒤
에도 그의 개체에 속하는 것으로 존재한다고 볼 수 없는 것이 유교의
입장인데 비해, 장자의 입장은 죽은 뒤에도 그 '도'가 그 개체에 속하는
것으로 존속한다고 보는데 있다.

"장주는 '기'의 '허정'(虛靜)함을 '도'라고 인식하는데, 그래서 인간이 이

---

77)『莊子辨解』, 22, '養生主', "物有盡而道無盡者, 亦吾儒之所言也, 然吾儒所謂道無盡
　　者, 卽指天地公共之理也, 吾身之理, 雖與吾身而存亡, 天地公共之理, 却不以吾身之
　　存亡而存亡也,…然吾身之理, 卽與天地公共之理, 非有二理, 則雖謂吾身之道不亡,
　　亦可也, 非謂吾身所具之理, 雖其死後團聚不亡, 寄寓在天地中間, 身死之後, 猶認以
　　爲己物也, 周之所謂道無盡, 其指異於是."

‘기’를 얻어서 사는 자는 ‘도’를 얻어서 사는 것이 된다. 인간이 죽어서 그 ‘기’가 죽음의 세계에 돌아가면 ‘도’가 회복되어 ‘허정’함으로 돌이키게 되고, 또 ‘허정’함으로부터 다시 사람과 사물이 되어 만고에 서로 전해진다는 것이다.…특히 ‘기’의 변화가 유행함에 가는 것은 가버리고 오는 것이 이어지니, 사람이 죽어 ‘기’가 흩어짐이 오래되면 반드시 없으진다는 것을 알지 못하였다. 이것은 ‘도’에 견식이 없는 것이요, 그래서 ‘기’에도 견식이 없는 것이다. 불교의 견해도 그 근원은 역시 노장에서 나왔으며, 그래서 ‘성을 깨우쳐 부처를 이루며, 뛰어넘어 생사를 벗어난다’(見性成佛, 超越滅度)고 말하는 것은 그 취지가 역시 이와 같다.”78)

한원진은 유교의 입장이란 ‘리’를 ‘도’로 인식하는 것이므로 ‘도’는 개체를 초월하는 보편적 존재이니, 사후에 개인이 지닐 수 있는 것은 아니다. 그러나 이와달리 장자는 ‘기’를 ‘도’로 인식하기 때문에 인간이 죽은 뒤에도 ‘허정’한 ‘기’가 개체에 속하는 것으로 남아 있다고 보게 된다는 것이다. 여기서 그는 장자의 ‘도’에 대한 인식이 잘못되면서 ‘기’에 대한 인식도 잘못된 것이라 비판하며, 사후에 개체의 ‘도’가 남아 있다고 보는 입장에서 불교와 노장이 같은 입장임을 지적하고 있다. 그는 장자의 ‘양생’에 대해 선·악의 분별을 거부한다는 점에서 도덕적 비판을 함과 더불어 사후에 ‘도’의 개체적 지속을 주장한다는 점에서 이기론에 근거한 존재론적 비판을 하고 있음을 보여준다.

---

78) 같은 곳, “周盖認氣之虛靜者爲道, 故以人之得是氣而生者, 爲得道而生, 以人死, 而其氣歸於冥漠者, 爲道之復, 返於‘虛靜’, 而又自‘虛靜’復爲人物萬古相傳也,…殊不知氣化流行, 往過來續, 人死而氣散者久, 則必無也, 此其無見於道, 故亦無見於氣也, 釋氏之見, 其源亦出於老莊, 故其言見性成佛, 超越滅度者, 其指亦如此.”

⑵ 처세술에 대한 비판

「인간세」편에서 장자는 공자와 안회의 대화를 통해 포악한 임금 앞에 나가 말을 하지 말 것(無詔)을 강조하고 성실하게 말함(厚言)의 위태로움을 제시했는데, 한원진은 이러한 장자의 '처세'에 대해, "처세의 '도'는 남을 앞세우고 자기를 뒤로 돌려서 포악한 사람을 경솔하게 범할 수 없음을 말한 것이다"[79]라고 하여, 장자의 '처세술'은 의리를 밝혀 불의를 바로잡기를 강조하는 것이 아니라 자신의 안위를 돌보는 것을 중시한다는 사실을 드러내고 있다. 또한 장자가 폭군 앞에 처신하는 방법으로 '단정히 하여 마음을 비우고, 힘써서 한결같이 함'(端而虛, 勉而一)도 적절하지 못함을 언급하자, 이에 대해 "도리를 곧게 지키고 자신을 잊으며 힘써서 변하지 않는다는 것은 충성과 신의로 임금을 섬기는 일인데, 장주는 충성과 신의로 임금을 섬기는 것을 재앙을 취하는 길로 삼아서 불가하다고 여겼다"[80]라고 하여, 장자가 '무심'(無心)을 강조하는 처세술에서는 유교에서 극진히 강조하는 충성(忠)과 신의(信)가 위험한 것으로 여겨져 버려지고 있음을 지적하였다.

장자는 '안으로 마음이 곧음'(內直)과 '밖으로 뜻을 굽힘'(外曲)과 '위로 옛 사람에 가탁함'(上比)의 처신방법에 대해 문제점이 있는 것으로 보았다. 이에 대해 한원진은 "안으로 기필함이 없고, 밖으로 남을 따르며, 옛 사람을 끌어다 말하는 것은, 이미 스스로 마땅하지 못한 것이니, 곧 지모와 술수로서 남을 다루는 일이다. 장주는 지모와 술수로 남을 다

---

79) 『莊子辨解』, 23, '人間世', "言處世之道不可先人後己, 而輕犯暴人也."
80) 같은 곳, "直道忘身, 勉力不變, 卽忠信事君之事也, 周以忠信事君爲取禍之道, 故以爲
　　不可."

루면 죄를 면할 수 있지만 오히려 마음에 자취가 드러남을 면할 수 없어서 남이 깨달아 알게 되는 것이다. 그래서 또한 불가하다고 여겼다”[81]고 해석하였다. 이처럼 한원진은 장자가 지모와 술수를 처세의 방법으로 죄를 면하게 하는 유용함이 있음을 인정하면서도 남에게 의도가 드러날 수 있는 문제점이 있음을 들어 거부하였던 사실을 지적하였다. 그것은 장자가 지모와 술수에 대해 도덕적 정당성에서 평가한 것이 아니라 죄를 면하는 유용성에서 평가하고, 또 도덕적 정당성에 따라 거부한 것이 아니라 숨긴 의도가 드러날 위험성 때문에 거부하는 것이요, 자취가 드러나지 않게 하는 것 곧 ‘무적’(無迹)을 추구하는 것일 뿐이라는 사실을 강조한 것이다.

여기서 한 걸음 나가 장자는 “이목이 바라는 대로 따라 안으로 마음에 통하게 하며, 심지(心知)를 외면한다”(徇耳目, 內通而外於心知)는 것을 이상적인 처세의 방법으로 제시하였다. 한원진은 이에 대해, “그렇다면 이른바 마음이 동요하지 않는다는 것은 역시 선악의 사이에 가려내고 버리거나 취함에 마음이 용납되지 않는 것으로 얽매이고 걸림이 없어서 동요하지 않는 것으로 삼는 것이다. 이것은 미쳐 날뛰고 제멋대로 행동함이 심하게 되는 것이다”[82]라고 하여, 감각의 욕구대로 따르고 ‘심지’가 개입하지 못하게 하여 내면에 갈등이 일어나지 않게 한다는 것은 아무런 도덕적 절제가 없는 미친 행동을 초래할 것으로 비판하였다. 그렇다면 한원진은 장자의 처세하는 방법이란 ‘무심’(無心)과

---

81) 같은 곳, “內無所必, 外徇於人, 引古爲言, 已不自當, 卽智術御人之事也, 周以智術御人, 可以免罪而猶不免於心跡之露, 被人覺知, 故又以爲不可.”
82) 『莊子辨解』, 27, ‘人間世’, “然則所謂不動心者, 亦以其善惡之間, 無所容心於揀擇去取, 爲無所繫累, 而不動也, 此其爲猖狂妄行之甚者也.”

‘무적’(無迹)을 기준으로 제시하는 것이라 파악하고, 이에 대해 “앞 단락에서 지모와 술수로 사람을 다루는 것이 불가하다 하고 여기서는 ‘무심’과 ‘무적’으로 하는 것이 가하다 하니, 지모와 술수를 쓰지 않는 것 같이 보인다. 이른바 ‘무심’·‘무적’이란 실지는 자신을 온전하게 하고 해악을 멀리하기를 요구하면서 그 흔적을 없애어 사람들이 지각하지 못하게 하는 것이니 그 지모와 술수를 씀이 깊은 것이다”[83]고 하여, 장자에서 ‘무심’·‘무적’의 처세술도 결국 지모·술수의 차원을 벗어나지 않는 것으로 비판하였다.

한원진은 「인간세」편에서 섭공자고(葉公子高)와 공자의 문답을 통해서 제시된 장자의 처세술이 말과 행동을 신중하게 하고 사물에 따라서 대응하며 마음을 용납하지 말라는 ‘무심’의 방법임을 지적하였다. 곧 장자의 말에서 ‘부득이함에 맡기고 속 마음을 배양한다’(託不得已以養中)는 구절과 ‘마음을 한결같이 하고 부득이함에 맡긴다’(一宅寓於不得已)는 구절이 같은 뜻으로, 여기에 장자의 처세하는 비법이 제시되어 있는 것이라 보았다. 그는 장자 처세술에서 비법 중의 비법은 ‘부득이’라는 세글자에 있다고 지적하기도 하였다.[84] 그것은 적극적 판단과 신념에 따른 행위가 아니라 오직 자신의 안전을 지키기 위해 현실에 순응하면서 마음을 쓰지 않는 ‘무심’의 상태를 지키며, 능동적으로 행동하지 않고 부득이함에 따르는 수동적 소극적 태도를 중시하는 것으로 지적하여 비판하고 있는 것이다.

---

83) 같은 곳, “前段以知術御人爲不可, 而此以無心無迹爲可, 則似乎非用知術者, 然所謂無心無迹者, 實要以全身遠害, 而又沒其痕迹, 不使人覺知, 則乃其用智術之深者也.”
84) 『莊子辨解』, 27-28, ‘人間世’, “託不得已以養中, 與上文一宅寓於不得已意同, 此盖莊周處世之秘法也, …以‘不得已’三字, 爲秘法中秘法.”

장자의 처세술에서는 재앙을 면하기 위한 방법으로 쓰이지 않는 '무용'(無用)이 강조되고, 무도한 세상에는 나가지 않고 군주가 포악한 나라에는 가지 않아야 한다는 것이 강조되었다. 한원진은 「인간세」편에서 제시되어 있는 장자의 처세술에 대해 전반적 평가를 하면서, "오로지 육신을 온전히 하고 해독을 멀리하는 것을 '지인'이 잘하는 일로 삼으니, 장주의 학문은 대개 향원(鄕愿)이 세상에 아첨하여 용납되려는 것과 다름이 없다. 그 마음 씀이 깊고 미묘하며 강경하고 굽힘이 없는 말을 칭탁하여, 사람들로 하여금 사사롭고 사특하며 비루한 학문인 줄을 깨닫지 못하게 하니, 덕을 어지럽힘이 깊어서 향원에 견주어 보아도 구만리만 떨어져 있는 것이 아니다. 공자의 학문을 하는 자는 밝게 변론하고 깊이 물리쳐야 한다"[85]고 하여, 장자의 처세술을 한마디로 세상에 영합하고 사는 인간형으로 유교전통에서 깊이 혐오하는 향원의 유형에 속하고 그 보다 훨씬 심한 것이라는 거부감을 밝혔다. 이처럼 한원진은 장자의 '도'와 '심'개념에 대해 이기론적 비판을 관철하고 있는 것처럼, 장자의 '양생'과 '처세'에 대해서도 의리론적 비판을 일관하게 적용시키고 있음을 보여준다.

2) '치도'(治道)에 대한 인식

「응제왕」편에는 장자의 '치도'(治道)에 대한 논의가 집중되어 있다.

---

85) 『莊子辨解』, 28, '人間世', "專以全身遠害爲至人之能事, 則周之學, 盖無異於鄕愿之媚世取容者, 而其用意深微, 托言高抗, 使人莫覺其爲私邪鄙陋之學, 則其爲亂德之深, 視鄕愿, 又不啻九萬里矣, 爲孔子之學者, 可不明辨, 而深闢之哉."

한원진은 장자의 '치도'를 전체적으로 '자연'으로 다스리는 것이라 규정하였다. 그러나 장자의 '치도'에 대한 서술은 현실의 정치를 말하기보다 세상에 대처하는 처세의 태도에 가까운 내용이 많은 것이 사실이다.

> "이 편(「응제왕」)의 대의는 자연으로 천하를 다스리는 '도'를 삼는 것이다. 그래서 편의 앞머리에 '부지'(不知) 두 글자를 들었다. '부지'는 곧 자연에 맡기는 모습이요, '부지'로 천하를 다스린다는 것은 소식(蘇軾)이 말하는 '다스리지 않는 것으로 다스린다'는 것이다.…장주는 대개 천지가 생겨나기 이전을 '도'로 삼으니, '도'를 천지의 바깥에 있는 것으로 삼았다. 그래서 문득 감히 천지를 작은 것으로 보았으니, 특히 '도'가 천지를 벗어나지 않으며 천지가 이 '도'를 다 얻었다는 것을 알지 못하였다."86)

'자연'으로 천하를 다스린다는 것이 제왕의 '치도'에 근본원리가 되며, 장자의 '치도'에 핵심이 되는 것이다. 여기서 한원진은 장자가 '자연'의 다스림을 내세우면서 그 과제로서 가장 먼저 '부지'를 내세운 사실을 주목하였다. '부지'는 인간의 사려판단이 없이 자연에 맡기는 '무위'(無爲)의 다스림이기도 한 것이다. 또한 그는 장자의 '도'개념이 천지가 생성되기 이전으로 보기 때문에 '도'가 천지 속에 내재되어 있음을 알지 못하고 천지 바깥에 있는 것으로 보는 점을 장자에서 '도'개념의 오류로 지적함으로써, 장자의 '치도'가 근본전제에서 잘못된 것임을 제

---

86) 『莊子辨解』, 40, '應帝王', "此篇大意以自然爲治天下之道, 故篇首, 卽擧不知二字, 不知, 卽任其自然之貌, 以不知治天下, 如蘇子所謂以不治, 治之者也,…周盖以天地未生之前爲道, 而以道爲在天地之外, 故便敢小覰天地, 殊不知道不外於天地, 而天地盡得此道也."

시하고자 하였다.

「응제왕」편에서 설혈(齧缺)이 천하를 다스리는 술법을 물었을 때, 왕예(王倪)는 네 번 '모른다'(不知)라고 대답했는데, 한원진은 이 '모른다'는 것이 바로 '치도'를 모른다는 말이면서 동시에 장자에서 '치도'의 기본원리임을 지적하여, "다스리는 방법을 모른다는 것은 곧 자연에 맡기는 것일 따름이다. 이것이 곧 천하를 다스리는 큰 '도'이다"[87]라고 하여, '부지'와 '자연'이 장자의 '치도'에서 핵심원리가 되고 있음을 밝혀주고 있다. 또한 장자가 무명인(無名人)의 입을 빌어 천하를 다스리는 방법으로 "마음은 담박함에 노닐고, 기운은 적막함에 합하며, 사물에 순응하고 자연으로 하며 사사로움을 용납하지 말라"(遊心於淡, 合氣於漠, 順物自然, 而無容私焉)고 언급한 사실에 대해, 한원진은 담박함(淡)을 담일(湛一)의 뜻으로 '적막함'(漠)을 허정(虛靜)의 뜻으로 풀이하면서, "담일하고 허정함은 곧 '기'의 태초이다. 장주는 이를 '도'로 여겼으므로 천하를 다스림도 마땅히 담박함과 적막함을 근본으로 삼았다. '사물에 순응하고 자연으로 하며 사사로움을 용납하지 말라'는 것은 담박하고 적막하여 '무심'한 것이지 이치에 순응하여 사사로움이 없음을 말하는 것이 아니다. '사물에 순응하고 자연으로 한다'는 한 구절은 「응제왕」 한 편의 뜻을 다 갖추었다"[88]고 하였다. 그것은 '자연'의 '치도'를 '기'의 시원으로 담일하고 허정함에 근본하는 것이라 확인하면서, 그 '자연'은

---

87) 『莊子辨解』, 43-44, '應帝王', "不知所以治之, 則亦任其自然而已此, 卽治天下之大道也."

88) 같은 곳, "湛一虛靜, 卽氣之太初也, 周以是爲道, 故言治天下亦當以湛·漠爲宗也, 順物自然, 而無容私, 卽湛漠無心也, 非順理無私之謂也, 順物自然一句, 該盡一篇應帝王之意."

'무심'의 '자연'이지 이치에 순응하여 사사로움이 없는 '자연'이 아님을 지적함으로써, 유교적 '치도'와 달라지는 근본적 차이를 밝히고 있는 것이다.

따라서 그는 장자가 높이 날아 주살을 피하는 새나 신단(神壇) 아래에 깊이 구명을 파서 재난을 피하는 쥐를 비유로 든 것에 대해, "노장이 세상을 가볍게 여기고 사물을 끊어버리며 스스로 고고하게 구는 것이 그 실지는 전부가 환난을 피하려는 뜻에서 나왔음을 알 수 있으니 비루하다"[89]고 비난하였다. 또한 그는 장자가 몸을 수고롭게 하고 마음을 졸이는(勞形怵心) 일을 부정하는 태도에 대해, "성인이 백성을 근심하여 마음을 수고롭게 하는 것을 하인배의 천한 기교에 얽매인 것으로 삼았다"고 비판하며, "호랑이나 표범가죽의 아름다움이 사냥군을 부른다"(虎豹之文來田)고 하여 드러남을 꺼리는 장자의 말에 대해, "비유는 선함이 재앙을 부른다는 것이니, 이것은 노장이 사사롭게 지혜를 쓰는 속임수요 재앙을 두려워하고 모면하기를 바라는 본래의 감정이다"[90]라고 하여, 엄격한 비판태도를 지키고 있다.

'자연'을 '치도'의 원리로 삼는 점에서 한원진은 유학자로서 동의하지만, 그 '자연'의 다스림이 노장에서는 '천리'를 따르는 자연이 아니라 '기화'(氣化: 형기의 변화)에 맡기는 자연으로 달라지는 차이를 강조한다. 곧 "성인에서는 '천리'의 자연을 따르는 것이나, 노장에서는 '기화'의 작용에 맡기는 것이다. '천리'를 따르면 자기와 만물이 어질고 장수하

---

89) 같은 곳, "鳥·鼠之比, 可見老莊之以傲世絕物, 自高者, 其實全出於避患之意也, 卑矣哉."

90) 같은 곳, "此以聖人之憂民而勞心, 爲胥隸之賤技巧之累, … 比爲善之取禍, 此老莊自私用智之機巧, 畏禍蘄免之本情也."

며 '도'를 지켜가는데로 함께 돌아가지만, '기화'에 맡기면 자기와 만물이 황폐하고 방자한데로 함께 돌아간다. 이른바 털끝만한 차이가 천리나 멀리 벌어지는 오류를 일으킨다는 것이다"[91]고 하여, 유교와 노장의 차이를 '천리'와 '기화'로 대립시켜 파악함으로써, 노장에서는 '치도'의 모든 결과가 오류에 빠지지 않을 수 없다고 보는 것이다.

장자는 '명성의 주인'(名尸), '모략의 창고'(謀府), '일의 책임자'(事任), '지식의 주인'(知主)의 네가지를 하지 말라는 '사무위'(四無爲)로서 언급하였다. 한원진은 이 말이 공자의 '사무'(四無: 毋意·毋必·毋固·毋我<『논어』, 子罕>)와 말은 같지만 뜻이 다름을 지적하여, "성인에게 있어서는 '성명'의 중정(中正)한 '도'에 순응하는 것이지만, 노장에 있어서는 '지각'이 일어나고 소멸하는 기틀에 맡기는 것이다. '성명'은 순수한 선이지만 '지각'은 선과 악이 있다. 이것은 성인의 '도'가 한결같이 선을 주장하여 하지 않는 바가 있으나, 노장의 '도'는 선·악을 가리지 않아 하지 않는 바가 없다"[92]고 하였다. 한원진은 '치도'에서도 유교와 노장을 '성명'의 '도'와 '지각'의 '도'로 상대시켜 제시함으로써, 노장은 선·악의 도덕적 분별의식이 없으므로 '무위'를 정치원리로 내세우지만 사실상 하지 않는 것이 없는(無所不爲) 것이라 규정하여 비판하고 있다.

한원진은 「응제왕」의 마지막 단락에서 '혼돈'(混沌)을 이야기한 대목

---

91) 『莊子辨解』, 41, '應帝王', "在聖人, 則循天理之自然者也, 在老莊, 則任氣化之所爲者也, 循天理, 則已與萬物同歸於仁壽軌道矣, 任氣化, 則已與萬物同歸於遙蕩恣睢矣, 所謂差若毫釐, 謬以千里者也."
92) 『莊子辨解』, 42-43, '應帝王', "此與孔子四無, 語同, 然在聖人, 則順性命中正之道也, 在老莊, 則任知覺起滅之機也, 性命純善, 知覺有善惡, 此聖人之道, 一主於善, 而有所不爲也, 老莊之道, 不擇善惡, 而無所不爲也."

을 노장의 견식(見識)과 본말이 여기에 다 내포되어 있는 것이라 지적하고, '내편' 7편이 귀결되는 곳이요, 『장자』 전체의 모든 편들이 이 의미로 미루어 이해되어야 할 것임을 강조하였다.[93] 곧 노장의 '도'는 '혼돈' 곧 '기'에 근거한다는 본체론적 인식에 따라 노장의 사유체계 전반에 대한 비판논거를 반복하여 재확인하고 있는 것이다.

"노장의 견지는 천지가 열리기 이전 한번 '혼돈'의 때를 극진히 하였으므로, 곧 이를 지극한 '도'로 삼았다. 또 천지·만물의 대소·귀천과 인사(人事)의 치란·시비를 '도'가 마땅히 가지고 있는 것이요 서로 없을 수 없는 것이라 한다. 사람이 '도'를 함은 마땅히 '제물'(齊物)을 근본으로 삼고 '혼돈'을 회복한 다음에 바야흐로 '도'를 얻었다 할 수 있으며, 사람이 총명과 지식이 있어서 시비를 변별하는 것은 '도'를 잃는 것이 된다는 것이다."[94]

곧 한원진은 노장에서 천지가 개벽되기 이전의 상태로서 '혼돈'을 '도'로 삼은 사실에 따라, 노장의 '도' 속에는 현상세계의 모든 분별로서 천지와 만물의 크고 작음이나 고귀하고 비천함의 온갖 차별상과 인간 현실에서 다스려지고 혼란함이나 옳고 그름의 온갖 분별상을 모두 평등하게 내포시키고 있는 것이라 보았다. 그것은 그가 유학자의 입장에서 노장은 가치기준에 따른 평가의 질서가 없다는 문제점을 지적하

---

93) 『莊子辨解』, 43, '應帝王', "末段, 老莊見識本末, 盡在此段, …實亦爲七篇之歸宿也, 內外諸篇, 皆當以此意推之."

94) 같은 곳, "盖老莊見處, 極於天地未闢, 一番混沌之時, 故便以此爲至道, 又見其天地萬物, 皆自混沌中分出來, 而皆本同而末異, 故便以萬物之有大小·貴賤, 人事之有治亂·是非, 謂皆道之當有, 而不可以相無, 人之爲道, 亦當以齊物爲宗, 以復其混沌者, 然後方可以得道, 而人之有聰明·知識, 辨別是非者, 爲喪道."

는 것이요, 동시에 노장에서는 모든 차별이나 분별을 동등하게 통합하여 일치시키는 '제물'을 추구하며 그 이상적 실현양상인 '혼돈'을 지향함으로써 인식에서 지식과 판단력을 모두 부정한다는 문제점을 지적하는 것이다.

여기서 그는 '치도'를 포함한 유교와 노장의 사상전반에서 근본적인 대립구도를 확인하여 조화의 가능성을 원천적으로 거부하고 있다. 곧 "성인은 '리'를 '도'로 삼았으므로 선을 주장하고 악을 제거하는 것을 '도'의 본연을 회복하는 것으로 삼았지만, 노장은 '기'를 '도'로 삼았으므로 선·악을 가리지 않는 것을 '도'의 본연을 회복하는 것으로 삼았다. 이것은 '도'와 그 본연의 회복을 말하는 것에서 말은 비록 같지만 실지는 향기나는 풀과 악취나는 풀이나, 얼음과 숯이 서로 섞여들어갈 수 없는 것이다"[95]라고 하여, 유교와 노장은 '도'개념의 인식에서 '리'와 '기'로 대립되며, '도'실현의 방법에서 '선을 선택하고 악을 거부함'과 '선·악의 선택적 분별을 거부함'으로 대립하여, 용어와 사유형식에서 공통점이 크다 하더라도 근원적으로 서로 용납될 수 없는 상반된 관계임을 강조하고 있는 것이다.

한원진은 '치도'의 덕으로 장자에서도 '인'(仁)과 '의'(義)의 문제가 언급되고 있는 사실을 주목하면서, '인'·'의'에 대한 유교적 태도와 노장적 태도의 차이를 확인하고 있다.

---

95) 같은 곳, "聖人以理爲道, 故以主善去惡, 爲復其道之本然, 老莊以氣爲道, 故以不擇善惡, 爲復其道之本然, 此其言道與復其本然者, 語雖同, 而實則有薰蕕氷炭之不相入也."

"'의'를 하면서 '의'를 한다는 생각이 없고, '인'을 하면서 '인'을 한다는 생각이 없으니, 그래서 '의를 하지 않는다', '인을 하지 않는다'라고 말했다.…그러나 하는 바가 없으면서 '인·의'를 하면 '인·의'의 진실함(眞)이요, '천리'의 공변된 것이다. 하는 바가 있으면서 '인·의'를 하면 '인·의'를 해침(賊)이요, '인욕'의 사사로운 것이다. 진실함은 '인·의'라 말할 수 있지만, 해침은 '인·의'라고 말할 수 없으니, 군자는 여기서 마땅히 그 공변되고 사사로움의 분별을 변론해야 할 따름이다. 또 하필 그 명칭을 싫어한다고 함께 버리겠는가? 이것이 장주의 학문이 지나치게 고고하여 이단이 되는 까닭이다."[96]

그는 '인·의'를 실행함에서 사사로운 생각으로 '의도함이 없는 것'(無所爲)이 진실하고 '의도함이 있는 것'(有所爲)은 해치는 결과를 초래하는 것이라 지적한다. 따라서 유교는 '인·의'를 행하면서 '인욕'의 사사로운 의도를 버리고 '천리'의 공변됨을 실현하려는 것이지만, 노장에서는 '인'이나 '의'라는 명목에 분별적 의도가 있는 것이라 보아 '인'·'의'의 명칭을 버리려고 하는 태도를 취하고 있다는 것이다. 그는 바로 이 대목에서 노장의 사상이 고고함을 인정하지만 정당성의 진실함을 잃고 이단에 떨어지게 되는 것이라 비판하고 있다.

96) 『莊子辨解』, 38-39, ‘大宗師’, “義而無意於爲義, 仁而無意於爲仁, 故曰不爲義·不爲仁,…然無所爲而爲仁義, 仁義之眞, 而天理之公也, 有所爲而爲仁義, 仁義之賊, 而人欲之私也, 眞者, 可謂仁義, 賊者, 不可謂仁義, 則君子於此, 當辨其公私之辨分而已, 又何必惡其名而并去之哉, 此周之學所以過高而爲異端也.”

6. 한원진의 성리학적 『장자』 해석의 의미

장주는 「제물론」편에서 "만세 후에 한 번 그 해답을 아는 대성인을 만난다면 이는 아침 저녁으로 만나는 것이다"(萬世之後而一遇大聖, 知其解者, 是旦暮遇之也)라고 자신의 심회를 밝힌 곳이 있다. 이에 대해 한원진은, "장주가 자신함이 독실한 줄을 알 수 있다. 먼 후세를 기다리고 한 시대에서 알려지기를 바라지 않았다.…그러나 장주의 글이 있은 이래로 주석가가 한 둘이 아니었지만 그 본 곳(見處)을 인식하고 그 문자를 이해하는 자가 아직 없었으니, 장주가 스스로 만세를 기약하였던 것도 거짓된 것이 아니라 할 수 있다. 그러나 비록 대성인이 있어서 나왔다 하더라도 반드시 장주의 지식을 지식이라 여기지 않을 것이다. 그렇다면 장주는 끝내 만나지 못할 것이다"[97]라고 평하였다. 여기서 한원진이 장자를 보는 세가지 관점이 집약되어 있음을 볼 수 있다.

첫째는 장자가 자신의 탁월한 견해에 대해 강한 자부심과 자신감을 가졌다는 점을 인정하는 것이다. 사실 그는 여러 곳에서 장자의 식견이 고고하고 문장이 기이함을 높이 평가해 왔다. 둘째는 장자에 대한 무수한 주석이 있었지만 하나도 장자가 꿰뚫어 본 곳을 제대로 파악한 주석이 없다는 지적이다. 그래서 장자는 만세를 기다릴 수 밖에 없다고 말했다는 것이다. 그러나 뒤집어 보면 한원진 자신만이 비로소 장

---

97) 『莊子辨解』, 17-18, '齊物論', "萬世一遇大聖, 是朝暮遇者, 可見周之自信之篤, 俟後之遠而不蘄知於一世也,…然自有周書以來, 註家非一, 而未有能識其見處, 解其文字者, 則周之自期於萬世者, 亦可謂不誣矣, 然雖有大聖人者出, 亦必不以周之知爲知矣, 然則周終無所遇矣."

자의 통찰을 제대로 파악했다는 말이 되기도 한다. 셋째는 만세를 기다려 대성인을 만나더라도 장자는 기대하던 승인을 받을 수 없을 것이라는 점을 명백히 하였다. 왜냐하면 장자의 견해가 잘 못된 것이기 때문에 대성인이 나와서 보면 장자를 나무랄 것이요 인가해주지는 않을 것임을 지적한 것이다. 그렇다면 장자라는 기이하고 탁월한 인물에 대해 그동안 주석가들은 장자의 본지를 알지도 못하면서 좋은 말을 곁에다 덧붙여 꾸미기만 한 것이요, 이제 한원진 자신의 정곡을 찌르는 비판적 평가를 받음으로써 장자는 있는 그대로 폭로되고 말았다는 말이다.

한원진의 『장자』해석은 기본적으로 성리학의 이론체계 위에서 『장자』를 평가한 것이다. 따라서 장자의 형이상학적 세계로서 '도'나 '심' 개념은 언제나 이기론의 존재구조에서 '기'로 규정되고, '리' 내지 '성'이 결여된 오류에 빠진 것으로 평가될 수 밖에 없었다. 또한 의리론적 가치질서에서 선악의 분별 위에 선을 지향하는 도덕의식이 결여되고 선·악의 분별을 무시하여 하나로 통합된 '제물'(齊物)의 이상을 제시한다는 것이다. 그는 성리학적 비판논리에서 장자의 세계관이 지닌 근원적 오류와 논리적 모순과 기만적 허위성을 드러내어 결론적으로 '이단'으로 규정하는데 귀착시키고 있다.

물론 한원진의 『장자』 비판은 성리학의 이단비판론 곧 '벽이단'(闢異端)의 논리를 관철시키고 있는 것이지만, 장자의 문장과 발상의 탁월함을 외면하지 않고 적극적으로 평가해주는 일면을 보여주는 사실이 주목된다. 이와더불어 그는 장자의 사상을 비판하면서도 유교적 사유구조와 동일한 요소를 최대한 드러냄으로써 사용되는 용어나 이론전개

의 개념틀이 동일함에도 불구하고 근본개념의 인식에서 착오가 발생
하면 모든 차이가 여기서 파생되어 나온다는 사실을 부각시키는데 초
점을 맞추고 있다. 그것이 이른바 '털끝만한 차이가 천리나 멀리 벌어
진 오류를 초래한다'(毫釐之差, 千里之謬)는 '벽이단'논리의 구체적 적용을
보여주는 것이다.

한원진의 『장자』해석은 기본적으로 이해의 접근이 아니라 비판의
접근인 만큼, 자신이 서 있는 성리학의 입장을 『장자』에 적용시킨 비
판이었을 뿐이지 『장자』 자체를 새로운 깊이로 해석하는 것이 아니다.
따라서 장자의 입장에서는 한원진이 자신의 의도를 제대로 이해하지
못했다는 반박을 할 수 있는 여지가 얼마던지 있다. 그럼에도 불구하
고 한원진의 『장자변해』가 지닌 중요한 의미는 『장자』 '내편'에 한정
되었지만 성리학적 입장에서 체계적으로 장자에 대한 비판적 해석을
하였다는 점에서 중요하다. 이러한 성리학적 입장의 체계적 『장자』해
석은 우리나라에서도 한원진이 유일한 경우이고, 중국에서도 별로 알
려진 것이 없다는 점에서 중요한 의미가 있다. 적어도 『장자』의 구절
구절과 주제마다 이에 맞서는 성리학적 관점과 비판의 논리가 분명하
게 제시되고 있다는 점에서 그것 자체로 중요한 의미가 있는 것이다.
이러한 비판적 해석의 제기는 장자사상을 해석하는 또 하나의 출발점
이 되고 해석의 폭을 더욱 풍부하게 열어주는 계기가 되고 있다는 점
을 인정해야 할 것이다.

조선시대 유학자의 체계적 『장자』해석은 박세당과 한원진의 두 경
우를 찾아 볼 수 있을 뿐인데, 성리학자 한원진이 이단비판론의 입장
에서 『장자』를 비판적으로 해석했다면, 실학자 박세당이 이단비판론

에서 벗어난 입장으로 유교적 사유 속에 『장자』의 이해와 포용가능성을 발휘하였다는 점에서 두 해석의 비교를 통해 그 입장의 특성을 더욱 잘 드러낼 수 있겠지만, 이 글에서는 관심만 보였을 뿐 제대로 비교해석을 전개하지 못하였으니, 앞으로의 과제로 남겨놓고자 한다.

조선후기 유교의 제자백가 인식

---신후담(慎後聃)의 『팔가총평』(八家總評)을 중심으로

1. 신후담에서 제자백가에 대한 관심의 문제

신후담(河濱·遯窩 慎後聃, 1702-1761)은 18세기 전반과 중반기에 활동하였던 유학자로 성호 이익(星湖 李瀷, 1681-1763)의 문인으로 성호학파의 공서파(攻西派)에 속하는 인물이다. 이익은 당시 중국에서 전래된 서양과학과 천주교교리에 관한 지식을 내용으로하는 서학(西學)에 깊은 관심을 기울이면서, 서양과학기술을 적극적으로 받아들이는 한편 천주교교리를 비판하는 양면적 입장을 제시하였다. 이에 이익의 초기제자들인 신후담과 안정복(順菴 安鼎福)은 천주교교리에 대한 비판을 주도하여 '공서파'로 분류되고, 후기제자들인 권철신(鹿菴 權哲身)과 이가환(錦帶 李家煥) 및 그 후학들은 서양과학의 수용에 관심을 기울이다가 천주

교신앙을 수용하기에 이르렀으므로 '신서파'(信西派)로 분류된다.

임진왜란·병자호란을 거친 뒤 조선후기로 접어들면서 사회적 동요가 심하여, 사상사에서 보면, 17,8세기는 한편으로 조선왕조의 통치이념인 도학-주자학의 정통성을 강화하여 사회적 안정을 추구하는 주류와 다른 한편으로 새로운 지식의 수용과 제도개혁을 통해 사회적 변혁을 추구하는 실학파의 비주류가 뒤섞여 격류를 이루며 흘러가는 양상을 보여주고 있다. 이 시기에 양명학도 표출되었고, 실학의 학풍이 성장하면서 점차 도학에서 이탈해가는 사상조류를 형성하고 있었던 것이다. 이익은 조선후기 실학파를 열어준 실학자이지만 여전히 도학-주자학의 발판 위에 서 있었던 인물로서, 다양성을 수용하는 학문의 넓은 폭을 지켜갔다. 그러나 신후담을 비롯한 성호학파의 공서파는 도학-주자학 정통성을 표방하면서 새로운 사상조류에 대한 비판적 입장을 강화해갔고, 권철신을 비롯한 성호학파의 신서파는 도학-주자학에서 이탈하여 서학과 양명학 등에 우호적인 방향으로 나가고 있었다. 신후담은 바로 이러한 사상의 분렬과 변동의 시기에서 자신의 학문적 위치를 확인해갔던 것이다.

신후담 자신은 소년시절 제자백가와 불교 등에 다양한 관심을 지녔다가 17세때부터 도학의 진실성에 대한 신념을 수립하기 시작하였으며, 23세때(1724) 제자백가를 비판적으로 해석하는 『팔가총평』(八家總評)과 서학을 비판하는 『서학변』(西學辨)을 저술하였다. 곧 그는 도학의 정통론에 근거하여 제자백가와 서학을 비판하는 학문체계를 20대전반에 이루었던 것이다. 조선사회는 도학의 정통성을 확인하여 왔지만, 사실상 제자백가에 대한 이론적 비판은 단편적 언급에 머물었고, 체계적 비판은 거의 시도되지 않았다. 이런 상황에서 신후담이 제자백가를 체계적으로 비판하는 이론을 정립한 사실은 당시의 시대사상적 환경 속에서 중요한 의미가 있는 것으로 주목될 필요가 있다. 그가 이익의 문인이면서 스승이 적극적 이해와 수용태도를 보이는 서학에 가장 먼저 정밀한 비판이론을 제시하기 시작하였던 것도 도학을 정통으로 삼는 그의 학문적 입장을 일관하게 적용하였던 사실을 잘 드러내는 경우라 하겠다.

바로 이 점에서 그는 성호학파의 인물이지만 실학자라기 보다는 도학자로서의 면모를 더욱 분명하게 보여준다. 곧 도학의 정통성을 확립하기 위해, 이단으로서 제자백가와 서학에 대한 비판을 청년시절 자신의 학문적 중심과제로 삼았던 것이다. 신후담이 『팔가총평』을 통해 제자백가에 대한 비판적 인식을 밝힌 것은 소년시절 학문적 섭렵과정에서 만났던 제자백가를 어떻게 바라보야 할지 입장을 정립하기 위한 그 자신의 개인적 과제이지만, 동시에 당시 도학이 사방으로부터 도전받고 있는 가운데 그 정통이념으로서의 지위를 확보하기 위한 조선후기 도학의 시대적 과제라 볼 수 있다. 따라서 도학의 정통성에 대한 확인은 이단에 대한 대립구조를 철저히 인식함으로써 더욱 선명히 드러낼 수 있음을 의미한다.

당시 유교지식인들이 별다른 관심을 보여주고 있지 않은 제자백가의 문제에 대해 신후담이 본격적 비판이론을 제기한 사실에서 일차적으로 그가 지닌 유교이념의 정체성에 대한 인식이 무엇인지를 확인하고, 이와더불어 제자백가를 비판하는 논리의 이론적 근거가 무엇인지를 밝혀보려는 것이 이 글에서 밝혀보고자 하는 중심과제이다. 실제로

『팔가총평』에서 그는 유가류(儒家類)와 도가류(道家類)의 인식에 가장 큰 비중을 두고 있다. 그것은 유가류 안에서도 유교의 정통에서 벗어난 유형들을 비판적으로 검토하여 유교이념의 원형을 확인하고자 하는 것이요, 나아가 유교지식인들에게 가장 큰 영향력을 끼치고 위협요인이 되었던 도가사상에 특별히 세심한 주의를 기울였던 사실을 엿볼 수 있게 한다.

2. 조선시대 유학자의 제자백가에 대한 관심

도학-주자학을 정통이념으로 확립한 조선시대의 유학자들은 제자백가에 대해 매우 복합적 감정과 태도를 드러내고 있는 것이 사실이다. 제자백가를 정통에서 벗어나는 이단(異端)으로 규정하여 배척하는 태도를 보이는 것이 기본입장이라 할 수 있지만, 이와더불어 지식과 사유의 폭을 넓히고 문장을 연마하는데 필수적 도구로 인식하여 상당히 깊은 관심과 너그러운 태도를 보여주는 입장도 있다. 그 중간에는 제자백가를 이단으로 배척하면서도 한정된 범위에서 어떤 구절이나 개념을 유교적 사유체계 속에 끌어들여 활용하는 경우도 있고, 그 자신 제자백가를 흥미롭게 읽으면서도 유학의 정통으로 돌아가야 한다고 주장하는 입장을 밝히는 경우도 드러나고 있다.

따라서 조선시대 유학자들의 제자백가에 대한 이해태도를 분류해본다면, 크게 세가지 양상으로 나누어 볼 수 있을 것이다. 첫째는 가장 엄격한 정통주의적 입장으로 제자백가의 글을 읽어서는 안된다고 보면서 오직 유교의 정통을 밝히기 위해서 비판과 배척을 목적으로 제자백가를 읽는 입장을 '극단적 배척론'이라 한다면, 둘째는 제자백가의 사상에도 부분적으로 진실성이 있음을 인정하면서 유교의 정통성에 어긋나는 점을 엄격하게 비판하여 유교이념 아래에 순치해야 한다는 입장을 '비판적 수용론'이라 할 수 있고, 셋째는 개방적 입장으로서 제자백가에서도 '도'를 찾을 수 있으며 유교와 제자백가의 가르침이 근원적으로 소통한다는 입장으로 '포용적 융화론'이라 할 수 있다. 이 세가지 입장의 사례를 찾아보면서 신후담의 제자백가에 대한 인식이 자리잡고 있는 위치를 확인해보고자 한다.

① 극단적 배척론: 조선시대 유학자들의 제자백가에 대한 공식적 입장은 배척의 입장을 밝히는 것이 당연하지만, 실지에서는 제자백가에 대한 우호적 관심이 더 일반적 인식의 양상이라 할 수 있다. 그러나 비판적 입장을 분명하게 밝히는 경우를 찾아보는 것은 어렵지 않다. 황덕길(黃德吉)은 "세상이 쇠퇴하여 '도'를 잃게 되니, 이단이 동시에 일어나고 제자백가의 곁가지치며 왜곡된 술법은 일체가 공명(功名)에 나아간 이론으로 세상에 어지러우니 모두 기록할 수 없지만, 어느 것인들 성경에 위배되고 유교의 '도'에 상반되는 것이 아니랴"[1]라고 하였다. 그는 유교의 성경(聖經)과 '도'에 배반된 이론으로서 제자백가를 이단의 유형 속에 묶어서 규정하여 배척의 태도를

---

1) 『下廬集』, 권7, 20, '講義・中庸・序文', "世衰道喪, 異端並作, 諸子百家, 旁歧曲術, 一切以就功名之說, 紛然於世, 不可殫記, 夫孰非背聖經而畔吾道者乎."

분명히 밝히고 있는 것이다. 또한 권필(權韠)이 "백가가 분분하여 저마다 이름 있으나/ 굽은 오솔길 곳곳마다 사람을 유혹하네/ 신한(申韓)과 노장(老莊)·불교 모두 부질없는 것이니/ 공맹이 남긴 책을 강론하고자 하네"[2]라고 읊은 시에서도, 제자백가와 불교를 모두 거부하고 유교 경전을 공부하겠다는 뜻을 분명히 밝히고 있다.

나아가 군왕도 도학의 정통주의적 입장에서 제자백가를 이단으로 규정하여 배척하는 입장을 확인해준다. 정조(正祖)임금은 좌의정 채제공(蔡濟恭)이 사학(邪學)을 배척하는 차자(箚子)를 올린데 대해 비답(批答)을 내리면서, "'이단'이라 불리는 것은 단지 노자나 부처만 그런 것이 아니요, 양주나 묵적만 그런 것이 아니요, 순경(荀卿)이나 장주(莊周)만 그런 것이 아니요, 신불해(申不害)나 한비자(韓非子)만 그런 것이 아니다. 무릇 제자백가(諸子百家)의 수많은 글들로서 올바른 법과 떳떳한 도리에 조금이라도 어긋나고 선왕(先王)의 정당한 말씀이 아닌 것은 모두 이단이다"[3]라고 하여, 유교의 정도(正道)에 어긋나는 것은 제자백가를 비롯하여 무엇이나 이단에서 벗어날 수 없는 것으로 엄격하게 규정하여 비판고 있는 것이다. 조선초기에 세종도 "나는 제자백가의 글을 보고 싶지 않고, 다만 『사서』·『오경』·『통감강목』(通鑑綱目)을 돌려가면서 강독하고자 한다"(『세종실록』, 5년 계묘, 9월7일 을유)고 언급하여, 경전과 역사를 정학의 기준으로 삼고 제자백

---

2) 『石洲集』, 별집 권1, 41, '七言絕句·次鏡環子謾興四首韻', "百氏紛紛各有名, 曲蹊隨處引人情, 申韓老佛徒爲爾, 孔孟遺書要舌耕."
3) 『弘齋全書』, 권43, 18, '左議政蔡濟恭斥邪學箚批', "異端云乎者, 非獨老爲然, 佛爲然, 楊爲然, 墨爲然, 荀爲然, 莊爲然, 申爲然, 韓爲然, 凡諸子百家有萬其類之書, 少拂於正經常道而非先王之法言, 皆是也."

가를 거부하는 의지를 분명하게 제시하였다.

그러나 조선시대 유교지식인들의 제자백가에 대한 거부는 처음부터 전면적 거부를 하는 단순한 형태가 아니라, 상당수는 소년시절 제자백가를 공부하였지만 그후 정학(正學)의 기준을 확인하면서 제자백가를 거부하는 입장으로 돌아서는 태도를 자주 확인할 수 있다. 이정귀(李廷龜)는 이수광(李睟光)의 학문적 성장과정을 서술하면서, "어려서는 독서를 좋아하여 제자백가는 그 종지를 이해하지 않음이 없었으나, 만년에는 모두 제거하고 오로지 성학(聖學)에만 마음을 기울였다"[4]고 하였다. 이처럼 젊은 시절 한 때 제자백가에 심취하였다 하더라도 학문이 성숙하면서 도학-주자학을 정학의 바른 길로 확인하면서 제자백가를 부정하고 극복하는데 이르고 있음을 보여준다.

② 비판적 수용론: 조선시대 유교지식인들은 제자백가를 비판하면서 전면적 비판의 입장을 표명하기만 하는 것이 아니다. 상당수의 경우에서는 전면적 비판 대신에 부분적 비판과 동시에 부분적 수용의 입장을 보여주기도 한다. 이덕홍(李德弘)은 "제자백가와 시인과 역사가의 저술은 두루 열람하지 않음이 없는데 큰 취지를 붙잡아 그 장점은 취하고 그 단점은 버린다"[5]고 하여, 단점은 버리고 장점만 취한다는 선택적 수용 내지 비판적 수용의 입장을 보여준다. 경연(經筵)강의에서 고종의 질문을 받고 김세균은 "성현(聖賢)이 지은 경전

---

4) 『月沙集』, 권44, 29, '吏曹判書贈領議政諡文簡李公(李睟光)神道碑銘', "少好觀書, 諸子百家, 無不領略其宗旨, 晚悉屏去, 專精聖學."
5) 『艮齋集』, 卷6, 27, '記善總錄', "至於諸子百家詩人史氏, 無不周覽, 撮其大旨, 取其所長, 棄其所短."

(經傳)과 정사(正史)를 '바른 책'이라 하고, 제자백가(諸子百家)의 책에는 바른 것도 있고 바르지 않은 것도 있으며, 패관잡설(稗官雜說)을 '바르지 않은 책'이라 합니다"(『承政院日記』, 고종4년 4월13일)라고 대답한 사실에서도, '바른 책'인 경전과 정사에 대비하여 '바르지 않은 책'으로 패관잡설을 들고, 제자백가의 글은 그 중간에 두어 바른 것도 있고 바르지 않은 것도 있다고 하여, 뒤섞여 있는 상태임을 지적하였다. 그렇다면 패관잡설은 읽지 말아야 할 책이지만, 제자백가의 글을 읽는 태도는 바른 것을 가려서 취하고 바르지 않은 것은 버려야 하는 선택적 판단을 하는 독서를 해야 함을 제시해주고 있는 것이다. 특히 제자백가의 글을 읽는 것이 문장의 힘을 기르는데 일조(一助)가 되는 것으로 인정을 하는 경우가 많다.

③ 포용적 융화론: 조선시대 유학자들의 언급에서 가장 많이 보이는 제자백가에 대한 태도는 정통론적 입장의 전면적 비판론이나, 혹은 비판태도를 다소 완화시켜 비판적 수용론을 보여주는 것보다 훨씬 더 많은 경우에서 포용적 수용의 태도를 확인할 수 있다는 것은 놀라운 사실이다. 홍대용(洪大容)은 중국학자로부터 우리나라에서 무슨 책을 읽는지 질문을 받고서는 "중국처럼 육경(六經)과 제자백가를 본다"6)고 대답하고 있는 사실은 당시 중국이나 우리나라나 독서의 풍조에서 경전과 더불어 제자백가를 읽는 것이 일반적 풍조였음을 보여준다. 또한 홍대용은 "학문이란 반드시 성인을 위주로 해야 하

---

6) 『湛軒書』, 外集 권7, 2, '燕記 · 吳彭問答', "彭曰, 貴處念何書, 余曰, 六經及諸子百家 並同中國."

며, 비록 제자백가를 열람하지 않음이 없지만 그 귀결은 육경에 돌
아갈 뿐이다"[7]라고 언급하여, 육경의 경전을 기준으로 확인하고 있
지만, 제자백가도 경전을 기준으로 삼는다는 조건 아래에서 제한없
이 읽고 이해해야 할 서적으로 받아들이고 있음을 보여준다. 그래서
조선정부는 사신이 중국에 들어가는 편에 구입하는 서적에는 경전
과 이학(理學)서적 뿐만 아니라, 실학(실용)의 서적과 제자백가의 서적
까지 구입하기에 힘썼던 것이다. 나아가 이적(李績)이 성종에게 올린
상소에서 "문적(文籍)이 국가에 유익함은 큰 것입니다. 인금님께서
근래 제자백가를 모두 인쇄하여 세상에 널리 펴시는 것은 역시 글을
숭상하고 학문을 일으키려는 아름다운 뜻입니다"(『성종실록』, 16년 3월
26일)라고 하여, 국가에서 제자백가의 서적을 인쇄하여 보급하려는
뜻이 있음을 긍정적으로 평가하고 있음을 보여준다.

조선시대 유학자들 사이에서는 사실상 제자백가를 이단배척의 대
상으로 규정하였던 경우는 오히려 소수이고, 대부분은 박학(博學)의 학
풍 속에 갖추어야할 독서의 내용으로 제자백가를 수용하고 있는 것이
사실이었던 것으로 보인다. 김성일(金誠一)은 조선의 풍속을 서술하면
서, "왕공(王公)과 대부들의 자식과 백성들의 자식 가운데 우수한 자를
뽑아서 『소학』과 『대학』을 가르쳐서, 어버이를 섬기고 어른을 공경하
며 자신을 닦고 남을 다스리는 도리를 알게 하며, 조금 자라면 『사서』·
『육경』과 제자백가를 배우지 않는 것이 없다"[8]고 언급한 사실에서도

---

7) 『湛軒書』, 外集 권2, 4, '杭傳尺牘·乾淨衕筆談', "學必以聖人爲主, 雖諸子百家無所
不覽, 其歸則反之於六經而已."

제자백가를 읽는 것이 조선시대 유교지식인들 사이에서 학업과 독서의 일상적 풍조였음을 엿볼 수 있다.

김시습은 자신의 학업과정을 서술하면서, "이 해부터 13세에 이르기까지 이웃의 대사성 김반(金泮)의 문하에 나가『논어』·『맹자』·『시』·『서』·『춘추』를 배우고, 또 이웃의 겸사성(兼司成) 윤상(尹祥)에게 나가『역』·『예』를 배웠으며, 여러 역사서와 제자백가에 이르러서는 모두 수업을 받지 않고 열람하였다"9)고 하였다. 곧 제자백가는 스승에게서 수업을 받는 과목이 아니라 자신이 스스로 독서하는 분야로 제시하고 있는 것이다. 그러나 제자백가에 대한 자신의 관심을 직접 언급하는 경우는 드물지만 대부분은 다른 인물의 행적을 기록하면서 제자백가에 해박하였음을 지적하고 있는 것이 대부분이다. 윤동규(尹東奎)는 스승 이익(李瀷)의 학문에 대해 언급하면서, "그 학문을 함은 선현이 정해놓은 학업과정을 따라서 경서를 먼저하고,『사기』와 제자백가로 이어가서 궁구하지 않는 바가 없었다"10)고 언급하였다. 자신이 제자백가를 학습하고 연구한다는 것을 내세우는 것은 도학정통에 어긋나는 것으로 꺼려하지만, 다른 인물이 제자백가를 학습했다는 것을 밝히는 것은 그 학문이 해박함을 보여주는 칭송이 될 수 있는 것으로 보았던 것이라 짐작된다.

---

8) 『鶴峯集』, 권6, 22, '風俗考異', "王公大夫之子, 及民之俊秀者, 敎以小學大學之書, 使知事親敬長修己治人之道, 稍長則四書六經諸子百家, 無不誦習."
9) 『梅月堂集』, 권21, 21-22, '上柳襄陽陳情書', "自此歲至于十三歲, 詣近隣大司成金泮門下, 授語·孟·詩·書·春秋, 又詣隣兼司成尹祥授易·禮, 諸史至諸子百家, 皆無傳授閱覽."
10) 『星湖全集』, 附錄 권1, 23, '行狀'(門人尹東奎), "其爲學也, 循先賢所定課讀, 以經書爲先, 繼以史記諸子百家, 無所不究."

나아가 제자백가를 적극적으로 긍정하는 입장도 자주 확인할 수 있다. 허균(許筠)은 "삼대(三代)의 육경(六經)과 성인의 글과 황노(黃老)·제자백가의 말에 있어서는 모두 그 '도'를 논하였으니, 그러므로 그 글이 알기 쉽고 문장도 저절로 예스럽고 우아하다. 후세로 내려오면 문장과 도가 두갈레가 되니 비로소 문장은 난삽하여 간사하고 거짓된 말로 교묘함을 다투는 것은 문장의 재앙이다"[11]라고 하여, 제자백가는 경전의 경우처럼 문장과 '도'가 일치하는 것이라 하여, 후세의 문장이 '도'와 어긋나는 것과 구별하여 적극적으로 인정하는 입장을 보여주고 있다.

제자백가를 활용하는 영역으로 먼저 문장을 짓는데 소중함을 지적하여, 박지원(朴趾源)은 "문장을 짓는 데 있어서는 제자백가의 글에서 널리 취재하여 스스로 일가를 이루었다"[12]고 하여, 이덕무(李德懋)의 문장이 지닌 힘과 독창성이 제자백가의 글에서 얻은 것임을 지적하였다. 또한 서거정(徐居正)이 '집구'(集句)에 대해 묻자 유방선(柳方善)이 "집구하여 시를 짓는 것은 왕안석(王安石)도 어렵게 여겼다. 근래에 좨주(祭酒) 임유정(任惟正)과 최집균(崔執鈞)선생이 모두 이에 능하였다. 그들이 집구한 것을 보면, 평소에 운자(韻字)에 의거해 시를 주워 모은 것인 듯한데, 제자백가를 모두 수집하여 종류별로 구분해서 그 쓰임에 대비한 것일 뿐이다"[13]라고 하여, 시를 짓기 위해 제자백가 등에서 집구를 하

---

11) 『惺所覆瓿藁』, 권12, '文說', "當三代六經聖人之書與夫黃老諸子百家語, 皆爲論其道, 故其文易曉, 而文自古雅, 降及後世, 文與道爲二, 而始有鉤章棘句, 以險辭巧語, 爭其工者, 此文之厄也."
12) 『燕巖集』, 권3, 20, '孔雀館文稿·炯菴(李德懋)行狀', "其爲文, 博采百氏, 自成一家."
13) 『潛谷遺稿』, 권3, 36, '集杜七言絶句', "集句, 荊公所難, 近世林祭酒惟正·崔先生執鈞皆能之, 觀其所集, 似是平日, 依韻撫詩, 諸子百家靡不蒐獵, 區分類別, 以待其用耳."

였던 사실이 이미 조선초기에 있었음을 엿볼 수 있다. 시와 문장을 위해 제자백가를 활용할 뿐만 아니라 경전의 주석에서도 제자백가를 활용하는 경우가 있다. 곧 정약용은『상서』를 주석한『상서고훈』(尙書古訓)을 저술하면서 복생(伏生)에서 마융(馬融)·정현(鄭玄)에 이르는 여러 주석가의 학설과『좌전』및 한(漢)·위(魏)시대 제자백가의『서경』에 관한 학설들을 끌어들여 쓰고 있음을 보여주기도 한다.[14]

조선시대 유학자의 제자백가에 대한 관심을 위에서처럼 ① 적극적 비판론, ② 비판적 수용론, ③ 포용적 융화론으로 구분해 보았을 때, 대부분의 유학자들이 명분적 이념으로는 적극적 비판론 내지 비판적 수용론을 받아들이고 있었지만, 실질적 대응에서는 대부분 포용적 융화론의 입장을 취하고 있는 복합적 양상을 보여주는 것이 사실이다. 이러한 상황에서 신후담은 소년시절 제자백가에 심취하여 포용적 융화론의 입장을 받아들였지만, 청년시절 도학으로 전회하면서 제자백가에 대한 체계적 비판을 하여『팔가총평』을 저술함으로써, 비판적 수용론의 입장을 분명하게 제시하였던 사실을 확인할 수 있다.

조선시대 유학자 가운데 제자백가에 대한 저술을 남겼던 기록이 있는 인물로 허목(眉叟 許穆, 1595-1682)과 이재(陶菴 李縡, 1680-1746)를 들 수 있다. 허목은 청장년시절 30년동안이나 제자백가를 궁구하였으며, 46세때(1640) 의령에 있으면서 제자백가의 말을 초사(抄寫)하여『문총』(文叢) 50권을 만들었다고 한다.[15] 또한 이재는 경전과 제자백가 및 역사

---

14)『與猶堂全書』, 第1集, 권20, 26, '上仲氏', "尙書古訓六卷, 乃伏生以下馬鄭已上, 歐陽·夏侯·王塗·班·劉諸說, 及左傳以下漢魏以上諸子百家之書說."
15)『記言年譜』, 권1, 3, '眉叟許先生年譜', "(先生四十六歲)在宜寧, 序文叢, 手抄諸子百家語五十卷, 名曰文叢."

서 가운데서 처변(處變)에 관련된 내용을 발췌하여 강·목(綱目)의 체제로 분류하여 『주형』(宙衡)을 편찬하였다 한다.[16] 이 두 책은 모두 현존 여부가 확인되지 않는다.

허목의 『문총』은 서문이 남아 있는데, 여기서 그는 "'문총'이란 제자(諸子)와 제가(諸家)의 말을 모으고 박물(博物)을 모두 모아서 공씨(孔氏: 秦 孔鮒)의 「연총」(連叢: 『孔叢子』의 篇名인 「連叢子」)을 본받은 것이다"[17]라 하였다. 그는 '제가'(諸家)로 좌씨(左氏)·곡량씨(穀梁氏)·『국어』(國語)·『전국책』(戰國策), 굴원(屈原)·사마천(司馬遷)·사마상여(司馬相如)·유향(劉向)·양웅(揚雄)·반고(班固)·한유(韓愈)·유종원(柳宗元)·소식(蘇軾)·소철(蘇轍) 등 이른바 도학적 입장에서 유가의 정통이라 할 수 없지만 유가의 외곽으로 포함할 수 있다는 의미에서 '유가류'에 속하는 인물과 문헌을 들고 있다. 이에 비해 '제자'(諸子)로는 육웅(鬻熊: 周人. 季連의 후예)·여상(呂尙)에서부터, 동주(東周)·선진(先秦)·양한(兩漢)의 노담(老聃)·장주(莊周)·열어구(列禦寇)·양주(楊朱)·묵적(墨翟), 및 형명(刑名)·법술(法術)·골계(滑稽)·유협(遊俠)·종횡(縱橫)·용병(用兵)에 이르기까지 모두 공자의 학술에는 무익한 것임을 지적하면서도, 천하의 변고(變故)를 널리 모았다는 유익함이 있다고 인정하였다.[18] 『문총』

---

16) 金炅希, 「陶菴集 해제」(『한국문집총간』194)에 의하면 『宙衡』은 李縡가 완성하지 못한 것을 문인 俞彦鏶이 보완하고 손자 李采가 1786년에 25권 14책으로 편찬하였다고 한다.
17) 『記言』, 권5 上篇, 1, '文叢序', "文叢者, 集諸子諸家語, 叢聚博物, 學孔氏之連叢者也."
18) 같은 곳, "諸家, 左氏·穀梁氏·國語·事語·屈原·太史遷·相如·劉更生·楊雄·斑固·韓·柳·二蘇, 諸子, 自鬻熊·呂尙, 及東周·先秦·兩漢, 如老聃·莊周·列禦寇·楊墨氏, 又刑名·法術·滑稽·遊俠·從橫·用兵, 皆無益於孔子之術者, 然其博物天下之變則得矣."

의 구체적 내용을 알 수는 없지만 서문을 통해서 유추해보면 신후담의
『팔가총평』(八家總評)과 기본입장에서 유사한 점이 많았을 것으로 짐작
된다.

3. 신후담의 제자백가 인식의 입장

1) 『팔가총평』(八家總評)의 저술배경과 체계

신후담의 학문적 성취는 일찍부터 이루어져 소년시절인 12세때이후
병서(兵書)에 관심을 기울이고, 신선술(神仙術)에 관한 책을 읽고서 「속
신선전」(續神仙傳)·「속수신기」(續搜神記) 등을 짓기 시작하였으며, 노장
(老莊)과 도·불(道佛)을 탐닉하여 「속도가」(續道家)·「잡설」(雜說)을 짓기
도 하였다. 17세때 부친이 잡서(雜書)에 빠지지 말도록 경계하자,『대학』
과 『성리대전』(性理大全)을 읽으면서 도학(道學)으로 돌아왔다. 이처럼
그는 소년시절에 제자백가에 폭넓게 관심과 이해를 가졌다가 도학으
로 돌아온 뒤에 18세때부터 제자백가에 대한 비판적 재해석을 하는
『팔가총평』(八家總評)의 저술을 시작하여 23세때 완성하였다고 한다.19)
　신후담은 23세때 이후 스승 이익을 몇차례 방문하면서 서학에 대한
문답을 하였다. 이때 신후담이 마테오 리치(利瑪竇)에 대해 묻자, 이익
은『천주실의』(天主實義: 마테오 리치著)·『천학정종』(天學正宗: 未詳) 등 천

---

19) 양승민,「河濱先生全集 解題--河濱遺稿의 전래과정을 중심으로」,『河濱先生全集』,
　　1책(이하 '『河全』(1)'로 약칭), 20-24쪽, 참조.

주교교리서를 본 것을 근거로 "비록 그 '도'가 우리 유교에 반드시 합치하는지는 알 수 없지만, '도'에 나아가서 그 도달한 바를 논한다면 또한 '성인'이라 할 수 있다"[20]고 하여 '성인'으로까지 높였다. 또한 신후담이 천당지옥설은 불교와 다름이 없다고 지적하자, 이익은 "비록 불교와 대략 같지만, 불교는 '적멸'일 뿐인데 마테오 리치의 학문에는 실용처가 있다"[21]고 하여 긍정적 측면을 강조 하였다. 그러나 이 점에서 신후담은 스승 이익의 입장에 동조하지 않고 천주교교리에 대한 전면적 비판에 관심의 초점을 맞추고 있는 사실을 보여준다. 그는 23세때 당시에 전래된 천주교교리서인『영언려작』(靈言蠡勺: 畢方濟著)·『천주실의』·『직방외기』(職方外紀: 艾儒略著)를 조목별로 비판하는『서학변』(西學辨)을 저술하였으며, 이 저술은 천주교교리서에 대한 체계적 비판서로는 가장 앞서고 가장 정밀한 저작으로 주목되어 왔다. 이처럼 신후담은 천주교교리에 대한 비판서인『서학변』과 제자백가의 비판서인『팔가총평』을 모두 23세의 청년시절에 완성하였던 것이다. 그후 신후담의 학문적 관심은 경학과 예학의 연구에 집중하였으며, 특히 역학(易學)에 가장 큰 관심을 기울였던 사실을 보여준다.[22]

---

20) 『河全』(7), 3쪽, '紀聞錄·甲辰春見李星湖紀聞', "雖未知其道之必合於吾儒, 而就其道而論其所至, 則亦可謂聖人矣."
21) 『河全』(7), 4쪽, '紀聞錄·甲辰春見李星湖紀聞', "雖與佛氏畧同, 而佛氏則寂滅而已, 西泰之學, 則有實用處."
22) 「年譜」에서 제시된 신후담의 주요저작 연대는 다음과 같다.(「하빈선생전집해제」 참조. 이 저술제목은『하빈선생전집』에 수록된 저술의 제목과 모두 일치하지는 않는다)
1724(23세) 西學辨·八家總評
1725(24세) 小學箚疑
1732(31세) 論語箚疑·孟子箚疑
1733(32세) 心經箚疑
1734(33세) 周易象辭新編(7권: 1758수정)

　　신후담은『팔가총평』을 저술하게 된 배경으로 먼저 어린 시절 명나라 왕세정(王世貞)의『삼엄』(三弇:『讀書後』를 가리키는 것으로 보임)에서 제자백가의 글을 거두어 간직하고서 저술하였다는 말을 듣고서 자신도 이를 본떠서『후독서지』(後讀書志) 1권을 지었다고 한다. 이때 그는 "평소에 읽은 책을 보는대로 일일이 논술하고, 이를 미루어서 천하에 책이라 이름붙은 것은 모두 읽고서 그 취지를 모두 궁구한 다음에 그치겠다"23)고 뜻을 세웠다 한다. 그러나 뒷날 그 자신은 당시의 식견이 그릇된 것임을 깨닫고 고치려는 생각을 밝히고 있다. 그는 14,5세때 명나라 심진(沈津)의『백가류찬』(百家類纂: 40권)을 읽고서 마음으로 기뻐하여 깊이 빠져들면서 모르는 사이에 제자백가의 허황한 이론에 감화되었다가 뒤에 유교의 서적에 돌아와 전날의 그릇됨을 깨달았다고 한다. 따라서 그는 "다시 제자백가의 설을 취하여 그 원류를 궁구하고 그 시비를 논증하여 스스로 저술에 의탁하고자 하였는데, 그 마음씀이 역시 이미 치우친 것이요 '도'에서 벗어남이 더욱 멀어졌다. 그래서 문장에서 본 것이 들뜨고 정도에서 벗어난 맛이 많았고 간략하게 줄이고 근본으로 돌아가는 실지가 전혀 결여되었다"24)고 성찰을 거듭해갔다. 곧

　　1741(40세)　四七同異辨
　　1743(42세)　大學後說・中庸後說
　　1747(46세)　周易通義・範數圖說
　　1748(47세)　易義隨錄
　　1749(48세)　書經集解(總說)
　　1750(49세)　春秋經傳摠案
　　1755(54세)　春秋雜識・詩經通義
　　1757(56세)　喪祭禮說・家禮箚疑
23)『河全』(3), 608쪽, '八家總評・序說三段', "嘗聞王世貞爲三弇以畜百家之書而著書, 於其中則忻然欲學, 遂爲一册, 號以後讀書志, 凡平日所讀之書, 隨輒論列, 將欲以此推類, 盡讀天下之以書爲名者, 而盡窮其志趣, 然後乃已."

그는 제자백가에 빠져들었다가 유교의 정도를 깨달으면서 그릇됨을 각성하고 성찰을 거듭하여 제자백가에 대한 비판의 저술로『팔가총평』을 저술하게 되었던 것임을 보여준다.

결과적으로 신후담의『팔가총평』은 심진의『백가류찬』을 통해 제자백가에 대한 자신의 인식을 심화하였고, 제자백가에서 벗어나 유교의 정학으로 돌아온 뒤에 다시『백가류찬』을 기반으로 제자백가의 비판에 착수하였던 것이다. 따라서『팔가총평』의 구성과 제자백가의 분류체계는 전적으로『백가류찬』에 근거하고 있음을 확인할 수 있다. 심진은『백가류찬』에서 제자백가를 유가류(儒家類)·도가류(道家類)·법가류(法家類)·명가류(名家類)·묵가류(墨家類)·종횡가류(縱橫家類)·잡가류(雜家類)·병가류(兵家類)의 '8가류'(八家類)로 나누었고, 신후담은『백가류찬』의 분류체계와 분류된 인물들을 순서까지 거의 그대로 받아들이고 있음을 보여준다. 물론 약간의 가감과 출입은 있지만 거의 동일한 틀인 것은 사실이다.

다만 신후담은 비판적 입장을 전개하기 위해 '8가류' 각편의 끝과 전편의 끝에 '총론'(總論)을 붙이고 있는 점이 특징이요, '묵가류'(墨家類)의 경우 묵자(墨子) 이외의 인물을 빼고「묵가류총론」을 수록하는 대신에「묵자론」(墨子論)·「묵씨원류」(墨氏源流)·「묵불론」(墨佛論) 3편을 수록하고 있는 점이 또 하나의 특징이다. 한가지 주목해야할 점은 심진을 따라 신후담이 제자백가에 '유가류'를 포함시키고 있다는 사실이다. 그것

---

24)『河全』(3), 609쪽, '八家總評, 序說三段', "乃復取諸子之說, 究其源流, 証其是非, 而欲以自托於著述, 其用心亦已左, 而去道亦愈遠矣, 故其見於文者, 率多浮汎務外之味, 而全欠損約反本之實."

은 앞에서 보여주는 것처럼 허목이 '제가'와 '제자'를 구분하면서도 하나로 묶고 있는 것에 상응하는 것이라 볼 수 있다. '유가'와 '제가'를 구분하고 '제가'와 '제자'를 묶어놓은 것과 같은 맥락에서 '제가'에 해당하는 '유가류'를 다른 제자백가류와 묶어서 '8가류'로 삼았던 것이라 하겠다.

2) 제자백가 인식의 입장

신후담은 글을 배우는 도리(學文之道)에 순서가 있음을 제시하면서, "의리의 정밀하고 미묘함이 깊고 학문의 나아가고 닦는 길은 경전에 갖추어 있다. 국가의 다스려짐과 혼란의 변동과 인물의 사특하고 정대한 분별은 역사기록에 자세하다. 이것이 마땅히 먼저해야 할 것이다. 제자백가의 그릇되고 황폐한 이론은 우리의 치지(致知)·성의(誠意)의 학문에 처음부터 털끝만한 이익도 없다. 하물며 속에 주견이 없이 갑자기 빠져들어 연구하면 단지 무익할 뿐만 아니라 반드시 해로울 것이다"25)라고 하였다. 곧 경전과 역사서를 먼저 공부할 것이요, 제자백가는 자신의 확고한 주견을 세우지 않고서 함부로 빠져들어서는 안된다는 것이다. 바로 이 점에서 그 자신은 어려서 제자백가에 잘못 빠져들어 그 그릇됨을 알게 된 뒤에도 벗어나기가 쉽지 않았음을 절실하게 반성하고 있다. 이런 의미에서 그가 제자백가의 그릇됨을 알고 후회를

---

25) 『河全』(3), 609-610쪽, '八家總評, 序說三段', "義理精微之奧, 學問進修之路, 備於經傳, 國家理亂之變, 人物邪正之分, 詳於史記, 此其所當先也, 至如諸子百家謬亂荒雜之說, 則其於吾人致知誠意之學, 初無毫分之益, 況乎中無主見, 而遽爾耽玩, 則非徒無益, 爲害必矣."

한 뒤에도 23세의 젊은 나이에 제자백가를 비판하는『팔가총평』을 저술하는 사실도 글을 배우는 순서에 어긋나는 것임을 스스로 인정하며 성찰하기도 하였다.[26] 그만큼 신후담은 제자백가에 대한 공부는 물론이요 저술도 경전과 역사서로 자신의 학문적 기반을 다진 이후에 할 수 있는 것임을 강조함으로써, 유교적 정통을 확립한 토대 위에서 접근할 수 있는 것임을 밝히고 있는 것이다.

그는 심진이『백가류찬』에서 제시한 '8가류'의 체제로 제자백가를 분류하여 제시하면서, '유가류'를 포함하는 '8가류'에 대해 각각의 기본 입장과 그 유폐를 개괄적으로 제시하였다.

① 경전에 전념하고 인의(仁義)에 관심을 두는 것이 '유가'이다.
그 폐단은 자질구레하여 '도'를 이탈하는 것이다.
② 청정(淸淨)으로써 자신을 지키고 허적(虛寂)으로써 함이 없는 것이 '도가'이다.
그 폐단은 구부러지고 이치에 미혹되는 것이다.
③ 공(功)이 있으면 반드시 상주고 죄가 있으면 반드시 벌주어 예법을 보완하는 것이 '법가'의 장점이다.
경계할 것은 갈고리질하고 굴복시키는 것이다.
④ ※원문에 '명가'는 누락되었음.
⑤ '묵가'의 설은 검소함을 귀하게 여기고 아울러 사랑함을 주장으로 삼는다.
그 폐단은 예악(禮樂)을 무시하고 친소(親疏)를 뒤섞어놓는데 이른다.
⑥ '종횡가'의 설은 변론을 분명하게 하고 말을 잘함을 주장으로 삼는다.

---

26)『河全』(3), 610-611쪽, '八家總評, 序說三段', "後雖自悔, 稍知其非, 而不能着實反究於經史,…遂以是著爲成書, 其於學者學文之序, 不亦舛甚矣乎."

그 폐단은 속임수를 높이고 시비를 어지럽히는데 이른다.

⑦ 앞 시대 사람의 말을 널리 기억하고 중가(衆家)를 아울러 통하는데, 쓸어다가 산만함에 머무는데로 돌아가는 것이 '잡가'이다.

⑧ 모략에 밝고 절제에 상제한데, 흘러서 속임수의 술법에 들어가는 것이 '병가'이다."27)

이처럼 '8가'는 각각의 주장하는 이론과 방법이 있지만 각각에 폐단이 있음을 지적함으로써 일방적 비판과 배척에서 벗어나 공정한 평가를 시도하겠다는 자신의 입장을 보여주고 있다. 여기서 그는 '8가' 가운데, '유가'와 나머지 '7가' 사이의 관계에 대해, "그 근원을 깊이 탐구하면 '도가'·'법가' 등 '7가'는 실지로 모두 '유가'에서 나왔지만, '유가'는 '7가'에 대해 처음부터 이렇게 나열될 수 없는 것이다"28)라는 자신의 독자적 관점을 제시하고 있다. 여기서 그는 '유가'의 '도'를 천리와 인륜의 정대함이요 불변의 진리라 전제함으로써, '유가'를 그 밖의 '7가'와 동등하게 나열할 수 없는 근원적 진리임을 확인한다. 따라서 '7가'는 부분적인 진실성을 지니고 있지만, 그 진실성은 '유가'에 이미 내

---

27) 『河全』(4), 365-366쪽, '八家總評, 八家總論', "游心於經典, 留意於仁義者, 儒家也, 而其流也, 乖析而離道, 淸淨以自守, 虛寂以無爲者, 道家也, 而其流也, 逶延而迷理, 信賞必罰, 以補禮制者, 法家之所長, 而警者爲之鉤鈲而折辭, 墨家之說, 主於貴儉兼愛, 而弊至於蔑禮樂而混親疎, 縱橫之說, 主於明辯善辭, 而弊至於上詐諼而亂是非, 博記前言. 兼通衆家, 而盪而歸於漫羨之留者, 雜家也, 明於機略, 詳於節制, 而流而入於狙詐之術者, 兵家也."
　　諸子百家의 분류는 沈津의 '八家類' 이외에도, 司馬談이 「六家之要」를 저술하고, 劉歆이 「七略」을 편찬하며, 班固는 '10家'로 구분하고, 『隋書』(經籍志)에서는 '14種'으로 증가시키고, 다시 『宋史』(藝文志)에서는 '17種'으로 증가시켰던 사실을 들고 있다.
28) 『河全』(4), 366쪽, '八家總評, 八家總論', "深探乎其原, 則道法等七家, 實皆出於儒家, 而儒家之於七家, 初不可以若是其班也."

포되어 있는 것이므로, '유가'가 그 밖의 '7가'를 내포하는 것이요, '7가'
는 모두 '유가'에서 나왔다는 것이다. 곧 '도가'에서 말하는 청정허적(淸
淨虛寂)은 '유가'에서 청심과욕(淸心寡慾)·허중무아(虛中無我)라고 말하
는 것이요, '법가'에서 말하는 신상필벌(信賞必罰)과 '유가'에서 말하는
것이 같고, '명가'에서 순명책실(循名責實)을 말하는데 '유가'에서도 명실
(名實)을 살피고 있으며, '묵가'에서 귀검·겸애(貴儉兼愛)를 주장하지만
'유가'에서도 검·애(儉愛)를 높이고 있으며, '종횡가'의 명변·선사(明
辯善辭)란 사신(使臣)이 임기응대하는 직책에서 나온 것이요, '잡가'의 박
식·겸통(博記兼通)이란 사관(史官)의 채집하고 기술하는 일에서 나온
것이며, '병가'의 기략·절제(機略節制)도 사마(司馬: 兵官)에서 전해진 법
도라는 것이다.29) 이처럼 '7가'는 모두 '유가' 속에 내포된 한 부분이요
독립적인 것이 아니라 '유가'에서 나온 것일 뿐이라 보았다.

그렇다면 '8가'의 분렬이 어떻게 일어나게 된 것인가? 신후담은 주
(周)왕조가 쇠약해지고 천하가 크게 어지러워지면서 사람들 사이에 이
론이 달라지고 학문을 사사롭게 하면서 '8가'의 분렬이 일어났다고 본
다. 이렇게 분렬이 일어난 뒤로 "'유가'를 하는 사람도 이미 '유도'(儒道)
가 포용함이 광대하여 '7가'를 모두 포섭하지 않음이 없음을 알지 못한
다. '7가'란 각각 '유도'의 한 단서를 얻은 것이면서 그 근원이 같은 곳

---

29) 『河全』(4), 366-367쪽, '八家總評, 八家總論', "淸淨虛寂, 雖曰道家之說, 而儒家亦有
謂淸心寡慾, 虛中無我云者, 則此非道家之所尊也, 信賞必罰, 雖曰法家之說, 而儒家
亦有謂賞當其功, 罰當其罪云者, 則此非法家之所獨也, 名家雖主於循名責實, 而以禮
經辨其名物之說觀之, 則儒家之亦審名實者, 可知矣, 墨家雖主於貴儉兼愛, 而以孔聖
寧儉汎愛之訓觀之, 則儒家之亦尙儉愛者, 可知矣, 至如縱橫之明辯善辭, 本出於行人
專對之職, 雜家之博記兼通, 本出於司史採述之留, 而兵家之機略節制, 亦祖乎司馬之
遺法, 則是孰非儒家之所講者乎."

에서 나왔음을 알지 못한다"30)라고 하여, 주말(周末) 춘추전국시대에
분렬이 일어난 뒤로 그 근원이 같은 '유가'의 '도'에서 일단(一端)을 끌
어내어 나온 것임을 망각하고 있다는 사실을 일깨워주고 있다. 따라서
'유가'는 그 근본의 '도'를 잃으면서 한 쪽으로 치우치는 허물에 빠지게
되었으며, '7가'도 각각 '유가'의 일단을 얻어서 나왔지만 치우친 폐단
에 빠지면서 그 근원을 살피지 않는 허물에 빠지게 되었다는 사실을
지적하게 된다.

신후담은 이처럼 '8가'는 한 번 분렬되어 서로 갈라져 달라지자, 각
각 자신의 정당성만 주장하고 서로 상대방을 비판하여 혼란에 빠지게
된 사실에 대해, "오히려 '유가'가 '7가'와 병렬될 수 없는데, '7가'의 실
지가 모두 '유가'에서 나왔다는 것을 어찌 논할 수 있겠는가? 또한 '유
가'가 '7가'를 포섭하며 '7가'가 '유도'의 근원됨을 도리켜 살필 수 있기
를 어찌 바랄 수 있겠는가?"31)라고 하여, 사상의 분렬과 혼돈이 고착
되고 있는 현실을 지적하고 있다. 여기서 그는 이러한 사상적 분렬의
책임이 '8가'의 학문에 있는 것이 아니라 진단하고, 그 원인을 확인하
고 해결의 방향까지 찾아가고 있다.

곧 "사람이 태어남에는 기질의 품부가 한결같을 수 없으니, 그 마음
의 앎이 있음은 그 지각하는 바에 따라 각각 한가지 견해가 있게 된다.
진실로 천하에 중립하고 만백성에 군림하는 자가 아니라면 본연(本然)

---

30) 『河全』(4), 368쪽, '八家總評, 八家總論', "其爲儒家者, 旣不知儒道所包之廣大, 而無
　　以該攝乎七家, 其七家者, 則又各得乎儒道之一端, 不知其源之同出."
31) 『河全』(4), 372쪽, '八家總評, 八家總論', "尙何論儒家之不可班於七家, 而七家之實,
　　皆出於儒家乎, 亦何望儒家之能有以該攝乎七家, 而七家之能有以反察乎儒道之爲其
　　原哉."

의 이치를 밝혀서 하나로 될 수 있는 도리를 지시하여 우리 유교의 정학으로 끌어 들일 수 있겠는가"32)라고 하여, 사상의 분렬은 인간의 사유능력이 지닌 편향성이라는 불가피한 현실임을 인정하였다. 또한 그는 인간 사유능력이 지닌 한계에 따라 필연적으로 발생할 수 밖에 없는 사상적 분렬을 해결하기 위해서는 분렬된 소견을 넘어서 통합의 길을 제시할 수 있는 인격 곧 성인의 인격이 요청됨을 지적하고 있다.

그러나 현실에서는 성인이 나타나지 않고 있으니 '8가'의 분렬을 해결할 길이 없다. 그렇다하더라도 속수무책으로 방관하고 있을 수도 없지 않은가? 여기서 신후담은 학자로서의 역할을 제시하고 있다. "세상이 쇠퇴한 이후로 선왕(先王)의 가르침이 비록 다시 행해지지는 않지만 그 가르치는 법도로 말하면 소멸하여 전하지 않는데 이르지는 않았으니, '육경'에 실려 있는 바를 살필 수 있다. 학자가 진실로 그 말씀을 맛볼 수 있어서 그 '도'를 체득한다면 어찌 그 들어가는 문을 얻지 못할까 근심하여 앉아서 여러 갈래의 미혹을 받고 있겠는가?"33)라고 하였다. 바로 남아있는 유교의 경전을 통해 성인의 말씀을 이해하고 그 '도'를 체득함으로써 사상의 분렬에 따른 미혹에서 벗어날 수 있는 길을 찾을 수 있다는 말이다. 신후담 자신이 『팔가총평』을 저술하여 '8가'의 온갖 폐단을 비판하는 동기도 바로 '8가'의 치우치고 그릇되며

---

32) 『河全』(4), 372-373쪽, '八家總評, 八家總論', "夫人之生也, 氣質之稟, 不能一齊, 而其心之有知也, 隨其所覺, 而各有一見, 苟非中天下而莅萬民者, 爲之明本然之理, 指可一之道, 而引之納之於吾儒之正學."
33) 『河全』(4), 374쪽, '八家總評, 八家總論', "夫世衰以來, 先王之教, 雖不復行, 而若其所以敎之之法, 則亦不至於泯焉無傳, 六經所載, 可攷也, 學者誠能味其言, 而體其道, 亦何患不得其門, 而坐受多歧之惑哉."

분렬에 빠진 상황에서 벗어나 '유가'의 정도 속에서 '8가'를 포섭하는 사상적 조화와 통합의 길을 찾고자 하는데 있는 것임을 분명하게 제시해주고 있는 것이다.

4. 유가류와 도가류의 인식

1) 유가와 유가류의 분별

신후담은 유가와 백가의 관계를 왕실과 여러 제후들(列國)의 관계로 제시하여, 유가는 백가를 포섭하고 통일할 수 있는 것이 올바른 질서로 확인하고 있다.[34] 이러한 질서는 역사적으로 요·순과 우·탕·문·무(二帝三王)가 천하를 다스리던 시대에는 이루어졌으나, 춘추전국시대 이후로 왕도가 무너지면서 주(周)왕실이 쇠퇴하여 예악(禮樂)과 정벌(征伐)이 천자에게서 나오지 않고 제후들이 발호하여 왕실과 제후들의 권력에 구별이 없어지고 말았던 것이며, 이에 병행하여 유가는 백가를 포섭하여 통솔하지 못하게 되면서 유가와 제자백가의 권위에 구별이 없어지게 되었던 것이라 본다.

주나라 왕실이 제후를 지배하는 질서가 무너진 뒤에 곧바로 유교의 '도'가 상실되었던 것은 아니고, 춘추전국시대에 공자·맹자 등 성인과 현인이 출현하여 저술하거나 말씀을 남겨 옛 성왕의 '도', 곧 천리를 서

---

34) 『河全』(4), 권18, 57쪽, '八家總評·儒家類·儒家類總論', "儒術之於百家, 亦由王室之於列國."

술하고 인심에 순응하여 세상을 다스리고 백성을 인도하던 법도를 밝혔다. 그러나 전국시대로 내려오면서 유가의 무리들 사이에서도 혼란이 일어났음을 주목하면서, "여러 유가의 무리는 '오경'의 경계를 깨뜨리고 '육예'(六藝)의 원류를 뒤흔들어놓고 문자와 훈고의 말단에 구애되고 말아 만방에 소통하고 일치를 결속시키기에 부족하게 되니, 사실상 백가의 어지러운 이론과 더불어 구분할 수 없게 되었다. 이 때문에 심진이 '8가'의 무리 속에 유가를 나열하여 편찬하였던 것은 공자가 '왕풍'(王風: 二雅)을 편찬한 뜻을 깊이 체득한 것이다"35)라고 하였다. 그것은 전국시대 이후 유가의 무리가 성인의 경전인 '오경'을 벗어나고, 성인의 교육방법인 '육예'를 어지럽히면서 타락하여 제자백가의 무리와 차이가 없는데 빠지게 되었음을 지적한 것이다. 여기서 그는 심진이 『백가류찬』을 저술하여 '유가'를 첫머리에 두었지만 '8가'를 병렬하였던 것은 공자가 『시경』을 편찬하면서 여러 제후국의 가요인 국풍(國風) 다음에 옛 성왕의 가요인 '이아'(二雅)를 두어 옛 성왕의 자취가 무너졌음을 드러내는 것과 같은 뜻이라 보았다. 이처럼 신후담은 제자백가를 포섭하고 거느릴 수 없는 타락한 유가는 제자백가와 같은 무리로 나열될 수 밖에 없다는 사실을 강조함으로써, 유가의 타락현실을 인식하고, 동시에 유가의 진정한 면모를 회복하고자 하는 뜻을 밝히고 있는 것이다.

신후담은 유가의 타락이 유교의 '도'가 제자백가를 모두 포섭하는 광

---

35) 『河全』(4), 권18, 58쪽, '八家總評·儒家類·儒家類總論', "諸儒之徒, 裂五經之闓幅, 蕩六藝之源流, 規規於文字訓詁之末, 而昧乎大本之精微, 流爲僻辭曲說之歸, 而不足以通萬方·總一致, 實與百家紛紜之說無分矣, 此沈纂所以列於八類之中者, 深得乎仲尼編王風之遺意也."

대한 것이라는 사실을 망각하는데서 오는 것임을 지적하면서, 그 타락
양상에 대해 "이른바 유자(儒者)는 '천리'의 근본에 가리워지고 '인륜'의
떳떳함에 어두워서, 어긋나고 벗어나 그 중심을 잃고, 거짓되게 쪼개놓
아 그 정당함을 해치며, 때에 따라 억누르거나 들어올려 세상을 떠들
썩하게 하여 총애를 취하니, 이것은 유교의 '도'가 되는 바를 잃고서 한
쪽으로 치우친 허물에 흘러갔다"36)라고 하였다. 곧 후세에 유가의 무
리가 모든 것을 포섭하는 기준인 '천리'의 근본과 '인륜'의 떳떳함을 올
바르게 알지 못하면서 정도에서 벗어나 허위에 젖게 되어 '한쪽으로
치우친 허물'(一偏之過)에 빠지고 말았다는 사실을 강조하는 것이다. 또
한 그는 전국시대에 제자백가가 횡행하고 유가의 타락이 심화되는 실
상에 대해, "이 때를 당하여 '사교'(四敎: 詩·書·禮·樂)가 이미 끊어지
고 70제자(공자문하)의 전승이 이미 멀어지자, 좌씨(左氏: 左丘明)·손경
(孫卿: 荀子)의 무리들이 모두 고루한 유학자로 진실을 가탁하여 거짓을
떠벌이며 흩어지고 갈라져서 왜곡된 이론을 멋대로 늘어놓으니, 유가
의 폐단은 이에 극에 달하였다"37)고 하였다. 이러한 견해는 사실상 맹
자이후 유교의 정통이 무너져 유가의 타락이 극심하게 일어났다는 도
학의 정통론적 입장을 반영하고 있는 것이라 할 수 있다.

신후담은 '유가류'편에서 유가가 쇠퇴하여 '8가'의 하나로 전락한 유

---

36) 『河全』(4), 권19, 367-368쪽, '八家總評·八家總論', "其所謂儒者, 則蒙天理之本, 昧
乎人倫之常, 乖離而失其中, 訛析而害其正, 隨時抑揚, 譁世取寵, 此則失其所以爲儒
之道, 而流於一偏之過也."
37) 『河全』(4), 권19, 370쪽, '八家總評·八家總論', "當是時也, 四敎旣絶, 七十子之傳旣
遠, 而左氏·孫卿之徒, 俱以辟儒, 托眞衒僞, 支離衡決, 肆爲曲說, 而儒家之弊, 於是
乎極矣."

학자들의 저술로서『가어』(家語: 孔子家語)를 비롯하여 명대(明代) 송렴 (宋濂)이 지은『용문자』(龍門子)에 이르기까지 24건의 문헌을 열거하여 논평하였는데, 이러한 문헌들은 심진의『백가류찬』에서 다루어진 것을 그대로 받아들이고 있는 것이다.38) 이 문헌들에 대해 개괄적으로 평가하면서,『가어』에 대해서는 "공자를 근본으로 삼으니 성인이 남긴 훈계가 많지만 그 가운데는 근거없고 잡박한 말에 의탁하여 나온 것이 이미 적지 않다"고 지적하며, 좌구명의『국어』는 "단지 여러 제후국의 본래 실상을 기록한 것"이라 하고, 안영(晏嬰)의『안자춘추』에 대해서는 "안영의 언행을 특별히 기록하였는데 그 말이 많이 순치되지 않았고, 유술(儒術)을 발명하는 바도 없다"고 비판하였다.39)

또한 전국시대이후 당나라때까지 대유(大儒)로 일컬어지는 다섯 인물로서 전국시대의 순황(荀況: 荀子)과 전한의 동중서(董仲舒)·양웅(揚雄)과 후한의 마융(馬融), 및 수나라의 왕통(王通)을 들면서, "순황의 성악설(性惡說)·예위설(禮僞說)·비십이자설(非十二子說) 등은 '도'에 상반되며 이치에 어긋남이 심하고, 동중서는 '도의 근원이 하늘에서 나온다'고 한 것은 올바른 의리로 '도'를 밝힌 이론이요 탁월한 식견이 있지

---

38) 유가류에서 다루어지고 있는 22건의 문헌은『家語』(漢 劉向 校錄)/『國語』(春秋 左丘明)/『晏子春秋』(春秋 齊 晏嬰)/『孔叢子』(漢 孔鮒)/『荀子』(戰國 趙 荀況)/『新語』(漢 陸賈)/『賈誼新書』(漢 賈誼)/『春秋繁露』(漢 董仲舒)/『韓詩外傳』(漢 韓嬰)/『新序』(漢 劉向)/『說苑』(漢 劉向)/『鹽鐵論』(漢 桓寬)/『法言』(漢 揚雄)/『潛夫論』(後漢 王符)/『忠經』(後漢 馬融)/『昌言』(後漢 仲長統)/『申鑑』(後漢 荀悅)/『中論』(後漢 徐幹)/『中說』(隋 王通)/『鹿門子』(唐 皮日休)/『卮辭』(明 王褘)/『說林』(明 張時轍)/『郁離子』(明 劉基)/『龍門子』(明 宋濂)이다.

39)『河全』(4), 권18, 58-59쪽, '八家總評·儒家類·儒家類總論', "家語以孔氏爲宗, 固多聖人之遺訓, 而其中浮駁之辭, 出於依托者, 已自不少, 左之國語, 只錄列國之本實, 晏之春秋, 特記晏子之言行, 而其言又多不馴, 無所發明乎儒術."

만, 『춘추번로』의 저술에서 보인 것은 참위설(讖緯說)의 습속에 흐르기도 하였으며, 양웅은 신(新)왕조의 왕망(王莽)에 아첨하고, 마융은 양기(梁冀: 後漢때 權臣)에게 붙었으니 출처(出處)의 의리가 이미 어긋났는데 저술한 『법언』(法言)이나 『충경』(忠經) 등은 한가롭고 번쇄하여 볼만한 것이 없다. 왕통의 「중설」(中說)은 진실로 온화하고 순정한 말이 많으니 여러 유학자들이 미칠 수 없는 것이 있지만 『시』・『서』에 붙여서 원래의 경전을 수정한 일은 성인에 참람한 죄를 면할 수 없다"[40]고 모두 비판하였다.

나아가 위서(僞書)인 『공총자』(孔叢子)를 비롯하여 명대의 『용문자』(龍門子)에 이르기까지 나머지 모든 문헌들에 대해, "넘쳐나지만 긴요하지 않고 막혀서 밝지 못하며, 그 사이에 이것은 우수하고 저것은 열등한 차이가 있지만 뛰어넘어 홀로 나아가는 것은 볼 수 없고, 몇마디 말이나 구절에 채택할 만 한 것이 있지만 순후하여 흠이 없는 것은 얻을 수 없다"[41]고 비판적 평가를 하고 있다. 그것은 공자에서 맹자까지의 성현과 송대 도학자를 제외하고, 전국시대에서 명대까지의 유가로서 천리와 인륜을 밝히지 못하고 성인의 경전에서 벗어나는 모든 유학자들의 저술을 '유가류'로 분류하여 제자백가와 병렬함으로써 '8가'로 삼

---

40) 『河全』(4), 권18, 59쪽, '八家總評・儒家類・儒家類總論', "荀況性惡・禮僞・非十二子等說, 反道悖理之甚, 董子道源出天, 正誼明道之論, 卓然有見, 而其見於繁露之書者, 則或流讖緯之習, 雄之阿於新莽, 融之附於梁冀, 出處之義旣乖, 而所著法言・忠經等書, 優游支羨, 皆無可觀, 仲淹中說, 固多溫粹之語, 有非諸儒之所能及者, 而其續詩書修元經之事, 未免僭聖之罪."
41) 『河全』(4), 권18, 60쪽, '八家總評・儒家類・儒家類總論', "汎濫而不要, 迂滯而不明其間, 此優彼劣之不同者有之, 而超越獨詣者, 則不可見矣, 片言隻語之可採者有之, 而純粹無疵者, 則不可得矣."

는 입장을 확인하는 것이다.

 '유가류'에서 논의되고 있는 24편의 저술 가운데 신후담의 평가태도가 가장 강경하게 드러나는 경우를 『순자』에서 볼 수 있는데, 그 몇 대목을 가려내어 검토해 볼 수 있다. 그는 『순자』에 대해, "그 말이 비록 온전히 순수하다고 할 수는 없지만, 사람을 격동시키는 곳이 극진하게 있어서 우리 유가의 문장을 강론하는 뜻에 매우 흡사하며, '도'는 비록 아직 순수하지 못하나 견해는 극히 높아 맹자에 버금간다 할 수 있다. 이미 거듭 익숙하게 보고 깊이 음미하니 그 논설은 자기 견해를 억지로 세우기를 힘쓰며 또한 앞뒤를 서로 돌아볼 수 없으니, '도'에 어그러짐이 말로 다 할 수 없다"[42]고 하였다. 우선 피상적 이해를 하면 『순자』에서 사람을 격동시키는 힘과 높은 식견이 있음을 인정하였다. 그러나 정밀한 이해를 하면 자기 견해를 억지로 주장하여 '도'에 어그러짐이 심한 것이라 규정하고 있다.

 『순자』의 「비상편」(非相篇)에서 "후왕을 버리고 상고를 말하는 것은 자기 임금을 버리고 남의 인금을 섬기는 것과 같다"(舍後王而道上古, 譬之是猶舍己之君而事人之君也)라는 언급에 대해, "도리가 없음이 심하니, 이사(李斯)가 『시』・『서』를 불태우고 유생을 형틀에 씌우는 것이 모두 여기서 나왔다"[43]고 비판하였다. 공자는 상고시대의 요・순을 말하여 당시 임금(後王)의 기준을 삼았는데, 순자는 상고를 버리고 당시 임금

---

42) 『河全』(3), 권17, 634쪽, '八家總評・儒家類・荀子', "荀子, 其辭雖不能盡純, 而極有鼓動人處, 頗似吾儒家說文之意, 以爲道雖未粹, 而所見極高, 可以亞於孟氏, 已復熟看, 而深玩之, 則其說惟務强立己見, 而又不能前後相顧, 其悖於道者, 不可勝言."
43) 『河全』(3), 권17, 640쪽, '八家總評・儒家類・荀子', "亦無倫之甚矣, 李斯焚詩書鉗儒生, 蓋出於此."

을 기준으로 삼아야할 것을 주장하면서 폭군의 온갖 무도하고 포악한 행동이 나오게 된다는 지적이다. 또한 「유효편」(儒效篇)에서 "습속을 조치하는 것이 성품을 변화시키는 방법이다"(注錯習俗, 所以化性也)라는 언급에 대해, "인성이 선하지 않다고 하여 습속을 조치하는 것으로 변화시키고자 한다면 이것은 납을 제련하여 금을 만들고 돌을 다듬어서 옥을 만들고자 하는 것과 같으니, 이루어지지 않음은 필연이다"44)라고 비판하였다. 그것은 성선설을 유교의 정통적 입장으로 확인함으로써 성품을 어지럽히는 물욕을 제거함으로서 성품의 원래 모습을 회복하는 것이지, 결코 성품을 변화시켜야 한다는 견해를 받아들일 수 없다는 것이다. 그는 성품이 악하다면 인간은 성품을 아무리 연마해도 결코 선해질 수 없다는 입장을 확인하고 있다.

「예론편」(禮論篇)에서 순자는 예법의 발생기원을 설명하면서 "(옛 성왕이) 예법과 의리를 제정하여 나눔으로써 사람의 욕심을 배양하고 사람의 요구에 공급하였다"(制禮義以分之, 以養人之欲, 給人之求)라고 언급한 구절에 대해, "어찌 그 욕심을 배양할 이치가 있겠는가? 어찌 사물과 욕심이 서로 의지하여 길러지게 하는 이치가 있겠는가? 배양하고 기르는데 욕심이 다투고 어지럽히지 않는다는 것이 가능하겠는가? 이 이론이 시행된다면 인욕이 흘러넘치고 천리는 소멸되어 천하가 날로 짐승이 되어갈 것을 나는 두려워한다"45)고 비판하였다. 순자는 욕심을 절

---

44) 『河全』(3), 권17, 642쪽, '八家總評·儒家類·荀子', "若人性不善, 而欲以注錯習俗化之, 則是猶冶鉛爲金, 琢石作玉, 其不成也, 必矣."
45) 『河全』(3), 권17, 644쪽, '八家總評·儒家類·荀子', "豈有養其欲之理乎, 豈有使物欲相持而長之理乎, 養之長之, 而欲其不爭亂可乎, 此說行, 吾恐人欲橫流, 天理泯滅, 而天下日趨於禽獸矣."

제하고 사물을 분배하는 절도로서 '예'(禮)의 기원을 해명하고 있지만, 그는 '인욕을 막아서 천리를 간직한다'(遏人欲存天理)는 도학적 입장에 따라 '인욕'을 거부의 대상으로 확인하고 배양의 대상으로 받아들일 수 없음을 밝히고 있다. 따라서 그는 인욕의 배양을 주장하는 순자의 이론은 인간세상을 짐승의 세계로 바꾸어놓을 위험이 있는 반유교적 사상으로 적극적 거부의 입장을 밝히고 있는 것이다. 이처럼 신후담이 『순자』를 비롯하여 유가류로 제시한 문헌과 인물들의 사상에 대해 보여주고 있는 비판적 인식의 입장은 그가 도학의 정통주의적 입장을 철저히 관철하고 있음을 잘 드러내고 있다.

2) 노장과 도가류의 인식

신후담은 『팔가총평』에서 '8가'를 다루면서도 '유가류'와 '도가류'에 가장 큰 비중을 두고 서술하였다. 그만큼 제자백가 가운데 도가류를 가장 중시하고 있음을 보여주고 있는 것이다. 그는 '도가'의 성격과 위치를 규정하기 위해 먼저 '도'의 양상을 확인하고 있다. 곧 천하의 '도'는 성품의 이치에 근거하여 자기와 남과 사물이 소통하는 '공'(公)이거나 형체의 기질에 따라 자기와 남의 분별에 막혀 남과 사물에 미루어 갈 수 없는 '사'(私)의 두가지 뿐이라 한다. '공'과 '사'의 분별은 바로 도학적 가치관의 기본적 사유형식으로서 공사론(公私論)의 입장을 밝힘으로써 '공'을 바른 도리요 '사'를 그릇된 도리로 분별하는 논리를 제시하고 있는 것이다.

여기서 '사'의 성격을 보면, "형체를 추구하는 자는 저쪽과 이쪽의

분별이 있음에 막혀 있으므로 오직 나를 위할줄만 알고 미루어 남에게
미칠 수 없다. 이미 남에게 미치지 못하니 미루어 사물에 미침이 없어
서 끝내는 떳떳한 인륜을 외면하고 홀로 자기만을 오로지 하는 폐단에
이른다. 이것이 '사'가 되는 까닭이다"46)라고 규정한다. 또한 그는 성
품을 따르는 것과 형체를 따르는 것으로서 '공'과 '사'를 구분하는 가치
질서를 '도술'(道術)의 기본양상으로 확인하여, "성품을 따르는 것은 비
록 그 형체를 사랑하지 않음이 없으며, 그 사랑은 만물에 널리 베풀어
진다. 이것은 곧 성품의 정대함을 주장으로 삼으니, '사'도 '공'이 된다.
형체를 따르는 것은 비록 스스로 그 성품을 다스릴 수 있다고 말하지
만 그 다스림은 전적으로 일신을 이롭게 하는 것이다. 이것은 형체의
치우친 것을 주장으로 삼으니 '공'도 '사'가 된다. 군자는 이 두가지의
분별에 식견이 있으면, 그 천하 '도술'의 사특함과 정대함을 명쾌하게
갈라놓고 밝게 분별할 수 있어서 미혹되는 바가 없을 것이다"47)라고
하였다. 곧 성품을 주장으로 삼는 '공'에서는 형체도 포섭되어 형체도
'공'의 영역에 수용하는 상승작용을 하고 있지만, 형체를 주장으로 삼
는 '사'에서는 성품도 사사롭게 다룸으로써 '공'도 '사'의 영역에 흡수되
고 마는 오류에 빠지는 사실을 지적하였다. 이에 따라 신후담은 '공'과
'사'의 분별을 명확히 함으로써, '도가류'에 대한 평가 만이 아니라, 천

---

46) 『河全』(4), 권18, 219-220쪽, '八家總評, 道家類, 道家類總論', "徇形者, 滯於彼此之
　　有分也, 故惟知爲我, 而不能推之而及人, 旣不及人, 而無以推之而及物, 終至於外常
　　倫專獨己之弊, 此其所以爲私也."
47) 『河全』(4), 권18, 220쪽, '八家總評, 道家類, 道家類總論', "徇性者, 雖未嘗不愛其形,
　　而其愛也, 溥施乎萬物, 此則性之正者爲之主, 而私亦爲公也, 徇形者, 雖自謂能治其
　　性, 而其治也全利乎一身, 此則形之偏者爲之主, 而公亦爲私也, 君子有見於斯二者之
　　分, 則其於天下道術之邪正, 亦可以快拆明辯, 而無所惑矣."

하의 모든 '도술'을 평가하는 기준을 확보할 수 있는 것임을 강조하고 있는 것이다.

이러한 '공'과 '사'의 분별기준에 따라 '도가류'를 평가하면서, "내가 보건데, 이제 이른바 '도가류'라는 것은 그 역시 형체를 따르고 성품에 어그러지는 것이다. '공'하지 못하고 스스로 '사'가 됨이 어찌 그리 심한가"[48]라 하여, 한마디로 '도가류'를 '사도'(私道)로 규정하고 있는 것이다. 또한 그는 '도가'의 '도'를 정의하여, "그 이른바 '도'라는 것은 항상함을 떠나고 세속을 끊는 것으로 '청'(淸)을 삼고, 일을 물리치고 사물을 멀리하는 것으로 '허'(虛)를 삼아, 괴이하고 허망하여 인륜을 어지럽히며 거짓되고 망령됨으로 '도'를 해친다. 이것은 '청허'(淸虛)의 한 단서를 얻었지만 그 근원을 살피지 않은 허물이다"[49]라고 하였다. '청허'는 유가에도 포함되는 덕목이지만, '청허'를 왜곡하여 해석하면서 인륜을 어지럽히고 '도'를 해치는 오류에 빠진 그릇된 '도'임을 지적하고 있다. 나아가 '도가'에서 이러한 그릇된 '도'를 제시하면서 발생하게되는 폐단에 대해, "노담(老聃)이 앞에서 창도하고, 장주(莊周)·열어구(列禦寇)가 뒤에서 화답하며, 다투어 세상을 버리고 인륜을 도피하는 학설을 삼아서, 성인을 끊고 지혜를 버린다는 이론을 드러내는데 이르니, '도가'의 폐단이 이에서 극에 달했다"[50]고 규정하였다. 곧 유가를 기준으로 도가를 비판하는 논리로서 '세상을 버리고 인륜을 도피한다'(遺世逃

---

48) 같은 곳, "余觀今所謂道家者類, 其亦徇形而悖性者耶, 何其不公自私之甚哉."
49) 『河全』(4), 권19, 369쪽, '八家總評, 八家總論', "其所謂道者, 則離常絶俗以爲淸, 屛事遠物以爲虛, 怪詭而亂倫, 誕妄而害道, 此則得其淸虛之一端, 而不察其原之過也."
50) 『河全』(4), 권19, 370-371쪽, '八家總評, 八家總論', "老聃唱之於前, 莊周列禦寇和之於後, 爭爲遺世逃倫之學, 至發絶聖棄智之論, 而道家之弊, 於是乎極矣."

倫)는 비판을 제시하며, 도가의 그 구호가 바로 '성인을 끊고 지혜를 버린다'(絶聖棄智)는 것으로 유가적 가치에 상반되는 도가의 주장을 비판의 초점으로 맞추고 있음을 보여준다.

신후담은 '도가류'의 전개과정을 제시하면서, 황제(黃帝)와 노자를 시조로 삼고 있음을 지적하였다. 곧 "황제의 제도는 의약의 법으로 역병에 걸려 일찍죽는 우환을 구제하는 것이니, 비록 형체를 기르고 생명을 보전하는 이론을 주장하지만 도가에서 스스로 사사롭게 하는 마음과는 전혀 다르다. 하물며 『단서』(丹書)에서 싣고 있는 공경함과 태만함, 의리와 욕심의 경계는 실로 성품과 이치의 정대함에 근본하지 않음이 없는 것이랴"51)라고 하여, 황제가 의약의 법도로 질병을 구제하는 것이 '형체를 기르고 생명을 보전하는'(養形保生) 이론이지만, 도가에서 '사'로 삼는 것과는 달리 '공'으로 삼는 것이라는 차이를 제시하였다. 또한 『단서』에서 제시한 '공경함과 태만함, 의리와 욕심'(敬怠義欲)52)의 경계도 성품과 이치의 정대함에 근본하는 것임을 확인하고 있다. 따라서 '도가'의 근원은 '공'의 정당한 '도'이지만 노자에서부터 '공'을 '사'로 왜곡시키는 오류에 빠졌다고 보았다. 곧 "노자에 이르러 비로소 (黃帝의) 형체를 기르고 생명을 보전하는 이론을 가만히 빌려서 자기의 사사로운 마음을 멋대로 부려, 『도덕경』과 『음부경』(陰符經) 등의 글을

---

51) 『河全』(4), 권18, 220-221쪽, '八家總評, 道家類, 道家類總論', "夫黃帝之制, 爲醫藥之法, 以濟夭札之患者, 雖主於養形保生之說, 而與道家自私之心, 天淵不同, 況其丹書所載, 敬怠義欲之戒, 實未嘗不本於性理之正者乎."
52) 『大戴禮記』(衛將軍文子)에는 周 武王이 師尙父에게서 받은 戒로서, "師尙父西面道書之言曰, 敬勝怠者强, 怠勝敬者亡, 義勝欲者從, 欲勝義者凶"의 구절이 나오고, 『荀子』(議兵)에는 "敬勝怠則吉, 怠勝敬則滅"의 구절이 나온다. 『단서』는 『玉海』에서 '赤雀所銜丹書'라 하였다.

지어 고요함을 지키는 뜻을 발명하고 성인은 백성에게 어질지 않다고 말하였다"53)고 비판하였다. 그는 노자의 사상적 연원이 황제(黃帝)에 있는 것으로 지적하고, 황제가 보여준 '공'을 왜곡시켜 멋대로 '사'로 바꾸어놓았다고 보았다. 여기서 신후담이 『음부경』을 노자의 저작으로 기술한 것은 사실과 다르다.54)

신후담은 노자이후의 도가류가 전개되는 과정을 대체로 3단계로 나누어서 제시하고 있는 것을 볼 수 있다.

첫단계는 노자사상이 확산되는 계승단계이다. 윤희(尹喜: 關尹子)·신견(申鈃: 文子)·경상초(庚桑楚)·열어구·장주·현진자(玄眞子: 張志和)·제구자(齊丘子: 宋齊邱)·무능자(無能子: 未詳)·옥화자(玉華子: 盛若林·程端明)의 무리가 잇달아 일어났는데, 이들에 대해 "그 이론이 여러 방면이었으나 대략을 보면 '치국'(治國)을 큰 법칙으로 삼고 '치신'(治身)을 긴요한 방법으로 삼았으며, 이치를 살펴서 후세의 유가를 헐뜯고, 형기를 살펴서 옛 성인을 미루어가지만 그것은 형체의 사사로운 마음을 따르는 것으로 노자에 합하지 않음이 없다"55)고 하였다. 이들은 노자 내지 황노학의 학풍을 지닌 인물들로 치국과 치신을 중심과제로 삼았지만 유가를 비판하며 '사'에 빠진 무리들이라고 보았다.

둘째단계는 신선술 내지 양생술이 일어나는 단계이다. 곧 "적송자(赤

---

53) 『河全』(4), 권18, 221쪽, '八家總評, 道家類, 道家類總論', "至於老氏始竊假其養形保生之說, 而逞己自私之心, 著道德·陰符等書, 發明守靜之意, 而謂聖人不仁於百姓
54) 『陰符經』은 옛 제목에는 黃帝의 撰이라 하고 太公·范蠡·鬼谷子·張良·諸葛亮·李筌의 주석이 붙어 있지만, 一說에는 唐 李筌이 가탁하여 僞作한 것으로 본다.
55) 『河全』(4), 권18, 221쪽, '八家總評, 道家類, 道家類總論', "其說盖亦多端, 而大畧以治國爲大戒, 治身爲要法, 察理疵後儒, 察氣推前聖者, 則其徇形自私之心, 未嘗不合於老氏也."

松子)・위백양(魏伯陽)・노생(盧生)・갈홍(葛洪)・사마승정(司馬承禎)의 무리나,『황정경』(黃庭經)・『대통경』(大通經)・『청정경』(淸淨經)・『동고경』(洞古經)・『정관경』(定觀經)・『태식경』(胎息經)・『심인경』(心印經) 등의 문헌에 이르르면, 모두가 '연양'(煉養: 修煉으로 養生함)하는 방법과 '복식'(服食: 丹藥을 복용함)의 방법을 말한다"56)고 하였다. 이 단계에서는 노자에서 '치국'에 대한 관심은 사라지고 '치신'의 방법도 다만 양생술을 중심으로 계승되고 있으며, 또한 양생술의 수련법에 관련된 경전이 만들어지는 새로운 양상을 보여주고 있다.

셋째단계는 도교의 교단이 성립하는 단계이다. 장도릉(張道陵)・구겸지(寇謙之)・두광정(杜光庭)이하 후세에 황관(黃冠)을 쓴 도사(道師)의 무리들이 등장하여 부록(符籙) 곧 도교에서 전하는 비밀문서인 부(符: 옛 篆籀문자나 星雷의 무늬를 구불구불하게 그린 것)와 록(籙: 흰 비단에 天曹의 官署와 官吏의 이름을 쓴 것)이나, 과교(科敎) 곧 도교의 신조와 계율의 술법을 말하고 있다는 것이다. 이에 대해 신후담은 "이것은 노자의 학설이 진실로 변한 것이다. 그 수명을 연장하여 장구하게 살며, 오래 살아서 죽지 않는 것으로 목표를 삼으니, 사사로이 가지는 형체를 붙들고 사사로운 마음을 따르는 것은 맥락에 유래함이 있으니 다른데 있는 것이 아니다. 오직 그 '도'를 삼음이 사사로온 이익에 근본하는 것이 저와 같다"57)고

---

56)『河全』(4), 권18, 221-222쪽, '八家總評, 道家類, 道家類總論', "至於赤松子・魏伯陽・盧生・葛洪・司馬承禎之徒, 及黃庭・大通・淸淨・洞古・定觀・胎息・心印 等諸經, 則全言・煉養・服食之法."
57)『河全』(4), 권18, 222쪽, '八家總評, 道家類, 道家類總論', "此於老氏之說固變矣, 而其以延年・久視・長生・不死爲歸趣者, 則其所以執其私有之形, 而徇其自私之心者, 脈絡之所自來, 亦不在他也, 惟其爲道之本於私利如彼."

하였다. 그는 도교가 성립한 것은 노자의 사상에 큰 변화를 일으킨 것
이라 보면서도, 그 장생불사의 술법은 바로 사사로운 이익을 추구하여
‘사’로서 ‘도’를 삼는 것으로 노자와 맥락에 있는 것이라 규정하고 있다.

도가류의 전개과정을 개괄하고서 그는 결론적으로 도가류의 폐단을
지적하여, “그 폐단은 작게는 공허하고 적막함이나 고요히 수양하는
습관을 숭상하여 드디어 사람의 도리를 폐지하는 것이며, 크게는 신선
이 되어 하늘로 날아오르는 변화의 기틀을 얻고자 바라다가 다투어 요
망한 술법을 주창하는 것이다”[58]라고 하여, 개인으로서 공허하고 고요
함에 빠져 사회적 책임을 외면하는 폐단과 사회적으로 사특하고 요망
한 이론과 술법을 주장하여 천하를 어지럽히는 폐단이 있음을 심각하
게 지적하였다. ‘도가류’의 이러한 폐단은 시대마다 번성하여 국가의
우환이 되고 있는데, 이에 대처하여 한 나라의 통치자로서 이러한 사
특한 도술을 막는 방법이 무엇인지 제시하면서, 그는 “성품과 이치의
정대함을 밝혀서 이를 가르치는데 있을 뿐이다”[59]라고 지적하였다. 성
품과 이치(性理)의 정대함이란 바로 유교의 정통을 계승한 ‘성리학’을
의미하는 것이라 할 수 있는데, 신후담은 이 점에서 철저히 성리학의
정통의식에 근거하여 유가류를 비롯한 제자백가를 비판하고 있음을
알 수 있다.

신후담은 ‘도가류’에서 노자의 『도덕경』을 비롯하여 명(明)나라 정단
명(程端明)의 『옥화자』에 이르기까지 17건의 문헌을 들어서 논평하였

---

58) 같은 곳, “其弊也, 小則全尙空寂恬養之習, 而遂廢人道, 大則希得飛昇變化之機, 而爭
　　昌妖術.”
59) 같은 곳, “亦在夫明性理之正以敎之而已.”

다.60) 그는 '도가류'에서 다루고 있는 17건의 문헌 가운데서도 『도덕경』과 『장자』와 『음부경』에 대해 가장 자세하게 논의하여, 이 3편에 대한 해석은 조선시대 유학자들의 이 저술에 관한 연구업적으로서도 중요한 비중을 지니는 것이라 하겠다. 여기서는 『도덕경』과 『장자』에 대한 논의만 살펴보겠다. 먼저 『도덕경』의 해석으로 「해노편」(解老篇)에서는 『도덕경』81장 가운데 18개 장을 선택하여 그 의미를 적극적으로 해석하고 '통설'(統說)의 항목에서 개괄적으로 규정하고 있으며, 「척노편」(斥老篇)에서는 노자의 '도'를 허무와 적멸에 빠진 것으로 비판하는데 초점을 맞추고 있다.

『도덕경』 제1장에서 '무'(無)와 '유'(有)를 말한 것에 대해, "'리'와 '기'를 나누어 말한 것이니, '리'는 '도'요, '기'는 '명'(名)에 속한다"61) 하고, "'리'로써 '기'를 생성하니 그 근원은 하나이다. 그러므로 '같은데서 나왔다'(同出)고 한다. 그러나 '한 근원'(一源)이라 하면 그 말이 완전할 수 있지만 아래에 '나왔다'(出)는 글자가 있으니, '리'의 위에 별도로 한 물

---

60) 신후담이 '도가류'에서 다루고 있는 17건의 문헌은 다음과 같다.
『道德經』(春秋 楚 老聃)·『列子』(戰國 鄭 列禦寇)·『莊子』(戰國 宋 莊周)·『文子』(春秋時 老子弟子, 申鈃)·『關尹子』(春秋 尹喜)·『亢倉子』(庚桑楚)·『陰符經』(一說 唐 李筌)·『六經總論』(玄宗內典에 수록된 丹經6篇)·『參同契』(後漢 魏伯陽)·『鶡冠子』(戰國 楚 失名)·『抱朴子』(東晉 葛洪)·『天隱子』(唐 司馬承禎)·『玄眞子』(唐 張志和)·『齊丘子』(南唐 宋齊邱)·『素書』(黃石公)·『無能子』(失名)·『玉華子』(明 盛端明).
愼後聃의 『八家總評』에는 『玉華子』가 盛若林이 저술한 것으로 되어 있으나, 明의 黃虞稷이 撰한 『千頃堂書目』에는 盛端明(字 希道)이 『玉華子』4권을 저술한 것으로 기록되어 있고, 明의 凌迪知가 撰한 『萬姓統譜』에는 盛若林(字 子才)이 또 다른 인물로 나와 있으니, 『玉華子』의 저자는 盛端明이 옳은 것으로 보인다.
61) 『河全』(4), 권18, 62쪽, '八家總評, 道家類, 道德經', "所謂有無, 分理氣言, 理則道也, 氣則屬於名也."

건이 있어서 '리'가 나온 곳이 되니, 이것이 노자의 어긋난 점이다"[62] 라고 언급하였다. 이처럼 신후담은 노자의 '무'와 '유'개념을 성리학의 '리'와 '기'개념에 일치시켜 긍정적으로 해석하고 있다. 다만 '유'·'무'가 '같은데서 나왔다'(同出)는 표현은 '무' 내지 '리'의 위에 또 하나의 근원적 존재를 설정하는 잘못된 서술이라 지적하면서, '한 근원'(一源)이라는 표현으로 바뀌어져야 옳다고 제시하기도 하였다. 그는 노자의 '도'를 개괄적으로 규정하여, "노자의 학문은 단지 '허(虛)의 극치를 이루고, 정(靜)의 독실함을 지킨다'(致虛極守靜篤)는 6글자로 말해버릴 수 있으며, 노자의 '도'는 단지 '무'라는 한 글자로 말해버릴 수 있다"[63]고 하여, 노자의 핵심정신을 '허'(虛)·'정'(靜)·'무'(無)의 몇 글자로 집약하여 인식하고 있다. 또한 『도덕경』의 문장이 정밀하며 이치가 일관하고 있음을 인정하면서, "상·하경 5천 글자는 한 글자도 경솔하게 말한 것이 없으며, 조리가 지극히 정밀하다. 일찍이 주렴계의 『통서』(通書)를 보니 문체가 자못 이러한 유형이었다"[64]고 하여, 송대 도학의 시조인 주렴계의 『통서』에 견주고 있는 사실은 그만큼 긍정적 측면을 적극적으로 인정하고 있는 것이라 하겠다.

그러나 「척노편」에서는 노자의 '도'개념에 대해, "'도'라는 것이 '허적'(虛寂)하고 '공무'(空無)함에 근본하며, '허적'하고 '공무'한 가운데서

---

62) 『河全』(4), 권18, 63쪽, '八家總評, 道家類, 道德經', "蓋理以生氣, 其源則一也, 故曰同出, 然謂之一源, 則其辭可以渾全, 而下得出字, 則有若理之上別有一物, 爲理之所自出, 此老子之陋也."

63) 『河全』(4), 권18, 94쪽, '八家總評, 道家類, 道德經', "老子之學, 只逍道致虛極守靜篤六字, 老子之道, 只消道一無字."

64) 같은 곳, "上下經五千言, 無一字胡亂說去, 條理極精密, 嘗見周濂溪通書, 文體頗類此."

홀연히 만물이 발생하여 나오니, 천지 사이에 현상을 이루고 형체를 이루는 오묘함이 모두 근거가 없어서 허황하고 망녕됨으로 돌아감을 면치 못하니, 어찌 이른바 실연(實然)의 이치가 있겠는가"[65]라고 하여, 유가의 '도'를 실연의 이치(實然之理)라 하고 노자의 '도'를 허적하고 공무한 이치(虛寂空無之理)로 대비시킴으로써, 노자의 '도'가 진실성을 잃은 것으로 비판하고 있다. 곧 노자가 학문을 끊어버리는 것이나 선악의 변별하기 어려움에서 양쪽을 다 잊어버리는 것도 모두 '실연'의 이치를 모르기 때문에 발생하는 과오라 보았다. 그것은 노자의 '도'를 유교의 '도'에 대비시키면서 근원적으로 잘못된 것이라 비판하는 입장을 분명하게 밝히고 있는 것이다.

신후담은 「독장자론」(讀莊子論) 2편을 통해 『장자』에 대해서는 "이러한 문자는 마땅히 방탕한 소리나 혼란한 빛깔처럼 멀리해야 하며, 내 마음이 스스로 주장하는 바가 있기를 기다려서 혹시 한번 열람하여 그 사특함을 깨뜨리는 것이 가하다"[66]라고 하여, 철저히 거부하는 배척의 입장을 밝히고 있다. 또한 "장자와 노자의 '도'는 우리 유가의 이론과 더불어 사특함과 정대함, 공정함과 사사로움에서 일체가 상반되니, 본래 스스로 얼음과 숯처럼 섞여들 수 없는 것이다"[67]라고 하여, 유가와 노장사상이 '도'의 근원에서 상반하여 서로 용납될 수 없다는 비판과

---

65) 『河全』(4), 권18, 100쪽, '八家總評, 道家類, 道德經', "道之爲物, 本自虛寂空無, 而於虛寂空無之中, 忽然生出萬物來, 天地間成象成形之妙, 都無所根, 而未免爲幻妄之歸矣, 安有所謂實然之理哉."
66) 『河全』(4), 권18, 115쪽, '八家總評, 道家類, 莊子: 讀莊論上', "此等文字, 當遠之如淫聲亂色, 待吾心自有所主, 然後或可一覽, 而破其邪."
67) 『河全』(4), 권18, 115쪽, '八家總評, 道家類, 莊子: 讀莊論下', "莊老之道, 與吾儒家說, 邪正公私, 一切相反, 本自氷炭而不入."

거부의 입장을 확인하고 있다. 『장자』 내편의 각편을 논평한 다음에 외편 이하를 묶어서 검토하고 끝에는 「박론」(駁論)을 붙여 다시 비판적 입장을 재확인하고 있다. 여기서 그는 노자와 장자를 비교하면서, "노자와 장자는 몸을 사랑하고 자신을 이롭게 하는 술법에서 같이 나왔지만, 그 말이 어그러지고 어지럽힘은 장자가 심하고, 그 마음의 간교함은 노자가 더하다"[68]고 하여, 노자와 장자가 모두 자신의 몸을 아끼거나 이익을 추구하는 '사'(私)에 빠진 '도'로서 비판하면서도, 장자의 언어가 '도'를 어지럽힘이 심함을 지적하며 노자의 사유방법이 간교함에 주의를 기울이고 있다.

5. 제자백가의 인식

1) 법가(法家) · 명가(名家) · 묵가(墨家)류의 인식

(1) 법가류의 인식

신후담은 법가류의 성격을 전반적으로 규정하여, "이른바 '법'이란 약속과 맹서를 숭상하여 그 명령을 확실하게 하며, 살육을 과감하게 하여 그 규율을 엄격하게 하며, 빌어다가 술수를 쓰며, 가혹하게 하고 은혜가 적다. 이것은 상벌의 한 단서를 얻었으나 그 근원을 살피지 않은 과오이다"[69]라고 하였다. 곧 공있는 자에게 반드시 상을 주고 죄있

---

68) 『河全』(4), 권18, 141쪽, '八家總評, 道家類, 莊子: 駁論', "老莊固同出漁愛身自利之術, 而其言之悖亂, 則莊子爲甚, 其心之奸巧, 則老子爲尤."

는 자에게 반드시 벌을 준다는 '신상필벌'의 단서를 붙잡았지만, '도'의 근원을 망각하여 살육을 일삼고 술수를 쓰며 가혹하게 하는 과오에 빠졌다는 것이다. 그는 '법가'의 폐단이 심해진 원인을 지적하면서 "신불해(申不害)·상앙(商鞅)의 무리가 법술(法術)로 정치의 방법을 삼자, 나라를 강하게 하기 위한 빠른 효과를 탐내고 민심을 잃는 심원한 해독을 망각하여, 천하에 정치를 논하는 자들이 휩쓸려 함께 따라가니, 법가의 폐단이 이보다 더 심할 수 없었다"[70]고 하였다. 곧 정치하는 사람들이 대부분 법가의 방법이 초래할 폐단은 외면하고 신속히 나라를 강하게 하는 데만 관심을 기울여 법가의 이론을 받아들이면서 결과적으로 법가의 폐단이 극심하게 일어날 수 밖에 없었다는 것이다.

신후담은 법가류로서 『관자』(管子: 春秋 管仲)·『한자』(韓子: 戰國 韓非)·『정론』(政論: 後漢 崔寔)·『대복론』(大復論: 明 河景明)의 네 문헌을 들고 있다. 그는 『관자』가 법가류의 문헌으로 시초임을 확인하고, 첫머리 몇편(牧民·權修·立政·五輔·治國편)은 읽어두어야 할 가치가 있는 것으로 중시하면서, 다른 편들은 도가·법가·유가의 글이 혼잡하게 뒤섞여 있는 것이고, 특히 몇편(法法·任法·明法·版法 편)은 법가류의 각박한 이론이라 지적하였다. 『한자』에 대해서는 특히 「해로」(解老)·「유로」(喩老) 두편을 보고 한비자(韓非子)의 사상이 노자에 연원한 것임을 지적하면서, 노자와 달리 잔인한 입장을 취하게 된 까닭을 해명하

---

69) 『河全』(4), 권19, 369쪽, '八家總評, 八家總論', "所謂法者, 則崇約誓以信其令, 果殺戮以嚴其律, 假借而任數, 刻核而少恩, 此則得其賞罰之一端, 而不察其原之過也."
70) 『河全』(4), 권19, 371쪽, '八家總評, 八家總論', "申不害·商鞅之徒, 以法術爲政, 耽其强國之速效, 忘其失民之遠害, 而天下之論治者, 靡然同趨, 法家之弊, 莫甚於此矣."

는데 관심을 기울였다. 『정론』은 최식(崔寔)이 그 시대의 폐단을 극단
적으로 교정하기 위해 엄격한 법을 강조한 것이라 보고, 『대복론』은
하경명(河景明)이 한비자를 본받은 것이 많지만 잔혹한데는 이르지 않
은 것으로 그 시대의 폐단에 대처하기 위한 이론이라 인정하고 있다.

　신후담은 "어진 사람이 형벌의 '도'를 쓰는 것은 또한 병을 치료하는
'법'과 다름이 있겠는가?"[71]라고 하여, 형벌의 법이 필요한 것은 마치
사람이 자신의 신체를 애호하지만 병이 들면 입에 쓴 탕약을 마시거나
침으로 신체를 찔러 고치는 것처럼 생명을 살리자는 것임을 강조하고
있다. 그러나 전국시대의 법가들은 옛 성인의 백성을 사랑하고 생명을
살리려는 마음을 잃어버리고, 형벌로 다스리는 법만을 받아들여 위협
하고 잔인하게 하며 긍휼히 여기는 마음을 끊어버리는데서 발생하는
것이라 본다. 곧 "심한 자는 또한 그 죄가 가벼운지 무거운지를 묻지도
않고 한결같이 무거운 법으로 얽어매니, 이것은 탕약으로 치료할 수
있는 질병인데도 뼈를 깍고 살을 자르기를 남용하는 것이다. 심한 자
는 또한 그 죄가 있는지 없는지 묻지도 않고 한결같이 무거운 형벌로
죽이는 것을 일삼는다. 이것은 병이 없는데도 스스로 그 사지와 육신
을 잔혹하게 하는 것이니, 이것은 그 본심을 잃은 것이라 한다"[72]고
하여, 생명을 살리려는 본심을 잃고 가혹한 형벌로 다스리는데 빠져버
린 법가의 문제점을 지적하고 있다.

---

71) 『河全』(4), 권19, 234쪽, '八家總評, 法家類, 法家類總論', "仁人用刑之道, 其亦與治
　　病之法無異乎."
72) 『河全』(4), 권19, 236-237쪽, '八家總評, 法家類, 法家類總論', "甚者又不問其罪之輕
　　重, 而一以重法繩之, 此則由湯藥可治之疾, 而濫用刮剟者也, 甚者又不問其罪之有
　　無, 而一以重刑戮爲務, 此則由無病, 而自殘其支體者也, 此之謂失其本心者也."

법가류에 대해서는 "신불해·한비·상앙의 무리에 이르러 참혹함이 더욱 심해지고 형벌과 살육을 먹고 마시는 일상의 일처럼 말하였으며, 그후 상앙의 법은 마침내 진(秦)나라를 멸망시키는데 이르렀다"[73]고 하여, 전국시대와 진(秦)나라때 법가의 폐단이 가장 심하였던 사실을 주목하고 있다. 그후 한(漢)나라나 명(明)나라 때에도 법가의 형률에 따라 황제들의 잔혹한 살육이 있었음을 지적하며, 이러한 법가는 모두 '어진 사람의 본심'(仁人之本心)을 잃은 것으로 비판하였다. 그러나 신후담은 법가의 잔혹한 형률의 폐단을 비판하면서도, 형벌이 치도(治道)에 불가피하게 필요함을 강조하여, "후세에 혹은 죄악이 이미 드러나고 인륜의 기강을 손상시키고 하늘의 이치를 해치는 죄목을 분명히 범했는데도 너그럽게 풀어주고 다스리지 말아야 한다는 의논을 하는 자는 이 또한 악성 종기와 큰 부스럼이 이미 목구멍과 뇌와 등과 옆구리 사이에 터져나왔는데도 차마 뼈를 깎고 살을 가르지 못하여 몸 한쪽의 고름이 터져나오는 것을 버려두었다가 죽게 된다면, 어진 사람이 사람을 사랑하는 본심이 아니다"[74]라고 하였다. 곧 혹독한 형벌이 과오에 빠지는 것과 마찬가지로 지나친 관용으로 범죄를 방치하는 것은 치명적인 종기를 치료하지 않고 버려두다가 생명을 잃는 것과 같아서, 성인이 사람을 사랑하고 생명을 살려내는 본심에 어긋나는 것으로 경계하고 있다. 그만큼 법의 지나친 혹독함이나 관대함의 양쪽 모두에 폐

---

73) 『河全』(4), 권19, 237쪽, '八家總評, 法家類, 法家類總論', "至於申·韓·商鞅之徒, 則酷慘轉加, 而道刑戮如飮食常事, 其後商鞅之法, 卒至於亡秦."
74) 『河全』(4), 권19, 238쪽, '八家總評, 法家類, 法家類總論', "後世或有罪惡已著, 明犯 於傷人紀·戕天理之科, 而猶爲寬平不治之論者, 此亦由毒疽大腫已發於喉腦背脇之 間, 而不忍刮剟坐值偏體之膿潰而死也, 非仁人之所以愛人之本心也."

단이 심함을 지적함으로써 균형있는 중용으로서 '법'이 운용되어야 함
을 강조하고 있는 것이다.

(2) 명가류의 인식

신후담은 명가류에서 말하는 '명'(名)을 규정하여, "이른바 '명'이란
처음에는 사물을 헤아려 이름을 바로잡으려 하였으나, 그 이론은 번쇄
하게 살피고 얽매여서 도리어 그 이름을 어지럽다. 처음에는 사물을 끌
어다 실지에 일치시키려 하였으나, 그 말이 부딪치고 막히며 번거롭고
흩어져 도리어 그 실지를 떠나버렸다. 이것은 이름(名)과 실지(實)의 한
단서를 얻었으나 그 근원을 살피지 못한 과오이다"[75]라고 하였다. 따
라서 명가는 이름과 실지 곧 '명'과 '실'을 밝히려 한 점에서는 유가의
'도'에서 한 단서를 잡았지만, 그 방법에서 잘못되어 번쇄함에 빠지고
막히게 되어 결과로는 '명'을 어지럽히거나 벗어나고 말았다는 것이다.

명가류의 문헌으로 『윤문자』(尹文子: 戰國 尹文)・『등석자』(鄧析子: 春秋
鄭 鄧析)・『공손자』(公孫子: 戰國 趙 公孫龍)을 열거하고 있다. 신후담은『윤
문자』를 명가의 시조로 보고, 노자를 조술하면서 노자와 다름을 지적
하며, 『등석자』를 지은 등석(鄧析)은 시비(是非)를 어지럽혀서 춘추말
정(鄭)나라 자산(子産)에게 죽임을 당했다고 고증하였다. 또한『공손자』
는 '백마비마'(白馬非馬: 말의 형체와 흰 빛깔은 서로 관여되지 않음)와 '리견백'
(離堅白: 돌의 굳음과 흰색은 서로 분리됨)의 변론을 제기하였지만 그 변론이

---

75)『河全』(4), 권19, 369쪽, '八家總評, 八家總論', "所謂名者, 則始將以稱器正名, 而其
　　爲說也, 苛察繳繞, 反有以亂其名, 始將以控物責實, 而其爲辭也, 遷滯煩散, 反有以離
　　其實, 此則得其名實之一端, 而不察其原之過也."

무익함을 강조하였다. 따라서 그는 "윤문과 공손룡의 무리들은 굳음
(堅)과 흰색(白)의 이론을 헤아려서 드러내며 스스로 명실(名實)에 의탁
하지만 전혀 인륜의 이치가 없는데, 천하에 변론을 힘쓰는 자가 어지
럽게 서로 본받으니, 명가의 폐단이 이보다 심할 수 없었다"76)고 비판
하였다. 이처럼 명가는 개념의 분석에 빠져 인륜의 도덕성을 잃어버리
면서 근원적으로 폐단에 빠질 수 밖에 없음을 지적한 것이다.

신후담은 '명'과 '실'의 문제는 유가의 핵심적 과제임을 주목하여 '명'
과 '실'이 일치하면서 하늘(天)과 땅(地)과 사람(人)의 명칭과 만물의 명
칭이 성립하는 것임을 지적하고, 이에 따라 인간의 성품과 감정과 인
륜이 성립하는 것임을 밝히고 있다. 따라서 '명'과 '실'이 어긋나면 인
간의 성품과 감정과 인륜이 어긋나게 되는 것임을 강조하였다. 바로
이 점에서 공자가 저술한 『춘추』는 명분이 어지러워진 시대에서 명분
을 바로잡은 '정명'(正名)의 글임을 밝혔다. 나아가 전국시대 혼란기의
명가에 대해서는 "행동과 실지(行實)를 버리고 명예와 예법(名檢)을 천
시하는 이론이 서로 속이며 함께 일어나서, 인도(人道)를 이적(夷狄)과
같은 것으로 하고자 하였다. 고집스럽고 안목없는 유자(拘儒)나 고루하
여 식견없는 선비(曲士)가 오로지 사물의 명칭에만 빠지고 또한 분석하
는데 얽매이면 도리어 그 실지를 벗어남이 있게 된다"77)고 하여, '명
실'의 문제를 추구하면서 행실과 예법의 도덕적 가치를 외면하면 '인

---

76) 『河全』(4), 권19, 371쪽, '八家總評, 八家總論', "尹文・公孫龍之徒, 料呈堅白之論,
自托名實, 絕無倫理, 而天下之務辯者, 紛然相效, 名家之弊, 莫甚於此矣."
77) 『河全』(4), 권19, 248쪽, '八家總評, 名家類, 名家類總論', "棄行實賤名檢之論, 交詐
竝興, 而欲同人道於夷狄, 若拘儒曲士之全泥於名物之間者, 則又徒鉤析繳繞, 而反有
以離其實."

도'를 '이적'과 구분할 수 없게 되는 오류에 빠지게 된다는 비판을 하고
있다.

한마디로 명가의 치명적 문제점은 인륜의 도덕적 가치를 외면하고
개념의 분석에만 빠져 '인도'를 드러내는 실지(實)를 벗어나 각박한데
천착하거나 거짓된 견해를 주장하는 폐단에 빠진다는 비판적 지적이
다. 곧 "한비의 조부(操符)·험식(驗式)의 술법과 등석의 삼표(三票)·사
분(四賣)의 이론은 대략 '명'을 따르고 '실'을 살피는 것으로 강령(綱領)
을 삼지만 근본은 각박한 습속을 주장하는 것이요, 윤문의 과정(科
呈)·명황(命況)의 이론과 공손룡의 리일(離一)·거이(擧二)의 변론은 대
략 '실'을 조사하고 '명'을 살피는 것으로 총요(總要)를 삼지만 실제는
거짓된 견해에 흐르는 것이다. 이로부터 이후로 이들의 치우친 이론이
천하에 멋대로 행해지니 '명'과 '실'은 크게 어지러워 졌다"78)고 하여,
명가의 이론이 명목의 천착에 빠지거나 거짓된 이론을 내세우면서 '명'
과 '실'의 일치를 어지럽혔던 폐단을 비판하고 있다.

이에따라 명가의 '실'을 버리고 '명'을 천시한(棄實賤名) 폐단이 확산
되어 드러난 사례로서 "풀어놓은 경우로 진(晉)나라 사람은 청허(淸虛)
의 풍조로 사물의 명칭에 얽매이고, 국한 된 경우로 한(漢)나라 유학자

---

78) 『河全』(4), 권19, 249쪽, '八家總評, 名家類, 名家類總論', "如韓非操符·驗式之術,
鄧析三票·四賣之論, 大略以循名稽實爲綱領, 而本主於刻核之習者也, 尹文科呈·
命況之說, 公孫離一·擧二之辨, 大略以按實考名爲總要, 而實流於詭怪之見者也, 自
此以後, 此等偏說肆行于天下, 而名實愈大亂."
    * '操符'(『韓非子』 主道편)--符節을 쥐고 합치됨을 확인함/ '驗式'(『韓非子』 主道
    편)--法式을 살펴서 징험함/ 三票(未詳)/ '四賣'(未詳)/ '科呈'(『尹文子』 大道上
    편)--名의 三科(命物之名·毁譽之名·況謂之名)와 法의 四呈(不變之法·齊俗之
    法·治衆之法·平準之法)/ '命況'(未詳)/ '離一'(堅과 白을 하나로 보는 것을 부정)/
    '擧二'(無堅得白과 無白得堅으로 구별하여 제시).

가 훈고의 체제로서 각박한 습속이 되었던 것이며, 혹독한 관리가 문자를 희롱하고 법률을 왜곡시키는 계책과 거짓된 견해의 빌미가 되며, 변론가들이 공허함을 꾸미고 차이를 넓히는 길로 그릇되게 하였다"79)고 하여, 명가의 폐단은 명가에 그치지 않고 위진(魏晉)시대의 청담가(淸談家)나 한대(漢代)의 훈고학(訓詁學)이 모두 실지를 버리고 명목을 추구하는데 빠진 것이라 비판하며, 심지어 가혹한 관리나 변론가들도 실지를 무시하고 명목을 이용하였던 것임을 지적하였다.

그만큼 실지(實)와 명목(名)을 부합시키지 못하고 명목을 꾸며서 이용하는 견해가 있다면 모두가 '명가류'의 폐단에 물든 것으로 보는 입장을 밝히고 있는 것이다. 그렇다면 '명가류'의 폐단을 바로잡으려면 성인의 가르침에 따라 '명'과 '실'을 일치시키며 인륜과 명분의 의리를 밝히는 유가의 정신을 회복하는데 있는 것으로 보는 것은 당연하다고 하겠다.

(3) 묵가류의 인식

신후담은 묵가의 핵심사상을 '귀검'(貴儉)과 '겸애'(兼愛)의 두가지로 집약시켜, "이른바 묵가란 오로지 '검약을 귀하게 여김'(貴儉)을 임무로 삼는데, 검약함이 너무 지나쳐 예법을 번거롭게 여겨 제거하고자 하고 음악을 사치스럽게 여겨 제거하고자 하는데 이르렀다. 또한 오로지 '아울러 사랑함'(兼愛)을 숭상할 것으로 삼는데, 그 사랑함에 근본이 없어서 자기의 부모를 이웃 사람의 부모처럼 보고 형의 아들을 이웃 사람

---

79) 같은 곳, "放者則晉人淸虛之風, 以之其繳繞名物, 而局者則漢儒訓詁之體, 以之刻核之習, 資酷吏舞文弄法之計, 詭怪之見, 謬辯流飾虛博異之路."

의 아들처럼 보는데 이르렀다. 이것은 검약과 사랑의 한 단서를 얻었
지만 그 근원을 살피지 않은 허물이다”80)라고 하였다. 그는『묵자』에
서 '겸애'편과 '절용'(節用)편을 중심으로 묵자의 '겸애'와 '귀검' 곧 '절
검'(節儉)사상이 유가의 '도'에 어긋나는 사실을 확인하여 비판하는데
관심을 모으고 있다. '겸애'는 인간에 대한 사랑을 말하지만 부모에 대
한 사랑(親親)을 근본으로 하는 유가의 '도'에서 벗어나 자기 부모와 남
의 부모를 같이 여김으로써, 맹자로부터 부모를 부모로 여기지 않는다
는 '무부'(無父)의 죄목으로 비판을 받은 사실을 지적한다. 또한 '절검'
(귀검)은 검약을 지나치게 강조하면서 유가의 예법에서 중시하는 상장
(喪葬)의 의례나 악률(樂律)의 음악을 비판하면서 유가의 예악(禮樂)에
따른 교화체제와 정면으로 충돌하는 사실에 비판의 초점을 맞추고 있
는 것이다.

  '묵가류'에서는『묵자』만을 다루면서, '묵자론'과 '묵씨원류' 및 '묵불
론'(墨佛論)의 3편으로 서술하였는데, '묵자론'편에서는 묵자의 이론을
집중적으로 비판하고 있다. 신후담은 먼저 천하만사에 '당연하여 바꿀
수 없는 정해진 이치'(當然不易之定理)가 있음을 전제로 제시하면서, 이
이치에 나아가는 수준을 구분하여, 성인은 생각하지 않아도 터득하고
(不思而得) 힘쓰지 않아도 적중하는(不勉而中) 단계요, 그 다음은 정밀하
게 선택하고(精擇) 굳게 지켜가는(固執) 단계이며, 이에 못미치는 자는
사사로운 지혜와 천박한 견해(私智淺見)의 구차함으로써 이 이치에 합

---

80)『河全』(4), 권19, 369-370쪽, '八家總評, 八家總論', "所謂墨者, 則全以貴儉爲務, 而
    其儉之太過, 至於以禮爲煩而欲除之, 以樂爲侈而欲去之, 全以兼愛爲崇, 而其愛之無
    本, 至於視己之親猶隣人之親, 視兄之子猶隣人之子, 此則得其儉愛之一端, 而不察其
    原之過也."

치고자 하지만 지나치거나(過) 못미칠(不及) 뿐이지 그 이치에 흡사한 것을 얻지 못하는 단계라고 하였다. 여기서 그는 "내가 보건대 묵자의 '도'를 함은 역시 당연하여 바꿀 수 없는 정해진 이치를 살피지 못하고서 사사로운 지혜와 천박한 견해의 구차함을 망녕되이 풀어놓는가"[81]라고 하여, 묵자가 이치를 붙잡는데서 벗어난 것이라 규정하고 있다. 이미 '도'에서 벗어났다고 규정하였으니 묵자의 이론이 용납될 여지가 없어지고 비판되어야 할 것으로 보는 것이 사실이다.

'겸애'란 자식이 부모 보기를 자기 몸과 같이 한다면 이치에 어긋남이 없을 것이나, 자식된 자가 자신만을 사랑하고 부모를 사랑하지 않아서 부모를 훼손시키며 자신을 이롭게 하는 불효의 폐단이 일어나자, 부모를 사랑함이 없이 자기 몸처럼 보려고 한다면, "이것은 세상사람들이 못미침을 고치려고 하다가 도리어 너무 지나침에 흐르니 이른바 당연한 정해진 이치를 알지 못하는 것이다"[82]라고 하였다. 곧 부모를 자기 몸과 같이 본다는 것은 도리로서 사랑하는 것을 의미한다면, 부모를 사랑함이 없이 자신의 이로움과 부모를 동일시한다면 그것은 불효의 폐단을 고치는 방법이 아니라 다른 방향에서 불효로 빠지게 하는 것임을 말한다. 또한 '절검'이란 음식과 의복과 상례와 음악이 성왕께서 제정한 절도를 넘지 않는 것이라면 이치에 어긋남이 없을 것이나, 음식과 의복과 상례와 음악이 번거롭고 사치하다고 그만두어야 한다면, "이것은 세상사람들의 너무 지나침을 고치려고 하다가 도리어 못

---

81) 『河全』(4), 권19, 254쪽, '八家總評, 墨家類, 墨子論', "余觀墨氏之爲道也, 其亦未察乎當然不易之定理, 而妄逞其私智淺見之區區者耶."
82) 『河全』(4), 권19, 257쪽, '八家總評, 墨家類, 墨子論', "此則矯世人之不及, 反流於太過, 而不知所謂當然之定理者也."

미침에 돌아가니 이른바 당연한 정해진 이치를 알지 못하는 것이다"[83] 라고 하였다. 묵자에서 '겸애'가 중용을 넘어 지나침으로 나간 폐단이 있다면, '절검'은 중용에 까지 못미치는 폐단이 있음을 비판하는 것이니, 묵자에 대한 비판의 기준은 유가의 '도'로서 '중용'을 적용하고 있는 것이다.

'묵불론'편에서는 묵자의 사상을 불교와 일치시켜 이단비판의 논리로 배척하는 입장을 밝혔다. 이러한 입장은 허목(眉叟 許穆)에서도 나타난다. 허목은 "묵교(墨敎)를 존숭하는 자들은 귀신 섬기기를 좋아하니, 묵가는 불교와 유사하지만 불교가 더욱 심오하다"[84]고 언급하였다. 여기서 허목은 비판적 입장을 심하게 드러내고 있지 않지만, 신후담은 더욱 구체적으로 묵자와 불교의 일치점을 지적하면서 확고한 비판의 논거로 삼고 있다. 그는 묵자의 학설(墨學)이 맹자의 비판을 받은 다음에 진(秦)·한(漢)이후 소멸되어 행해지지 않았지만, 그 후에 중국에 행해졌던 석가의 이론은 묵자와 완전히 같다고 보았다. 곧 "불교에서 자비로 널리 구제한다는 것은 바로 묵자에서 '겸애'의 이론이요, 불교에서 출가하여 승려가 된다는 것은 바로 묵가에서 부모를 버리는 학설이다. 불교의 '도'는 죽음을 적멸이라 하여 들판에 내다버리면서 슬퍼하지 않는 것은 묵자에서 장례를 가볍게 하면서 심히 슬퍼하지 않는 것과 흡사하며, 불교의 '도'는 천당·지옥의 명목을 설치하여 어리석은 백성을 유인하는데, 묵자에서 천귀(天鬼)에 의탁하여 사람들을 겁주는

---

83) 『河全』(4), 권19, 258쪽, '八家總評, 墨家類, 墨子論', "此則矯世人之太過, 反歸於不及, 而不知所謂當然之定理者也."
84) 『眉叟記言』, 권5 上篇, 2, '文叢序', "宗墨敎者, 好事鬼神, 墨類佛, 佛尤深."

것과 흡사하다. 묵자는 거자(巨子)를 성인으로 삼고 시(尸: 主人)가 되어 후세를 얻고자 바라는데 이르면 더욱 불교의 이른바 법사(法嗣)와 흡사하다"[85]고 하여, 묵자와 불교의 일치점을 찾아가는데 세밀한 관심을 기울이고 있다. 여기서 그는 묵자와 불교가 서로 계승한 것이 아니지만 '도'의 근원이 사사로운 뜻(私意)에서 나왔기 때문에 저절로 일치될 수 밖에 없는 것이라 보았다. 따라서 그는 묵자에 대해 앞에서 맹자의 비판이 있었고, 뒤에 정주(程朱)가 맹자의 뜻을 이어서 불교의 사특함을 비판하여 묵가와 불교를 막아냄으로써 유교의 지극히 정당한 '도'가 세상에 밝혀질 수 있었다고 한다.[86] 그만큼 신후담은 유교의 호교론적 입장에서 불교와 더불어 묵자에 대해 엄격한 이단비판론을 제시하고 있음을 보여준다.

'묵씨원류'편에서는 묵자학파의 전개과정을 제시하고 있는데, 그는 먼저 묵학의 시원으로 노(魯) 혜공(惠公)이 교(郊)제사를 청하자 주(周) 환왕(桓王)이 사각(史角)을 노나라에 보내서 못하게 말렸는데, 이때 사각이 노나라에 머무는 동안 묵자(墨翟)이 사각에게서 배워 귀신의 일에 밝았다고 한다. 그는 묵자의 학맥을 이은 금활리(禽滑釐)를 비롯한 여러 묵학의 인물(墨者)들을 열거하고 있다.[87]

---

85) 『河全』(4), 권19, 264쪽, '八家總評, 墨家類, 墨佛論', "釋氏之慈悲普濟, 卽墨子兼愛之論也, 釋氏之出家作僧, 卽墨子遺親之學也, 釋氏之道以死爲寂, 棄諸原野不以悲哀, 而墨子之欲薄葬 不甚哀者似之, 釋氏之道設天堂地獄之名, 誘賴愚民, 而墨子之依托天鬼以恐人者似之, 至如墨子之以巨子爲聖人, 而願爲之尸冀得爲後世者, 尤似釋氏所謂法嗣."

86) 『河全』(4), 권19, 265쪽, '八家總評, 墨家類, 墨佛論', "孟子旣闢墨氏於前, 而又有程朱諸先生, 出於其後, 追述孟子之意, 極斥釋氏之邪, 使無所容其喙焉, 二家之說, 於是略見沮息, 而吾儒至正之道, 得明於世矣."

87) 신후담에 제시하고 있는 墨學의 학맥과 인물들을 도표화해보면 다음과 같다.

2) 종횡가(縱橫家)・잡가(雜家)・병가(兵家)류의 인식

(1) 종횡가류의 인식

신후담은 종횡가를 전반적으로 규정하여, "'종횡'이란 말을 꾸미고 변론을 숭상하지만, 뒤집어 엎고 교묘하게 속임에로 귀결됨을 면하지 못한다.…소진(蘇秦)・장의(張儀)・공손연(公孫衍)의 무리는 입과 혀로 제후를 유세하여 그 하고자 함을 이루니, 간사한 사람과 변란을 일으키는 자와 부귀를 도모하는 자가 다투어 그 습속을 다투어 배우니, 이것이 종횡의 폐단이다"[88]라고 하였다. 곧 종횡가의 방법은 변론으로 유세하는 것이지만, 그 바탕은 전복시키고 속이는 것으로 이익을 추구하는 것임을 지적한 것이다.

따라서 종횡가는 말을 간교하게 잘하는 사람 곧 '녕인'(佞人)이 임금

史角→墨子 ┌→禽滑釐　┌→許犯 →田繫
　　　　　　　　　　　└→索魯參
　　　　　　└→高何縣子石
*相里勤 →五侯之徒
*苦獲・己齒・鄧陵子［南方之墨者］┘ ※相謂'別墨'
*(秦 惠王時) 鉅子腹䵍(복돈)・唐姑果/ 謝子[山東墨者]
*(孟子 同時) 夷之
*(『漢書』藝文志) 尹佚(윤일)・田俅子・我子・隨巢子・胡非子
*(陶淵明,『聖賢羣輔錄』) 宋鈃(송형) 등 三墨.

신후담이 제시하는 墨學의 학맥은 『韓非子』(顯學편)에서 相里氏・相夫(伯夫)氏・鄧陵氏의 묵학으로 3분하거나, 오늘날 墨辯學派와 墨俠(遊俠派)으로 2분하기도 하고, 談辯派・說書派・從事派로 3분하기도 하는 것과는 달리, 문헌에서 나오는 자료를 열거하는 성격을 보여준다.(李雲九・尹武學, 『墨家哲學研究』, 성대출판부, 1995, 33-37쪽 참조).
88) 『河全』(4), 권19, 370-371쪽, '八家總評, 八家總論', "縱橫, 則飾辭說尙辯給, 未免爲傾危變詐之歸,…蘇秦・張儀・公孫衍之徒, 以口舌遊說諸侯, 成其所欲, 而奸人・亂士・營富貴者, 爭師其習, 此縱橫之弊然也."

의 마음을 엿보고서 속임수를 쓰는 것으로 규정하여, "혹은 그 욕심내는 바를 탐지하여 순조롭게 이끌어가고, 혹은 그 두려워하는 바에 따라서 위협하여 붙잡기도 하며, 많은 비유를 들고 널리 인용하여 득실(得失)로 현혹시키며, 번다한 말과 교묘한 이론을 펼쳐 이해(利害)로 미혹시키니, 듣는자는 쉽게 현혹되고 변론하는 자가 깨뜨리기 어렵다"[89] 하여, 종횡가의 간교한 변설이 제후들의 마음을 현혹시키는 사실을 밝히고 있다. 곧 전국시대의 당시 진(秦)은 강하고 다른 제후들은 약한 상황에서 종횡가들은 제후들이 자신의 나라를 지키고 싶어하는 욕심과 진나라에 대해 두려워하는 마음을 이용하여 종설(縱說: 合縱策)과 횡설(橫說: 連橫策)을 제시하였다는 것이다.

신후담은 '종횡가류'로 『귀곡자』(鬼谷子: 戰國 楚 一說 王祤)·『전국책』(戰國策: 撰者 未詳)의 두 문헌을 논의하고, '전국론'(戰國論)의 한 편을 써서 전국시대 종횡가를 평가하였다. 먼저 『귀곡자』에 대해, "'패합'(捭闔)이란 이른바 그 실지를 구하고자 그 지시함이 받아지도록 하는 것이요, '내건'(內揵)이란 이른바 반드시 그 감정을 얻고자 술수를 만들어내는 것이다. 이것은 그 술법이 행해지고자 하는 자는 반드시 먼저 군주의 마음을 엿보아야 한다는 것을 말한다. 이것은 이른바 반드시 매우 기뻐하는 때에 가서 그 하고자 함을 극진하게 하고, 반드시 매우 드려워하는 때에 가서 그 미워함을 극진하게 하는 것이다. 이것은 그 하고자 하는 바에 순응하고 그 두려워하는 바를 위협하는 '도'이다"[90]라고 하

---

89) 『河全』(4), 권19, 282쪽, '八家總評, 縱橫家類, 縱橫家類總論', "或探其所欲, 而順以導之, 或因其所畏, 而脅以持之, 多喩博引, 而眩之以得失, 繁辭巧說, 而疑之以利害, 聽之者易惑, 卞之者難破."
90) 『河全』(4), 권19, 284쪽, '八家總評, 縱橫家類, 縱橫家類總論', "余觀鬼谷之書, 如捭

였다. 『귀곡자』의 '패합'편은 열어서 같음을 보여주고 닫아서 다름을 보여주는 것이니, 자신의 뜻을 펴기 위해 상황에 따라 대처하는 방법을 말하는 것이요, '내건'편은 상대방의 마음을 확고하게 붙잡는 방법을 말하는 것이니 술수가 나오게 된다는 것이다. 한마디로 『귀곡자』는 군주의 좋아하고 싫어함에 상응하여 이해득실을 내세워 자신의 의도를 설득하는 유세의 방법으로 '정도'에 근거하는 것이 아니라 '술수'를 추구하는 것임을 비판하고 있다. 그는 바로 이점에서 『귀곡자』가 종횡가의 근원이 되는 것이라 보았다. 이에 비해 허목은 귀곡자가 법가·종횡가·병가의 시조로 보기도 한다.[91]

『전국책』에 대해서는 소진의 종설(縱說)은 제후들이 연횡책(連橫策)을 두려워하는 것을 헤아린 것이고, 장의의 횡설은 제후들이 합종책(合縱策)을 싫어하는 것을 헤아린 것으로 군주의 마음을 엿보고 교묘한 계책을 낸 것이라 규정하면서, 그 유세의 화법을 들어서, "그 진술한 말이 이른바 '차라리 닭의 주둥이가 될지언정 소의 꼬리가 되지 않는다'는 것은 그 하고자 하는 것으로 순응하는 것이요, 이른바 '양떼를 몰아서 사나운 호랑이에 대적한다'는 것은 그 두려워하는 것으로서 위협하는 것이다. 그 말이 득실과 이해의 이론으로 하는 것은 이쪽은 제후들이 많고 진(秦)은 홀로이며, 저쪽은 진이 강하고 제후들은 약하다는 것이다"[92]라고 하였다. 이처럼 멋진 말과 교묘한 변론으로 제후들의 마

闔, 所謂以求其實, 責得其指, 內揵, 所謂必得其情, 乃制其術者, 此言欲行其術者, 必先乎窺伺人主之心也, 如所謂必以其甚喜之時, 往而極欲也, 必以其甚懼之時, 往而極其惡也者, 此言順其所欲, 脅其所畏之道也."

91) 『眉叟記言』, 권5 上篇, 2, '文叢序', "刑名法術從橫用兵之家, 皆祖鬼谷."

92) 『河全』(4), 권19, 285쪽, '八家總評, 縱橫家類, 縱橫家類總論', "若其所陳之辭, 則如

음 속을 파고들어 욕심을 끌어내고 공포심을 자극하여 자신의 의도한
바를 이루는 것임을 보여준다. 따라서 종횡가의 술법이 치밀하고 교묘
하여 욕심에 따라 순응하여 이끌어가고 두려워함에 따라 위협하면 제
후들은 그 술법을 따르지 않음이 없고, 이해득실로서 속임수를 은폐하
니 제후들이 휩쓸려 따라가게 되었던 사실을 지적하였다. 한마디로 종
횡가의 변론이 '정도'를 잃은 '술법'일 뿐임을 경계하고 있다.

(2) 잡가류의 인식

신후담은 잡가류의 전반적 성격을 규정하면서, "잡가는 듣고 알기를
탐내며 기록하고 겪어보기를 힘쓰지만, 끝내는 어지럽게 뒤섞이는 습
속에 흐른다.…혜시(惠施)·순우연(淳于衍)의 무리에 이르면 방법은 많
아도 '도'에 어긋나고, 기록은 광범하나 말은 잡박하여 '잡가'라고 칭한
다"93)고 하였다. 곧 잡가는 지식을 넓고 다양하게 모아들이지만 잡다
하게 뒤섞여 있을 '도'의 기준을 확립하지 못한 것이라는 비판이다.

잡가류에 대한 그의 비판은 유가의 학문이 지식을 넓게 하는 '박'(博)
을 추구하지만 통합하는 근본이 있는 것임을 확인하는데 기반하고 있
다. 따라서 그는 "군자의 학문은 넓게 하지 않을 수 없다. 비록 그러하
나 저 어지러운 온갖 다양한 것은 이른바 통합하는 근본(宗)과 모아들
이는 첫머리(元)가 있어서 모두 포섭하여 관할하는 것은 하나의 이치

所謂寧爲鷄口無爲牛後者, 以其所欲者, 而順之也, 如所謂驅羣羊以敵猛虎者, 以其所
畏者, 而脅之也, 至其亂之以得失利害之說, 則此以爲諸侯衆而秦則獨, 彼以爲秦則强
而諸侯弱."
93) 『河全』(4), 권19, 370-372쪽, '八家總評, 八家總論', "雜家, 則貪聞識務記歷, 終流於
紛錯雜亂之習,…至於惠施·淳于衍之徒, 則多方/而道舛, 廣記而言駁, 以博雜稱."

(一理)이다. 이 때문에 배움을 넓게 하는 것은 반드시 이치를 근본으로 삼아서 하나로 통합해야 하는 것이다. 그런 다음에 그 학문은 충실함이 되며 배우면서도 멀리 달려가고 바깥에만 힘쓰는 데 귀결됨에 이르지 않는다"94)고 하여, '하나의 이치'를 근본으로 확립하여 잡다한 지식을 통합하고 통제할 수 있어야 한다는 것이다. 따라서 공자가 '하나로 꿰뚫음'(一以貫之)을 제시하는 것은 바로 '하나의 이치'로 꿰뚫고 있는 것이라 확인하였다.

또한 공자가 '글을 널리 배우면서 예법으로 집약할 것'(博學於文, 約之以禮)을 말한데 대해, "군자의 학문은 비록 글을 넓게 하더라도 반드시 예법으로 돌이켜서 집약하여 지켜야 하니, 그런 다음에 그 요령을 붙잡을 수 있어서 '도'를 떠나는 그릇됨에 이르지 않을 것임을 말한다"95)고 하여, 넓게 배움에는 반드시 집약하는 일관적 통일성이 중요함을 역설하였다. 곧 잡가류의 박학적 풍조가 만물의 이치를 궁구하지만 뒤섞여서 절충함이 없고 제자백가의 모든 이론을 통달하지만 산만하여 귀결됨이 없어서 통합하고 집약함을 잃어서 '도'에 어긋나게 됨을 강조하면서, 한마디로 "효과를 드러냄은 더욱 아득하고 '도'를 벗어남은 더욱 멀어지니, 이것은 모두 널리 배움에 힘쓰지만 하나의 근본에 어두운 허물이다"96)라고 비판하였다.

---

94) 『河全』(4), 권19, 320쪽, '八家總評, 雜家類, 雜家類總論', "君子之學, 不可以不博也, 雖然彼紛然而萬殊者, 蓋有所謂統之宗·會之元, 而該攝而管括者, 一理是也, 是以其所以學之之博者, 必以是理爲本, 而摠之於一, 然後其學也爲實, 學而不至爲馳遠務外之歸矣."
95) 『河全』(4), 권19, 321쪽, '八家總評, 雜家類, 雜家類總論', "言君子之學, 文雖博而必其反之於禮, 守之以約, 然後操得其要, 而不至於離道之非也."
96) 『河全』(4), 권19, 322쪽, '八家總評, 雜家類, 雜家類總論', "見效愈邈, 去道愈遠, 此皆

‘잡가류’로는 『육자』(鬻子: 戰國 楚 鬻熊)・『여씨춘추』(呂氏春秋: 秦 呂不韋)・『회남자』(淮南子: 前漢 劉安)・『논형』(論衡: 後漢 王充)・『백호통』(白虎通: 後漢 班固)・『풍속통』(風俗通: 後漢 應邵)・『자화자』(子華子: 晉 程本)・『유자신론』(劉子新論: 北齊 劉晝)에 이르는 9가지 문헌을 다루고 있다.

『육자』에 대해서는 잡가 가운데서 가장 간결하고 질박한 것이라 인정하지만 말에 이미 드러낼 만한 것과 버려야할 것이 많다고 평가하며, 『여씨춘추』(呂氏春秋)에 대해서는 간혹 유가의 남긴 말이 있어서 취하지 않을 수 없다고 인정하면서 “대략 학술을 말함은 유가와 묵가의 옳고 그름을 분별하는데 어둡고, 치도(治道)를 논함은 신불해・상앙의 각박한 술법이 뒤섞였으며, 그 예악(禮樂)과 인의(仁義)로 논한 이론은 말단을 따르고 근본을 잃거나 외면을 들여다보았지만 내면에는 어두운 것이다”97)라고 규정하여, ‘도’의 근본이 확고하게 정립되지 않은데서 오는 폐단에 빠진 것으로 비판하였다. 『회남자』에 대해서 ‘회남자후론’(淮南子後論) 한 편을 더 붙이면서 특히 자세히 논의하였는데, “말의 취지가 뒤섞여 어지럽고 의도하는 바가 미혹되고 어두워 학술에 도움됨이 없고 치도에 보좌함이 없으며, 또한 사실로 고증할 수 있는 것이 없다”98)고 심하게 비판하였다. 나아가 『회남자』와 『자화자』는 전혀 문장의 아름다움이 없고 뒤섞임이 더욱 심하다고 지적하였다. 이와 더

務博學而昧一本之過也.”
97) 『河全』(4), 권19, 290쪽, ‘八家總評, 雜家類, 呂氏春秋’, “大略語學術, 則昧儒墨是非之分, 論治道, 卽雜申商刻核之術, 其論禮樂仁義之說, 類皆循其末而遺其本, 窺乎外而昧乎內.”
98) 『河全』(4), 권19, 297쪽, ‘八家總評, 雜家類, 淮南子’, “詞旨龐亂, 歸趣迷晦, 無補於學術, 無裨於治道, 亦無事實之可考.”

불어 반고(班固)의 『백호통』과 응소(應邵)의 『풍속통』에 대해서는 "인의의 근원을 추구하고, 사실을 고증하여 실었으며, 이치에 어긋나는 말이 드물지만, 식견이 정밀하지 못하여 비루하고 번쇄하며 산만함의 과오를 면하지 못하였다"[99]고 비판하였다. 나아가 왕충(王充)의 『논형』은 뒤섞이고 산란함(蕪蔓)으로 손상되고, 유화(劉晝)의 『신론』은 세밀하게 새기는데 흘렀다고 폐단의 특징을 대비시키고 있다.

전반적으로 잡가류에 대해서는 '널리 배움'(博學)에 힘쓰다가 '하나의 근본'(一本)에 어두운 허물에 빠진 것임을 지적하여, 학문에서 근본을 아는 것이 중요함을 강조하였다. 따라서 그는 잡가류가 모두 '박학'이라는 한가지 단서를 얻는데 자족하면서 '도'에서 어긋나게 되었음을 지적하여, 유가의 '근본과 지말을 일치시키는 학문'(本末一致之學)이라야 허물이 없는 것임을 확인하고, '만가지 차이가 하나에 근본함의 오묘함'(萬殊一本之妙)을 강조하여, 배움을 넓게 함(博)과 근본에 집약함(約)이 일치하는 유가의 '도'를 기준으로 삼지 않으면 폐단이 일어날 수 밖에 없음을 경계하고 있다.

(3) 병가류의 인식

신후담은 병가류에 대한 전반적 성격을 규정하여, "병가는 공격과 수비의 형세를 중시하고 갈라져서 다투는 술법을 익히니 천하에 해독을 끼친다. 이것은 모두 명변(明辯)이나 박기(博記)나 기략(機略)이나 절제(節制)의 한 단서를 각각 얻었지만 그 근원을 살피지 않은 허물이

---

99) 『河全』(4), 권19, 322쪽, '八家總評, 雜家類, 雜家類總論', "推原仁義, 考載事實, 鮮有悖理之言, 而見識不精, 未免有猥碎支離之失."

다"100)고 하였다. 인간사회의 현실에서 전쟁은 피할 수 없고, 따라서 '병'(兵)은 치도에서 중요한 구성요소의 하나를 이루고 있다. 그럼에도 불구하고 병가류에 대해 이러한 비판이 가능한 것은 '병'과 전쟁에 대한 유가적 관점을 전제로 한 것이다. 따라서 그는 "'병'을 말하는 사람들에는 세가지 이론이 있으니, '인의'(仁義)요, '모략'(謀略)이요, '행진'(行陣)이다. 대체로 말하면 이 세가지 이론은 갖추어져야 하고 폐지할 수 없지만, '인의'가 곧 그 근본이다"101)라고 밝힌다. 병가류는 바로 '인의'의 근본을 망각하고 '모략'이나 '행진'에만 몰두하면서 폐단을 일으켰다는 것이다.

'병가'에서 '인의'란 무엇인가? "흉악하고 잔인한 사람이 백성을 학살하여 천하를 해치고 어지럽히면 반드시 성인이 군사를 일으켜 흉폭한 자를 제거하여 백성을 편안하게 하고 잔학함을 없애서 천하를 평화롭게 하는 것이니, 그 제거하고 없애는 것은 '의'(義)요, 그 편안하게 하고 평화롭게 하는 것은 '인'(仁)이다. 이것이 '인의'가 폐지될 수 없는 까닭이다"102)라고 하여, 포악한 자를 제거하고 백성과 천하를 평안하게 하는 '인의'가 병가의 목적이요 근본이 되는 것임을 확인하고 있다. 물론 양쪽의 군사가 맞붙어 싸울 때는 지모와 계략이 있어야 이길 수 있

---

100) 『河全』(4), 권19, 370쪽, '八家總評, 八家總論', "兵家, 則矜攻守之勢, 習分爭之術, 以流毒於天下, 此皆各得乎明辯·博記·機略·節制之一端, 而不察其原之過也."
101) 『河全』(4), 권19, 360-361쪽, '八家總評, 兵家類, 兵家類總論', "談兵之家, 有三說焉, 曰仁義也, 曰謀略也, 曰行陣之法也, 槪而言之, 則此三說俱不可廢, 而仁義卽其本也."
102) 『河全』(4), 권19, 361쪽, '八家總評, 兵家類, 兵家類總論', "夫凶頑殘暴之人, 賊虐生民, 毒亂天下, 則必有聖人仗兵而起, 除其凶, 而安生民, 滅其殘, 而平天下, 其所以除而滅之者義也, 其所以安而平之者仁也, 此仁義之所以不可廢者也."

으니, '모략'도 폐기할 수 없는 일이요, 많은 군사를 동원할 때 대열을 정비하고 군진(軍陣)을 배열하여 통제하지 않으면 무리가 혼란에 빠지지 않을 수 없으니 '행진'의 법도 폐지할 수 없는 일이다. 그러나 군사를 일으키는 목적이 흉폭한 자를 제거하고 백성을 편안하게 하는 것이니 '인의'가 근본임을 잊으면 폐단에 빠지지 않을 수 없음을 강조하고 있다.

따라서 탕(湯)임금이나 무왕(武王) 같은 성왕의 용병에서도 '모략'이 있고 '행진'이 있었지만, 그 전쟁의 목적이 백성을 위무하고 죄를 벌한다는데 있음을 잊지 않았기 때문에 '인의'를 행하는 용병이었음을 확인한다. 그러나 전국시대 이후로 천하가 혼란에 빠지면서 병가의 무리들은 '모략'이나 '행진'에만 몰두하였을 뿐 '인의'가 무엇인지 모르게 되었다는 것이다.

신후담은 '병가류'에서 『육도』(六韜: 周 姜太公)・『사마자』(司馬子・司馬兵書: 春秋 齊 穰苴)・『손자』(孫子: 春秋 齊 孫武)・『오자』(吳子: 戰國 魯 吳起)・『삼략』(三略: 秦 黃石公)・『위료자』(尉繚子: 戰國 魏 尉繚)・『공명심서』(孔明心書: 未詳)・『위공대문』(衛公對問: 唐 李靖)・『도감내편』(韜鈐內篇: 明 趙本學)・『도검편』(韜鈐續篇: 明 俞大猷)의 10가지 병서를 들고 있다.

『육도』는 강태공(姜太公)이 지은 것으로 가탁하였지만 그 논설이 전혀 전국시대의 속임수를 이어받은 것이라 하고, 『사마자』의 몇편은 비록 『주관』(周官)의 남겨진 법도를 서술한 것이지만 그 취지는 실지로 패자(覇者)들의 권모술수에서 나온 것이라 하였다. 또한 '병가류'의 대표적 저술이라 할 수 있는 『손자』와 『오자』에 대해서는 "손무(孫武)・오기(吳起)의 무리는 정당함을 버리고 기이함을 천착하며, 의로움을 배반하고 속임수에 의지한다"103)고 하여, 정도에 어긋남을 전면적으로 비판하고 있다. 『삼략』과 『위료자』에 대해서는 "『삼략』에서 백성의 양육(養民)을 주로 말하고, 『위료자』에서 살인을 심히 경계하는 것은 취할만한 것이지만, 이들이 '인의'를 논한 것은 임시로 빌려오는 것을 면하지 못한다"104)고 하여, 진실한 '인의'가 아니라, '인의'로 겉을 꾸민 것에 불과한 것이라 비판하였다. 또한 『주역』을 유추하고 연역하여 진법을 해명하였던 『공명심서』와 『위공대문』는 위작(僞作)으로 믿을 수 없고, 그 말도 후세의 속임수라 하여 부정하였다. 나아가 『도검내편』과 『도검속편』에 대해서는 '행진'의 법도만을 말한 것으로 진법의 정밀함이 병학(兵學)에 보탬이 되지만, '인의'가 근본이 됨을 전혀 말하지 않은 문제점을 지적하였다.

따라서 그는 "세상에서 '용병'하는 자는 반드시 '인의'를 근본으로 삼고, 그 다음에 '모략'과 '행진'의 술법을 겸하여서, 흉폭한 자를 제거하여 백성을 편안하게 하고 잔학한 자를 없애어 천하를 평화롭게 한다면 옛 성인이 '용병'하는 본심을 잃지 않을 수 있을 것이다"105)라고 하였다. 이처럼 '용병'에서도 반드시 '인의'를 근본으로 삼는 유가의 '도'에 근거함으로써 '병가'의 정도를 얻을 수 있는 것임을 거듭 확인하고 있는 것이다.

---

103) 『河全』(4), 권19, 372쪽, '八家總評, 八家總論', "吳起·孫武子之徒, 則舍正而鑿奇, 背義而依詐."
104) 『河全』(4), 권19, 363쪽, '八家總評, 兵家類, 兵家類總論', "三略之主言養民, 尉繚之深戒殺人者, 不無可取, 而其論仁義, 未免假借."
105) 『河全』(4), 권19, 364쪽, '八家總評, 兵家類, 兵家類總論', "世之用兵者,…必以仁義爲本, 然後兼及於謀略行陣之術, 于以除其凶, 而安生民, 滅其殘, 而平天下, 則可以不失乎古昔聖人用兵之本心."

6. 신후담의 제자백가 인식이 지닌 의미

18세기는 조선시대의 사상적 주류로서 통치이념을 뒷받침하던 도학
-주자학이 사회적 현실에서 한계를 드러내면서, 새로운 방향을 모색하
거나 도학에서 이탈하는 실학의 학풍이 출현하여 사상적 다변화가 이
루어지는 시기였다. 이 시기에 신후담은 실학자 이익(星湖 李瀷)의 문인
이면서도 23세때(1724)의 청년시절에 제자백가를 비판하는『팔가총평』
(八家總評)과 서학을 비판하는『서학변』(西學辨)을 저술함으로써, 도학의
정통론의 신념을 지탱하는 학풍의 선두에 섰다는 사실에서 주목된다.
바로 이 점에서 성호학파의 학풍이 지닌 도학과 실학의 양면적 다양성
을 가장 극명하게 확인할 수 있다.

『팔가총평』은 제자백가에 관한 조선시대 유학자의 연구성과로서 매
우 독특한 위치를 지니는 것이다. '도가'에 속하는『노자』와『장자』에
대한 주석이나 비판적 해석은 몇 사람의 인물에서 확인할 수 있지만,
조선시대 유학자들이 제자백가의 저술들을 널리 읽어왔음에도 불구하
고 제자백가에 대한 전반적 해석의 저술을 남긴 경우는 허목의『문총』
(文叢)을 제외하면 거의 찾아보기 어렵고, 더구나『문총』이 지식의 확
장을 위한 관심에서 제자백가의 저술을 초록하는 수준이었던 것과는
달리『팔가총평』은 유교의 정통주의적 입장에서 제자백가에 대해 엄
격하고 체계적인 비판을 하고 있다는 점에서 그 입장과 성격이 선명하
게 드러나고 있다. 이 점에서『팔가총론』은 조선시대 유학자의 제자백
가 전반에 대한 연구에서 가장 탁월한 업적으로 주목되어야 할 것이다.

신후담의『팔가총평』은 자신의 독자적 해석체계라고 하기보다는 명(明)나라 심진(沈津)의『백가류찬』(百家類纂)을 텍스트로 삼아, 그 구성체제를 거의 그대로 수용하면서 자신의 선택과 비평의 입장을 밝혔던 것이 사실이다. 따라서『백가류찬』과 대조하여『팔가총평』의 특성을 확인하는 것이 중요한 과제이지만, 이 글에서는 목차만 대조하고 내용의 대조를 하지 못하였다. 그러나 신후담은 심진의 견해를 존중하면서도 그대로 따르는 것이 아니라, 여러 곳에서 자신의 비판적 관점을 더욱 엄격하고 선명하게 제시하였던 것으로 보인다. 곧 제자백가의 유파마다 끝에 '총론'(總論)을 붙여서 비판론의 전체적 이론과 입장을 밝히고 있으며, 「척노편」(斥老篇)·「독장론」(讀莊論)·「묵자론」(墨子論)·「묵불론」(墨佛論)·「전국론」(戰國論)·「회남자후론」(淮南子後論) 등의 여러 편은 자신의 비판적 이론을 전개하기 위해 새롭게 설정하여 서술하기도 하였다. 이 점에서『팔가총평』이『백가류찬』을 간추려 서술하는 수준을 훨씬 넘어서서 자신의 독자적이고 일관된 비판이론을 분명하게 제시한 것임을 확인할 수 있다.

『팔가총평』의 '8가류' 속에 '유가류'를 수록한 것은『백가류찬』의 구성체제를 받아들인 것이기도 하지만, 제자백가에 대한 비판만이 아니라 '유가류'에 대해서도 비판하는 것이니, 유학자로서 유교전통에 대한 사상적 성찰을 하고 있다는 점에서 매우 의미있는 것으로 주목할만 하다. 또한 그는 제자백가의 다양한 견해를 비판하는 논리로서 '도'의 기준이 무엇인지를 확립하고 있다. 물론 유교의 '도'를 '도'의 정당한 기준으로 확인하지만, '천리'(天理)와 '인욕'(人欲)의 가치나 '공'(公)과 '사'(私)의 가치를 상대시키면서 '천리'와 '공'을 취하고 '인욕'과 '사'를 버리는 입장을 분명하게 밝혔다. 또한 '명'(名)과 '실'(實)이나 '박'(博)과 '약'(約)의 두 가치에서 한쪽에 치우치는 폐단을 경계하고 양쪽이 통합되고 일관되는 '도'의 중용을 확인하였다. 나아가 '인의'와 '모략'(謀略) 사이에서 '인의'가 근본이 되고 '모략'이 수단이 되는 질서를 '도'의 모습으로 제시하고 있다. 이러한 '도'의 진실함을 유가의 '도'요 성인의 '도'라 확인함으로써, 제자백가의 '도'가 어디에서 폐단이 발생하는지를 진단하고 비판하여 경계하였던 것이다.

신후담의 제자백가에 대한 비판은 배척과 거부를 추구하는 것이 아니라, 제자백가의 이론이 모두 한 단서에서 정당성이 있지만 '도'의 근본을 잃음으로써 전체적 균형을 잃고 중용을 잃는데서 모든 폐단이 발생하는 것으로 제시하고 있다. 따라서 유가의 '도'를 근본으로 확보함으로써 모든 부분적인 단서들이 유가의 '도' 안에 포용될 수 있는 길을 열어주고 있는 것이다. 바로 이 점에서 그의 제자백가에 대한 비판론은 폐단에 대한 비판을 엄격히 하면서 포용론의 큰 틀을 확립하고 있는 것이요, 이러한 포용적 비판론은 사실상 도학의 정통론적 이단배척의 논리에서 한걸음 나아간 것으로 그의 제자백가 인식이 지닌 중요한 의미라 할 수 있다.

18세기 유교지식인의 천주교신앙 수용

---윤지충 · 권상연의 천주사상과 영혼관

1. 18세기 유교지식인의 천주교신앙 수용과 윤지충 · 권상연의 위치

1791년 전라도 진산땅(珍山: 현 충남 금산군 진산면)의 윤지충(尹持忠) · 권상연(權尙然)이 제사를 폐지하고 신주를 불태운 '폐제분주'(廢祭焚主) 사건은 조선사회와 조선역사에 지각을 뒤흔드는 지진을 일으킨 충격이었다. 이때 이후로 19세기 백년동안 조선왕조가 몰락의 길을 치달려가는 전환점을 이루는 뚜렷한 전조(前兆)징후라 할 수 있다. 그해는 조선왕조가 건국한지 4백년째를 맞이하는 해인데, 조선왕조의 체제기반을 뒷받침하고 조선사회를 이끌어왔던 이념으로서 도학-주자학의 유교이념이 치명적 한계에 부딪쳤다는 사실을 예시해주고 있는 것이기도 하였다.

‘폐제분주’사건은 조선사회 내부에서 일어난 것이 아니라, 밖으로 북경교회의 지시를 받아 조선천주교회가 선택한 행위로 유교이념의 예교(禮敎)질서에 정면으로 도전하는 것이었고, 이를 계기로 유교체제의 조선정부와 천주교신앙 사이에 피할 수 없는 충돌이 일어났다. 17세기 초부터 유교질서의 동아시아문명과 그리스도교질서의 서양문명 사이에 활발하게 일어나기 시작한 교류는 18세기말 조선사회에서 정면충돌로 상황이 전개되고 말았다.

이렇게 교류에서 시작하여 충돌로 귀착되는 과정에는 유교와 천주교 사이에 각각의 변수가 있었던 것으로 보인다. 조선후기의 유교는 한편으로 체제의 동요를 막기 위해 도학-주자학의 정통이념이 더욱 엄격하게 배타적 성격을 강화해 갔던 흐름과 더불어 다른 한편으로 새로운 시대변화와 현실에 적응하기 위해 실학이 개방적 포용성을 제시해 갔던 흐름의 양면적 성격을 드러내고 있었다. 또한 서양에서 전래해온 천주교는 처음에 예수회의 적응주의적 선교정책으로 유교문화와 조화를 추진하여 유교사회에 뿌리를 내리는데 큰 성공을 거두었지만, 천주교교리의 순수성을 강조하는 교파의 반론이 제기되고 18세기에 오면서 서양의 제국주의적 팽창으로 서구중심의 우월성이 강조되면서 그리스도교의 우월의식에 따라 유교문화와 차별성을 강화하면서 제사금지령이 내려지게 되었던 것으로 짐작된다.[1]

가장 바람직한 경우라면 유교의 개방적 사유인 실학과 천주교의 개

---

1) 최기복, 「윤지충·권상연과 조상제사문제」, 『윤지충·권상연과 전동성당』, 천주교 전동성당, 1991, 38-39쪽 참조.

방적 사유인 예수회의 적응주의 정책에 따른 보유론(補儒論)이 만난다면 훨씬 원활하고 발전적인 교류가 일어나 조선사회의 모순을 개혁하는데 기여하고 문화적 교류의 폭을 넓혀갈 수 있었을 것이다. 그러나 조선사회에서는 실학이 소수지식인의 미약한 목소리로 대세를 결정할 힘이 없었으며, 서양에서는 예수회가 해산당하였고 제국주의적 팽창논리 속에 적응주의가 설자리를 잃고 말았던 것으로 보인다. 그 결과 현실의 역사에서는 가장 불운한 만남의 경우로서 주자학의 폐쇄적 정통주의와 천주교의 독선적 순수주의가 완충지대도 없이 정면으로 만났으니, 서로 타협할 수 없는 충돌의 길을 가지 않을 수 없었던 것이다.

1791년 윤지충과 권상연의 '폐제분주'사건이 일어나는 근원에는 첫 단계로 그가 천주교신앙에 입문하게 되는 계기를 주목해볼 필요가 있으며, 둘째단계로 1790년 북경교회로부터 제사금지령이 전달되었을 때 이를 수용하는 신앙태도를 이해할 필요가 있다.

첫단계로서 윤지충이 천주교에 입문하는 과정에는 한가지 조건으로 인간적 친교관계가 전제되어 있다는 사실이다. 이 시기 천주교 신앙에 한발 앞서 입문하였던 성호학파(星湖學派)의 신서파(信西派)에 속하는 인물로서 그의 고종사촌인 정약전(丁若銓)·정약용(丁若鏞)과의 만남이 윤지충으로서는 천주교 신앙에 입문하는 계기가 되었던 것으로 보인다. 또한 권상연은 자신의 고종사촌인 윤지충을 통해 천주교신앙에 입문하였다고 한다. 다른 하나는 이 두 사람이 교리서로서『천주실의』(天主實義)와『칠극』(七克)의 예수회선교사가 지은 두 한역서학서(漢譯西學書)를 읽으면서 입교의 길에 들어섰다는 사실이다. 윤지충은 정약전·정약용과 교유하면서 신앙에 접근하는 길을 찾았으며, 같은 교리서를 통해 천주교신앙을 받아들였으니, 그 신앙내용은 거의 유사한 것이라 할 수 있다. 그런데도 그 신앙의 전개과정에서 정약전·정약용과 전혀 다른 방향의 길을 가게 되었던 요인이 무엇인지 궁금하지 않을 수 없다.

둘째단계로 북경교회에서 제사금지령이 전달되었을 때, 정약전·정약용은 사실상 천주교신앙집단을 떠났고, 공식적으로 배교한 것으로 보인다. 그런데도 윤지충과 권상연은 유교사회에서 제사를 폐지하고 신주를 불태운다는 것이 반인륜적 행위로 지목되는지를 잘 알고 있으면서도 단호하게 천주교신앙을 선택하여 과감하게 교회의 명령을 따랐다는 사실이다. 이러한 윤지충과 권상연의 신앙 속에 '천주'의 존재는 어떤 것이었는지, 사후존재로서 '영혼'의 존재는 어떤 것이었는지 곧 '천주'사상과 영혼관을 이해하고자 하는 것이 이 글의 목표이다. 권상연의 경우 윤지충과 같은 입장이라고 진술되고 있으므로, 윤지충의 경우를 중심으로 서술하면 권상연의 경우는 이에 포함시킬 수 있다고 본다.

2. 성호학파 유교지식인의 천주교신앙 수용배경

18세기 전반과 중반에 활동하던 실학자 성호 이익(星湖 李瀷, 1681-1763)은 도학의 체계적 정리에 깊은 관심을 기울였을 뿐만 아니라, 실학의 문제에도 깊은 조예를 보여 실학파로서 성호학파를 열었던 인물이다.

또한 그는 서양과학과 천주교교리를 포함하는 '서학'(西學)에 관해 본격적으로 논의한 최초의 인물이라 할 수 있다.

그는 서양과학에 적극적 수용태도를 보였고, 1724년 신후담과의 문답에서도 마테오 리치(利瑪竇)에 대해, "이 사람의 학문은 소홀히 할 수 없는 것이다.····비록 그 '도'가 우리 유교와 반드시 합치되는지는 알지 못하겠으나, 그 '도'에 나아가 그것이 도달한 바를 논한다면, 그 또한 '성인'이라 할 수 있다"[2]고 하여, '성인'이라 감탄할 만큼 마테오 리치를 존중하였던 사실을 보여준다. 또한 성호는 천주교의 윤리사상을 제시한 『칠극』(七克)에 대해서도 "우리 유교의 극기설(克己說)이다.····조리에 질서가 있으며, 비유가 절실하다. 간혹 우리 유교에서 계발하지 못한 것도 있으니, 예(禮)를 회복하는 공부에 도움됨이 크다. 다만 천주(天主)·귀신(鬼神)의 논설로 뒤섞어 놓았으니 해괴하다. 만약 잡된 것을 제거하고 뛰어난 논설만 채택한다면 바로 유가(儒家)의 유파일 따름이다"[3]라고 하여, 공자가 말한 '극기복례'(克己復禮)의 가르침에 내포될 수 있는 것으로 보는 긍정적 수용의 입장을 밝히고 있다. 여기서 다만 그는 유학자로서 합리적 사유에 따라 천주교의 신비적 신앙내용에 대해서는 환망(幻妄)한 것이라 비판하는 입장을 분명하게 밝혔던 것이다.

---

2) 愼後聃, 『河濱全集』(아세아문화사, 2006), 7책, 3쪽, 「紀聞編」, '甲辰春見李星湖紀聞', "星湖日, 此人之學不可歇者,···雖未知其道之必合於吾儒, 而就其道而論其所至, 則亦可謂聖人矣." 安鼎福은 스승인 星湖가 마테오 리치를 '聖人'이라 말하였다는 지적에 대해, '聖人'이라는 말의 의미를 축소시켜 매우 조심스럽고 세심하게 해명하고 있는 사실이 눈에 띈다.(『順菴集』, 권17, '天學問答, 附錄')

3) 『星湖僿說』, 권11, 2, '七克', "七克者,···即吾儒克己之說也,···條貫有序, 比喩切已, 間有吾儒所未發者, 其有助於復禮之功大矣, 但其雜之以天主鬼神之說, 則駭焉, 若刊汰沙礫, 抄採名論, 便是儒家者流耳."

이처럼 성호는 서학에 대해 폭넓고 적극적인 수용입장을 밝히고 있다. 이와 더불어 그는 당시 조선사회의 도학이 정통주의에 사로잡혀 배타적 폐쇄성에 빠져 있는 현실에 대해 신랄하게 비판하면서, "오늘날의 학자는 유가(儒家)의 신불해(申不害)와 상앙(商鞅)이다. 맹목적 순종의 기풍만 자라나고 연구하는 습속이 사라져 점차 학문이 없어지게 되었으니 오늘날 학자들의 잘못이다"[4]라고 하였다. 그것은 당시 도학자들이 혹독한 법과 각박한 형벌을 쓰는 법가(法家)와 같이 엄격한 배타성과 독선적 권위에 빠져 있음을 지적하였던 것이다. 그는 이러한 도학자들의 독단과 폐쇄성에 대해 결국 학문을 질식시킬 것임을 심각하게 경계하고 비판하였다.

한걸음 나아가 성호는 조선사회의 도학-주자학이념은 그의 시대에 이미 생명력을 잃고 있는 것으로 진단하기도 하였다. 곧 그는 「야음」(夜吟)이라는 시에서 "더구나 천지는 바로 긴 밤중인데/ 의관을 찢고 미친바람을 따라 가누나/…슬프다 우리 '도'는 이제 끝나버렸나"[5]라고 읊어, 도학의 유교이념이 시대를 밝히던 빛을 잃어 이미 암흑 속에 빠져들었으며, 사회의 풍조는 유교적 질서가 파괴되면서 혼돈의 국면으로 접어들고 있는 것으로 진단하였다. 또한 그는 제자 권철신(權哲身)에게 보낸 편지에서, "나는 사람을 대하여 일찍이 유교의 도리로 말하지 않았다. 아무 이익됨이 없기 때문이다"[6]라고 언급하기도 하였다. 이처럼 그는 당시 유교체제의 사회기강이 붕괴되고 민생이 도탄에 빠진 조

---

4) 『星湖全書』, 권49, 5, '孟子疾書序', "余故曰, 今之學者, 儒家之申商也, 於是唯諾之風
　　長, 考究之習熄, 駸駸然底于無學, 則今之學者之過也."
5) 『星湖全書』, 권1, 38, '夜吟', "況是乾坤正長夜, 冠裳毀裂隨顚風,…嗚呼此道今已矣."
6) 『星湖全書』, 권30, 30, '答權旣明(哲身)', "吾對人未嘗以儒術爲辭, 無益故也."

선사회의 현실을 목도하면서 통치이념으로서 도학-주자학이 무기력하다는 한계에 직면하여 절망하고 있었던 것이다. 따라서 그는 사방을 둘러보며 새로운 방향의 활로를 찾으려 안간힘을 쓰고 있었던 것으로 보인다. 바로 이러한 그의 시야에 서학은 변동의 국면에서 돌파구를 찾고 새로운 길을 열어줄 좋은 길잡이로 인식되었던 것이라 하겠다.

새로운 시대사상의 방향을 탐색하기 위한 성호의 구상에서는 서학을 수용하되 서양과학을 전면적으로 수용하고, 천주교의 윤리사상도 긍정적으로 받아들이면서 천주교신앙만은 배제한다는 것이었다. 그런데 결과는 성호가 지향하던 것과는 전혀 반대방향으로 전개되고 말았다. 성호의 초기제자인 신후담(愼後聃)과 안정복(安鼎福) 등은 서학 속에서 성호가 비판적으로 경계한 천주교신앙에 대한 비판에만 관심을 기울여 공서파(攻西派)로 자리잡게 되었고, 권철신·이가환(李家煥) 등은 처음에는 서양과학기술의 이해에 관심을 보였지만 뒤로 갈수록 천주교신앙에 젖어드는 양상을 보이는 신서파(信西派)로 자리잡게 되었다. 결과적으로 성호가 적극적으로 수용하고자 하였던 서양과학은 공서파에게는 처음부터 관심의 대상이 아니었고, 신서파에게는 처음에는 관심을 가졌지만 뒤로 가면서 서양과학은 버려두고 서양종교인 천주교신앙에만 빠져들고 말았던 것이다.

왜 이런 결과를 초래하고 말았던 것일까? 그 원인을 찾아보면 무엇보다 먼저 이 시대 사상적 환경이 도학의 폐쇄적 정통주의로 경직되어 있기 때문이라 할 수 있다. 성호는 이러한 폐쇄성을 깨뜨려야 한다고 주장하지만, 그 주장이 현실의 대세에 맞서는 외로운 선각자의 목소리였기 때문에, 그의 초기 제자들인 성호학파의 공서파는 실학적 관심을 지녔더라도 보수적 정통주의 입장에 맞서는 위험을 감수하기 보다는 대세를 따라 안주하였던 것으로 보인다. 이에 비해 후기 제자들인 성호학파의 신서파는 처음에 스승 성호의 뜻을 따라 서양과학기술을 도입하여 생산력을 향상하고 사회제도의 합리적 개선을 추구하는 이용후생(利用厚生)에 관심을 기울였지만, 첫째는 과학기술의 습득과 응용을 위한 여건은 매우 어려운 반면에 유교지식인으로서 천주교교리에 대한 이해는 너무 쉬웠으니, 천주교신앙에 대한 관심으로 점차 기울어져 갔던 것이 아닐까 짐작된다. 일단 손쉽게 접근할 수 있는 천주교신앙에 빠져들자 어려운 연구와 실험과 관측이 요구되는 서양과학에 대한 관심은 점차 멀어지고 거의 돌보지 않는 단계로 접어들고 말았던 것이다.

1780년대에 들어와서 이벽(李檗)·이승훈(李承薰)·정약전·정약용 등 신서파의 소장층들 사이에 천주교교리 이해가 깊어지고 신앙집회가 형성되기에 이르자, 사회적 비판은 물론이고 이들의 가문 안에서도 심한 견제가 일어났다. 이에따라 천주교신앙에 대한 견제만이 아니라 서양과학서에 대해서까지 경계가 심하게 되면서 서양의 과학기술이 수용되어 사회개혁을 이끌어갈 길은 더욱 요원해지고 말았던 것으로 보인다. 서양과학지식이야 수학적 기초가 확실히 확보되어야 하고, 관측기구가 갖추어져야 하고, 또 능숙한 지식을 지닌 선생으로부터 체계적으로 교육을 받아야 하는데, 어느 것도 여의치 않고 단지 한문으로 번역된 문헌만 독학으로 연구해야 하니 어렵지 않을 수 없었을 것이다.

이에 비해 유교지식인으로서 천주교교리의 이해는 너무 쉬웠다는 사실은 천주교교리에서 철학적 사유와 윤리적 규범의 이해가 책을 읽기만 해도 쉽게 이해되는 것이었다. 그 뿐만 아니라 천주교의 신비적 신앙내용에 대해서도 마테오 리치의 『천주실의』 등 예수회선교사의 교리서는 유교경전과 연관시켜 설명하고 있기 때문에, 엄격한 정통주의적 입장에서 벗어나 개방된 자세만 가진다면 이해하는데 크게 무리가 없었던 것으로 보인다. 더구나 천주교신앙의 문제는 신서파 유교지식인들에게는 그 교리를 쉽게 이해할 수 있을 뿐만 아니라, 새로운 시대를 지향하는 개혁의 비젼을 여기서 찾을 수 있었기 때문에 더욱 깊이 끌려들어가게 되었던 것이라 할 수 있다.

신서파 유교지신인이 천주교신앙을 받아들이면서 추구하였던 새로운 시대를 향한 개혁의 비젼이란 무엇보다 도학-주자학의 견고한 형이상학적 사유체계를 깨뜨리고 넘어설 수 있는 길을 천주교교리서에서 발견하였다는 것으로 이해하고 싶다. 마테오 리치가 『천주실의』를 통하여 보여준 이념의 지도에서는 유교경전과 주자의 성리학이 다른 것임을 명확히 제시하고, 천주교교리와 유교경전이 일치하고 조화하는 것으로 제시하면서 주자학과 천주교교리를 차별화시키는 사유체계를 밝혀주었다. 신서파의 젊은 유교지식인들 사이에서는 주자학이 유교경전의 정통적 해석이라는 주자학적 사유체계를 벗어나 주자학에서 분리된 유교경전의 본래 모습을 찾아가는 길을 천주교교리서에서 발견한 것이다. 유교사상사에서 보면 양명학도 주자학을 벗어나 유교경전의 정신을 재해석하는 사유체계이다. 그러나 이 시기에 신서파 유교지식인에게는 천주교교리를 통해 유교경전의 정신을 재발견하는 신선한 시야를 확보할 수 있었던 것으로 보인다.

그렇다면 신서파의 유교지식인들은 천주교교리와 유교적 사유를 서로 모순·대립된 것이 아니라 일치·조화될 수 있는 것으로 이해했던 것이라 할 수 있다. 이 점은 바로 마테오 리치가 유교지식인을 끌어들이려고 의도한 것과 맞아떨어졌던 것이 사실이다. 여기서 당시 신서파 유교지식인들 사이에 유교적 신념과 천주교신앙은 어떤 비중과 상관관계로 받아들여지고 있었을 것인지 궁금하다. 아마 유교적 신념과 천주교신앙이 어울려 있다고 하더라도 인물에 따라 그 비중이 상당한 차이를 드러내고 있는 것이라 생각된다. 권철신·이가환은 분명 유교적 신념으로 자기 확인을 하면서 천주교신앙에 대해 마음을 터놓고 조언을 받아들이는 친구로 삼았을 것 같다. 정약전·정약용은 한 걸음 더 나아가 유교적 신념을 주체로 삼지만 천주교신앙을 피가 통하는 형제로 받아들였던 것 같다. 이벽은 유교적 신념과 천주교신앙 자체를 일치시켰던 인물이 아닐까 하는 생각이 든다. 그 다음으로 권일신·정약종·윤지충·권상연의 경우는 유교적 신념에서 천주교신앙쪽으로 분명하게 중심축이 이동한 사실을 보여준다.

천주교신앙집단이 조선사회에서 공개적으로 문제가 되고 정부의 엄격한 억압정책이 제시되었을 때, 신서파 유교지식인들 사이에 천주교신앙을 떠나기도 하고 신앙을 지키다 목숨을 잃기도 하였다. 그러나 천주교신앙집단을 떠났다고 하여 그들이 단지 벼슬길에 대한 미련이나 자기 한 몸과 자기 집안의 안위를 걱정하여 배교하였다고 몰아세우기 보다는 그 신념의 바탕이 천주교신앙을 객체로 보는가 자신의 주체적 신념으로 보는가에 따라 선택의 방향이 갈라지는 것으로 보아야 할 것 같다. 자신이 천주교신앙을 확고하게 선택했다가 고문을 당하거나 위협 아래서 입장을 바꾸었다면 배교라 할 수 있지만, 천주교신앙에 친밀하게 왕래하고 관여하던 유교인이 천주교신앙집단을 떠났다고 배교라 할 수는 없을 것이기 때문이다.

그러면 권일신·정약종·윤지충·권상연의 경우는 왜 유교적 신념에서 천주교신앙 쪽으로 자신의 중심축을 옮겼을까? 이 점에서는 개인적 기질이나 심성의 조건이 작용하고 있겠지만, 신서파 유교지식인으로서 유교에서 떠나 천주교신앙을 선택하게 된 동기는 천주교교리의 세계관으로 유교사회를 개혁해 보겠다는 의지를 상실하였던 것이 아닐까 짐작이 된다. 이미 도학-주자적 유교이념에 희망을 잃었을 뿐만 아니라, 새로운 유교이념을 통한 사회개혁의 가능성에 대해서도 기대감을 갖지 못하였던 것으로 보인다. 이 때의 정신적 공백을 대치하고 구원의 길로서 천주교신앙을 선택하였다는 것이다. 그러나 천주교신앙을 확고하게 선택한 이들이 천주교신앙에서 제시하는 새로운 세계관에 희망과 확신을 얻었던 것은 사실이겠지만, 천주교신앙을 통해 조선사회의 모순을 개혁하겠다는 신념을 가졌던 것으로 보이지는 않는다. 이 점에서 이들 유교지식인의 천주교신앙은 개인구원의 성격이 매우 강했던 것으로 볼 수 있다.

유교적 신념을 떠나서 천주교신앙을 선택한 이들은 스스로 천주교신앙에 깊이 빠져들게 되었고, 천주교교리와 유교전통의례 사이의 차이로서 제사를 지낼 수 있는지의 문제에 스스로 의문점을 발견하였다. 이에 따라 윤유일(尹有一)이 북경에 들어가는 편에 북경주교에게 자발적으로 문의를 하였던 것이다. 그렇다면 이들은 이미 북경주교의 명령만 있으면 언제던지 유교전통의 의례로서 제사를 버릴 수 있는 마음의 자세를 가지고 있었던 것이라 할 수 있다. 실제로 1790년 북경교회의 구베아주교가 제사금지령을 전달하고, 윤유일이 북경교회의 명령을 받아 왔을 때, 조선사회의 신서파는 그 입장에 따라 선택의 갈림길에 놓이지 않을 수 없었다. 정약전·정약용 등 유교이념을 자신의 신념적 근거로 삼고 있었던 인물들은 교회를 떠나지 않을 수 없었고, 윤지충·권상연 등 천주교신앙으로 자신의 신념적 근거를 확인을 하고 있는 인물들은 제사를 폐지하고 신주를 불태우는 반유교규범적 행위를 단호하게 실천할 수 있었던 것이다.

윤지충은 고종사촌인 정약전·정약용과 매우 친밀하여 1782년 함께 봉은사(奉恩寺)에서 과거시험 공부를 하였던 일도 있고, 1783년 이들은 함께 소과(小科)에 합격하였던 일이 있다. 윤지충은 1784년 가을 당시 천주교신앙집회가 열리던 명례방(明禮坊)의 김범우(金範禹) 집에서『천주실의』와『칠극』을 빌려보면서 천주교신앙에 들어가게 되었다고 하지만, 실제로는 그 이전에 정약전·정약용 형제로부터 서학과 천주교교리에 대해 설명을 듣고 상당히 깊은 이해를 가졌던 것으로 짐작할 수 있다. 윤지충은 1787년 영세를 받고 1790년 제사금지령이 내려지자 아무 망설임없이 바로 제사를 폐지하고 신주를 불태우는 일을 실행하였던 것으로 보인다.

그런데 제사금지령이 내려진 이후 정약전·정약용의 태도와 윤지충의 태도는 확연하게 갈라지고 있는 사실이 확인된다. 마찬가지로 정약전·정약용과 형제간인 정약종도 이들 형제로부터 천주교교리를 듣고 신앙에 입문하였지만, 그 형제들과 달리 정약종은 천주교신앙을 자신의 신념으로 확고하게 선택하는 태도의 차이를 보여주고 있다. 이렇게 정약전·정약용과 정약종·윤지충 사이처럼 형제간이나 인척간의 긴밀한 인간관계 속에서도 신앙태도가 갈라지는 현실이 당시의 신서파 유교지식인들 사이에 천주교신앙을 대하는 태도의 차이와 양상을 보여주는 것이다. 윤지충은 진사시험까지 합격하였으니 상당한 수준의 유교지식을 지닌 인물임에도 불구하고, 천주교신앙을 받아들이면서 교회의 명령이 한 번 주어지자 유교의례의 가장 뿌리깊은 형식인 제사를 그렇게 간단하게 포기할 수 있는 것이 어떻게 가능할 수 있는지 납득하기가 쉽지 않다.

신앙이 독실하여 교회의 명령이니까 무조건 따랐다는 설명도 가능하고, 교회의 명령을 곧 천주의 명령으로 받아들여 따랐다는 설명도 가능하다. 그러나 자신의 마음에 합당한 행위인지 의문이 남아있는데 교회의 명령이라고 그렇게 따르거나, 교회의 명령을 바로 천주의 명령이라 받아들이기는 어렵지 않을까 생각이 든다. 그는 이미 천주교신앙을 받아들이면서 제사금지령이 내려지기 이전에 유교의례의 형식에 대해 비판적 인식이 있었을 것으로 보인다. 유교적 세계관과 유교적 의례에 근원적 회의를 품지 않고서야 왜 뿌리깊은 유교적 신념을 버리고 천주교신앙을 받아들였다는 것인지 설명하기 어려워진다.

윤지충·권상연의 경우처럼 상당한 수준의 유교지식인으로서 깊은 고뇌를 거쳐 천주교신앙을 선택하는 결단을 내렸던 인물의 경우, 교회가 명령하면 무조건 순종하는 맹목적 신앙을 지녔다고 설명하기는 어려운 일이다. 그는 옳다고 믿기 때문에 선택한 것이니, 스스로 옳다는 확신이 없이 교회의 명령이 바로 천주의 명령이라고 받아들였을 리도 없다. 그만큼 윤지충·권상연은 유교적 '천' 내지 '상제'에 대한 신념의 전통 속에서 충족될 수 없었던 신앙의 진지성을 천주교에서 제시한

'천주'의 존재에서 발견하였던 것이요, 유교의 '혼백'(魂魄) 내지 '귀신'의 존재에 대한 인식과 제사 의례로서 충족될 수 없었던 사후세계에 대한 절실한 의미를 천주교의 '영혼'개념에서 발견하였던 것으로 보아야 하지 않을까 생각한다. 그 자신 천주교신앙의 진지함과 절심함에 따른 진실성에 대한 확신이 있었기 때문에 집안과 친척과 마을의 온갖 비난을 무릅썼던 것이요, 국가의 법령을 어기는 것인 줄을 잘 알면서도 '폐제분주'를 행하였던 것으로 볼 수 있을 것 같다.

3. 윤지충·권상연의 '천주'사상
——'상제'신앙과 '천주'신앙의 거리

윤지충과 권상연이 받아들였던 천주교신앙의 중심개념은 '천주'의 존재라 할 수 있다. 실제로 이들이 접하고 읽을 수 있었던 천주교교리서는 훨씬 더 여러 가지였겠지만 알려진 것은 마테오 리치(Matteo Ricci, 利瑪竇)의 『천주실의』(天主實義)와 판토하(Pantoja, 龐迪我)의 『칠극』(七克) 뿐이다. 그렇다면 '천주'의 존재를 집중적으로 제시하고 있는 『천주실의』를 통해 이들의 '천주'사상을 엿볼 수 있을 것이다.

정약용이 둘째 형 정약전과 1784년 4월 고향 마재에서 배를 타고 서울로 오는 길에 배 안에서 이벽으로부터 천주교교리를 들었던 감회를, "천지가 조화(造化)하는 시초나 육신과 정신이 죽고 사는 이치를 들으니, 황홀하고 놀라워 마치 은하수가 끝이 없는 것 같았다"[7]라고 술회

---

7) 『與猶堂全書』[1], 권15, 42, '先仲氏墓誌銘 附見聞話條', "聞天地造化之始, 形神生死

했던 일이 있다. 이벽이 설명하였던 천주교교리의 내용도 바로『천주실의』에서 제시한 천주가 천지와 만물을 창조하고 주재함과 영혼의 개념 및 사후의 세계에 대한 것으로 보인다. 이때 천주교교리를 들었던 정약용이 "황홀하고 놀라워 마치 은하수가 끝이 없는 것 같았다"(怳怳驚疑, 若河漢之無極)고 표현한 것은『장자』(莊子, 逍遙遊)에서 견오(肩五)가 접여(接輿)로부터 고야산(姑射山)의 신인(神人)이야기를 듣고 나서 "나는 그 말이 놀랍고 두려워 마치 은하수가 끝이 없는 것 같았다"(吾驚怖其言, 猶河漢而無極也)고 언급한 말을 끌어온 것이다. 잘 믿어지지 않지만 자신이 지닌 상식의 세계가 완전히 깨어져 나가고 새로운 세계를 접했을 때의 놀라움과 감동적 경험을 하였던 사실을 잘 보여주고 있다. 이 새로운 세계에 눈을 뜨는 경험이 바로 이 시대 유교지식인이 천주교신앙으로 넘어가는 전환점의 계기라 할 수 있을 것 같다.

정약용을 비롯한 당시 성호학파의 신서파 유교지식인들은 천주교교리를 접하면서 지금까지 교육받아 왔던 주자학의 세계관이 깨어져 나가는 놀랍고 황홀한 경험을 하였던 것으로 보인다. 이러한 경험이 가능한 것은 두 가지 조건이 만났을 때라 할 수 있다. 안으로 성호학파의 신서파 학자들은 도학-주자학의 이념이 시대적 한계에 부딪쳤다는 인식을 확고하게 하고 있었으며, 도학-주자학에서 벗어나 새로운 세계관을 찾기 위해 탐색하고 있었다는 사실이요, 밖으로 예수회선교사의 보유론적 교리서인『천주실의』등이 주자학적 세계관을 벗어나 유교경전의 '상제'신앙과 통하는 '천주'신앙의 세계를 제시했다는 사실이다.

之理, 怳怳驚疑, 若河漢之無極."

안과 밖에서 새로운 세계관을 찾아가고 열어주는 일이 동시에 일어났던 '줄탁동시'(啐啄同時)의 일이라 할 수 있을 것 같다. 윤지충과 권상연도 주자학 교육을 받은 유교지식인으로서 정약전·정약용 등 신서파 지식인들과 접하면서『천주실의』를 통해 주자학적 세계관에서 벗어나 '천주'사상의 새로운 세계관을 받아들이면서 천주교신앙에 입교하였던 것으로 보인다.

『천주실의』에서 리치는 그 첫머리에서 "무릇 이치가 참되고 옳다는 바는 우리가 참되고 옳은 것으로 여기지 않을 수 없다.…'이성'이 옳다고 하는 이치를 버리고 남이 전하는 것을 좇는 것은, 햇빛을 가리고서 등불을 가지고 물건을 찾는 것과 다름이 없다"8)고 하여, 어떤 전통적 권위에도 의존하지 말고 철저히 이치(理)와 이성(靈才)에 근거하여 진리를 밝혀갈 것을 요구하고 있다. 바로 이 점은 유교지식인으로서 결코 부정하거나 외면할 수 없는 진리추구의 대전제 조건이기도 하다. 이미 주자의 학설이나 성인의 말씀인 경전의 권위에 매달려 방어적 자세를 취하는 것이 아니라, 이치를 따져서 설득될 수 있는가 없는가의 진리추구를 위한 열린 자세를 전제로 한다. 공자도 "인(仁)을 행함에서는 스승에게도 사양하지 않는다"(當仁, 不讓於師.<『논어』,衛靈公>)라고 하였으니, 진실함과 올바름을 최고의 기준으로 받아들이는 데는 아무 어려움이 없을 것이다.

리치는 먼저 '천주'의 존재를 천지와 만물의 창조주요 주재자라는 두 성격을 각각 세 가지 증거를 갖추어 설명하였다.9) 유교적 사유에서는

---

8)『天主實義』, 首篇, "凡理所眞是, 我不能不以爲眞是.…捨靈才所是之理, 而殉他人之所傳, 無異乎尋覓物方遮日光而持燈燭也."

궁극존재로서 '천'·'상제'가 주재자임은 자명하지만 창조주라는 사실이 받아들여지기 쉽지 않은 대목이다. 리치는 짐승이나 초목 등은 '시작이 있고 끝이 있는'(有始有終) 존재요, 천지의 귀신과 인간의 영혼은 '시작은 있지만 끝이 없는'(有始無終) 존재요, 천주는 '시작도 없고 끝도 없는'(無始無終) 존재라 분류하여, 천주가 모든 존재의 시원인 창조주가 될 수 있음을 밝히고 있다. 또한 리치는 사물의 존재근거(所以然)로서 제작인(作者)·형상인(模者)·질료인(質者)·목적인(爲者)의 네 가지를 들고서 천주는 제작인과 목적인으로서 모든 사물의 창조주임을 해명하였다. 성리학적 사유에서는 음·양(陰陽)의 작용에 따라 생성의 무한한 순환과정으로 조화(造化)를 설명하고 있으며, 이 조화가 바로 창조의 의미를 지니는 것으로 본다.[10] 그러나 주자학이 근거하고 있는 음양오행설(陰陽五行說)의 자연철학에서 벗어나려는 시도는 북학파(北學派)의 홍대용(湛軒 洪大容)에서 이미 명확하게 제기되었고, 정약용도 이를 깨뜨리고 있는 만큼, 음양오행설에서 벗어나면 창조주의 개념을 받아들이는데도 큰 어려움이 없어질 것이다. 윤지충과 권상연은 천지·만물의 주재자요 창조주인 궁극존재로서 '천주'개념을 이해하면서 천주교교리의

---

9) 『天主實義』의 首篇 첫머리에서는 '天主'의 主宰者로서 성격을 '良能', '天動', '鳥獸作動'의 세가지로 증명하고, 創造主로서 성격을 '物不能自成', '物次序安排', '物始生傳類'의 세가지로 증명하고 있다.

10) 천주교에서 '創造'는 '無에서 부터의 창조'(creatio ex nihilo)라고 한다면, 주자학에서 '造化'는 '有에서 有로 생성·변화하는 작용으로서의 창조'라 할 수 있다. 다만 『周易』(繫辭上)에서, "易有太極, 是生兩儀"라는 언급에서처럼 太極에서 兩儀(陰陽)가 나오는 최초의 출현에 대해서도, 道家的 입장에서는 『노자』(40장)의 "天下萬物生於有, 有生於無"라는 언급에 근거하여 無에서 생성되어 나온 것이라 보지만, 주자학에서는 여전히 닭이 알을 낳듯이 太極이 陰陽을 생성하는 先後的인 것이 아니라, 太極 속에 陰陽이 내포되어 있는 同時的인 것으로 봄으로써, 無에서의 創造를 받아들이지 않고 있다.

새로운 세계관을 받아들이고 천주교신앙으로 들어섰던 것이라 할 수 있다.

유교경전에서는 궁극존재를 '천'(天)·'천지'(天地)·'상제'(上帝)로 일컬었으며, 주자학의 세계관에서 이러한 궁극존재를 '리'(理) 내지 '태극'(太極)의 형이상학적 개념으로 해석하였다. 이에 대해 리치는 사물의 존재양상(物之宗品)을 실체(自立者)와 속성(依賴者)으로 나누면서, "만약 태극을 단지 이른바 '리'로 풀이한다면 천지·만물의 근원이 될 수 없다. '리' 역시 속성의 부류이니, 스스로 존립할 수 없는데 어떻게 다른 사물을 존립시킬 수 있겠는가?"11)라고 하여, '태극'이나 '리'를 실체가 없는 것이요, 다른 실체에 의존하여 존립하는 속성으로 규정하여, 창조주요 주재자로서 '천주'와 동일시 할 수 없음을 분명하게 밝혔다. 따라서 '태극'이나 '리'는 영성(靈)도 지각(覺)도 없는 추상적 관념으로 규정되고 있다. 이러한 '태극'이나 '리'개념의 해석은 주자학의 입장과 심한 차이를 드러내는 것이 사실이지만, 주자학에서 벗어나고자 하는 신서파의 유교지식인들에게는 큰 거부감이 없이 받아들여질 수 있었던 것으로 보인다.

이와 더불어 리치는 『중용』에서 "교(郊)제사와 사직(社)제사의 의례는 '상제'를 섬기는 것이다"(郊社之禮, 所以事上帝也)라고 언급한 구절을 비롯하여, 『시』·『서』·『역』·『예기』 등 경전에서 '상제'를 언급한 구절들을 폭넓게 인용하여 검토하면서, "우리의 '천주'는 바로 (유교의) 옛 경전에서 일컫는 '상제'이다.…옛 경전들을 살펴보고서 '상제'와

---

11) 『天主實義』, 第2篇, "若太極者止解之以所謂理, 則不能爲天地萬物之原矣, 盖理亦依賴之類, 自不能立, 曷立他物哉."

'천주'는 단지 명칭만 다를 뿐임을 알았다"[12]라고 밝힘으로써, '천주'의 존재를 유교경전에서 제시한 '상제'와 완전히 일치시키고 있다. 리치는 유교경전에서 궁극존재를 일컫는 또 다른 명칭으로 '천'과 '천지'에 대해서도 의미를 한정시켜 인정하고 있음을 보여준다. 곧 '천'이나 '천지'는 주재자가 아니며 '천주'와 동일시할 수 있는 존재가 아님을 분명히 지적하면서, 임금을 가리켜 '대궐'이라 일컫거나 남창태수(南昌太守)를 가리켜 '남창부'(南昌府)라 일컫는 것과 마찬가지로 '천지의 주인'(天地之主)으로서 '천주'를 가리키는 호칭으로 '천'이나 '천지'라 일컬을 수 있다고 인정하였다. '천주'를 유교경전에서 말하는 '상제'와 일치시키면서, 오히려 유교경전에서 명확한 개념적 분별이 없이 '천'·'천지'를 '상제'와 함께 동일한 존재를 가리키고 있는 것에 대해서도 정연한 개념 체계로 그 명칭의 의미와 위치를 자리잡아 주는 역할을 하고 있는 것이다.

바로 이 점에서 신서파 유교지식인들을 따라 윤지충과 권상연은 경전 속의 '상제'와 천주교의 '천주' 사이에 아무런 차별이나 간격을 의식하지 않고 '천주'개념을 쉽게 받아들였던 것으로 보인다. 윤지충은 전라감사에게 바친 공술(供述)에서 "그 분(천주)은 중국 책에서 '상제'라고 부르는 분이다.…임금에 대한 충성의 근본도 천주의 명령이요, 부모에

---

12) 같은 곳, "吾天主, 乃古經書所稱上帝也,…觀古書, 而知上帝與天主, 特異以名也." 마테오 리치가 유교경전에서 '상제'를 언급한 구절 인용사례를 보면, 『시경』(周頌·執競), "上帝是皇"/『시경』(周頌·臣工), "明昭上帝"/「시경」(商頌·長發), "上帝是祗"/『시경』(大雅·大明), "昭事上帝"/『주역』(說卦), "帝出乎震"/『禮記』(月令), "上帝其饗"/『예기』(表記), "以事上帝"/『서경』(湯誓), "予畏上帝"/『서경』(湯誥), "惟皇上帝, 降衷于下民"/『서경』(金縢), "乃命于帝庭" 등이다.

대한 효도의 근본도 역시 천주의 명령이다. 이 모든 것을 중국의 경서 (經書)에 실린 '상제'를 마음과 정성을 다하여 섬기라는 계율과 비교해 본 결과 거기에는 같은 점이 많다고 믿게 되었다"13)고 언급한 사실은 윤지충이 '천주'와 '상제'를 일치시키는 리치의 입장을 따르고 있음을 보여준다. 이처럼 신서파 유교지식인들이나 윤지충·권상연도 리치의 해석을 통해 천주교신앙이라는 새로운 세계관을 받아들이면서, 동시에 익숙하게 읽어오던 유교경전을 새로운 빛으로 다시 발견하게 되었던 것이라 할 수 있다.14)

윤지충이 진산군수 신사원(申史源)의 신문을 받으면서 첫 질문이 "이단에 빠졌다는 것이 사실인가?"라는 것이었고, 그 대답은 당연히 "결코 이단에 빠지지 않았다.…그것은 바른 길이다"라는 것이다.15) 정도 (正道)와 이단(異端)의 구별은 유교를 신념의 기준으로 삼은 질문인데, 천주교신앙을 신념의 기준으로 삼으면 이미 그 질문자체가 성립하지 않는 것이다. 다만 조선정부의 입장에서는 천주교를 유교의 정통에서 벗어난 이단으로 규정하고 있는 입장임을 확인해주고 있을 뿐이다. 또한 전주감영에서도 천주교가 미신이 아닌지 묻는 질문이 주어졌을 때, 윤지충은 "천주는 가장 높으신 아버지시오, 하늘과 땅과 천신(天神)과

---

13) Ch. Dallet, 『한국천주교회사』, 상권, 안응렬·최석우 역주, 한국교회사연구소, 1980, 345-346쪽.
14) 1704년에는 교황 클레멘트 11세에 의해 그동안 '천주'와 '상제'를 통용하여 쓰던 호칭에서 '상제'를 배제시키고 '천주'만을 쓰도록 명령을 내렸던 일이 있지만, 당시 조선의 신서파 유교지식인들이나 윤지충·권상연은 리치의 『천주실의』를 통해 천주교신앙에 입문하였던 만큼 여전히 '천주'와 '상제'를 동일시하는 의식을 지니고 있었던 것으로 보인다.
15) Ch. Dallet, 『한국천주교회사』, 상권, 337쪽.

사람과 만물의 창조주이신데, 그분을 섬기는 것을 미신이라고 할 수가 있는가?"라고 반문하였다.[16] 곧 윤지충은 '천주'의 존재를 '가장 높으신 아버지'라는 인격적 존재로 확인하고, 천지·만물의 '창조주'라는 궁극적 근원의 존재로 확인하는 두 가지 양상으로 제시하고 있다.

우선 '천주'를 '가장 높으신 아버지'로 인식하는 문제에 대해 유교의 입장에서는 장횡거(張橫渠)가 「서명」(西銘)에서 "하늘을 아비로 일컫고 땅을 어미로 일컫는다"(乾稱父, 坤稱母)고 말한 것에서 보여주듯이 하늘(乾)과 땅(坤)은 부모라 하고, '대부모'(大父母)라 일컬으니 생소한 관념이 아니다. '상제'라는 말에도 이미 임금(帝)이라는 의미를 내포하고 있으니 '대군주'(大君主)라고 해도 유교인의 의식에서도 문제될 것이 없다. 다만 천주교의 '천주'와 유교의 '상제'를 동일한 존재로 보는 입장에서는 아무 문제가 될 것이 없지만, '천주'를 '상제'와 다른 이단의 신앙대상으로 보는 조선정부의 입장에서는 용납될 수 없는 것일 뿐이다.

여기서 윤지충이 천주교의 '천주'와 유교의 '상제'가 동일한 존재임을 밝히고 있지 않은 사실이 주목된다. 윤지충은 사실상 '천주'와 '상제'를 동일시한 리치의 발언을 받아들이고, 이를 인정하고 있으면서도, 이미 '천주'를 자신의 신앙적 중심으로 확인하고 있음을 보여주는 것이라 할 수 있다. 따라서 전라감사 정민시(鄭民始)가 배교를 요구했을 때, 윤지충은 "살아서건 죽어서건 가장 높으신 아버지를 배반하게 된다면 어디로 갈 수 있겠는가?"[17]라고 반문하여, 자신의 '천주'에 대한 확고한 신앙을 밝힘으로써, '상제'와 동일한 '천주'가 아니라, 유일한 신앙의 기

---

16) Ch. Dallet, 『한국천주교회사』, 상권, 341쪽.
17) Ch. Dallet, 『한국천주교회사』, 상권, 352쪽.

준으로 '천주'를 받아들이고 있음을 보여준다. 이 점에서 윤지충은 '천주'와 '상제'를 동일시하는 리치의 해석을 '천주'개념 인식의 근거로 인정하면서도 유교의 '상제'가 아니라 천주교의 '천주'를 자신의 신앙대상으로 확인하는 신앙적 입장의 이동이 이루어지고 있는 사실을 확인할 수 있다.

전라감사가 다시 "네 부모나 임금이 너를 재촉한다면 그 말씀을 따르지 않겠는가?"라고 추궁하였을 때, 윤지충은 대답하지 않았다고 한다. 부모나 임금의 명령이 있다면 '천주'를 부정할 수 있는지를 묻는 질문에 대답을 하지 않았지만, 그 침묵은 사실상 거부의 뜻을 보여준 것이다. 그래서 전라감사는 "너는 부모도 모르고 임금도 모르는 놈이다"라고 단죄하였던 것이요, 윤지충은 "나는 부모도 임금도 잘 알고 있다"고 대응하였다.18) 부모나 임금의 명령과 대부모요 대군주인 '천주'의 명령은 모두 따라야할 명령이지만, 두 명령이 달라질 경우에 어느 명령을 최우선의 기준으로 따를 것인가의 문제인 것이다. 유교적 규범 속에서는 부모나 임금의 명령에 순종하는 것이 바로 '상제'의 명령 곧 '천명'을 따르는 강상(綱常)의 도리임을 가르친다. 그러나 유교적 사유 속에서도 '상제'의 명령(天命)은 절대적으로 따라야 할 기준이지만, 부모나 임금의 명령이 '상제'의 명령(天命)에 어긋날 때는 부모나 임금에게 그 잘못됨을 충고하는 간언(諫言)을 하여 바로잡아야 한다고 가르친다. 세 번을 거듭 간언하여도 임금이나 부모가 받아들이지 않을 때에는 임금의 경우에는 떠나야 하지만 부모의 경우에는 울면서 따라가야

---

18) 같은 곳.

한다는 것이다.[19] 울면서 따라간다는 것은 그 잘못됨을 확인하면서도 부모에 맞서 거역할 수 없다는 조건을 부득이 받아들이고 있음을 말한다. 한걸음 나가서 『춘추좌전』에서는 '큰 의리를 위해서는 친족도 죽인다'는 '대의멸친'(大義滅親)의 의리를 제시하기도 하였다.[20] 그렇다면 대부모나 대군주의 명령을 따르기 위해서는 부모나 임금의 명령을 어길 수도 있다는 것이니, '천명'을 따르기 위해 임금이나 부모의 명령을 어길 수 있다는 것이 유교적 사유에서도 인정될 수 없는 것은 아니다. 그렇다면 천주교를 부정하라는 임금이나 부모의 명령이 '상제'의 명령(天命)과 일치한다고 보는 것이 조선정부의 입장이요, 임금이나 부모의 명령이라도 '천주'의 명령을 거부할 수 없다는 것이 윤지충·권상연의 신앙적 입장이었으니, 두 입장의 차이가 충돌하지 않을 수 없는 현실이었다.

'천주'를 '가장 높으신 아버지'로 인식하는 문제는 유교의 입장과 어떤 차이점이 있는지 토론의 대상이 될 수는 있지만, '천주'를 '상제'와 동일한 존재로 인식한다면 그 쟁점조차 해소되고 말 것이다. 이와 더불어 '천주'를 '창조주'로 제시한 문제에 대해서는 심문의 기록 속에도 더 이상 논급된 흔적이 보이지 않는다. 전라감사는 심문의 내용을 자세하게 정부에 보고했겠지만, 『조선왕조실록』에서는 윤지충의 공술내용에서 '천주'의 존재에 대해서는 "천주를 큰 부모로 여기니, 천주의 명

---

19) 『禮記』, '曲禮下', "爲人臣之禮, 不顯諫, 三諫而不聽, 則逃之, 子之事親也, 三諫而不聽, 則號泣而隨之."
20) 『春秋左傳』, '隱公4년', "君子曰, 石碏, 純臣也. 惡州吁而厚與焉, 大義滅親, 其是之謂乎." 여기서 '大義滅親'이란 石碏이 前王을 弑逆하고 임금이 된 州吁와 州吁를 보좌하는 자신의 아들 石厚를 죽게 하였던 일을 가리킨다.

령을 따르지 않는 것은 결코 공경하고 높이는 뜻이 아니다"21)라는 짧은 언급만을 기록에 남겨놓고 있을 뿐이요, 제사와 신주문제에만 기록이 집중되어 있다. 분명 교리적 쟁점에 관심이 있는 것이 아니라 조선왕조의 실정법(實定法)에 저촉되는 부분에 관심을 보여준 것이라 할 수 있다. 여기서 확인할 수 있는 것은 윤지충·권상연의 '천주'에 대한 신앙은 '천주'의 존재와 유교의 '상제'를 일치시키는데 관심을 기울였던 리치의 적응주의적 선교논리를 매개로 하여, 여기서 한걸음 더 나아가 '천주'를 유일의 궁극존재로 확인하는 신앙의 선언으로 전환하고 있음을 보여주고 있는 것이라 할 수 있다.

한 가지 주목해야 할 것은 윤지충과 권상연이 형장에 가는 길에서나 순교하는 순간까지 '천주'를 불렀다는 기록이 아니라 '예수'와 '마리아'의 이름을 불렀다는 기록이다.22) 그것은 『천주실의』에서 제시되고 있는 '천주'존재 중심의 보유론적 교리체계에 대한 이해를 넘어서 천주교교단의 고유한 교리체계와 기도문에 이미 익숙하였다는 사실을 의미한다. 곧 '상제=천주'의 보유론적 교리체계에서 '천주=예수'의 교회내적 교리체계로 전환한 것이요, 리치가 열어놓은 『천주실의』라는 다리를 건너 천주교신앙에로 향한 통로를 통과하였음을 보여주는 것이기도 하다.

---

21) 『조선왕조실록』, 46책, 257면(正祖15년 11월7일條), "以天主爲大父母, 則不遵天主之命, 決非欽崇之意."
22) Ch. Dallet, 『한국천주교회사』, 상권, 354-355쪽.

4. 윤지충·권상연의 영혼관과 천당지옥설

윤지충과 권상연이 1791년 조선사회에서 천주교신앙문제로 처형을 당한 최초의 순교자가 되었던 직접적 원인은 제사를 폐지하고 신주를 불태웠다는 '폐제분주'(廢祭焚主)사건이었다. '폐제분주'가 일어나게 된 직접적 원인은 1790년 북경교회에서 제사금지령이 내려왔기 때문이지만, 그 바탕에는 천주교신앙의 영혼관과 사후세계관이 놓여 있는 것으로 보인다. 그렇다면 우선『천주실의』에서 제시된 영혼관과 사후세계관이 유교지식인에게 받아들여지는 과정부터 음미해 볼 필요가 있다.

리치는『천주실의』에서 유교의 '혼'(魂)·'백'(魄)개념을 천주교교리에 따라 재해석하면서, '혼3품설'(魂三品說)을 제시하였다. 곧 하품인 '생혼'(生魂)은 생장능력을 지닌 식물의 '혼'이요, 중품의 '각혼'(覺魂)은 감각능력을 지닌 동물의 '혼'이요, 상품의 '영혼'(靈魂)은 추리와 분석능력을 지닌 인간의 '혼'이라 구분하고, '생혼'과 '각혼'은 신체에 의존하기 때문에 죽으면 소멸되는 것이지만, '영혼'은 신체에 의존하지 않기 때문에 인간의 신체가 죽음을 당하더라도 소멸되지 않고 영원히 존속하는 것이라 밝혔다.[23] 이러한 '혼3품설'은 유교전통에서 생소한 이론이었지만 성호를 비롯하여 정약용 등은『순자』(荀子)[24]가 수화(水火)의 '기'(氣), 초목의 '생'(生), 금수의 '지'(知), 인간의 '의'(義)로서 계층구조를

---

23)『天主實義』, 제3편, "下品名曰生魂, 卽草木之魂是也,…中品名曰覺魂,, 則禽獸之魂也,…上品名曰靈魂, 卽人魂也. 此兼生魂覺魂. 能扶人長養, 及使人知覺物情, 而又使之能推論事物, 明辨理義, 人身雖死, 而魂非死. 盖永存不滅者焉."

24)『荀子』, '王制', "水火有氣而無生, 草木有生而無知, 禽獸有知而無義, 人有氣有生有知亦且有義, 故最爲天下貴也."

이루는 4단계를 제시한 것에 상응하는 것으로 쉽게 받아들여졌다.

인간의 '혼'을 '영혼'이라 일컫는 것도 유교전통에서 인간의 마음을 '영명'(靈明)이나 '허령'(虛靈)이라 일컬을 뿐만 아니라 '영혼'이라는 용어 자체도 비록 흔히 쓰이지는 않지만 이미 익숙하게 쓰여 왔으니 생소한 용어가 아니다.25) 그러나 성리학에서는 사후존재로서 '혼'을 '기'(氣)의 형태로 이해하면서, 인간의 '혼'이 죽음과 동시에 소멸하는 것은 아니지만 결국에는 '기' 속에 녹아들어 가는 것으로 본다. 그것은 마치 사후에 신체(魄)가 상당한 시간이 지나면 흙으로 돌아가 그 개체성을 상실하듯이, '혼'도 상당한 시간이 지난 뒤에는 그 개체성을 상실한다는 의미에서 소멸하는 것으로서 설명해왔다. 이 점에서는 천주교의 '영혼불멸설'과 선명한 차이를 드러내는 것이 사실이다.

따라서 리치는 '영혼'의 불멸성을 논증하기 위해 '영혼'이 '신'(神)의 부류에 속하는 것으로서 신체로부터 독립되어 신체를 주재하는 존재로 확인하며, 인간의 마음으로 수심(獸心)과 인심(人心)의 두가지 마음이 있고, 성품으로 형성(形性)과 신성(神性)의 두가지 성품이 있음을 지적하였다. 여기서 '인심' 내지 '신성'이 바로 '영혼'으로 '천신'(天神)과 같은 존재임을 강조하였던 것이다.26) '영혼'을 '신'으로 이해하는데는 유교 지식인에게 문제가 되지 않는다. 유교전통 안에서는 인간의 마음을 '신

---

25) '靈魂'이라는 용어는 『楚辭』(九歌·山鬼)에 나오고, 경전주석에서도 쓰이고 있던 용어였으며, 宋代 성리학자 眞德秀의 『西山集』(권49, '代男正追薦母靑詞')와 陳淳의 『北溪集』(권50, '奠陳親晦之')에서도 보인다.
26) 『天主實義』, 제3편, "夫靈魂則神也,…靈魂信專一身之權, 屬于神者也,…若人則兼有 二心. 獸心人心是也, 則亦有二性. 一乃形性, 一乃神性也,…從彼謂之獸心, 與禽獸無 別. 從此謂之人心, 與天神相同也."

명'(神明)으로 설명하고 사후의 존재를 '귀신'으로 설명해 왔으니, '영혼'을 '신'으로 보는 데는 문제될 것이 없다. 그러나 유교에서는 '혼'이 '신' 내지 '귀신'이라 하더라도 '천신'(天神)이나 '산신'(山神)·'해신'(海神)과는 달리 인간의 '혼'은 대부분 소멸되는 것으로 보고 불천위(不遷位)의 경우처럼 특별히 공적이 크거나 덕이 높은 '혼'만은 소멸되지 않는 것으로 인정될 뿐이다. 또한 성리학에서는 마음(心)이나 '혼'을 '기'로 파악하고 성품(性)은 '리'(理)로 파악하기 때문에 성품이란 나의 속에 주어져 있어도 '천성'(天性) 내지 '천리'(天理)로서 내가 간직하고 발현시켜야 할 보편적 이치인 만큼 그 개체성을 인정하지는 않는다. 그러나 '영혼'개념을 이기설에 따라 '기'로 인식하는 성리학적 입장을 벗어난다면, 리치가 제시한 것처럼 영혼을 '신'에 속하는 것으로 보고 불멸하는 것으로 이해하는 것이 유교지식인으로서 큰 어려움은 없었을 것으로 보인다.

그런데 가장 큰 문제는 '영혼' 내지 '신'에게 제사하는 문제와 사후세계로서 천당·지옥의 실재에 관한 문제이다. 천당·지옥의 문제부터 먼저 살펴보면, 리치는 천주교의 천당·지옥설이 불교의 경우와 같지 않으냐는 지적을 해명하는데 매우 세심한 주의를 기울였다. 리치는 "천주교는 오래된 종교인데, 석가모니는 서방 사람이니 반드시 그 이론을 훔쳐 들었을 것이다.…석가모니는 천주와 천당 지옥에 관한 뜻을 빌려다가 자기의 사사로운 뜻과 사특한 도리를 전한 것이다.…석가모니가 태어나기 전에 천주교인은 이미 그 이론을 가지고 있었다"27)고

---

27) 같은 곳, "天主敎, 古敎也. 釋氏西民, 必竊聞其說矣.…釋氏借天主天堂地獄之義, 以傳己私意邪道.…釋氏未生, 天主敎人, 已有其說, 修道者, 後世必登天堂, 受無窮之樂, 免墮地獄受不息之殃." 여기서 리치가 말한 '天主敎'는 '天主古敎', 즉 '猶太敎'로 대치되어야 할 것이라는 견해가 있다.(송영배外 譯, 『천주실의』, 서울대출판부, 1999, 122

하여, 천주교가 불교보다 더 시원이 빠르고 근원적 종교라 주장하여, 불교와 동일시되기를 거부하고 차별화시키는 입장을 분명하게 밝혔다. 불교와 천주교의 어느 쪽이 먼저인지 따져볼 필요없이, 리치는 불교와 천주교가 '천당지옥설'을 공유한다는 사실을 인정하면서도 천주교가 진실한 종교라는 주장을 하고 있는 것이다.

한걸음 나아가 리치는 유교경전에서 천당을 언급하고 있는 증거를 찾아내고 있다. 곧『시경』(大雅·文王)의 "문왕(文王)이 위에 계시니, 아, 하늘에 밝게 빛나도다.…문왕이 오르내리시니 '상제'의 좌우에 계시도 다"(文王在上, 於昭于天,…文王陟降, 在帝左右)는 구절과,『시경』(大雅·下武文王)의 "세 임금(三后: 周 武王의 先代인 太王·王季·文王)이 하늘에 계시도 다"(三后在天)의 구절, 및『서경』(召誥)의 "하늘이 이미 큰 나라인 은(殷) 의 명을 멀리 끊어셨다. 이 때 은나라의 많은 명철한 임금들이 하늘에 계셨다"(天旣遐終大邦殷之命, 玆殷多先哲王在天)의 구절을 인용하면서, 이 구절들에서 "위에 계시다", "하늘에 계셨다", "상제의 좌우에 계시다" 라는 언급은 바로 천당을 일컫는 것이라 밝혔다.[28] 유교전통에서는 불 교의 천당지옥설을 비판해왔고, 같은 논리에서 천주교의 천당지옥설 을 부정하지만, 리치는 유교경전에서 천당의 존재를 확인할만큼 유교 경전과 천주교의 조화론을 적극적으로 추구하였던 것이며, 바로 이러 한 입장은 신서파 유교지식인들이 천주교신앙을 받아들이는 과정에

쪽 각주10)

28)『天主實義』, 제6편, "夫在上, 在天, 在帝左右, 非天堂之謂, 其何歟." 마테오 리치는 같은 곳에서 "文王, 은나라 임금들과 周公이 천당에 있다면, 桀임금, 紂임금과 盜跖은 반드시 지옥에 내려가 있는 것과 같다"(如眞文王殷王周公在天堂上, 則桀紂盜跖必在 地獄下矣)고 하여, 지옥의 존재도 경전에 근거하여 논증하고 있다.

큰 장애요소들을 제거하는 역할을 하였던 것이라 할 수 있다.

윤지충은 1791년 5월 모친상때 조문객에게 "천당에 올라가셨으니 축하할 일이지 조상하며 위로할 바가 아니다"[29]라고 말했다고 한다. 이 발언을 한 일이 있는지 사실유무는 확인하기 쉽지 않다. 전라감사의 심문에서 윤지충은 "내 부모가 돌아가신 것을 위문해 주니, 감사하고 애통하여 맞이해서 곡하기에도 겨를이 없는데 어찌 차마 거절하겠는가"[30]라고 하여, 정면으로 거부하고 있으니, 상반된 기록을 보여준다. 그러나 윤지충이 모친상에 조문을 거절하고 축하할 일이라고 발언했다는 언급이 사실이라면, 그것은 천주교의 천당지옥설에 대한 확고한 신념을 보여줄 뿐만 아니라, 유교의 상례(喪禮) 자체에 대한 거부태도를 보여주고 있는 것이다. 유교의 상례에서 조문(弔問)은 죽은 이에 대한 슬픔을 표하는 것과 함께 죽은 이의 자손에 대한 위로하는 것인데, 죽음은 천당에서 복락을 누리는 것이니 죽은 자나 그 자손은 축하를 받아야 할 일이라 하여 조문받기를 거부했다는 말이다. 그러나 리치는 현세는 인간이 잠시 고통 속에 머무르는 세상이요 인간의 본집은 죽은 뒤의 내세에 있음을 제시하면서, 자신이 들었던 옛날 어느 나라의 풍습으로 자식을 낳은 사람에게는 친구들이 고통스럽고 수고로운 세상에 태어났다고 울면서 조문하며, 상(喪)을 당한 사람에게는 고통스럽고 수고스러운 세상을 떠났다고 풍악을 울려 축하했다는 사례를 소개하면서, "그 일들은 너무 심하다. 그러나 현세의 실상에 통달했다고

---

29) 李晩采, 『闢衛編』, 권2, '洪注書上蔡左相書'.(최기복, 위의 논문에서 재인용)
30) 『조선왕조실록』, 46책, 257면(正祖15년 11월7일條), "問我親喪, 且感且哀, 迎哭之不暇, 何忍拒之."

할 수 있다"[31]고 하였다. 곧 출생을 조문하고 사망을 축하는 풍속은 너무 심하다고 부정하지만 현세를 부정하고 내세를 추구하는 입장은 긍정하고 있는 것이다.

윤지충이 모친상에서 돌아가신 모친은 천당에 가셨으니 축하할 일이라 하고 조문을 거부하였다는 것이 사실이라면 이미 천주교에서 제시하는 천당지옥설의 확신에 따라 리치도 너무 심하다고 지적한 극단적 태도를 취하는데 까지 나간 것이요, 그만큼 내세중심의 세계관을 확고하게 수립하였던 것이라 할 수 있다. 또한 윤지충이 모친상에서 조문을 거절하지 않고 받았다 하더라도 그의 모친이 사후에 천당에 갔다는 발언과는 별도의 문제인 만큼, 모친을 사별한 슬픔에 대한 위로를 받는 것일 뿐이니, 천당지옥설에 대한 그의 믿음은 여전히 성립하고 있는 것이다. 나아가 그는 장례절차를 유교의례에 따라 시행했다고 주장하였는데, 조문을 받는 것이나 장례의 절차에서 유교적 전통의례를 따랐다고 하더라도 그의 천당지옥설에 대한 확신은 변함없었던 것으로 보인다. 그 사실은 그가 '폐제분주'의 행위와 그 변론을 통해서도 확인될 수 있는 것이 사실이다.

5. 윤지충·권상연의 폐제분주(廢祭焚主)사건과 신앙적 성격

윤지충·권상연이 '폐제분주'를 하게 된 것은 일차적으로 천주교회

---

31) 『天主實義』, 제3편, "夫夫也太甚矣, 然而可謂達現世之情者也.".

의 제사금지령에 따른 것이다. 그렇다면 유교의 제사의례에 대한 천주교의 견해로서 먼저 그가 읽었던 『천주실의』에서 제시된 리치의 견해부터 볼 필요가 있다. 리치는 "나는 중국의 옛 경서(經書)를 두루 살펴보았는데 귀신에게 제사지내는 것을 천자와 제후의 중대한 일로 삼지 않음이 없었다. 그래서 (귀신이) 마치 위에 있는 듯, 좌우에 있는 듯 공경하였다. 어찌 그런 일이 없는데도 일부러 이런 일을 꾸며서 속였겠는가?…반경(盤庚)은 탕(湯)임금의 9대손으로 서로 400년이나 떨어졌는데도 오히려 그(탕임금)에게 제사를 지냈으며 여전히 두려워 하였다"[32]고 언급하고 있다. 리치는 유교경전에서 귀신에 제사드리는 것이 얼마나 중시되고 있는지를 확인하고, 귀신의 존재를 실재하는 것으로 확인하였으며, 은(殷)나라의 반경이 9대조인 탕임금에 대해 400년이 지닌 뒤에도 여전히 두려워하고 제사지냈다는 사실을 주목하였다. 물론 리치는 이러한 언급을 통해 영혼이 사후존재로서 영속하는 것임을 입증하는 근거로 삼고 있지만, 유교의 조상신에 대한 제사를 아무 거부감 없이 받아들이고 있음을 보여준다.

그러나 천주교에서 제사를 '천주'에게만 드려져야하며, 조상신이나 공자를 포함한 다른 어떤 '신' 내지 '귀신'의 존재에도 드려져서는 안된다는 주장이 예수회 내에서도 제기되었고, 도미니꼬회와 프란치스꼬회에서는 공자와 조상에 대한 제사를 우상숭배로 비판하면서 천주교 교회내에서 '의례논쟁'이 일어났으며, 이에 따라 교황청의 명령도 몇

---

32) 『天主實義』, 제4편, "吾遍察大邦之古經書, 無不以祭祀鬼神, 爲天子諸侯重事, 故敬之如在其上, 如在其左右, 豈無其事而故爲此矯誣哉,…盤庚者, 成湯九世孫, 相違四百祀, 而猶祭之, 而猶懼之."

차례 번복을 거쳐 마침내 1742년 유교의 제사의례를 미신적 행위로 확정하는 칙령이 내려졌다.[33] 이 칙령에 따라 1790년 북경교회에서 제사금지령이 전달되었을 때 당시 조선의 천주교공동체에서 주축을 이루었던 유교지식인들 사이에서는 심각한 분렬이 일어났다. 정약전·정약용 등은 천주교신앙집단에서 이탈하게 되었고, 정약종·윤지충·권상연 등은 유교사회의 교화체제를 등지게 되었다. 천주교의 입장에서도 조상제사가 미신인지 아닌지를 판단하는 것은 관점에 따라 달라질 수 있다. 그 입장의 변화로 1939년 교황 비오 12세에 의해 제사금지령이 해제되었으니, 유교의례의 제사가 미신인지 아닌지를 판단하는 것은 배타적 순수성을 추구할 것인지 개방적 포용성을 추구할 것인지에 따라 입장이 변할 수 밖에 없다. 그렇다면 윤지충·권상연이 당시의 친족과 이웃과 친우들로부터 엄청난 비난을 받고 국가의 교화체제에 상반된 길을 가면서도 '폐제분주'를 선택한 이유가 무엇인지를 해명하는 것이 중요한 의미가 있을 것이다.

'폐제분주'사건이란 '제사'를 폐지했다는 사건과 '신주'를 불태웠다는 사건의 두 문제를 포함하는 것인데, 이 두 문제는 필연적으로 서로 연결되어 있는 것이 사실이지만, 두 가지 사항으로 나누어 이해할 수

---

33) 의례논쟁에 따라 교황청도 선교단체의 상반된 주장에 휘말려 교황 인노첸시오 10세는 1645년 9월 12일, 제사금지령을 내렸고 1656년 3월 23일, 교황 알렉산더 7세는 적응주의적 입장에서 유교제사를 묵인하는 허용령을 내렸다. 다시 교황 클레멘스 11세는 1704년 1월 20일, 제사에서 신위(神位)라는 용어를 사용하지 말고 사자(死者)의 이름만 사용할 것을 허용하였으며, 1715년 3월 19일, 더욱 강경하게 제사를 금지하는 칙서(Ex illa die)를 반포하였다. 그리고 마침내 1742년 7월 11일, 교황 베네딕또 14세는 1715년 칙서를 재확인하여 제사금지령을 확립하는 칙서를 반포하여 100년간의 의례논쟁을 종결짓게 되었다. 최기복, 『朝鮮朝에 있어서 天主教의 廢祭毁主와 儒教祭祀의 根本意味』, 『崔奭祐神父華甲紀念 韓國教會史論叢』, 1982, 62-72쪽 참조.

있다.

먼저 '신주'의 문제를 보면, 윤지충은 전라감사의 심문에서 신주를 땅에 묻은 사실(뒤에 신주를 불태워서 땅에 묻었음을 밝힘)을 시인하면서, "사대부 집안의 목주(木主: 神主)는 천주교에서 금하는 것이니, 차라리 사대부에게 죄를 얻을지언정 천주에게 죄를 얻기를 원치 않는다"[34]고 밝혔다. 그것은 천주교교회의 제사금지령을 따르겠다는 입장을 밝힌 것이지만, 동시에 목주에 대한 의미를 부정하는 자신의 신앙적 입장을 밝히고 있는 것이기도 하다.

「윤지충의 공술기(供述記)」에서는 "만일 실제로 우리 부모들이 그 신주 안에 계신다면, 천주교를 믿는 사람도 누구나 신주를 공경해야 할 것이다. 그러나 그 신주들은 나무로 만든 것이고, 그것들은 나와는 살이나 피나 목숨으로 아무 관계가 없다"[35]하여, 신주를 하나의 나무토막일 뿐 부모와 아무 상관이 없고 나와도 아무 상관이 없는 것이라 밝혔다 한다. 윤지충은 첫머리에서 부모를 살아서나 죽은 뒤이거나 공경하는 것이 천주교신앙의 도리임을 확인함으로써, 천주교에 대해 '부모를 부모로 여기지 않는다'(無父)는 유교적 정통주의에서 단죄하는 죄목으로부터 벗어나는 발판을 확보하고자 하였다. 그렇다면 신주를 파괴하는 것이 부모를 공경하지 않는 불효가 아님을 논증하는 것이 그의 입장이 지닌 전제조건임을 엿볼 수 있다. 그의 발언에서는 신주가 조상의 영혼이나 자신의 존재와 아무 관련이 없는 것이라는 사실을 주장

---

34) 『조선왕조실록』, 46책 257면(正祖15년 11월7일條), "士夫家木主, 天主敎之所禁, 故寧得罪於士夫, 不願得罪於天主."
35) Ch. Dallet, 『한국천주교회사』, 상권, 347쪽.

하는데 초점이 맞추어져 있다. 그것은 유교전통에서 중시하는 것처럼 신주는 조상신(조상의 영혼)이 의지하여 기대는(依憑) 곳이라는 상징적 의미를 부정하는 것이 된다. 그렇다면 조상의 영혼이 신주에 의지하는지 않는지를 판단하는데 따라 신주의 의미가 인정될 수도 있고 부정될 수도 있음을 의미하는 것이다.

여기서 윤지충은 "내 아버지나 할아버지의 영혼이 일단 이 세상에서 나가면, 그런 물질적인 물건에 붙어 있을 수가 없게 된다. 그런데 부모의 명칭은 아주 위대하고 매우 존경받을 만한 그 무엇인 만큼, 어떤 일꾼이 만들고 꾸민 물건을 감히 가져다가 내 부모를 삼고, 또 실제로 그렇게 부를 수가 있겠는가? 이것은 바른 이치에 근거를 둔 것이 아니다. 그러므로 나의 양심은 그것을 승복할 수가 없다"[36]고 밝혔다. 그 핵심은 '조상의 영혼이 죽은 뒤에는 이 세상의 어떤 사물에도 붙어 있을 수 없다'는 주장이다. 그것은 사후의 영혼이 천당이나 지옥에 간다는 천당지옥설에 근거하여, 사후의 영혼이 이 세상에 머물고 있지 않다는 믿음을 밝히는 것이다. 유교전통에서는 사후의 '혼'(귀신)이 남아 있는 동안에는 이 세상에 머물고 있는 것이며, 이 세상을 떠난 또 다른 세상을 인정하지 않는다. 그렇다면 윤지충으로서는 천당지옥설과 유교적 사후존재의 믿음 사이에 선택을 하지 않을 수 없었던 것으로 보인다. 유교에서 사후의 '혼'(귀신)이 이 세상에 어디엔가 존재하다가 자손이 제사를 드리면 그 자손의 정성에 감응하여 내려와 신주에 의빙한다는 것인데, 사후에 영혼이 천당이나 지옥으로 간다면 신주에 내려와 의빙할

---

36) 같은 곳.

수 없다는 것과는 논리적으로 양립할 수가 없기 때문이다. 문제는 그가 받아들인 천주교신앙의 천당·지옥이 이 세상을 벗어난 다른 세상이라는 믿음에 있다. 천주교신앙의 천당·지옥이 이 세상을 벗어난 것인지 이 세상 안에 있는 것인지에 대한 논란은 접어두고, 당시의 천주교교리는 『천주실의』에서도 천당·지옥이 이 세상 바깥의 다른 세상으로 제시되었던 것이 사실이다. 그렇다면 윤지충·권상연이 유교지식인으로서 왜 다른 세상에 있다는 천당·지옥설을 받아들였던가 생각해볼 필요가 있다. 그것은 제사문제와도 직결되어 있는 문제이다.

다음으로 '제사'문제를 보면, 윤지충은 전라감사의 심문에서 제사를 폐지한 사실을 시인하면서, "죽은 사람 앞에 술과 음식을 올리는 것도 천주교에서 금하는 것이다"[37]라고 하여, 천주교교회의 제사금지령을 따르는 입장을 밝혔다. 여기서 그는 제사의 폐지가 단지 천주교의 금지를 따르는 것일 뿐만 아니라, 돌아가신 부모에게 제물을 바치는 제사가 정당하지 못함을 논리적으로 그 정당성을 입증하였다. 조상제사의 부당함을 주장하는 논거는 제물이 조상의 영혼을 양육할 수 없다는 점과, 잠든 사람이나 죽은 사람에게는 음식을 드릴 수 없다는 점과, 덕행을 닦는 것이 조상의 영혼을 봉양하는 바른 길이라는 점을 주장하고 있다.

첫째로 제물이 조상의 영혼을 양육할 수 없다는 주장으로서, "물질적인 양식이 육신의 음식인 것처럼 덕행은 영혼의 음식인 것이다. 훌륭한 술과 맛있는 음식이 있다 하더라도 비물질적인 존재가 물질적인

---

37) 『조선왕조실록』, 46책, 257면(正祖15년 11월7일條), "死人之前, 薦酌酒食, 亦天主敎之所禁也."

것으로 양육될 수 없다는 이치로 영혼을 기를 수는 없다. 옛 사람들이 ‘죽은 이들을 그들이 살았을 때와 마찬가지로 섬겨야 한다’(事死如事生)고 말하였고, 이것이 우리나라 경서의 근본 원칙이라는 것을 인정한다. 그런데 살아 있는 동안에 그들의 영혼이 술과 다른 양식으로 결코 양육되지 않았던 만큼, 더구나 죽은 후에는 그렇게 될 수가 없다”[38]고 밝혔다. 물질적인 양식인 제물은 비물질적인 존재인 영혼을 양육할 수 없는 것이요, 영혼은 오직 비물질적인 덕행에 의해 배양될 수 있다는 것이다. 윤지충은 『중용』에서 ‘죽은 이 섬기기를 살았을 때 섬기듯이 한다’(事死如事生)는 유교적 원칙에 비추어보아서도 살았을 때 영혼을 술과 음식으로 봉양할 수 없는 것과 같다고 주장하였다. 그는 육신과 영혼의 이원론적 분별의식에 따라 살아있는 부모에게도 육신을 봉양하는 방법과 영혼을 봉양하는 방법이 다르다는 것을 주장하고 있다.

유교에서도 ‘혼’(귀신)에게 제물을 드리면 그 제물을 먹는 것이 아니라 다만 그 제물에 담긴 자손의 정성에 흠향한다는 인식이 분명히 있다.[39] 그런데도 윤지충이 영혼에게 술과 음식을 드리는 것이 잘못된 것이라 주장할 수 있는 근거는 당시 유교인들의 의식 속에 조상의 ‘혼’(귀신)이 제물을 먹는다는 이해가 일반화 되어서 유교적 신념의 통상적 의식을 이루는데 있는 것으로 보인다. 그는 유교지식인이었으니 유교

---

38) Ch. Dallet, 『한국천주교회사』, 상권, 347-348쪽.

39) 『書經』(太甲下)에서는 “귀신은 항상 흠향함이 없으며, 능히 정성스러운 자에게 흠향한다”(鬼神無常享, 享于克誠)하여, 제물보다 정성을 중시하고 있으며, 『禮記』(禮器)에서는 “귀신이 덕에 흠향한다”(鬼神饗德)하고, 『禮記』(檀弓下)에서는 “신이 흠향하는 바는 또한 주인이 재계하고 공경하는 마음이 있음이다”(神之所饗, 亦以主人有齊敬之心也)라 하여, 神-鬼神이 흠향하는 바는 제물이 아니라 德이요 후손의 공경하는 마음이라 밝히고 있다.

제사의 본질적 의미를 모르는 것은 아니었겠지만, 유교제사가 대중적 의식 속에 왜곡된 측면을 반박의 논거로 삼고 있는 것이라 하겠다.

둘째로 잠든 사람이나 죽은 사람에게는 음식을 드릴 수 없다는 주장으로서, "어떤 사람이 자기 부모에게 대하여 아무리 효성이 지극하다 하여도 주무시는 동안에는 그분들에게 음식을 드리지 않는다. 왜냐하면 잠자는 동안은 음식을 먹을 수 있는 시간이 아니기 때문이다. 그와 마찬가지로 더구나 그분들이 죽음이라는 긴 잠이 드셨을 때, 그분들에게 음식을 드리는 것은 헛된 일이요, 거짓 행동일 것이다. 그런데 자식이 돌아가신 부모를 헛되고 거짓된 행동으로 공경할 수가 있겠는가?"[40)]라고 주장하였다. 잠든 사람에게나 죽은 사람에게 음식을 드릴 수 없다는 주장은 '혼'(귀신)이 제물을 먹는다는 견해에 대한 비판의 반복이다. 따라서 그는 유교의 제사에서 조상신에게 제물을 드리는 것은 헛되고 거짓된 행위라 비판하고 있다. 유교의 조상제사에서 제물을 올리는 것이 조상신(영혼)에게 음식을 드리고 싶은 마음의 표현인지, 제물을 매개로 자손의 정성을 드리고 조상신의 축복을 받는 상징적 의례절차인지를 이해하는데는 전혀 관심을 보이지 않는다. 헛된 행위요 거짓된 행위로 규정함으로써 제사의례를 부정하는 천주교신앙의 입장을 밝히고 있는 것일 뿐이다.

셋째로 덕행을 닦는 것이 조상의 영혼을 섬기는 바른 길이라는 주장으로서, "부모에게는 아무런 참다운 향기도 없는 음식을 쓰는 것을 그만두고, 온 힘을 기울여 덕행을 닦는 데 전심하여 그 결과를 그분들에

---

40) Ch. Dallet, 『한국천주교회사』, 상권, 348쪽.

게까지 미치게 하고, 동시에 우리 영혼도 기르는 것이 참된 길이요 바른 도리이다"[41]라고 하여, 돌아가신 부모를 위한 방법으로 헛된 제물을 올리는 제사의례를 폐지하고 덕행을 닦는 것이 올바른 길이라 주장하고 있다. 덕행을 닦는 것이 좋은 방법이라는 점에서는 어떤 입장에서도 이의가 있을 수 없다. 그러나 제사를 공허하고 거짓된 행위로 규정하여 거부하는 천주교 신앙의 입장을 선택하는 데는 유교전통의 제사의례가지닌 문제점에 대한 그 자신의 인식이 있었을 것으로 보인다.

조선후기 사회에서 유교이념의 통치질서와 사회기강이 쇠퇴하면서 사실상 유교의례도 관습적 타성에 젖어 조상제사도 조상의 '혼'(귀신)과 자손의 경건하고 신령한 교류가 상실되어 의례의 형식적 절차만 반복하는 타락이 일어났던 것으로 보인다. 그렇다면 유교의 제사의례를 통한 조상의 '혼'(귀신)과의 만남이 사실상 공허해지고 공허한 의례절차는 거짓된 행위로 비판받을 수 있는 여지가 크지 않을 수 없다. 윤지충·권상연이 신주를 불태우고 제사를 폐지한 것은 천주교교회의 명령을 따르는 것이기만 한 것이 아니라, 실질적으로 유교의 조상제사가 신앙적 진실성을 상실함에 따라 새로운 신앙적 세계관으로서 천주교의 영혼론과 천당지옥설을 받아들이는 자발적 능동성의 측면도 있었던 것으로 보인다. 윤지충과 권상연은 천주교교회에서 신주를 불태우라는 명백한 명령이 없는 줄을 알고 있으면서도 신주를 불태우는 적극적 행위를 보여준다. 전라감사의 심문에서 윤지충은 "만약에 내가 그것(신주)이 내 부모라고 믿었다면 어떻게 그것을 불사를 마음을 먹을 수 있

---

41) 같은 곳.

었겠는가? 그러나 그 신주에는 내 부모의 아무 것도 없다는 것을 아주 분명히 알기 때문에 불사른 것이다"[42]라고 밝혔다. 이미 그는 교회의 제사금지령을 접하는 순간 수동적으로 명령을 따른 것이 아니라 자신의 확신으로 유교전통의 제사의례를 전면적으로 거부할 수 있는 신앙적 확신을 지니고 있었음을 보여주는 것이다.

6. 윤지충·권상연의 천주교신앙 수용이 지닌 의미

윤지충·권상연은 1780년대 중반 천주교신앙을 초기에 수용한 성호학파의 신서파에 연결되어 있는 유교지식인으로서, 1790년 북경천주교회로부터 제사금지령이 내려져 왔을 때, 제사폐지의 실천에 앞장섰다가 1791년 가장 먼저 순교하였던 인물이다. 이들의 신앙내용과 실천과정은 1791년 '폐제분주'사건이 표출되면서 뚜렷하게 드러났지만, 1794년『천주실의』와『칠극』을 읽으면서 천주교신앙에 들어선 이후 짧은 기간 사이에 '폐제분주'사건의 주인공이 되기까지 신앙의 심화과정은 초기천주교도들의 신앙적 변천과정을 가장 잘 드러내주는 경우라 할 수 있다. 이들의 천주교수용과 실천이 지닌 의미를 이 시대 조선사회의 상황 속에서 한 유교지식인의 신앙적 선회과정으로 조명해볼 수 있을 것이다. 윤지충·권상연의 천주교신앙 수용이 지닌 의미를 세 가지 측면에서 이해해보고자 한다.

---

42) Ch. Dallet,『한국천주교회사』, 상권, 351쪽.

(1) 시대사회적 배경에서 보면, 이들은 정약전·정약용 등 신서파 유교지식인들과 더불어 조선사회의 유교적 통치질서가 한계에 부딪쳤다는 인식과 변혁의 새로운 방향을 찾아야 한다는 요구를 공유하였고, 그 변혁의 방향으로 서학을 받아들이는데 참여하였던 것이라 할 수 있다. 정조임금은 천주교에 대해 온건한 금압(禁壓)정책을 폈었는데, 윤지충·권상연을 심문한 전라감사의 보고를 받고난 뒤, 정조는 "사학(邪學)을 물리치는 일에는 정학(正學)을 밝히는 것만 함이 없다"[43]고 언급하였는데, 이 말은 당시 유교의 교학체계로서 '정학'이 쇠퇴하여 밝혀지지 못하고 있는 현실에 대한 성찰이기도 하다. 그것은 또한 이 시대에 유교지식인이 천주교신앙을 수용하게 된 사회적 배경은 바로 유교적 이념과 질서가 퇴락하여 혼란에 빠져 있었던 현실이라 할 수 있다.

당시 유교사회의 모순에 따라 사회변혁의 요구에서 서학이 받아들여졌지만, 천주교신앙의 수용이 심화되면서 사실상 사회개혁의 관심이나 의지는 사라지고 말았던 것이 현실이다. 이때 신서파 청년층 지식인들의 서학수용은 서양과학기술의 도입을 추구하는 것으로 출발하였지만 점차 천주교신앙으로 전환하는 과정을 겪었는데, 윤지충·권상연 등은 서양과학기술의 이해라는 과정이 없이 곧바로 천주교신앙의 수용으로 출발하였던 경우라 할 수 있다. 이들은 천주교신앙의 수용에 몰입하면서 사실상 서양과학기술의 도입을 통한 실학적 사회개혁의식은 상실하게 되었고, 천주교교리를 통하여 새로운 내세중심적 세계관의 수용과 개인구원의 요구에 빠져들면서, 조선사회의 유교적

---

43) 『조선왕조실록』, 46책, 257쪽(正祖15년 11월7일條), "闢邪學, 莫如明正學."

교화체제로부터 이탈한 이질적 신앙집단으로 정착되어 갔던 것이다.

⑵ 천주교신앙의 수용과정에서 보면, 윤지충·권상연은 정약전·정약용 등 신서파 유교지식인들의 영향 속에『천주실의』와『칠극』등 예수회의 보유론(補儒論)적 교리서를 통해 천주교신앙에 입문하였다. 이들은 특히 유교경전과 조화를 이룬 천주교교리에 접하면서, '천주'존재와 '영혼'개념 및 사후세계에 대한 이해를 쉽게 받아들이고 신속하게 심화시켜 감으로써, 한역(漢譯)교리서를 통해 조선사회에서 자생한 초기천주교신도에 속하게 되었다.

이들의 천주교신앙 수용과정에서는 첫째 단계로서『천주실의』를 중심으로 보유론적 교리서에서 유교경전의 정신과 천주교신앙이 일치 내지 조화를 이룬 '합유'(合儒)의 교리적 세계를 이해하면서, 도학-주자학적 이념에서 쉽게 벗어날 수 있었고, 동시에 천주교교리에도 쉽게 접근할 수 있는 경험을 하였다.

그러나 둘째 단계에서는 보유론적 교리서 속에서 이미 유교전통과는 다른 새로운 천주교신앙의 고유한 세계를 만나게 되었던 것이며, 그것은 보유론적 교리체계가 내포하는 유교와의 일치로서 '합유'(合儒)를 통해 유교를 보완하는 '보유'(補儒)의 단계를 거쳐 유교를 넘어서는 '초유'(超儒)의 단계로 나가는 것이다.44) 그러나 보유론적 교리체계는

---

44) 淸初에 활동하던 중국의 천주교도인 張星曜는『天儒同異考』(1715自序)를 저술하여
    천주교와 유교의 관계를 '天主敎合儒', '天主敎補儒', '天主敎超儒'의 3단계로 제시하
    였다. 이 책의 서문에서는 "여기(天主敎書)에 있는 진리는 유교에 이미 갖추어 있으나
    아직 다 밝혀지지 않았으므로, 천주교로 보완하지 않을 수 없다"(是有眞理, 儒敎已備,
    而猶未盡晰者, 非得天主敎以益之不可)고 하였다.(徐宗澤,『明淸間耶穌會士譯著提

'합유'·'보유'·'초유'의 단계가 연속성을 지닌 것이며 대립적 단절을
보여주는 것은 아니다.

윤지충·권상연의 천주교신앙 수용은 보유론적 교리서를 통해 유교
와 조화를 이룬 천주교신앙을 형성해가던 첫째 단계와 둘째 단계를 징
검다리로 삼아 유교와 천주교가 대립적 이질성을 드러내는 셋째 단계
의 천주교신앙을 정립하였던 것으로 보인다. 이 셋째 단계의 천주교신
앙을 형성하기 위해서는 이들이『천주실의』나『칠극』의 보유론적 교
리서와는 달리 유교에서 벗어나는 '탈유'(脫儒)내지 유교에 상반되는
'반유'(反儒)로 천주교의 순수성을 요구하는 교리서를 학습했을 것으로
보인다. 유교적 예교질서에 정면으로 맞서는 '폐제분주'를 실천할 수
있었던 것은 그의 신앙적 성격이 이미 보유론적 교리서를 벗어나 탈유
교적 천주교신앙의 세계를 확립하고 있었음을 보여주는 것이다.

(3) 종교사상사에서 보면, 윤지충·권상연의 '천주'사상과 '영혼'개념
및 사후세계에 대한 천주교신앙의 확고한 정립으로 1791년 '폐제분주'
사건을 일으키게 된 것은 조선정부가 1785년 천주교신앙집단을 처음
감지한 '을사추조적발'(乙巳秋曹摘發)사건에서 드러난 이질적 신앙이라
는 차원을 넘어서 유교적 교화체제를 거부하는 천주교신앙의 반유교
적 성격과 위치를 조선사회 전반에 공개적으로 제시해주었던 최초의
사건이었다. 또한 '폐제분주'의 신앙적 실천은 유교의 예교질서와 대립
된 천주교신앙의 성격을 가장 분명하게 드러내주었으며, 이에 따라 조

要』, 1958, 臺北, 129쪽)

선정부가 공식적으로 천주교신앙에 대한 금서령(禁書令)과 금교령(禁敎令)을 내리는 계기가 되었다. 이들은 '폐제분주'의 실천으로 조선사회의 법에 따라 처형되었지만, 자신의 신앙에 대한 확고한 진실성의 신념을 밝힘으로써 교회의 명령에 따라 죽었다는 의미보다는 오히려 진리에 대한 자신의 확고한 신념에 따라 죽었다는 의미에서 '순도'(殉道)요 '순교'(殉敎)의 성격을 확실하게 보여주고 있다. 그러나 그가 확립한 천주교신앙은 이 시대 유교사회의 한계를 극복하는 새로운 신앙의 세계를 열어준다는 의미와 더불어 당시 천주교교리의 시대적 성격 안에 머물 수 밖에 없었던 신앙의 한계를 드러내고 있는 것도 사실이다.

5

19세기 한국성리학의 시대인식과
서학(西學)·서세(西勢)에 대한 대응

1. 한국사상사에서 19세기 성리학의 위치

19세기는 한국사상사에서 유교전통이 주도하였던 마지막 시대였다. 20세기에 들어서자 조선사회는 '개방'과 '개화'(開化)를 표방하여 서구 근대문물을 가치기준으로 추구하였으며, 이에따라 유교이념은 이미 사회를 이끌어가는 지도기능을 상실하고 도리어 개혁의 장애요인이거나 타파의 대상으로 추락하고 말았다. 그렇다면 19세기는 유교전통의 마지막 단계이면서 전환의 시기로서 의미를 지니는 것으로 주목될 필요가 있다.

14세기 말에 시작된 조선시대를 16세기까지의 전반기와 17세기 이후의 후반기로 나눈다면, 전반기와 후반기를 통해 성리학을 철학적 기반으로 하는 주자학-도학이 사회이념의 주류를 이루었던 것이 사실이다. 그러나 조선시대의 전반기는 주자학-도학이 정착하면서 성리학이 정립하는 개화기(開花期)였다고 하면, 후반기는 성리학의 만개기(滿開期)라 할 수 있고, 특히 그 마지막 단계인 19세기는 조선시대 성리학의 결실기(結實期)라 할 수도 있을 것이다. 더구나 조선후기는 주자학-도학이 강력하게 시대이념을 지배하였지만, 그 저변에서는 비록 소수의 지식인들 사이에서 논의된 것이라 하더라도 성리학의 한계가 지적되면서 새로운 사상조류로 양명학과 실학이 또다른 물길을 이루고 있었다.

19세기 조선 성리학이 당면한 가장 큰 시대적 환경은 두 가지를 들수 있다. 하나는 안으로부터 조선사회 내부에서 주자학-도학을 통치이념으로 표방하는 사회체제가 시대변화에 적절하게 대응하지 못하면서 모순을 드러내자 사회내부의 저항과 동요가 여러 측면에서 일어났다는 사실이요, 다른 하나는 밖으로 부터 밀려온 서양종교가 서민대중 속에 확산되었으며 뒤어어 서양과 일본의 제국주의적 무력위협이 가중되면서 조선사회에 위기의식이 심각하게 가중되었다는 사실이다. 따라서 19세기 조선 성리학의 기본 성격은 안과 밖에서 제기되는 이 두가지 도전에 대응하는 이론체계와 사유방법으로 확인할 수 있을 것이다.

19세기 조선사회에 안으로 변화의 요구가 커지고 밖으로 외세의 위협적 압력이 높아지자, 이 시대 성리학은 한층 더 선명한 자기 정체성의 인식이 절실하게 제기되고, 동시에 한층 더 강력한 대응논리의 제시가 요청되었던 것으로 보인다. 18세기까지 조선 성리학은 기호(畿湖)학파가 호론(湖論)과 낙론(洛論)으로 양분되어 내려오고, 영남(嶺南)학파

가 강좌(江左)의 퇴계(退溪)학풍이 주도하는 가운데 강우(江右)의 남명(南
冥)학풍이 미미하게 잔존하고 있었던 양상을 보여준다. 그러나 19세기
에 들어서면서 성리학자들은 사방에서 독자적 문제의식과 학설을 제
시하여 독립된 학파를 형성하는 경향이 뚜렷한 시대적 양상을 이루었
던 것이 사실이다. 이렇게 학파의 분화현상이 뚜렷해지는 것은 단순히
분파적 대립현상이 아니라, 시대현실의 새로운 도전에 대응하는 논리
가 다양해지면서 심(心)개념의 인식을 중심으로 성리설의 인식체계도
그만큼 다양해졌고, 이에 따른 학파간의 학설논쟁도 활발하게 일어났
던 사실을 확인할 수 있다.

특히 서양종교의 전파가 확산되고 서양무력의 침투가 국가 안위에
위협으로 닥아 왔으며, 마침내 조선정부가 서양문물을 수용하는 개화
(開化)정책을 채택하기에 이르게 되자, 정통이념으로서 주자학-도학은
그 존립기반 마저 위협받는 상황에 놓이게 되었다. 이러한 시기에 주
자학-도학의 공통된 입장은 서양종교와 서양문물에 대한 대응태도는
도학을 정통으로 옹호하고 서양종교와 서양문물을 사술(邪術)로 배척
하는 위정척사(衛正斥邪)의 의리를 주창하는 것이었다. 여기서 '척사'(斥
邪)를 주창하는 의리론이 19세기 후반 주자학-도학의 공통된 기본입장
이라 하더라도 성리설 인식에 따라 '척사'의리의 이론이나 행동양상에
상당한 차이를 보이고 있는 사실을 주목할 필요가 있다.

19세기 성리학은 조선시대 성리학의 결국(結局)을 이루는 것이라 할
수 있는 만큼, 이 시대 성리학의 다양한 이론과 입장은 주자학-도학을
구성하는 여러 학문체계들과 연관시켜 이해하는 것이 중요한 과제의
하나가 될 것이다. 성리설의 다양한 입장과 의리론의 연관관계, 성리설

과 경학, 성리설과 예학, 성리설과 수양론, 성리설과 경세론의 문제도 연관성 속에서 이해될 필요가 있다. 특히 19세기말 주자학-도학은 국가 존립의 절박한 위기에 당면하면서 '중화'(中華)의식에 대한 새로운 인식이 제기되고, 또한 국가 존망의 문제와 유교이념으로서 '도'(道)의 존망 사이의 관계에 대해서도 새로운 각성이 제기되었다. 그만큼 19세기 조선 성리학은 가장 풍성한 문제의식과 다양한 이론적 쟁점이 표출되었던 점에서 어느 시대보다 큰 비중과 의미가 있는 사상적 특성을 지닌 것이라 하겠다.

2. 사회내부적 변동과 대응

임진왜란과 병자호란을 거친 뒤의 조선사회는 심한 침체와 혼란에 빠졌으나, 영조·정조때의 중흥(中興)의 기운이 잠시 일어났다. 그러나 1800년 정조(正祖)가 죽고 순조(純祖)가 왕위를 계승한 다음부터 19세기는 왕실 외척(外戚)의 세도(勢道)정치가 지속되면서 권력의 부패와 대중의 곤궁이 극심해지면서, 조선사회는 내부로부터 붕괴의 과정에 들어서고 있었다. 삼정(三政: 田政·軍政·還穀)의 문란이 극도에 이르면서 민생이 도탄에 빠지게 되자, 조선왕조의 지배체제를 거부하는 민란(民亂)이 일어나면서 사회적 동요가 심화되어 갔다.

19세기 전반기는 조선사회의 기반에서부터 동요가 일어나기 시작하였다. 1811년 평안도 가산(嘉山)에서 홍경래(洪景來)의 반란이 일어나 조선왕조의 안정기반에 심각한 충격을 주었으며, 흉흉한 민심에 따라 『정감록』(鄭鑑錄) 등 각종 비기(秘記)와 온갖 도참설(圖讖說)이 성행하였으며, 흉언(凶言)으로 선동하는 괘서(掛書)사건이 거듭 일어나면서 민심의 이반(離反)이 심해져 갔다. 홍경래의 난은 서북지방에서 일어났지만, 당시 전국에서 삼정(三政)의 문란과 탐관오리의 토색으로 민생은 극도로 황폐해지고 민심의 동요와 이반이 심하였던 것이 현실이었다. 강진에 유배되어 있던 정약용(茶山 丁若鏞, 1762-1836)은 1809년 김이재(金履載)에게 보낸 편지에서 당시 호남지역에 민란의 급박한 조짐이 있음을 지적하고 있다.

"지금 호남(湖南) 일대에 근심스러운 일이 두 가지 있다. 그 하나는 백성들의 소요이고, 다른 하나는 관리의 탐학이다. 몇 해 사이에 깊은 산골로 이사한 명망있는 집안이 몇 천명이 된다. 무주(茂朱)·장수(長水) 사이에는 노숙하는 자가 산골짜기에 가득하고, 순창(淳昌)·동복(同福) 사이에는 유랑하는 백성이 길에 가득하며, 바닷가 여러 마을에는 촌락이 텅 비어 논밭은 값이 없으니, 그 모습은 다급하고 그 소리는 떠들썩하다. 빈약하여 이사도 못하는 자들은 또 모두 그 마을 재물을 헐고 집안 재물을 깨뜨려 다투어 술과 고기를 사고 풍악을 사서 산에 오르고 물에 배띄워 밤낮으로 마시고 떠들며 무릎치고 손뼉치는 것으로 즐거움을 삼지만, 즐거운 것이 아니라 닥쳐올 일을 슬퍼하는 것이다. 그 까닭이 무엇인가? 뜻을 잃고 나라를 원망하는 무리들이 뜬소문을 퍼뜨리고 위험한 말로 선동하며, 참위(讖緯)의 사설(邪說)을 지어서 백성들을 미혹시키니, 한 사람이 거짓말을 퍼뜨리면 만 사람이 참말이라 전한다."1)

---

1) 『與猶堂全書』, 제1집 권19, 15, '與金公厚', "今湖南一路, 有可憂者二, 其一民騷也, 其一吏貪也, 數三年來, 望族豪戶之遷徙入深者, 幾千人矣, 茂朱, 長水之間, 茇舍彌

정약용은 한 지역 만이 아니라 온 나라의 백성들이 동요하는 실상을 확인하고 그 동요의 원인으로 참위설(讖緯邪說)을 조작하여 백성을 선동하는 무리가 있음을 지적하였으며, 당시 조정에서는 귀머거리처럼 백성들의 고통과 동요에 무관심하고, 수령들은 백성들을 착취하는데 급급할 뿐인 현실을 고발하고, 그 대책이 시급함을 역설하였다. 뿐만 아니라 그는 홍경래난이 일어나자 이듬해(1812) 봄 「전라도창의통문」(全羅道倡義通文)을 지었고, 홍경래난의 상황과 대처방법에 대해 거듭 언급하여 깊은 관심을 보였다.2) 이와더불어 성해응(研經齋 成海應, 1760-1839)은 「신미기변」(辛未記變)을 저술하여 홍경래난의 발단에서 평정과정까지 날자별로 자세하게 기록하는 관심을 보여주었고, 홍경래난의 평정에 공을 세웠던 인물의 전기를 기술하였지만, 반란이 발생한 원인과 당시의 정치적 실정에 대한 성찰을 보여주지는 못하고 있다.3)

당시 성리학자로서 민심이 동요하는 실정을 통찰하여 민란(民亂)을 예측하거나 문제점을 성찰하는 언급을 하였던 경우는 찾아보기 어렵다. 송치규(剛齋 宋穉圭, 1759-1838)는 홍경래난 때 가장 먼저 함락되면서 순절한 가산(嘉山)군수 정시(鄭蓍)와 그 부친 정로(鄭魯)의 행적을 언급

滿山谷, 淳昌, 同福之際, 流民充塞道路, 沿海諸堧則井落蕭然, 田園無價, 觀其貌遑遑如也, 聽其聲洶洶如也, 其貧弱不能徙者, 又皆毁其社錢, 破其門貨, 競買酒肉絲管, 登山泛水, 窮晝達夜, 酣呼䚯呶, 搏髀拍手以爲樂, 非樂也, 謂將哀也, 此其故何也, 失志怨國之徒, 譸張浮言, 煽動危詞, 作爲讖緯邪說, 以惑民聽, 一夫唱僞, 萬口傳眞."

2) 정약용은 『經世遺表』에서 3곳, 『牧民心書』에서 2곳, 『大東水經』에서 3곳에 걸쳐 洪景來亂의 지리적 조건과 金店의 문제 등에 대해 주의깊게 기록하고 있다.

3) 成海應의 洪景來亂에 관한 기록은 「辛未記變」(『研經齋全集』, 外集 권41)을 비롯하여, 「李虞候(海昇)傳」·「姜仁鶴傳」(같은 책, 권17)과, 당시 殉節한 鄭蓍·許沆·韓浩運·林之煥·白慶翰·金大宅·李廷良의 간략한 傳記를 기술한 「關西殉節諸臣傳」(같은 책, 권12), 및 홍경래가 점령하여 저항하던 定州(定原·定遠)城을 함락함으로써 반란을 평정한 사실을 시로 읊고 서문을 지은 「定原詩序」(같은 책, 권13)가 있다.

하거나, 정주성을 공격하다가 전사한 제경욱(諸景彧)의 행적을 기록하고 있다.4) 또한 남공철(金陵 南公轍, 1760-1840)도 정주성 전투에서 순절한 인물들의 충의단(忠義壇)에 비명(碑銘)을 짓고 정주성을 함락하는데 공을 세운 유효원(柳孝源)의 행적을 기록하였다.5) 오희상(老洲 吳熙常, 1763-1833)도 정주성 전투에서 공을 세운 최만리(崔萬里)와 의병을 일으켰다가 전사한 백경한(白慶翰)의 행적을 기록하는데 그치고 있다.6) 이러한 성리학자의 기록들은 홍경래난이 평정되고 난 뒤에 순절하거나 공적을 세운 인물들의 충의(忠義)를 높여 서술하였던 것에 불과한 것이었다. 그만큼 19세기 전반기 성리학자들은 민란에 대해 그 실상과 원인을 인식하는데 거의 구체적 관심을 보이지 않고 있었던 것이 사실이다.

성리학자들이 변란에 별다른 관심을 보이지 않는데 비해 조정에서는 임금과 신하들 사이에 구체적 현실인식과 대응책이 제시되는 사실을 볼 수 있다. 순조 임금은 홍경래난이 일어나자 관서(關西)지방의 관리와 백성들에게 유시(諭示)를 내리면서, "아! 풍속이 무너졌어도 내가 바로잡을 수 없었고, 기강이 풀어졌어도 내가 떨치게 할 수 없었고, 민생이 곤궁하고 초췌했어도 내가 구휼할 수 없었으며, 탐관오리가 제멋대로 방자하게 굴었어도 내가 감찰할 수 없었으니, 한 가지 정치나 한 가지 사무도 천명(天命)을 이어받으며 진실로 민심에 화합되는 것이 없

---

4) 宋穉圭의 기록은 『剛齋集』, 권10, 「蒼坡鄭公(魯)墓表」와 「忠烈鄭公(蓍)墓表」, 및 같은 책, 「贈統制使諸公(景彧)行狀」이 있다.
5) 『金陵集』, 권16, 「定州忠義壇碑銘」, 및 『穎翁再續藁』, 권3, 「贈兵曹判書行同知中樞府事柳公(孝源)諡狀」.
6) 『老洲集』, 권15, 「書(崔萬里)西征帖後」, 및 같은 책, 권20, 「贈戶曹參判白公(慶翰)行狀」.

었다"7)라고 하여, 상투적인 표현이기는 하지만 군왕으로서 성찰하는 입장을 밝히고 있다. 또한 박승현(朴升鉉)의 상소에서는 변란의 소식을 듣고 관료들과 사대부들이 동요하여 피난가기에 급급한 세태를 비판하면서, "아! 우리나라 사대부들은 대대로 공훈 있는 신하가 아님이 없으며, 성군의 교화로 배양되었으니, 은혜를 입음이 얼마나 큽니까? 그러나 하루아침에 변란이 일어났는데도 방어할 계책은 생각하지 않고, 도리어 소문만 듣고서 달아나니, 이 무리들이 평일에 독서하고 배운 바가 어떤 일이란 말입니까?"8)라고 하여, 유교경전을 읽고 주자학–도학을 공부한 관료나 유교지식인들이 일신의 안위에만 급급하고 국가를 위해 충성하는 정신이 결핍되어 있음을 질책하였다. 이처럼 19세기 전반기 성리학자들의 대부분은 당론(黨論)과 문파(門派)의 울타리 속에 안주하여, 국가의 안위나 민생의 실상에 대해 절박한 고민과 해결책의 모색을 보여주지 못하는 한계를 드러내고 있었던 것이다.

19세기 후반에는 조선사회는 외세의 압박과 내부적 동요가 겹치면서 폭발의 상황에 이르게 되자, 사회전반이 심각한 위기의식 속에 빠져들게 되었다. 1862년 진주민란(晉州民亂)을 시작으로 전국에서 민란이 잇달아 일어나면서 사실상 조선사회의 안정기반이 무너졌음을 드러내고 있다. 진주민란 이후 정부에서 삼정구폐청(三政救弊廳)을 설치하고 구언(求言)을 하였으며, 이에 많은 도학자들이 대책을 제시하는 대

---

7) 『純祖實錄』, 11년(辛未), 12월23일(丁卯), "嗚呼, 風俗頹敗, 而予不能正之, 紀綱解弛, 而予不能振之, 民生困悴, 而予不能恤之, 貪官墨吏縱橫恣肆, 而予不能察之, 無一政一事之可以迓續天命, 允叶民心者."
8) 『純祖實錄』, 12년(壬申) 1월15일(己丑), "噫, 我朝士夫, 無非世臣, 陶鎔聖化, 受恩何如, 而一朝有變, 不思捍衛之計, 反聞風聲而走, 此輩平日讀書所學何事."

응태도를 보이기 시작하였다. 19세기 후반의 도학자들은 더 이상 시대 현실을 외면할 수 없는 절박함을 각성하기 시작하고 있는 사실을 확인할 수 있다.

먼저 유치명(定齋 柳致明)은 1840년 평안도 초산부사(楚山府使)로서 도탄에 빠진 민생을 구제하기 위해 환곡(還穀)의 폐단을 개혁하는데 힘썼으며, 명나라 성희원(成希元)의 『황정촬요』(荒政撮要)와 왕정상(王廷相)의 「사회법」(社會法)을 연구하여 구휼의 행정에 활용하였으며, 또한 1859년 고향에서 의창(義倉)을 설치하여 흉년의 구휼책을 마련하는 등 구체적 관심과 적극적 실천을 보여주었다. 또한 이원조(凝窩 李源祚)는 1862년 조정의 구언령에 따라 「삼정순막후진소회소」(三政詢瘼後陳所懷疏)를 올렸고, 그는 이에 앞서 1840년 강릉부사로 부임하자 향청(鄕廳)에 삼정구폐소(三政救弊所)를 설치하고 조정에 구제방책을 건의하는 상소문(「江陵陳邑弊請蠲恤疏」)을 올렸던 일이 있고, 1850년에도 환곡의 폐단을 구제하는 대책으로 상소문(「辭大司諫兼陳還弊疏」)을 올려 폐단의 실상과 대응책을 구체적으로 제시하고 있음을 보여준다. 허전(性齋 許傳)이 올렸던 「삼정책」(三政策)은 현실의 폐단을 신랄하게 비판하고 구체적 방법을 조목별로 제시하였으며, 이진상(寒洲 李震相)은 「응지대삼정책」(應旨對三政策)에서 사회적 병통의 뿌리가 정체성(姑息)과 형식성(文具)과 당파성(偏私)에 있음을 지적하기도 하였다. 기정진(蘆沙 奇正鎭)도 삼정의 폐단을 바로잡기 위한 대책으로 「임술의책」(壬戌擬策)을 지었는데, 여기서 그는 정약용의 『목민심서』(牧民心書)도 인용하면서 구체적 대책을 제시하였으나 올리지 않았다. 이최선(石田 李最善)도 「삼정책」에서 구체적 대책을 제시하면서 제도의 개혁 보다 기강이 무너지고 염치가 소멸된 근본의 병폐를 심각하게 지적하기도 하였다.

또한 1860년 경주(慶州)에서 최제우(崔濟愚)가 동학(東學)을 창시하였다. 최제우는 "아서라 이 세상은/ 요순지치(堯舜之治)라도 부족시(不足施)요/ 공맹지덕(孔孟之德)이라도 부족언(不足言)이라"(『龍潭遺詞』, '夢中老少問答歌') 하여, 당시의 사회가 더 이상 유교의 체제로는 구제될 수 없는 파탄의 상황이라 진단하였고, 또한 그는 "유도(儒道) 불도(佛道) 누천년에/ 운(運)이 역시 다했던가"(『龍潭遺詞』, '教訓歌')라고 하여, 이미 불교나 유교가 주도하던 시대가 지나 가고 새로운 시대가 열리는 개벽의 국면임을 선언하고 있다. 동학의 교세가 대중 속으로 급격히 확장되자, 도학이념으로 이끌어왔던 조선사회의 체제는 심각한 위기의식을 갖게 되었고, 이에따라 1862년 최제우를 체포하여 처형을 하였다. 당시 이원조는 경상감영(慶尙監營)에서 동학을 금지하는 공문이 나오자, 지방의 선비와 백성들을 효유(曉諭)하는 통문(「東學禁勅事通論―鄉文」)을 지어, 동학이 남을 속여서 재물을 뺏으려는 계책이요 천주교의 변형에 불과한 것이라 규정하였다.

동학의 교세는 더욱 확산되고 마침내 1894년에는 동학농민봉기가 일어나면서 외세의 압력까지 가중되자 조선정부도 갑오경장(甲午更張, 1894)으로 노비제도와 과거제도의 폐지 등 유교전통의 사회제도를 전면적으로 개혁하기에 이르렀다. 1894년 동학농민봉기가 일어나자 기우만(松沙 奇宇萬)은 향회(鄉會)를 열어 관군에 식량을 공급하였고, 오준선(後石 吳駿善)은 향약(鄉約)을 행하여 마을사람들이 동학에 물들지 못하게 막고 관군에 군비를 보조하기도 하는 등 동학도를 막기 위해 적극적 활동을 하였다. 당시 도학자 가운데는 오진영(石農 吳震泳)과 송준필(恭山 宋浚弼)의 경우처럼 동학도에 끌려가 고문을 당하기도 하고, 안규용(晦峯 安圭容)은 동학을 배척하는 글(斥東學辨)을 지었다가 동학도에 잡혀 죽을 고비를 넘기기도 하였다. 전우(艮齋 田愚)는 "동학에도 관심 없고 서학에도 관심 없다. 살지도 묻지 않고 죽을지도 묻지 않는다. 오직 의(義)만 따르겠다"(東不關西不關 生不問死不問 惟義是趨)고 말하여, 초연하게 유교적 신념만 지켜가겠다는 입장을 밝히기도 하였다.

3. 심설(心說)의 쟁점과 학파의 분화

1) 기호(畿湖)학파의 분화와 쟁점

19세기 조선사회의 주자학-도학의 학자들은 격심한 사회변동 속에 성리설의 이론적 기반에 대한 재인식을 하면서 학풍의 성격을 선명하게 제기하고 이에 따른 학파의 분화가 뚜렷하게 일어나는 현상을 드러내고 있었다. 18세기까지 율곡계열의 기호학파 성리학은 호락(湖洛)논쟁을 거치면서 대체로 송시열(尤庵 宋時烈) 계열 충청도 지역의 호론(湖論) 학자들과 김창협(農巖 金昌協)·김창흡(三淵 金昌翕)형제를 중심으로 하는 서울·경기 지역의 낙론(洛論) 학자들로 두 흐름을 이루었던 것으로 볼 수 있다. 그러나 19세기 중반 이후에는 학파가 훨씬 다양하게 분화하였는데, 그 중심인물을 보면, 서울·경기지역에서는 ①이항로(華西 李恒老)가 독자적 학풍을 일으켜 새로운 학파를 우뚝하게 열었으며, 그 문인들을 통해 충청도와 평안도로 확산되어갔다. 서울·경기지역에서는 그 밖에 유신환(鳳捿 兪莘煥)이 김창협·김창흡 학맥으로 당대의 중요한 성리학자인 오희상(老洲 吳熙常)·홍석주(淵泉 洪奭周)·김매순(臺山 金邁淳) 문하에서 수학하였고, 또 그 자신의 문하에 서응순(絅堂 徐應淳)·김윤식(雲養 金允植)·남정철(霞山 南廷喆) 등 뚜렷한 학자들을 배출하였으나, 점점 성리설의 선명한 입장을 잃고 시대변화에 적응해가는 경향을 보여주는 경우였으니, 하나의 학파로서 정체성을 확인하기 어려운 것이 사실이다. 충청남도 지역에서는 ②송병선(淵齋 宋秉璿)·송병순(心石齋 宋秉珣)형제가 송시열의 가학(家學)을 이었던 경우이다. 충청북도 지역에서는 ③박세화(毅堂 朴世和)가 김창협·김창흡 학맥을 이은 홍직필(梅山 洪直弼)의 재전(再傳)문인으로 함경남도에서 내려와 자리를 잡았다. 전라북도지역에서는 ④임헌회(鼓山 任憲晦)가 홍직필의 문인으로 서울에서 충청남도로 내려와 활동하였고, 그 문인인 전우(艮齋 田愚)가 다시 전라북도로 내려와 문호를 열었으며, 그 문하는 전국으로 확산되었다. 전라남도지역에서는 ⑤기정진(蘆沙 奇正鎭)이 독자적 학풍으로 새로운 학파를 뚜렷하게 수립하였으며, 경상남도지역으로 확산되었다.[9]

---

9) 19세기 후반 畿湖학파의 분화를 여섯 학파로 구별하면서, 각 학파에 속하는 중요 인물들을 들어보면 다음과 같다. *'→'표 표시는 그 문인들을 보여준 것이다
　①華西(李恒老)학파: 重菴 金平黙(→遜志 洪在龜·龍溪 柳基一),
　　　　　　　　　　　省齋 柳重教(→蓮谷 盧正燮·恒窩 柳重岳·習齋 李直愼),
　　　　　　　　　　　毅菴 柳麟錫(→恒齋 李正奎),
　　　　　　　　　　　勉菴 崔益鉉, 錦溪 李根元, 雲菴 朴文一.
　②淵齋(宋秉璿)학파: 晦峯 安圭容, 琢窩 鄭琦淵, 厚山 李道復.
　③毅堂(朴世和)학파: 晦堂 尹膺善, 直堂 申鉉國, 陽菴 柳芝赫.
　④鼓山(任憲晦)-艮齋(田愚)학파: 肅齋 趙秉悳, 陽園 申箕善,

19세기 후반에서 20세기초반까지의 성리학, 이른바 '한말 도학'(韓末 道學)에서 기호학파의 분파를 이렇게 다섯 학파로 나누어보면, 그 가운데 중심적 역할을 하고 형세도 왕성하였던 학파의 경우는 ①화서학파와 ④고산-간재학파와 ⑤노사학파의 세 학파라 할 수 있다. 한말 도학의 학풍은 성리설에서도 각각의 입장을 명백히하여 예리한 논변을 전개하였으며, 동시에 외세의 침략과 국가의 위기에 대한 자신의 대답을 해야하며 유교이념의 존속위기에서 자신의 태도를 행동으로 제시하여야 하는 절박한 상황에 놓여 있었다.

크게 보면 성리설에서 화서학파와 노사학파는 기호학파의 전통을 벗어나 주리론(主理論)의 입장을 밝혔으며, 고산-간재학파는 율곡이 제시한 심즉기설(心卽氣說)을 수호하는 입장에서 화서학파나 노사학파와 상반된 입장에서 심설논쟁이 일어났던 것이다. 이렇게 심설을 중심으로 주리론과 주기론을 갈라놓아보면, 화서학파와 노사학파가 주리론이요, 고산-간재학파가 주기론이라 양분시킬 수 있다. 그 사이에 약간씩 절충적 견해도 있지만, 대체로 연재학파나 의당학파도 율곡의 성리설에 기반하는 기호학파의 전통을 수호한다는 입장에서는 고산-간재학파와 같은 주기론의 부류에 넣어볼 수 있다.

이처럼 19세기 학파의 분화에서 시대적 특성을 선명하게 확인하기 위해 먼저 성리설의 차이를 주목할 필요가 있으며, 성리설에서도 이 시대에 가장 활발한 쟁점이 되었던 심설(心說)의 문제에 초점을 맞추어

艮齋 田愚(→石農 吳農泳・欽齋 崔秉心・蒼樹 鄭衡圭).
⑤蘆沙(奇正鎭)학파: 月皐 趙性家, 石田 李最善, 大谷 金錫龜, 後石 吳駿善,
老柏軒 鄭載圭(→立巖 南廷瑀・素窩 南廷燮),
松沙 奇宇萬(→道峯 孔學源・鶴皐 金燦植).

학파적 특성과 차이를 확인할 수 있을 것이다. 그러나 심설을 중심으로 하는 성리설의 차이에 따른 학풍의 성격은 성리설을 넘어서 의리론·수양론·예설 등 다양한 문제와 연관되고 있는 사실을 유의할 필요가 있다.

19세기 후반의 사회적 격변과 국가적 위기의 상황에서 당시 주자학-도학의 선비들이 대응하는 행동양상은 세상을 외면하고 전통을 지키는 '은둔형'과 자결하여 불의한 침략세력에 항거하는 '순절형'과 의병을 일으켜 침략세력에 맞서 싸우는 '항전형'으로 나누어 볼 수 있다.[10) 여기서 화서학파와 노사학파는 의병운동에 적극적으로 참여하는 '항전형'이 주류였다면, 고산-간재학파는 '은둔형'이 주류였고, 연재학파와 의당학파는 '순절형'으로 대조되고 있는 사실이 주의를 끌게 한다. 곧 시대현실을 인식하는 의리론에서 심설의 주리론적 성리학이 밖으로 강경한 저항태도를 이끌어가고, 주기론적 성리학이 안으로 전통의 수호에 집착하는 소극적 대응태도를 이끌어갔던 것으로 보인다. 물론 어느 쪽이든 시대의 변화를 능동적으로 받아들이려는 태도가 아니라 전통의 이념과 의례를 수호하려는 수구적 태도인 것은 사실이지만, '국가의 안위'와 '도(道)의 수호'라는 두 과제에 양자가 분리될 수 없다는

---

10) 毅菴 柳麟錫은 변란의 상황에 대처하는 세가지 방법(處變三事)으로, 항전형인 '擧義掃淸'(의병을 일으켜 외적을 쓸어내는 것), 은둔형인 '去之守舊'(떠나서 옛 예법을 지키는 것), 순절형인 '致命遂志'(목숨을 끊어 지조를 온전히 하는 것)를 제시하여, 항전형인 '擧義掃淸'을 앞세우고 있다.(『毅菴集』, 권36, 54, '處義有三', 및 같은 책, 권55, '附錄·年譜') 이에 비해 같은 華西學派의 동문인 蓮谷 盧正燮은 '所處三策'을 제시하면서, 은둔형인 '抱經入山'이 上策이요, 항전형인 '擧義致討'가 中策이요, 시속을 따르는 적응형인 '徙風隨俗'이 下策이라 하여, 은둔형인 '抱經入山'을 앞세우고 있는 차이를 보여준다.(『蓮谷集』, 附錄 권1, '年譜')

입장이 주리론이요 '항전형'이었다면, '도의 수호'를 근본으로 강조하는 것이 주기론이요 '은둔형'이었던 것으로 확인된다.

성리학에서 '성'(性)이 인간의 보편적 본질이라면 '심'(心)은 인간 개체의 구체적 주체라 할 수 있다. 한말 도학에서 '심'개념의 인식이 성리학적 논쟁의 중심문제로 표출하게 된 것은 인간의 주체로서 '심'이 판단과 결정의 기준이 될 수 있는가 없는가의 인식이 절실하게 제기되었기 때문이라 할 수 있다. 판단의 보편적 기준으로서 '리'(理)가 인간 개체의 주체로서 '심' 바깥에 설정되고, '심'이 '리'의 지배를 받아야 한다는 '심주기론'은 보편적 기준이 사회적 전통으로 주어져 있다는 믿음을 전제로 하고 있는 것이다. 그러나 사회체제의 보편적 기준에 대한 믿음이 동요하게 되었을 때 그 기준을 자신의 주체에서 확보하고자 하는 요구가 '심주리론'으로 제기되는 것으로 볼 수 있다. 보편적 기준으로서 국가체제나 전통문화의 역할이 위기에 놓이게 되었을 때 '심주리론'이 등장하게 되었던 것이다. 따라서 한말 도학은 전반적으로 유교전통의 수호를 추구하는 보수적 의리론을 표방하고 있지만, 특히 '심주기론'이 유교전통의 규범형식을 수호하는 의리를 강조하고 있다면, '심주리론'은 유교이념의 주체적 신념을 천명하는 의리를 강조하는 것이라 하겠다.

이 시대 기호학파의 분화과정에서 '심설'을 중심으로 학파 내부나 학파간의 쟁점이 전개되는 양상을 학파별로 개괄해보면서 각 학파의 특성을 해명해볼 필요가 있다.

(1) 화서(華西)학파의 경우, 이항로(華西)는 '심'을 '기'로 보는 율곡의

'심즉기설'을 제한적으로 인정하지만 '심'을 '리·기'의 결합이라 보는
점에서 퇴계의 견해에 일치하며, 나아가 '심'의 덕 내지 '본심'(本心)을
'리'라 하여, '심주리설'을 제시하였다. 그러나 이항로가 죽은 뒤 유중교
가 스승의 '심주리설'에 문제점을 지적하고 스승의 '심설'을 조정·보
완하는 견해(調補華西先生心說)를 제기하면서 화서학파 안에서 '심설'논
쟁이 일어났다. 곧 김평묵은 스승 이항로의 견해를 확고하게 옹호하면
서, 김평묵을 지지하는 최익현(勉菴 崔益鉉)·홍재구(遜志 洪在龜)·유기
일(龍溪 柳基一) 등과 유중교를 지지하는 유인석(毅庵 柳麟錫)·유중악(恒
窩 柳重岳)·이근원(錦溪 李根元) 등 사이에서 격렬한 논쟁이 벌어졌다.

화서학파 안에서 벌어진 '심설'논쟁은 화서학파 바깥으로 확산되어
이 시대의 중요한 성리학적 쟁점이 되었다. 그 하나는 '명덕'과 '본심'
을 '기'라 규정하는 홍직필-임헌회의 학맥을 이은 전우(艮齋 田愚)가 김
평묵과 논쟁을 벌였던 일이 있고, 유중교와도 오랜 기간 왕복논쟁을
벌여 이항로-김평묵의 '심주리설'을 정밀하게 비판하였다. 또 하나는
최익현이 기정진(蘆沙 奇正鎭)의 신도비문(神道碑文)을 지으면서 이항로
와 기정진이 '주리론'으로 일치함을 강조하자, 송병선(淵齋 宋秉璿)이 '주
기론'의 입장에서 비판하면서 논쟁을 벌였던 일이다. 다른 하나는 영남
의 곽종석(俛宇 郭鍾錫)이 유중교의 '심설'을 25조목으로 정밀하게 비판
하였으며(「柳省齋(重敎)心說辨」), 김평묵의 문인인 유기일과 왕복편지에
서 이항로와 이진상의 견해가 일치함을 강조하였다. 이처럼 '심설'논쟁
을 통해 이항로(華西)와 기정진(蘆沙)과 이진상(寒洲) 사이에 서로 접근
하고 있음이 확인되고, 율곡의 '심주기설'을 고수하는 고산-간재학파
나 연재학파와 대립된 입장임을 확인하였다. 여기서 화서학파 안에서

유중교는 스승 이항로의 견해를 재해석하면서 '심주기설'을 포용하는 절충적 입장을 취하는 것으로 볼 수 있다.[11]

(2) 노사(蘆沙)학파의 경우, 기정진(蘆沙)은 호론(湖論)과 낙론(洛論)의 양쪽에 대해 '리'·'기'의 대립적 인식으로 비판하면서 '리일'(理一) 속에 '분수'(分殊)를 '리'의 일원적 통일성으로 확립하는 '주리론'의 입장을 제시하였다.(『納涼私議』) 또한 그는 율곡이 '기'의 동·정은 시키는 것 없이 스스로 하는 것이라는 '기자이설'(機自爾說)에 대해 '기'가 '리'의 지위를 빼앗을 위험이 있는 것으로 비판하였다.(『猥筆』) 이에 대해 고산-간재학파와 연재학파의 격렬한 비판이 제기되면서 노사학파와 논쟁이 벌어지기도 하였다. 기정진 자신은 '심주리설'을 제시한 것은 아니지만, 기정진의 재전문인인 남정우(立巖 南廷瑀)는 마음은 본성과 감정을 통합하면서 주재(主宰)가 되므로 마음을 '리'로 파악할 것을 주장하여, '심주리설'로 나아가고 있음을 보여준다.

(3) 고산-간재(鼓山-艮齋)학파의 경우, 임헌회(鼓山)는 '명덕'을 '심'과 일치시켜 '기'로 규정하며, 화서학파의 김평묵과 논변하면서 '심즉리설'을 비판하였다. 임헌회의 문인으로 가장 논쟁적인 성리학자인 전우(艮齋)는 율곡의 '심즉기설'을 계승하는 학풍을 기반으로 자신의 입장을 선명하게 정립하기 위해 '심'이 근본이 아니라 '심'은 '성'에 근본한다는 의미에서 '심본성설'(心本性說)을 제시하고, '성'이 기준이요 높여야 할

---

11) 華西학파의 내부와 華西학파를 둘러싼 心說의 쟁점에 대해서는 拙著, 『華西학파의 철학과 시대의식』(2001, 태학사)의 '제2장 華西學派의 性理說과 義理論' 참조.

것이며, '심'은 '성'을 따라야 하는 것으로 '성'보다 낮다는 의미에서 '성
사심제설'(性師心弟說) 및 '성존심비설'(性尊心卑說)을 새롭게 제기하여 논
쟁의 초점이 되었다. 여기서 그는 자신의 입장으로 '심즉기설'은 '성즉
리설'을 전제로 하는 것이므로 '주기설'이 아니라 '주리설'임을 주장하
기도 하였다.

전우는 화서학파의 '심주리설'을 비판하여 유중교 등과 논쟁을 전개
하였을 뿐만 아니라, 노사학파에서 율곡의 '기자이설'(機自爾說)을 비판
하고 '리'의 능동성을 주장한데 대해 비판하여 논쟁을 벌였다. 그는 이
항로와 기정진의 성리설에 대해 '리'를 주재(主宰)로 보는 점에서 일치
하지만, 이항로는 '심'을 '리'라 하고 기정진은 '심'을 직접 '리'라고 하지
않는 차이점이 있음을 지적한다. 그는 이항로와 기정진이 '리'를 주재
라 하는 의미는 '리'를 작용으로 보는 것이라 비판하기도 하였다. 또한
그는 영남의 한주학파를 연 이진상(寒洲 李震相)의 '심즉리설'을 격렬
하게 비판하면서 '심'을 '리'로 보는 것은 불교와 육상산·왕양명의 경
우로 규정하였다. 이에 대해 한주학파에서 문인 곽종석(俛宇 郭鍾錫) 등
의 반박과 전우의 '성사심제설'·'성존심비설'에 대한 비판이 제기되어
기호학파와 영남학파 사이의 논쟁으로 확산되고 있음을 보여준다. 나
아가 기호학파 안에서 같은 '심즉기설'을 주장하는 연재학파의 조장섭
(韋堂 趙章燮) 등이 전우의 '성사심제설'에 대해 '심'과 '성'을 둘로 나누는
것이라 비판하면서 전우와 사이에 논쟁을 벌이기도 하였다.[12]

---

12) 鼓山-艮齋학파와 다른 학파들과의 性理說논쟁에 대해서는 拙著, 『한국유학의 心說:
   심성론과 영혼론의 쟁점』(2002, 서울대출판부), '제4장 心卽氣說의 쟁점과 艮齋의 心
   說 論辨' 참조.

2) 영남(嶺南)학파의 분화와 전개

통상적으로 영남학파는 퇴계학파와 같은 의미로 쓰이고 있지만, 영남유학의 학풍은 낙동강을 중심으로 퇴계가 활동하던 강좌(江左)지역 곧 동북쪽의 안동권(安東圈)과 남명(南冥 曺植)이 활동하던 강우(江右)지역 곧 서남쪽의 진주권(晋州圈)이 차이를 드러내며, 좀더 세분화해보면 그 중간인 강변(江邊)지역이 또 하나의 특성을 지니고 있는 것으로 볼 수 있다. 이러한 영남지역의 학풍은 19세기 후반의 한말유학에서도 그 학맥과 학풍의 독자적 특성을 보여주고 있는 것이 사실이다. 물론 17세기 이후 남명의 학맥이 거의 소멸되고 말았으며, 퇴계의 학문적 영향이 전반적으로 주도하였던 것은 사실이다. 그러나 남명의 학문적 영향은 강우지역에 상당히 깊은 뿌리를 내리고 남아 있었고, 강변지역에도 어느 정도 영향을 미치고 있었던 것이 퇴계학파로서 영남학파의 학풍에 다양한 차이를 이루는 중요한 요인이라 할 수 있을 것이다.

영남학파 곧 퇴계학파는 19세기에 들어와 새롭게 분화되는 경우도 있지만 그보다 조선후기에 이어오던 학맥의 연원을 계속 이어가는 측면이 더 강한 것으로 보인다. 따라서 학설에서 선명한 독자성을 지닌 학파도 있지만 기본적으로 퇴계학의 전통을 계승하거나 재해석하여 학풍을 정립함으로써, 퇴계를 벗어나지 않았던 것이 중요한 특징이라 하겠다. 19세기 후반의 영남학파는 지역과 학맥에 따라 대강을 구분해보면 크게 다섯 학파 내지 학맥으로 나누어 볼 수 있다.13)

---

13) 19세기 후반의 영남학파의 연원과 분파를 보면 다음과 같이 구분해볼 수 있다.
　① 江左-安東: 定齋(柳致明)학파

먼저 강좌지역에서는 ① 안동(安東)에서 퇴계의 문인 김성일(鶴峯 金誠一)의 학맥을 이은 유치명(定齋 柳致明, 1777-1861)의 정재(定齋)학파가 여전히 퇴계학파의 중심으로서 권위를 확보하고 있었고, ② 상주(尙州)에서 유주목(溪堂 柳疇睦, 1813-1872)은 학파를 이루었다고 할 수는 없지만 퇴계의 문인 유성룡(西厓 柳成龍)의 학맥을 독자적으로 이어가고 있었다. 강우지역에서는 ③ 성주(星州)에서 이진상(寒洲 李震相, 1818-1885)이 안동의 유치명문하에 출입하였으나, 독자적으로 '심즉리설'(心卽理說)을 제기하면서 이 시대 퇴계학파의 새로운 분파를 열었으며, 한주(寒洲)학파는 강변지역에 속하는 성주에서 일어났지만 그의 제자 곽종석(俛宇 郭鍾錫)에 의해 주로 강우지역으로 확산되었다. 강변지역에서는 ④ 칠곡(漆谷)에서 장복추(四未軒 張福樞, 1815-1900)가 퇴계학맥에서 독자적 성리설을 내세웠던 장현광(旅軒 張顯光)의 학맥을 이어 사미헌(四未軒)학파를 열었으며, ⑤김해(金海)에서 허전(性齋 許傳, 1797-1886)은 기호지역 퇴계학파로 실학자인 이익(星湖 李瀷)의 학맥을 이은 인물로 김해부사(府使)로 내려와 영남에 새로운 학풍을 일으켜 성재(性齋)학파를 열었다.

영남에서 한말 도학의 분파는 비록 각각의 학맥과 학설에 특성이 있

鶴峰…李玄逸…李象靖→南漢朝→柳致明→金興洛(→權相翊·金秉宗)

② 江左-尙州: 溪堂(柳疇睦)학맥

西厓→鄭經世→柳袗→柳元之……柳尋春→柳疇睦(→柳道洙·許薰[*許傳 문인])

③ 江右-星州: 寒洲(李震相)학파

鶴峰…李玄逸…李象靖┌南漢朝→柳致明┐
　　　　　　　　　└鄭宗魯→李源祚┘ 李震相(→郭鍾錫·李承熙·許愈)

④ 江邊-漆谷: 四未軒(張福樞)학파

寒岡→張顯光…… ……張福樞(→宋浚弼·張升澤·張允相)

⑤ 江邊-金海: 性齋(許傳)학파

寒岡→許穆… … 李瀷→安鼎福→黃德吉→許傳(→許薰)

다고 하더라도 서로 대립적 입장에 놓여 있는 것이 아니라, 크게 퇴계학맥이라는 공통기반의 의식이 확고할 뿐만 아니라, 서로의 교류도 비교적 활발한 편이라 할 수 있다. '심설'에서 차이를 드러내었던 것은 한주학파의 '심즉리설'이 돌출한 경우라 할 수 있고, 안동권으로부터 격심한 배척을 당했으나, 한주학파에서 여러 해 동안 해명하는 노력 끝에 화해를 이루었으니, 영남학파 내에서 대체로 퇴계의 '심합이기설'을 따르면서 '심설'의 논쟁은 매우 미미했던 것이 사실이다. 이에 비해 학파에 따른 학문적 관심의 비중에 약간씩 차이를 드러내는 것을 확인할 수 있다. 곧 ① 안동의 정재학파는 퇴계학맥의 정통을 지키는 입장에서 성리설을 계승하며 수양론에 깊은 관심을 기울이고 있다면, ② 상주의 유주목은 성리학에서 퇴계의 '심합이기설'을 계승하면서, 예학에 중요한 업적을 남기고 있으며, ③ 성주의 한주학파는 '심즉리설'을 주창하면서 이 시대 영남유학에서 가장 독자적인 성리학의 이론을 전개하였으며, 논쟁의 중심에 자리잡게 되었다. ④ 칠곡(漆谷)의 사미헌학파는 심설에서는 퇴계의 '심합이기설'을 따르면서 성리설의 기본구조에서 독자적 이론을 제시하고 있었으며, ⑤ 김해의 성재학파는 예학과 경세론에 관심을 기울이는 학풍을 보여준다.

19세기 후반 영남학파의 각 학파에서 인맥의 구성과 학풍의 특징을 좀더 자세히 살펴봄으로써 학파간의 차이점을 확인할 필요가 있다.

① 안동의 정재(定齋)학파 경우, 유치명(定齋)은 퇴계학파의 중심학맥으로서 퇴계의 '이발설'(理發說)을 계승하여 '이활물설'(理活物說)을 제시하였으며, 퇴계의 '심합리기설'을 계승하여 '명덕'은 '심'으로서 '주리'로

말한 것이요, '순리'(純理)로 말한 것이 아니라 지적하여 '명덕주리론'의 입장을 확인하였다.14) 유치명의 문하에는 안동권에서 김흥락(西山 金興洛)과 김도화(拓菴 金道和)·유필영(西坡 柳必永) 등 비중이 큰 학자들이 많이 배출되었으며, 이진상(寒洲 李震相)은 자신의 학설을 정립한 뒤에 유치명의 문하에 나갔으나, 자신의 독립적 학맥을 형성하였다. 정재학파의 학맥에서는 사실상 김흥락이 대표적 역할을 담당하였다.15)

정재학파의 중심인물인 김흥락은 퇴계의 '심합리기설'을 계승하면서, '허령'(虛靈)은 '심'의 본체이지만 '리·기'를 겸하여 말한 것이요, '성'(性)은 '심'의 본체이지만 순수하게 '리'를 가리킨 것으로 '심'의 본체로서 '허령'과 '성'의 개념을 분별하여 제시한 것이라 보는 문인 최헌식(崔憲植)의 견해를 받아들이고 있다.(「答崔叔度(憲植)」) 김흥락의 문인 권상익(省齋 權相翊)은 '심합이기설'을 계승하여, 이익(星湖 李瀷)이 '심'을 '기'의 정영(精英)이라 규정한 것은 '심'을 '리'에까지 끌어 내지 못한 것이라 비판하며, 율곡의 '심즉기설'을 거부할 뿐만 아니라, 한주학파에서 '심즉리설'을 주장하는 것도 지나치게 극단화한 것이라 비판하였다. 또한 강변지역인 창녕(昌寧)의 조긍섭(深齋 曺兢燮)은 김흥락의 문인이라 하지만, 장복추·이종기(晚求 李種杞: 장복추·이진상과 從遊)와도 종유(從

---

14) 『定齋集』, 권4, 30, '與李忠立 別紙', "言主理者, 以合理氣故也, 若純是理, 則著主字不得,…明德只是合理氣, 則只說心足矣, 何必更言明德耶, 具理應事, 皆是明德之能也."
15) 定齋학파의 인물을 보면 다음과 같다.
　　定齋(柳致明)┌金興洛┌權相翊·金秉宗
　　　　　　　│　　　└曺兢燮[*江邊-昌寧]
　　　　　　　├金道和→柳寅植[*계몽사상가로 전환]
　　　　　　　├柳必永→權命燮
　　　　　　　└李震相[*江邊-星州/ 寒洲학파로 독립]

遊)하였으며, 강우지역의 남명학풍에도 깊이 연관을 맺은 독자적 성격이 강한 인물이다. 그는 심설에서 '심합이기설'에 근거하여 이진상의 '심즉리설'을 비판하였으며, 기호학파인 전우의 '성존심비설'(性尊心卑說)을 비판하면서, 자신의 입장으로 '심'과 '성'을 모두 높여야 한다는 입장에서 '성천심군설'(性天心君說)을 제시하는 등, 영남학파 안에서 매우 논쟁적 학풍을 보여주고 있다.

② 상주 유주목(溪堂 柳疇睦)의 경우, 유성룡(西厓 柳成龍)의 9대손으로 가학(家學)의 학맥을 지키는 성격이 강한 인물로서, 성리설에서 안동권과 차이를 보이지는 않으나 관심분야에서는 학풍의 특징을 드러내고 있다. 그는 경학과 예학을 학문의 두 축으로 강조하면서, 특히 '예'(禮)는 자신을 다스리고 나라를 경영하는 근본(治身爲國之本)으로 중시하였으며, 국가의례와 가정의례를 총집성하여 「전례류집」(全禮類輯)을 편찬하였다. 또한 그는 영남학파와 기호학파의 사단칠정론을 정리하여 「사칠논변」(四七論辨)을 편찬하였으나 성리설에 깊이 천착하지는 않았다. 경세론에도 깊은 관심을 보여 순조(純祖)때까지의 당쟁사자료를 객관적 입장에서 정리하여 「조야약전」(朝埜約全: 甲乙大一統)을 편찬하기도 하였다.

③ 성주의 한주(寒州)학파 경우, 이진상(寒州)은 35세때 안동의 유치명을 찾아가 그 문하에 들어갔지만 이때 그는 이미 자신의 학문적 입장을 정립한 이후였다. 그는 일찍부터 숙부 이원조(凝窩 李源祚: 상주의 立齋 鄭宗魯문인)의 지도를 받았다. 이원조는 '심설'의 인식에 정밀하였으며, 이진상의 '심즉리설'에 대해서도 '심합이기설'을 계승하는 입장에서, "(심에서) '리'가 주장이 되고 '기'가 주장이 되지 않는다고 '기'를

버리고 ‘심’을 말하면 막혀서 통할 수 없다”(「批震姪所著諸說」)고 하여 거부입장을 밝혔다.

이진상은 「심즉리설」(1861)에서 자신의 ‘심즉리설’이 ‘심’의 본체를 ‘리’라 보는 것이라 하여, ‘심’자체를 ‘리’라 규정하는 왕양명(王陽明)의 ‘심즉리설’과 다른 차이점을 강조하였다. 그는 퇴계의 「성학십도」(聖學十圖)의 제6도 ‘심통성정도’(心統性情圖) 3도 가운데 ‘중도’(中圖)는 ‘심’의 본원(本原)에 나아가 인식하는 ‘수간’(竪看)으로 ‘심즉리’를 밝힌 것이요, ‘하도’(下圖)는 ‘심’의 유행(流行)에 나아가 인식하는 ‘횡간’(橫看)으로 ‘심합이기’를 밝힌 것이라 하여,16) ‘중도’가 퇴계의 본래 입장이라 주장하고, 또한 주자도 초년에는 ‘심즉기’를 주장하였지만 『통서해』(通書解)이후 만년에는 ‘심즉리’를 확인한 것이라 지적하여,17) 자신의 ‘심즉리설’을 논증하고 있다.

이진상의 문하에는 많은 학자들이 배출되었는데,18) 이진상의 ‘심즉리설’이 안동권의 정재학파와 기호지역 고산-간재학파로부터 비판을 받자, 이에 대한 해명과 변론을 통해 한주학파의 학풍이 더욱 선명하게 정립되어 갔다.

곽종석(俛宇 郭鍾錫)은 이진상의 대표적 문인으로 강우지역인 산청·

---

16) 『寒洲集』, 권9, 2-3, ‘與李謹休 別紙’, “自其本原上竪看, 則所覺者, 知之事, 而所發者, 心之理也, 此中圖說之統指理發也, 自其流行處橫看, 則來感者之或理或氣, 幾動於彼者也, 發出者之主理主氣, 誠動於此者也, 就心中分理氣, 而立論於所發之處, 此下圖說之兼指氣發也.”
17) 『理學綜要』, 권7, 3-4, “先生初時, 以心爲氣爲已發, 以性爲理爲未發, 而謂性乘心, 故以神爲形而下者, 以心爲氣之精爽(癸丑錄), …通書解以神爲實理善應之妙, 而仍以心爲太極之至靈.”
18) 寒洲문하 八賢(洲門八賢)으로 俛宇 郭鍾錫, 后山 許愈, 韓溪 李承熙, 紫東 李正模, 膠宇 尹冑夏, 勿川 金鎭祜, 晦堂 張錫英, 弘窩 李斗勳을 들고 있다.

거창에서 활동하면서 그 문하에 많은 학자들을 배출하여 한말 영남유학의 활력을 이끌어갔다. 곽종석은 기정진(蘆沙 奇正鎭)의 '주리설'에 대해 '심즉리설'이 철저하지 못함을 비판하였고, 이항로(華西 李恒老)의 '심주리설'을 지지하면서 유중교(柳重敎)가 스승 이항로의 '심주리설'을 수정한데 대해 비판하였으며, 전우(艮齋 田愚)의 '성사심제설'(性師心弟說)에 대해서도 '성'을 주재로 삼는 것을 비판하여 '심'이 주재임을 변론하는 등 기호학파의 '심설'논쟁에 적극적 관심을 제시하였다. 또한 영남학파 안에서 이진상의 '심주리설'을 비판하는 안동의 이만인(李晩寅)·이재기(李載基)와 토론을 벌이거나, '심즉리설'에 의문을 제기하는 이자익(李子翼)·이종기(李種杞)·조긍섭(曺兢燮)과 토론을 벌여, '심주리설'을 변호하는데 진력하였다.

이승희(韓溪 李承熙)는 이진상의 아들이요 문인으로서, 안동의 도산서원(陶山書院)과 상주의 도남서원(道南書院)에서 이진상의 '심즉리설'을 비판하는 통문(通文)을 내자, 이에 대해 조목별로 변호하였으며(『陶山通文條辨』·『道南通文條辨』), 이만인(李晩寅)의 비판에 대해서도 조목별로 해명하여(『宣錄條辨』), '심즉리설'의 변호에 심혈을 기울였다.

허유(后山 許愈)는 이진상 문인으로 '심즉리설'을 옹호하면서 '심즉기설'은 사람과 사물을 분별하지 못하게 하는 것이라 비판하였다. 그는 강우지역인 삼가(三嘉: 陜川)에서 활동하며 남명(南冥 曺植)의 학풍에도 깊은 관심을 지녀, 남명의 「신명사도명」(神明舍圖銘)을 주석한 「신명사도명혹문」(神明舍圖銘或問)을 저술하였으며, 당시 남명의 「신명사도」를 둘러 싼 논쟁에서 남명을 옹호하고 있다.[19] 이처럼 그는 이진상 성리설을 계승하면서 남명의 학풍을 수용하고 있음을 보여준다.

④ 칠곡의 사미헌(四未軒)학파 경우, 장복추(四未軒)는 장현광(旅軒 張顯光)의 가학을 계승하여 독자적 학풍을 이루었다. 장복추(1815-1900)는 이진상을 비롯한 한주학파의 인물들과 깊은 교류를 맺었지만, 그 자신은 '심합이기설'을 계승하는 입장에서 이진상의 문인인 김진우(金鎭祐)가 기질지성(氣質之性)은 발동한 다음에 지적한 명칭이라는 주장에 대해 발동하기 전에도 '기질'이 부여되어 있음을 논증하여 비판하고, 윤주하(尹冑夏)가 '리'와 '기'를 각각 본체와 작용으로 구분한데 대해 '리'와 '기'에 각각 본체와 작용이 있음을 지적하여 비판하였다. 그는 이진상의 '심즉리설'에 대해 "만약 '심'이 곧 '리'라고 하면 '심'과 '성'의 구별이 없어져서 '심'이란 명칭은 '성'자의 불필요한 설명에 불과하게 된다"[20]고 비판의 입장을 밝혔다.

장복추의 문인 송준필(恭山 宋浚弼)은 '심합이기설'을 계승하는 입장에서 이상정(大山 李象靖)의 성리설에 깊은 관심을 지녀,「대산서절요」(大山書節要)를 편찬하였다. 그는 이진상의 '심즉리설'에 대해, 보통사람의 마음이 아니라 성인(聖人)의 마음을 가리킨 것이라 인정하면서도 '심'과 '성'을 일치시켜 '심'이 기질과 결합된 사실을 외면한 것이라 비판하였다.(「讀寒洲集心卽理說」) 또한 전우(田愚)의 '성존심비설'(性尊心卑說)에 대해서도 '성'을 '리'로 존중하는 점을 인정하면서도 '심'을 '성'과 상

---

19) 南冥의「神明舍圖」속에 적힌 "임금은 社稷을 지키다 죽는다"(國君死社稷)는 구절에 대해 당시 許愈를 비롯하여 宋鎬坤・崔琡民・鄭載圭・曺兢燮 등 여러 학맥의 학자들이 활발하게 논쟁을 일으켰다. 이때 曺兢燮은 이 구절의 삭제를 주장하였지만, 許愈는 삭제를 반대하였다.

20)『四未軒集』, 부록 권3, 48, '言行記述', "若曰心卽理, 則心性無別, 而心之得名, 不過爲性字之贅說也."

대시켜서 '심'을 비하시키는 것을 거부하였다.(「讀艮齋集性尊心卑說」) 그
는 퇴계의 「성학십도」 제6도의 '심통성정도'를 체계적으로 해석한 「심
통성정삼도발휘」(心統性情三圖發揮, 4권, 1928)를 저술한 것도 이진상에서
제기된 영남학파의 '심설'논쟁을 정밀하게 논증하는 작업으로서 중요
한 의미가 있다.

장복추의 문하에는 송준필 이외에도 이정기(濟西 李貞基)·장상학(華
岡 張相學)·장상정(怡齋 張相貞)·장윤상(野村 張允相) 등 여러 학자들이
있지만, 장윤상이 사미헌학파의 특성을 가장 잘 발현시켜주는 인물이
라 할 수 있다. 장윤상의 사상적 특성은 무엇보다 퇴계의 학맥으로 장
현광과 장복추의 학문전통을 계승하면서도, 장현광의 학풍을 가장 중
요한 원천으로 삼는데 있다. 그의 사상을 집약한 대표작으로서『성학
진전』(聖學眞詮)에서는 '성학'(聖學·道學)의 전체구조와 도통(道統)의 전
개양상을 제시하면서 '성학'을 '성'(誠)으로 일관하는 체계로 파악하였
다. 그는 '리'·'기'개념에 대해서는 장현광을 따라 이원설을 거부하고
'상수병행론'(相須竝行論)의 일원설을 강조하면서, 퇴계의 '심합이기설'
을 계승하였다. 이에따라 그는 율곡학파의 '심즉기설'을 비판할 뿐만
아니라, 이승희와의 토론에서도 '심즉리설'을 비판하는 입장을 밝혔다.

⑤ 김해의 성재(性齋)학파 경우, 허전(性齋 許傳)은 기호남인(畿湖南人)
계열 실학자로 성호(星湖)학파를 열었던 이익(星湖 李瀷)의 학맥에서 당
시 서학(西學: 天主敎)을 배척하던 보수적 성향의 공서파(攻西派)에 속하
는 안정복(順菴 安鼎福)의 문인 황덕길(下廬 黃德吉)의 문하에서 수학하였
다. 허전은 경기도 포천(抱川)에 살았지만 1864년부터 2년반의 짧은 기
간 동안 김해부사로 나가서 김해를 중심으로 영남의 강변지역에 독자

적인 학파를 이루었다. 그의 학풍은 실학적 관심이 약화되었지만 치도(治道)를 밝히는 경세론으로「수전록」(受廛錄)과 「종요록」(宗堯錄) 등을 저술하였으며, 도학으로 돌아오는 모습을 보이면서 특히 예학에 깊은 관심을 기울여 사대부의 신분계층에 따른 의례를 체계화하여「사의」(士儀, 26권)를 저술하고, 가정의례 체계를 세워「가의」(家儀)를 저술하였다. 이 시기에 예학에 관심을 지녔던 사실은 당시의 동요하는 유교전통적 사회질서를 견고하게 안정시키고자 하는데 의도가 있었던 것으로 보인다. 그는 성리설에 특별히 관심을 기울이지는 않았지만「심성정도」(心性情圖:『宗堯錄』후반부에 수록)에서 '심'개념을 분석하면서 대체로 '심합이기설'을 따르면서, '심'을 감각기관인 혈육심(血肉心)과 이치를 갖추고 만사에 대응하는 지각심(知覺心)을 구별하였다.

허전의 대표적 문인은 선산(善山)의 허훈(舫山 許薰)이고, 허훈의 문하에서 애국계몽사상가인 장지연(韋菴 張志淵)이 있다. 허훈은 허전의 문인이지만 상주의 유주목(溪堂 柳疇睦)에게도 수학하였다. 그는 성리설에서 퇴계의 '이기호발설'(理氣互發說)을 계승하여 율곡의 '일도설'(一途說)을 비판할 뿐만 아니라, 이익(李瀷)의 견해도 '호발설'에 어긋나는 점을 예리하게 지적하였다. 또한 그는 '심설'에서 퇴계의 '심합이기설'을 지켜 이진상과 인간적 친분이 깊은데도 '심즉리설'이 양명학에로 귀결되는 것이라 엄격하게 비판하였으며, 이진상의 문인 장석영(張錫英)과도 토론을 전개하였다. 그는 퇴계의 학설을 기준으로 삼아 여러 견해를 귀결시키고자 하여, 퇴계의 학설에 어긋나는 것은 모두 곁가지(旁岐)거나 굽은 골목길(曲徑)이라 보고 있다.

4. 서학(西學)·서세(西勢)에 대한 비판과 배척론

1) 서학에 대한 비판이론

19세기에 접어들면서 서학-천주교신앙 문제는 조선사회의 체제 안정에 중대한 위협으로 심각하게 인식되었다. 천주교신앙이 조선사회에 전래하여 표면으로 등장한 것은 정조 치하의 1785년 천주교 신앙집회가 형조(刑曹)에 적발되면서 부터이지만, 이에 앞서 18세기 중반에 이익(星湖 李瀷)이 서학에 깊은 관심을 보이면서 18세기후반에는 성호(星湖)학파 안에서 서학에 깊은 관심을 지녔거나 천주교신앙에 빠져드는 이가환(李家煥)·권철신(權哲身)·이벽(李檗)·이승훈(李承薰)·정약용(丁若鏞) 등 신서파(信西派)와 천주교신앙에 대해 비판하는 신후담(愼後聃)·안정복(安鼎福) 등 공서파(攻西派)로 분열이 일어났다. 1791년 윤지충(尹持忠)·권상연(權尙然)이 천주교신앙에 빠져 제사를 폐지하고 신주를 불태우는(廢祭焚主) 사건이 일어나 조정에서 서학서적을 금지하는 금서령(禁書令)과 천주교신앙을 금지하는 금교령(禁敎令)이 내려졌다. 정조 치하에서는 천주교신앙 금지에 온건한 교화정책을 펼치면서 많은 희생자가 나오지는 않았으나, 1794년 청나라 신부(神父) 주문모(周文謨)가 잠입하여 전교활동을 벌이는 등 지하 신앙활동은 증가되어갔다.

1801년 순조 원년에 대대적인 천주교 금압정책을 시행하여 신유교옥(辛酉敎獄)이 일어나면서 조선정부와 천주교도 사이에 격심한 대결양상을 드러내었다. 조선정부는 신앙을 포기하지 않는 많은 천주교도를 처형하였고, 「토사교문」(討邪敎文)을 반포하여 엄격하게 토죄하였으며,

천주교도 황사영(黃嗣永)은 서양군함을 끌어들여 조선정부를 위협함으로써 천주교신앙을 허용하게 하려고 도모하면서 '백서'(帛書)사건이 일어나기도 하여, 이미 천주교신앙은 국내문제를 넘어서 외국과 연결되는 국제문제로 떠올랐다. 조선정부의 금압정책이 강경하였지만 천주교 신앙활동은 더욱 확장되어 1831년에는 조선교구(朝鮮敎區)가 설정되어 앵베르(Imbert, 范世亨) 주교(主敎) 등 프랑스 신부들이 잠입하여 전교활동을 하였으며, 이에 조선정부는 1839년에 다시 천주교도를 엄격하게 금압하는 기해교옥(己亥敎獄)을 일으켜 프랑스 신부들을 처형하였으며, 「척사윤음」(斥邪綸音)을 발표하여 천주교도의 죄상(罪狀)을 밝히고, 천주교교리를 조목별로 비판하였다.

19세기에 들어와 서양함선(異樣船)이 조선연안에 나타나기 시작하였는데, 1846년 세실(Cécile)이 이끄는 프랑스 군함 3척이 홍주(洪州) 외연도(外煙島) 앞바다에 나타나 기해교옥(1839)때 프랑스신부를 처형한 일을 항의하는 사건이 일어나기도 하였다. 이러한 상황은 천주교신앙의 문제로 서양의 무력 앞에 조선왕조의 안위가 심각한 위협을 받게 되는 위기의식이 고조되기 시작하였음을 말해준다. 천주교신앙에 따른 위기의식에 대해 조선정부는 강경한 저항의지로 대응하면서 다시 1866년(高宗3년)에 병인교옥(丙寅敎獄)을 일으켜 천주교도를 탄압하면서 국내에 잠입하여 전교하던 프랑스 주교 및 신부 9명을 처형하고, 다시 「척사윤음」을 내려 천주교교리를 비판하였다. 그러나 병인교옥에서 프랑스 주교와 신부들을 처형한 문제는 바로 그해에 로즈(Roze)가 이끄는 프랑스함대가 강화도를 침략하는 병인양요(丙寅洋擾)를 일으키는 빌미가 되었다.

18세기 후반에 성호학파의 공서파가 서학-천주교를 비판 할 때는 한역(漢譯) 천주교교리서를 읽고 비판하였지만, 금서령(禁書令)이 내려진 이후 도학자들이나 실학자들은 서학서적을 볼 수 없었고 또 19세기에 들어서면서 조선정부의 엄격한 천주교금압정책이 펼쳐지고 있었으니, 도학자들은 서학비판에 큰 관심을 보이지 않았다. 그러나 1830년대에 천주교 신앙집단이 광범하게 확장되어가고 서양신부가 잠입하여 전교하는 상황에 이르자, 위기의식이 각성되면서 도학자들의 서학비판이 다시 일어나기 시작하였다. 이 시기에 서학의 위협적 성격에 가장 민감하게 반응하고 적극적 비판태도를 보였던 것은 기호학파 안에서도 이항로·김평묵을 중심으로하는 화서학파가 주축의 역할을 하였으며, 그 밖에 송병선(淵齋 宋秉璿)이 간단한 비판의 논설을 제시하였고, 영남학파에서는 이원조(凝窩 李源祚)와 허전(性齋 許傳)의 단편적인 비판론이 보이는 정도이다.

(1) 기호학파의 서학비판:

이항로는 「논양교지화」(論洋敎之禍, 1836)를 저술하여, "이단(異端)의 사설(邪說)이 사람과 가정과 나라에 재앙을 주는 것은 독화살이 사람을 맞히는 것과 같다"21)고 하여, 개인이나 가정이나 나라에 존망의 절박한 재난을 초래하는 것으로 경계하였다. 그는 서양인의 전교활동에 대해, "서양 오랑캐(洋夷)가 기필코 그 술법을 전파시키려는 것이 어찌 진실로 '도'를 행하겠다는 정성에서 나온 것이겠는가? 어리석은 백성을

---

21) 『華西集』, 부록 권9, 17, '年譜: 丙申·著說論洋夷之禍', "異端邪說之禍人家國, 如毒箭之中人."

현혹시켜 널리 내응(內應)을 맺으려는 것이요, 그런 다음에 그들이 하고자 하는 바를 멋대로 행하려는 것일 뿐이다"22)라고 언급하여, 천주교의 전교에는 그 배경에 서양의 침략세력이 자리잡고 있음을 경계하고, 침략을 위해 내응세력을 확보하려는 것으로 진단하였다. 또한 그는 「벽사록변」(闢邪錄辨, 1863)을 저술하여 천주교 교리를 15조목으로 정밀한 이론적 비판을 전개하였다.23)

화서학파의 서학비판 이론으로서 먼저 '상제'(上帝)에 대한 인식을 보면, 이항로는 "우리(유교)의 이른바 '상제'는 '태극'의 '도'를 가리키는 것이다.…털끝만큼도 인간의 힘으로 얻어서 사사롭게 가질 수 있는 것이 아니니, 이것을 이른바 '리'라고 한다"24)고 하였다. 그것은 '상제-태극-리'를 일치시켜 인식하는 도학의 '상제'개념을 제시함으로써, 유교의

---

22) 『華西集』, 부록 권9, 18, '年譜: 丙申', "洋夷之必欲傳播其術者, 豈眞出於行道之誠哉, 蓋將誑惑愚氓, 廣結內應, 然後乃恣行其所欲耳."

23) 李恒老는 「闢邪錄辨」에서 「頒敎文」(己亥敎獄 때의 「斥邪論音」)과 安鼎福의 「天學問答」・「天學考」를 비롯하여 당시 기호학파의 천주교비판서인 李正觀의 「闢邪辨證」(1839)과 南肅寬의 「遠西艾儒略萬物眞源辨」 등 斥邪論 저술을 자료로 이용하여 엄격한 西學批判論을 제시하였다. 그는 72세 때(1863) 「闢邪錄辨」에 序文을 쓰면서, 門人 金平默의 권유로 改稿하였음을 밝히고 있다.
이러한 華西의 斥邪論은 그의 門人들에게 계승되고 있음을 보게 된다. 門人 重庵 金平默도 李正觀의 「闢邪辨證」을 기본 자료로 하여 斥邪의 비판이론을 더욱 강화하고 있다. 그는 李漢과 安鼎福의 西學批判理論을 더욱 강경한 입장에서 재비판함으로써 엄격하게 斥邪論을 전개하는 「闢邪辨證記疑」(1847年作, 1866年序)를 저술하였다. 나아가 金平默은 丙寅洋擾이래 더욱 급박하게 침투해오는 西洋勢力을 배척하는 주장으로서 「禦洋論」과 「斥洋大義」 등 일련의 斥洋對策을 제시하면서도 斥邪論을 그 이념적 근거로 삼았던 것이다. 김평묵의 「闢邪辨證記疑」(1847, 1866년에 改稿)도 李正觀의 「闢邪辨證」에 제시된 李漢・安鼎福 등의 西學비판 이론을 더욱 엄격하게 재비판한 저술이다.

24) 『華西集』, 권25, 10, '闢邪錄辨 上帝與天主相反辨', "吾所謂上帝者, 指太極之道也,…非一毫人力所得而私也, 是所謂理也."

'상제'가 형상화할 수 없고 사사로움이 없는 이치(理)임을 확인하고, 이와 반대로 천주교의 '천주'는 형상화되는 기질(氣)적 존재요, 인간의 욕심을 개입시키는 사사로운 관계임을 지적하는 것이다. 또한 그는 유교에서 '상제'를 섬기는(事天) 방법은 맹자(孟子)에서 말한 마음을 간직하고(存心) 하늘이 명령한 성품을 배양하는(養性) 것이지만, 천주교에서는 하늘이 나에게 내려준 명령이 무엇인지는 묻지 않고 단지 하늘에 절을 하여(拜天) 복을 비는(祈福) 대상을 하늘로 삼고 있으며, 유교에서 섬기는 하늘은 오로지 도덕(道)과 이치(理)로 말하는데, 천주교에서 섬기는 하늘은 오로지 형기(形氣)와 정욕(情欲)으로 말하고 있는 것이라 지적하였다.[25] 이처럼 그는 유교의 '천-상제'는 초월적이고 도덕적인 존재이지만 천주교의 '천주'는 기질적이고 욕망의 존재로 대립시켜 제시하고 있는 것이다.

김평묵은 천주교에서 '천주'를 유교의 '상제'와 동일시하는 사실을 비판하면서, "우리 유교에서 '천'·'상제'라 하는 것은 '리'(理)로 말한 것이요, 저들이 '천주'라 하는 것은 '기'(氣)로 말한 것이니, 그 분별은 터럭만한 차이라 할 수 없다"라고 하여, '상제'와 '천주'의 차이를 '리'와 '기'의 차이로 대립시켜 제시하고 있으며, 이에 따라 '상제'와 '천주'의 존재는 상(上: 形而上)과 하(下: 形而下)로 갈라지고, 공(公)과 사(私), 대(大: 大體)와 소(小: 小體), 귀(貴)와 천(賤), 화(華: 中華)와 이(夷: 夷狄), 인(人: 人間)과 수(獸: 禽獸), 선(善)과 악(惡), 길(吉)과 흉(凶)의 영역에 각각 귀속되는

---

25) 『華西集』, 권25, 10, '闢邪錄辨: 西洋事天與吾儒事天相反辨', "孟子曰存其心, 養其性, 所以事天也, …西洋則不然, 不問天所以命我者是何事, 只以拜天祈福爲天, 此無他焉, 吾儒所謂事天之天, 專以道理言也, 洋人所謂事天之天, 專以形氣情欲言也."

것이라 하여, 그 차이가 천만리나 멀리 떨어진 것이라 하여, 양극적 대립개념으로 이질성을 강조하고 있다.[26] 이처럼 그는 '상제'와 '천주'의 존재를 극단적으로 대립시킴으로써, 양립불가능한 적대적 관계로 인식하는 거부태도를 밝히고 있는 것이다.

천주교의 '영혼'(靈魂)개념에 대해, 유중교는 천주교에서 '생혼·각혼·영혼'(生魂·覺魂·靈魂)으로 구분하는 '혼3품설'(魂三品說)과 『순자』(荀子: 王制)의 '기·생·지·의'(氣·生·知·義)로 구분하는 '인물4품설'(人物四品說)을 대비시켜, 인간의 조건으로 천주교에서는 '영혼'을 들고, 순자는 '의'(義)'를 들었던 사실을 주목하였다. 곧 "(천주교에서는) '의'(義)라는 글자를 버리고 지각에서 억지로 등급을 만들어 '령'(靈)자를 끄집어내어 인간에 소속시키니, '령'이란 단지 지각능력을 일컫는 것임을 알지 못하는 것이다. 진실로 '의'에 근본하지 않는다면 비록 '령'하고 또 '령'한다 하더라도 금수와 스스로 구별할 수 없다. '의'는 성품으로 말한 것이요, '령'은 기질로 말한 것이니, 성품과 기질의 확연한 구별을 저들이 어찌 알 수 있겠는가"[27] 라고 하였다. 여기서 그는 성리학적 개념에서 '의'와 '령'의 차이를 성품(性)과 기질(氣)의 차이로 확인함으로써, '의'에 근본하지 않는 천주교의 '영혼'개념은 금수의 지각능력과 다를 바가 없는 것으로 비판하고 있다. 그만큼 천주교에서 '영혼'과 '각

---

26) 『重菴別集』, 권5, 18, '闢邪辨證記疑', "吾儒之曰天·曰上帝, 以理言也, 彼之曰天主, 以氣言也, 其分不能以髮, 而其上下公私大小貴賤華夷人獸善惡吉凶之歸, 不啻如百千萬里之相遠也."
27) 『省齋集』, 권37, 29, '玉溪散錄', "棄去義字, 就知覺上面, 强生層節, 挑出一靈字, 屬之人, 殊不知靈, 只是能知能覺之稱, 苟不本之於義, 雖靈而又靈, 無以自別於禽獸也, 且義以性言, 靈魂以氣言, 性與氣之大分, 又豈彼徒之所能知哉."

혼'으로 인간과 금수를 구별하는 것은 지각능력의 수준차이에 불과한 것이지, '의'의 도덕성을 확보할 수 없는 것으로 규정하여, 인간과 동물을 올바르게 구분하지 못하는 것으로 비판하고 있는 것이다.

천주교의 '천당지옥설'에 대해, 이항로는 "내가 보기에 마음을 무너뜨리고 재앙을 불러들이는 것이니, 매우 상서롭지 못함이 세가지다. 하늘을 멸시하고 성인을 업신여기는 것이 한가지요, 성품을 파괴하고 욕심을 따르는 것이 한가지요, 세상을 미혹시키고 백성을 속이는 것이 한가지다"[28]라고 그 폐단을 강조하였다. 곧 천주교의 '천당지옥설'은 '천리'에 근거하는 것이 아니라 인간의 욕망에 근거하는 것이므로, 하늘을 섬기고 성인을 높이는 도리에 어긋나며, 성품을 배양하고 욕심을 억제하는 도리에 어긋나며, 세상을 교화하고 백성을 바르게 이끌어가는 도리에 어긋나는 것임을 지적하였다. 따라서 '천당지옥설'은 이치에도 모순되고 도덕에도 상반되는 것이라 철저하게 배척하는 입장을 밝히고 있다.

이처럼 화서학파는 천주교에 대해 '천리'를 간직하고 '인욕'을 억제하는(存天理, 遏人欲) 유교적 도덕원리에 상반하여, '천리'를 멸시하고 '인욕'을 추구하는 반윤리적 사술(邪術)로 비판하는 것이다. 이에 따라 이항로는 "도덕에 밝은 것은 성현의 마음이요, 기술에 유능한 것은 공장(工匠)의 일이니, 하늘과 땅이나 용과 돼지 사이처럼 높고 낮음과 귀하고 천함이 뚜렷하여 가릴 수 없다"[29]고 하여, 서양과학에 대해서도 그

---

28) 『華西集』, 권25, 22, '闢邪錄辨: 天堂地獄辨', "愚以爲其懷敗心術, 召致禍亂, 不祥之大者有三, 慢天侮聖一也, 滅性殉欲二也, 惑世誣民三也."
29) 『華西集』, 권25, 16-17, '闢邪錄辨: 聖賢工匠得名不同辨', "明於道德, 聖賢之心也, 能於術業, 工匠之事也, 霄壤龍豕, 高低貴賤, 昭然不揜."

기예(技藝)가 교묘함을 인정하지만, 그것은 장인(匠人)의 말단적 기예일
뿐이요, 도덕의 근본적 가치와 상대될 수 없는 것으로 무시하는 입장
을 밝혔던 것이다.

기호학파에서 서학비판에 관심을 보여준 또 하나의 인물은 송병선
(淵齋 宋秉璿)이다. 그는 「벽사론」(闢邪論, 1870)에서 천주교에 대해 천리
를 해치고 인륜을 어지럽히는 것(賊天理, 亂人紀)이 양주·묵적·노장·
불교 보다 백배나 더 심한 것이라 하여 엄격한 배척입장을 밝히면서,
먼저 그는 천주교에서 '유'(有)를 진실로 있는 것이라 하고, '무'(無)를 진
실로 없는 것이라 대립시킴으로써, '유'와 '무'가 통합되는 '이일분수'(理
一分殊)의 오묘함을 알지 못한다고 지적하였다.30) 그것은 궁극존재로서
'천-상제'와 현실세계로서 인간과 만물 사이의 존재구조에 대한 인식
에서 천주교는 단절적이고 유교는 연속적인 차이가 있음을 밝히는 것
이다. 이에 따라 유교에서는 인륜을 밝히고 강상을 수립함(明彝倫, 立人
極)으로써 '천명'을 밝히는 것임을 강조하여, 천주교에서 인륜을 버리고
천주를 섬기는 태도가 성현의 가르침에 상반되는 것임을 지적하였다.
천주교에서는 예수를 하늘이 독자(獨子)로 태어나게 하였다고 하지만,
유교에서는 만물과 인간이 하늘로부터 부여받지 않음이 없음을 밝혀
예수만이 '독자'라는 주장을 거부하였으며, 천주교에서 나를 낳아준 이
는 육신의 부모요, 천주는 영혼의 부모라 하여, 영혼의 부모인 천주만
을 친애하고 받들며, 육신의 부모를 끊어버린다고 비판하였다.31)

---

30) 『淵齋集』, 권18, 1, '闢邪說', "其教以爲有則眞有, 無則眞無, 其於理一分殊之妙, 昧然
無見."
31) 『淵齋集』, 권18, 2, '闢邪說', "彼耶蘇者, 自謂天之獨子降生,…萬物民生, 孰不均受天
賦, 而渠獨以天地爲父母也,…彼乃以生我者, 爲肉身父母, 以天主者, 爲靈魂父母, 親

송병선은 천주교에서 신주를 훼손하고 제사를 지내지 않는 행위나 결혼을 않는 것을 정덕(貞德)으로 삼는 행위 들이 모두 인륜을 저버리는 행위임을 비판하면서, 천주교에서 '천당지옥설'로 죽은 뒤에 복을 구하려 하지만, 인륜을 파괴하는 행동으로는 이런 복을 받을 이치가 없음을 강조하였다.[32] 곧 천주교를 반인륜적 가르침으로 규정하면서 천주교의 교리체계가 허위임을 지적하며, 동시에 천주교에서 추구하는 구복(求福)의 행위가 실현될 수 없는 허망한 것임을 밝히고 있는 것이다.

(2) 영남학파의 서학비판:

영남학파에서 서학비판에 가장 깊은 관심을 보여준 인물은 한주학파의 선구를 열어준 이원조(凝窩 李源祚)이다. 그는 기해교옥(1839)때 경상도의 각 향교와 서원에 보낸 통문(「以邪學禁治事通道內敎院文」)에서, 서양 학술(洋術)은 '인류이면서 짐승'으로 '오랑캐'라 규정하며, 저들이 어리석은 백성을 선동하여 미혹시키며 외국과 몰래 교통함으로써, 유교에 재난을 가져오며 세상을 다스리는 도리(世道)에 근심이 되는 점을 들어 서양 학술의 해독을 지적하였다. 이에 대응하는 유교사회의 입장으로서, 그는 "원기(元氣)가 건장하면 감기(風邪)도 빌미가 될 수 없으며, 정학(正學)이 밝게 드러나면 이단(異端)도 미혹할 수 없다"[33]고 하여,

---

愛尊奉, 在彼而不在於此, 以絶其父母, 此豈血氣之倫, 所可忍者乎."

32) 같은 곳, "彼又以天堂地獄之說, 終之爲求福於身後, 若如是, 則豈不惑之甚乎, 況又爲滅倫之行, 而豈有此受福之理哉."

33) 『凝窩全書』(1), 189쪽, '以邪學禁治事通道內校院文', "元氣壯, 則風邪不能祟, 正學明, 則異端不能惑."

‘이단’이 파고들지 못하게 하기 위해서는 ‘정학’ 곧 유교의 정통을 밝혀
야 한다는 유교인의 각성과 분발을 요구하였다.

이원조는 이단의 양상을 비교하면서 중국에서 발생한 ‘이단’(楊朱·墨
翟·申不害·韓非·老子·莊子 등)의 경우는 나무를 파먹는 좀벌레 정도여
서 한때 성행하다가 저절로 없어지는 것이라 가벼운 경우로 보고, 이
에 비해 서역에서 전래해온 불교는 오래도록 융성하였으며 선(禪)과 육
상산(陸象山)을 불교의 폐단이 가장 심한 경우로 지적하였다. 여기서 한
층 더 나아가 서양에서 전래해온 천주교(洋學)는 곧바로 ‘하늘을 주재
로 삼고’(以天爲主), 불교를 공격하여 이기려하였으며, 유교는 갑자기 파
괴할 수 없는 것임을 알고서 오히려 경전(六經) 속의 ‘상제’에 관한 설명
을 자신의 취지와 합치시키고 있음을 지적하였다. 그는 당시 전래된
천주교 교리서들(『天主實義』·『交友論』·『七極』)등은 ‘중화를 오랑캐로 바
꾸려는 하나의 중대한 운수’(以華變夷之一大氣數)를 열고 있는 것이라 하
여, 그 위험성을 경계하였다.

이원조는 서학에 대처하는 방법으로, “우리 유교인은 오직 마땅히
‘정학’을 붙들어 주고 ‘사설’(邪說)을 물리칠 것을 마음으로 삼아 ‘정학’
을 펼치고 밝힌다면 서학의 ‘사설’은 오래되면 저절로 소멸될 것이니,
근세의 불교와 같을 것이다”[34]라고 밝혀, 근본적으로 유교 곧 ‘정학’을
밝혀야 한다는 유교인의 각성과 책임을 강조하였다. 바로 이 점에서
18세기 말에 정조(正祖)는 서학에 대처하는 방법으로, “우리 ‘도’가 크게
밝아지고 ‘정학’이 크게 드러나게 하면, 이와 같은 ‘사설’은 스스로 일

---

34) 『凝窩全書』(1), 215쪽, ‘隨意錄’, “爲吾儒者, 惟當以扶闢爲心, 申明正學, 則其說久當
自息, 如近世佛敎耳.”

어났다가 스스로 소멸될 것이니, 그 사람은 사람으로 여기고 그 서적은 불태우는 것이 옳다"[35]고 하여, '정학'을 밝히는 유교인의 책임을 강조하면서 온건한 금압정책을 펼쳤던 입장과 같은 견해를 보여준다. 그러나 그는 더욱 강경한 배척입장을 밝히기도 하여, "불교를 물리치는 데는 '예의'와 명분의 교화로 함이 마땅하지만, 서학을 배척하는 데는 창과 활과 총포로 함이 마땅하다. 그 사람은 사람으로 여기고 그 서적은 불태운다는 것은 다만 불교를 물리치는데 쓸 수 있지만, 서학에 이르러서는 죽여 없애고 남겨둠이 없게 한 다음에라야 그 뿌리를 끊을 수 있다"[36]고 하여, 불교와는 달리 서학에 대해서는 신유교옥(辛酉敎獄) 이후 조선정부의 강경한 억압정책을 지지하기도 하였다.

이원조는 이단배척의 근거를 확인하기 위해 서학(洋學)과 불교를 체계적으로 비교하는 「양불동이고」(洋佛同異攷)를 저술하였다. 여기서 그는 불교와 서학이 모두 서방에서 발생한 것이며, 서방은 해가 지는 방향으로 어둠의 땅이라 하여, '중화'의 문명한 땅과는 풍속(風氣)이 다르고 인종도 다른 종류라 하여, 불교나 서학의 발생지역인 서방이 중국과는 자연적 인문적 조건이 다름을 전제하고 있다. 또한 그는 불교는 삼고(三古: 周代) 시대에 발생한 것이지만 서학은 혼란기(衰末: 秦漢代)에 발생한 것이라 하여, 서학과 불교의 차이를 열거하면서도 서학이 불교보다 경박하고 열등한 것임을 드러내고자 하였다.[37] 특히 그는 서학의

---

35) 『正宗實錄』, 권26, '12年戊申 8月 壬辰', "使吾道大明, 正學丕闡, 則如此邪說, 可以自起自滅, 而人其人火其書, 則可矣."
36) 『凝窩全書』(1), 227쪽, '洋佛同異考', "闢佛學, 當以禮義名敎, 斥洋學, 當以戈戟弓砲, 人其人火其書, 只可用於闢佛, 至於洋學, 則剿殄滅之無遺育, 然後可以絶其根."
37) 李源祚는 「洋佛同異考」에서 佛敎와 洋學의 차이점을 다음과 같이 열거하고 있다.

위험성을 강조하면서, 서학의 실지는 이익을 추구하는 것이요, 속여서 재물을 취하려는 것이라 지적하고, '양학'(洋學)이라 일컫지만 '학'(學)이라 일컫는 것도 부당하다고 배척하기도 하였다. 서학의 교도들은 자기만 알고 임금과 부모를 알지 못하여 서양 침략세력에 내응(內應)이 되고, 가정과 국가에 재앙이 된다고 배척하는 입장을 밝히고 있다.

또한 영남학파에서 허전(性齋 許傳)은 성호학파의 공서파인 안정복의 학맥을 계승한 인물로서, 서학비판의 저술을 별도로 하지는 않았지만, 18세기 후반의 천주교 비판저술인 신후담(愼後聃)의 『서학변』(西學辨)과 홍정하(洪正河)의 『사편증의』(四編證疑)에 발문을 지었다. 그는 홍정하의 『사편증의』에 대해 "서양의 사술(邪術)이 '천리'를 파괴하며 '인도'를 어그러뜨리는 것을 염려하여 저술한 것이다.…국가의 금령(禁令)이 있기 전에 서학서적을 보고서 깊이 연구하고 세밀하게 변론한 것으로 이치가 밝고 의리가 정대하며 말씀이 상세하고 엄중하다"38) 하고, 『서학변』에 대해서도 "쪼개어 부수고 깨끗하게 물리침에 상세하고 엄중함이 홍정하와 더불어 도모하지 않았는데도 같았다"39)고 하여, 이 두 저술이 서학비판의 엄격함을 높이 평가하였다. 그는 청(淸)나라 위원(魏源)의 『해국도지』(海國圖誌)에도 발문을 지어 이단의 사술(邪術)에 대해 언급함이 명백하게 변론하고 깨끗하게 물리치고 있음을 지적하였다.40) 이

<佛敎>--淸淨爲本/ 普濟爲心/ 空寂/ 誑誘/ 餒虎不惜於飼身者, 慈悲之過.
<洋學>--機巧爲用/ 貪饕爲性/ 作爲/ 威喝/ 鴉煙無難於戕命者, 殘忍之甚.
38) 『許傳全集』(3), 19쪽, '書四編證疑後', "處士憂西洋邪術之滅天理悖人道而作也,…在國禁之前, 故得見彼書, 深究而細辨之, 理明義正, 語詳辭嚴."
39) 『許傳全集』(5), 234쪽, '書河濱公西學辨後', "其劈破廓闢之詳且嚴, 與耆齋不謀而同."
40) 『許傳全集』(3), 10쪽, '海國圖誌跋', "其中所言異端邪術, 亦有可以明辨而廓闢者."

처럼 그는 자신의 독자적인 서학비판이론을 제시하는데 까지 나가지는 못하였지만, 기존의 서학비판 저술에 관심을 보임으로써, 자신의 서학비판 입장을 확인시켜주고 있는 것이다.

2) 서세(西勢)에 대한 배척과 저항의 의리

19세기 말의 조선사회는 1866년 프랑스 함대가 강화도를 침공한 '병인양요'(丙寅洋擾)가 일어나고, 1876년 일본의 무력위협으로 '병자수호조약'이 체결되어 개항(開港)을 하게 되었다. 이에따라 1884년 급진 개화파가 '갑신정변'(甲申政變)을 일으켜 좁은 소매(狹袖)를 입게 하는 '변복령'(變服令)이 내려졌고, 1894년 동학농민봉기에 이어 '갑오경장'(甲午更張)과 청일(淸日)전쟁이 일어나고, 1895년 일본인이 민비(閔妃)를 시해(弑害)한 '을미사변'(乙未事變)이 일어나고 잇달아 개화당(開化黨)이 집권한 정부에서 상투를 자르게 하는 '단발령'(斷髮令)이 내려지면서, 유교전통의 질서는 심각한 위협이 가중되고 조선왕조의 국권은 파국으로 치닫고 있는 상황이었다. 한말 도학자들이 당면한 19세기 말의 격변상황은 대강 네 단계로 나누어 볼 수 있다.

첫 단계로 '병인양요'(1866)가 일어나자 서양의 무력침략에 항거하는 주전론(主戰論)이 이항로와 기정진을 중심으로 제시되면서 한말 도학은 '존화양이'(尊華攘夷: 華夷)의 의리에 따라 배척의 대상인 서양의 성격도 '오랑캐'(夷狄)에서 '금수'(禽獸)로, '금수'에서 '독수'(毒獸)로 더욱 극렬한 증오와 배척의 대상으로 확인하여 갔으며, '척양'(斥洋) 내지 '어양'(禦洋)의 서양에 대한 방어와 저항이 당면과제로 제기되었다.

둘째 단계로 '병자수호조약'(1876)으로 개항이 되고, 잇달아 서양열강에도 문호를 개방하면서 조선정부가 개화정책을 받아들이게 되었다. 한말 도학자들은 일본이 서양문물을 받아들여 서양과 같은 모습으로 침략성을 보이는 사실에 대해 일본과 서양을 동일시하여 '왜양일체론'(倭洋一體論)을 제기하여 서양과 일본에 대한 저항의식을 강조하였다. 개항에 따라 서양문물이 밀려들어오자 당시 유교전통의 위기의식을 절실하게 각성한 한말 도학자들은 서양이나 일본의 침략세력에 저항하여 '존화양이'의 의리를 강화하면서, 조선사회가 중화문화를 지키는 마지막 보루임을 강조하고 중화문화를 유지하고 계승하는 것을 최대 긍지요 사명으로 확인하였다.

셋째 단계로 '갑신정변'(1884)과 '갑오경장'(1894)으로 급진개화파가 유교전통의 사회제도를 개혁하자, 한말 도학자들은 '개화'에 대해 "중화문화의 제도를 오랑캐의 제도로 바꾸고, 인간을 짐승의 수준으로 타락시키는 것"이라 규정하면서, 개화파를 또 하나의 주적(主敵)으로 삼아 비판하였다. 개화정책을 받아들이는 정부를 정면으로 비판하면서 조선정부와 도학자들 사이에 거리가 생기기 시작하였다.

넷째 단계로 '을미사변'(1895)에 왕비가 일본인의 손에 시해되고 뒤따라 개화파의 정부가 '단발령'을 내려 전통의 제도를 파괴하자, 도학자들은 국모를 시해한 원수를 갚고 임금의 머리를 깎여 굴욕을 준 역적을 토죄한다는 명분으로 사방에서 의병(義兵)을 일으켜 저항하였다. 관군이 의병을 토벌하는 상황에서 화서학파는 왕명도 의리에 어긋나면 따를 수 없다는 강경한 의리를 표방하여 관군에 항전하기도 하였다. 한말 도학자들 사이에는 국가의 안위와 유교이념인 '도'의 안위를 동일한 과제로 인식하고 의병을 일으켜 저항하기도 하고, 국가의 존망보다 '도'의 존망이 우선한다는 인식에서 은둔하여 전통의 '도'를 지키는 태도를 취하기도 하였다. '을미사변' 이후로 화서(華西)학파를 비롯하여 노사(蘆沙)학파·정재(定齋)학파·성재(性齋)학파에서는 주로 '의병'활동에 적극적이었고, 고산-간재(鼓山-艮齋)학파는 은둔하여 전통의 고수에 주력하였고, 연재(淵齋)학파와 의당(毅堂)학파에서는 자결(自決)하여 절의를 지키는 경우가 나타났고, 한주(寒洲)학파에서는 각 국 공관(公館)과 국제공의(國際公義)에 호소하여 침략세력에 항거하는 경우도 나타나 한말 도학파의 의리정신이 다양하게 드러나고 있는 것을 보여준다.

(1) 기호학파의 서세(西勢)배척 의리론:

기호학파에서 서양과 일본의 침략세력에 대해 가장 강경한 비판이론을 제시하고 적극적 저항활동을 전개하였던 것은 화서학파이고 그 다음으로 노사학파의 경우를 들 수 있다.

① 화서학파: 먼저 이항로(華西 李恒老)는 "북쪽 오랑캐는 '이적'(夷狄)이니 말을 해볼 수 있지만, 서양은 '금수'(禽獸)이니 말을 할 수도 없다"[41]고 하여, 서양은 오랑캐 보다도 더욱 열등한 '금수'로 규정하여, 교류의 대상이 될 수 없음을 선언하고 있다. 그는 병인양요 때 올린 상소에서, "지금 국내의 의론은 두가지 이론이 다투고 있는데, 서양 적을 공격해야 한다고 말하는 것은 우리나라 편 사람의 주장이요, 서양 적

---

41) 『華西集』, 부록 권2, 26, '語錄: 金平黙錄二' "北虜夷狄也 猶可言也 西洋禽獸也, 不可言也."

과 화친할 수 있다고 말하는 것은 적 편 사람의 주장이다. 이쪽(主戰論)을 따르면 나라 안에 옛 의복제도가 보존될 것이고, 저쪽(主和論)을 따르면 인류가 금수의 지역에 빠지게 된다”[42]고 하여, 옛 의복제도로 표상되는 전통질서를 수호하기 위해 강경한 주전론(主戰論)을 주장하면서, 서양과의 화친은 ‘금수’의 반윤리적 야만상태로 빠질 것이라 경고하였다.

이항로는 1836년의 글에서 “근세의 서양학설은 기민하고 총명함이 많으나, 그 주장으로 삼는 바는 단지 남과 나를 소통시키고 분수와 의리를 훼손하는 것일 뿐이다. 재물과 여색은 사람의 욕심에 절실하고 가까운 것이므로, 그 형세는 반드시 먼저 재물과 여색을 소통하는 것으로부터 시작되니, 이것이 어찌 인륜을 어지럽히고 나라를 어지럽히는 큰 적이 아니겠는가”[43]라고 하여, 서양의 기본정신이 ‘서로 교류하면서 분수와 의리를 저버리는 것’(通物我毀分義)이라 규정하고, 인간의 욕심에 따라 재물을 교역하는 ‘통화’(通貨)와 남녀가 교제하는 ‘통색’(通色)으로 지적하여, 그 해독은 인륜을 파괴하고 나라를 멸망시켜 인간을 ‘금수’의 상태로 빠뜨리는 것이라 경계하고 있다.

다음으로 이항로 문하에서 서양과 일본의 침략세력에 대한 저항의리의 전개양상을 보면, 김평묵(金平黙)은 서양세력의 침투에 대응하는

---

42) 『華西集』, 권3, 10, ‘辭同副承旨兼陳所懷疏’, “今國論兩說交戰, 謂洋賊可攻者, 國邊人之說也, 謂洋賊可和者, 賊邊人之說也, 由此則邦內保衣裳之舊, 由彼則人類陷禽獸之域, 此則大分也.”
43) 『華西集』, 권26, 1-2, ‘書付俊·壕·墣(丙申)’, “近世洋學, 有許多機悟, 然其存主, 只是通物我毀分義而已, 貨色, 人慾之切近者也, 故其勢必先自通貨色始, 是豈非亂倫亂國之大賊乎.”

가장 긴급한 대책으로서 서양 물건을 엄금할 것을 역설하였다.[44] 그것은 면포(綿布) 등 서양의 공업생산물은 우리 백성의 재산을 고갈시키고 마음을 좀먹는 해악을 끼친다는 경제적 내지 심리적 피해를 밝히고 있는 것이다.

또한 김평묵은 '병자수호조약'의 회담이 진행되는 동안 경기·강원도 유생들의 이름으로 올린 상소문(「代京畿江原兩道儒生論洋倭情迹, 仍請絕和疏」)을 지었는데, 여기서 그는 "오늘의 일본인은 서양 오랑캐를 위한 창귀(倀鬼: 도적을 위해 길을 정탐하는 자)요, 서양 도적을 끌어들여 우리 강토에서 뜻을 이루려는 것이다"[45]라고 하여, 일본은 전날의 이웃나라가 아니라 이제는 서양도적의 앞잡이로서 '왜양일체'(倭洋一體)를 이루고 있음을 지적하여, 그 침략적 성격을 강조하였다. 또한 그는 "서양 도적이 우리나라와 통상 교역을 하려는 것은 부녀자와 재물에 대한 욕심을 채우려는 것이다"[46]라고 하여 이항로가 서양의 근본의도가 '통화'·'통색'에 있다는 주장을 그대로 계승하고 있다.

'병자수호조약'을 위한 회담이 진행되는 동안 최익현(崔益鉉)은 상소(「持斧伏闕斥和議疏」)를 올려 왜적(倭賊)과 강화(講和)하는 것은 반드시 국가에 멸망의 재앙을 불러오는 것임을 다섯 단락으로 제시하였다. 곧 첫째, 화친이 우리가 약함을 보이는 데서 나오면 주도권이 저들에 있

---

44) 『重菴集』, 권5, 6, '代京畿江原兩道儒生論洋倭情迹, 仍請絕和疏', "申嚴洋物之禁, 又其最急, 而至切者也."
45) 『重菴集』, 권5, 1, '代京畿江原兩道儒生論洋倭情迹, 仍請絕和疏', "今倭人爲洋夷之倀鬼, 導洋賊而得志於我境."
46) 『重菴集』, 권5, 4, '代京畿江原兩道儒生論洋倭情迹, 仍請絕和疏', "蓋洋賊之於我國通好交易, 欲充其婦女財帛之欲."

게 된다는 것이요, 둘째, 우리 백성이 생명을 의지하는 물자로 저들의
사치스럽고 풍속을 무너뜨리는 물건과 교역한다면 몇 년 안에 온 나라
가 황폐해질 것이라는 것이요, 셋째, 저들이 비록 이름은 왜인(倭人)이
나 실지는 서양 도적(洋賊)이라 화친이 한번 이루어지면 장차 인류는
'금수'가 될 것이라는 것이요, 넷째, 화친이 성립한 후에 저들이 재물과
부녀자를 약탈하려 할 때 막을 수 없다는 것이요, 다섯째, 저들은 재물
과 여색을 알뿐 털끝만큼 의리도 없는 '금수'일 뿐이라는 것이다.47) 이
처럼 최익현은 일본이 강하고 우리가 약하다는 현실인식을 전제로, 일
본의 침략성과 '통화'·'통색'을 추구하는 반윤리적 성격, 및 교역에서
산업구조의 불리함에 따른 경제적 폐해를 명확하게 지적하여 개항을
거부하고 있는 것이다.

김평묵은 당시 서양문물을 받아들이자는 입장의 인물이 그에게 서
양인이 '금수'라 하더라도, "사람이 집안에 가축을 길러 이용하는 것처
럼 서양인의 기계나 기술을 쓸 수 있지 않겠는가"라고 의견을 제시하
자, 그는 "서양인은 '금수'라 하지만, 그 종류는 승냥이(豹狼)나 짐새(鳩
鷲)이니, 어찌 소·말·개·고양이의 종류라 하겠는가"48)라 하여, '금
수' 가운데서도 사람에게 이익을 주는 가축(家畜)이 아니라, 승냥이나
짐새처럼 인간에게 해독을 주는 '독수'(毒獸)임을 지적하여, 강경하게
배척의지를 밝히고 있다.

최익현은 '개화'에 반대하면서, "다만 오랑캐의 제도를 써서 중화의

---

47) 『勉庵集』, 권3, '持斧伏闕斥和議疏(丙子 1月22日)'.
48) 『重菴集』, 권38, 6, '斥洋大意', "洋人謂之禽獸, 以其類豹狼鳩鷲耳, 豈謂其類牛馬犬
    猫乎."

문명을 바꾸어놓고, 인류를 '금수'로 타락시키는 것을 일삼으면서 '개화'라 이름붙이니, 이 '개화'라는 두 글자는 쉽게 남의 나라를 망치며 남의 가정을 망친다. 혹은 '자주'라 이름붙이고서 자기 나라의 모든 정령(政令)을 왜(倭)에게서 반드시 묻고 가르침을 받게 하며, 혹은 임금을 나라를 잃고 다른 나라에 의탁한 제후로 대하면서 '대호'(大號: 황제의 칭호)로 높이는 척 하며, 혹은 의복제도를 찢어버리고 오랑캐를 따르면서 억지로 '문명'이라 일컬으며, 혹은 스스로 '부강'이라 말하면서 군사제도를 제거하고 방어체제를 폐기하여 국가의 위세를 날로 약화시키고 있다"[49]고 하였다. 그는 도학자로서 당시의 개화파가 주장하는 '개화'·'자주'·'문명'·'부강'이라는 구호가 얼마나 허위적이며 반국가적이고 반인륜적인가를 지적하여, '개화'를 거부하는 명분을 밝히고 있는 것이다.

유인석(柳麟錫)도 '개화'를 거부하고 '수구'(守舊)를 주장하는 논거를 밝히면서, "일본이 나라를 빼앗는 것은 서양 술법(西法)으로 일관한다. 먼저 기뻐하는 마음을 얻어 '개화'를 하게 하고, '개화'하면 '독립'하게 한다고 말하고, '독립'하면 '보호'한다고 말하고, '보호'하면 '합방'한다고 말한다"[50]고 하여, '서법'(西法)→'개화'→'독립'→'보호'→'합방'의 순서로 서양술법을 끌어들이는 '개화'는 마침내 나라를 멸망시켜 '합방'

---

49) 『勉庵集』, 권4, 4, '請討逆復衣制疏', "徒以用夷變夏, 降人爲獸爲能事, 而名之日開化, 此開化 二字, 容易亡人之國, 覆人之家, 或名爲自主, 而以國與倭一政一令, 必以咨稟, 或待君父, 如列國寓公, 而佯尊大號, 或毁裂衣裳, 下從夷狄, 而强稱文明, 或自言富强, 而去軍制罷防戍, 使國勢日弱."
50) 『毅庵集』, 권51, 78, '宇宙問答', "日本之爲奪國也, 以西法始終之, 先得慕悅之心, 而有爲開化, 爲開化而日爲使獨立, 獨立而日爲保護, 保護而日爲合邦."

으로 귀결되는 과정으로 진행된다는 사실을 지적하여, '개화'가 망국의 발단이 됨을 강조하여 거부하였던 것이다.

'갑신정변'으로 좁은 소매를 입게 하는 '변복령'(變服令)이 내려졌을 때, 유중교(柳重教)는 "의복이란 옛 성왕이 제도로 삼아 귀·천을 나타내는 것이다. 귀·천만 나타내는 것이 아니라, 길·흉을 분별하고 남·녀를 구별하며 화·이(夷夏)를 한정하는 것이다. 의복이 바뀌면 명분이 달라지고, 명분이 달라지면 의리가 홀로 설 수 없다"[51]라고 하였다. 곧 의복이라는 제도가 바뀌면 분별의 형식이 무너지고 그 결과는 의리가 유지될 수 없는 것이라 하여, 의복의 형식을 유교정통의 가치질서를 표상하는 기준으로 지켜야 할 것임을 강조하였던 것이다. 같은 맥락에서 최익현은 의복이란 화·이와 귀·천을 구별하는 기본형식이요 의리의 표현수단이므로 의복이 바뀌면 수천년 중화문화의 정통이 단절된다고 지적하였으며(「請討逆復衣制疏」), 이근원(李根元)도 우리 전통의 의복은 그 속에 하늘과 땅을 본받고 화·이와 남·녀를 구별하는 원리를 내포하고 있는 것임을 강조하여, 의복이 바뀌면 정신적 가치기준도 바뀌는 것임을 역설하였다(「華夷衣服辨」).

유중교는 '변복령'이 왕명으로 내려진 사실에 대해, "임금의 명령에 신하가 복종하는 것은 상도(常道)이지만 의리에 옳지 않은 것은 임금의 명령이라도 받을 수 없는 경우가 있는 것이 변란에 대처하는 하나의 큰 권도(權道)이다"[52]라고 하여, '의리'에 어긋나면 임금의 명령이라도

---

51) 『省齋集』, 권34, 9, '甲申變服令後示書社諸子', "衣服者, 古昔聖王所以爲文章表貴賤也, 蓋不惟表貴賤, 亦以辨吉凶·別男女·定夷夏也, 服改則名移, 名移則義不得而獨立."
52) 『省齋集』, 권34, 10, '甲申變服令後示書社諸子', "君令而臣從, 道其常耳, 義之所不可,

따르지 않을 수 있는 '권도'의 의리를 제시하여, 왕명인 '변복령'을 거부하였다. 또한 이근원은 '변복령'에 대해, 의리의 근거인 '천명'은 절대적 명령이지만 '군명'(君命)과 '부명'(父命)은 천리(天理)에 어긋날 때는 따를 수 없다고 하여, '변복령'이 왕명이라도 의리에 어긋나므로 따를 수 없음을 밝히고 있다(「三命說」).

'을미사변'과 '단발령'에 따라 한말 도학자들이 사방에서 의병을 일으켜 일본과 개화파에 저항하였는데, 의병운동에 가장 활발하게 활동하였던 것은 화서학파였다. 유인석은 문인들의 추대로 영월(寧越)에서 의병을 일으켜 팔도의 여러 고을과 내외의 관료에게 왜적에 복수할 것을 포고하는 격문을 띄우고 항전하였으나 결국 좌절 당했다. 유중교의 문인 이직신(李直愼)은 춘천(春川)에서 의병을 일으켰다가 패배한 뒤에 유인석의 진영에 합류하였다가 1898년 유인석과 함께 만주로 망명하였다. 그는 망명지에서 의병의 항전과정을 서술한 「척화의거사실대략」(斥和義擧事實大略)을 지어 기록으로 남기고 있다. 유인석의 문인 이정규(李正奎)는 의병에 나섰다가 패배한 뒤 서울에 올라와 올린 상소(「義兵情事」, 1896)에서 당시 정부가 의병에 대해 관리를 죽인 죄, 국가 재산을 멋대로 사용한 죄, 임금의 명령을 어긴 죄 등을 들어서 의병을 '비도'(匪徒)나 '향비'(鄕匪) 또는 '역당'(逆黨)이라 지목하는 사실에 대해 의리를 들어 항의하기도 하였다.

② 노사학파: '병인양요'때 기정진(蘆沙 奇正鎭)은 상소(「六條疏」)를 올려, 서양의 침략을 막기 위한 대책으로 정부의 기본입장을 먼저 확립

君命有所不受, 亦處變之一大權也."

할 것(定廟筭)과, 나라 안의 원기(元氣)를 기르기 위해 민심을 결속시킬 것(結人心)을 핵심과제로 제시하였으며, 또한 상점에 나도는 서양 물건을 모아 불태우고, 외국 물건을 거래하는 상인은 중죄로 다스릴 것을 주장하는 등 척양(斥洋)을 위한 의리와 구체적 방법을 제시하였다. 그는 강화도가 프랑스 군대에 함락되었다는 소식을 듣고 의병을 일으키기 위해 격문을 짓기도 하였다.

기정진의 문인 정재규(鄭載圭)는 정부의 개화정책에 반대하여 지어놓았던 상소문(「斥邪疏」, 1881)에서 우리나라가 약한 상태에 왜(倭)와 강화조약을 맺고 또 서양세력을 끌어들이면서 무사하기를 바라는 것은 일시적 고식책(姑息策)임을 비판하며 강력한 척사론(斥邪論)을 제시하였다. 그는 '을미사변'과 '단발령'이 일어나자 호남의 유림들에게 의병을 일으키도록 호소하는 글을 보내고 그 자신도 거의(擧義)를 모의하였으나 실행에 옮기지는 못하였다.

노사학파의 의병운동은 기우만(奇宇萬)이 중심역할을 하였다. 그는 1896년 고종(高宗)이 러시아 공사관으로 옮겨가는(俄館播遷) 변란이 일어나자 격문을 띄워 의병을 일으켰다. 그러나 개화파의 적신(賊臣)이 집권하고 있어서 임금에게 도리어 재앙을 재촉할 위험이 있다는 선유사(宣諭使 申箕善)의 설득을 받고 의병을 해산하였다. 이때 복수토적(復讐討賊)과 '단발령'의 취소를 요구하는 상소문을 올리면서, 개화한다는 것이 난신적자(亂臣賊子)요, 임금을 속이고 나라를 그르치는 간사한 꾀임을 규탄하였다. 그는 '개화'의 본래 뜻은 중화문화를 써서 오랑캐를 변화시키는 것인데, 당시의 '개화'는 오랑캐의 방법으로 중화문화를 파괴하여 뒤집어 놓고 있음을 지적하였다. 곧 당시의 친일개화파가 원수를 끌어 들여 임금을 협박하고 국모(國母)를 시해하며, 옛 제도를 바꾸고 백성의 머리를 깎아 온 나라를 왜(倭)와 서양(洋)의 노예로 만들고 있음을 성토함으로써, '개화'를 거부하는 위정척사론의 입장을 밝히고 있는 것이다.

기우만은 특히 '단발령'에 대해 극단적 저항의식을 밝히면서, "나라는 망하지 않는 법이 없으니 머리를 깎이고 나라를 지키기보다는 차라리 머리털을 보존하다가 망하는 편이 낫다. 사람은 죽지 않는 법이 없으니 머리를 깎이고 살아 있기보다는 차라리 머리털을 보존하다가 죽는 편이 낫다"고 토로하였다. 이처럼 그는 나라가 망하거나 자신의 목숨을 잃더라도 상투로 표현되는 유교문화전통을 지키겠다는 신념을 밝혔던 것이다. '단발령'에 대한 거부로서 연재학파의 안규용(安圭容)도 "중화문화와 오랑캐의 분별은 한 때 임금의 법령보다 엄중한 것이니, 차라리 목이 베어진 귀신(無頭之鬼)이 될지언정 머리를 깎은 사람(無髮之人)이 되겠는가"라고 선언하여, 왕명에 저항하고 생명을 버리면서라도 의발(衣髮)의 문화전통을 지키겠다는 의리정신을 표출하고 있다.

(2)영남학파의 서세배척 의리론

영남학파에서 의병을 일으킨 경우는 사실상 정재학파와 성재학파의 경우 뿐이다. '단발령'이 내려진 이후 정재학파의 김흥락(金興洛)·김도화(金道和)와 한주학파의 곽종석(郭鍾錫) 등이 제시한 「안동통문」(安東通文)에서는 "이 몸이 한번 죽으면 오히려 의로운 귀신이 될 것이나, 이 머리털이 한번 깎이면 길이 오랑캐가 되는 것이다"53)라고 하여, 의발의 전통을 지키려는 한말 도학자의 신념을 엿볼 수 있게 한다. 그러나 정재학파에서 의병운동의 중심인물은 김도화·유필영(柳必永) 권상익(權相翊) 등이다. 성재학파의 경우 허로(性山 許魯)와 허위(旺山 許蔿) 형제가 의병에 나섰으며, 허훈(舫山 許薰)은 가산을 기울여 아우들의 의병활동에 재정적 후원을 하였던 사실을 볼 수 있다. 사미헌학파를 일으킨 장복추(四未軒 張福樞)는 '변복령'에 반대하는 상소를 올렸으나, '을미사변'때 인동(仁同)지역의 젊은 선비들이 그에게 의병을 일으킬 것을 요구했을 때 그는 "국사가 이 지경에 이르렀으니 우리들이 함께 피를 뿌리고 눈물을 삼켜야 하지만, 백면서생이 군사의 일을 행하면 일이 이루어지기도 전에 백성에게 재앙을 끼치게 된다는 것은 현명한 사람이 아니라도 다 알 수 있는 일이다"라고 하여 거절하고서,「거산설」(居山說)을 지어 자신의 의리를 밝혔다. 이처럼 의병을 일으키는 문제는 의리의 정당성에서 인정하면서도 현실적 성과에 문제가 있다는 인식에서 의병에 참여를 거부하는 인물들이 영남 도학자들 사이에 많았던 것으로 보인다.

① 정재학파: 김도화(金道和)는 '개항'때는「척사설소」(斥邪說疏, 1876)를 올리고, '변복령'에 반대하여「청의제물변소」(請衣制勿變疏)를 올리고, '을미사변'과 '단발령'에 항거하여「창의진정소」(倡義陳情疏, 1895)를 올려, 서양과 일본의 무력침략과 개화정책을 비판하는 의리를 밝혔다. 김도화는 을미의병(乙未義兵)에 나서서 1896년 의병장으로 인근 각처의 사림들에게 보낸 수없는 격문과 호소문에서 복수토적(復讐討賊)의 의리

---

53) 柳光烈편,『抗日宣言·倡義文集』(서문당, 1975, 35쪽), '安東通文', "此身一死, 猶爲義鬼, 此髮一削, 永爲胡奴."

를 주창하였다. 이때 그는 의병에 참여하기를 촉구하는 격문(「檄告鄕道
文嶠南七十一洲縉紳章甫僉君子」)에서 당시 영남유학자들의 태도에 대해, 향
토를 보전한다고 문호를 닫고 있는 사람, 자신의 일족(一族)을 단속 강
건너 불 보듯 하는 사람, 편안히 쉬면서 조롱하는 사람, 방황하면서 결
단을 못 내리는 사람, 시작과 끝이 상반되는 사람, 이해관계에 이끌리
는 사람, 뜻은 있지만 위협에 겁을 먹은 사람, 나가고자 하지만 친족에
만류되는 사람, 재물이 아까워 성공하지 않기를 바라는 사람 등 9가지
유형으로 열거하여, 대부분의 유학자들이 의병에 소극적인 태도를 여
실하게 지적하기도 하였다. 또한 그는 관군에 패퇴하여 의병을 해산한
뒤 올린 「자명소」(自明疏)에서 왕명을 빙자한 친일내각이 파견한 관군
들이 형벌과 살륙을 일삼고, 선비들을 도륙하며 백성들을 살상하는 참
혹한 실정과 울분을 토로하여, 의병운동과 그 파장의 실상을 생생하게
보여주고 있다.

② 한주학파: 한주학파의 선구인 이원조(李源祚)는 '병인양요'가 일
어나자 돌렸던 통문(「洋亂倡義事通諭一鄕文」)에서 서양의 무력침략을 당
하면 수천년 전통의 예악문물의 나라가 아비도 몰라보고 임금도 몰라
보는(無父無君) 가르침을 받게 되고, 온 나라가 오랑캐와 짐승의 숲이
되어 인륜의 강상을 지킬 수 없게 된다는 위기의식을 강조하며 의병을
일으킬 의론을 하였으나 실행에 옮겨지지는 않았다.

이진상(寒洲 李震相)은 '병자수호조약'의 회담이 진행될 때, 그 지역의
선비들과 적을 토벌하기 위해 의병을 일으킬 의논을 하였으나, 화의(和
議)가 성립하자 중단하였던 일이 있다. 그러나 '개항'이후인 1880년 부
산에 있던 일본관(日本館)을 찾아가 관사(館使)인 홍금(紅琴)과 필담하면

서, "교린(交隣)의 도리는 마땅히 신의(信義)를 우선으로 삼아야 하니, 속임은 패망의 매개요, 이욕(利欲)은 혼란의 근원이다"[54]라고 충고하였던 것은, 서양과 일본에 대한 배타적 척사론의 태도가 아니라 개항이 현실화된 사실을 전제로 국가간 외교의 원칙을 제시하는 도학자로서 드물게 개방적 자세를 보여주었다. 이때 김홍집(金弘集)이 개화정책을 제시한 청나라 황준헌(黃遵憲)의 「조선책략」(朝鮮策略)을 조정에 제시하자, '개화'에 반대하고 '척사'(斥邪)를 주장하는 집회에 참여하기도 하였다. 또한 '변복령'이 내려지자 이에 반대하는 「의제론」(衣制論)을 지었다. 이처럼 그는 도학전통를 수호하는 의리는 분명하게 밝히면서 '개화'의 현실을 외면할 수 없음을 인식하고 있었던 양면성을 보여주고 있다.

이진상의 문인 곽종석(郭鍾錫)은 '단발령'이 내려졌을 때 안동의 의병장 권세연(權世淵)이 그를 아장(亞將)으로 추대하였으나 사양하였고, 의병장인 김도화가 그에게 동참할 것을 청하였으나 거절하였다. 다만 그는 동학들과 일본을 토죄하는 글을 지어 서울의 각국 공관(公館)에 보내어, 의병으로 항거하는 방법이 아니라, 국제공론에 호소하는 방법을 채택하고 있었던 것이다.

---

54) 『寒洲集』, 부록 권1, 26, '年譜', "交隣之道, 當以信義爲先, 詐者敗之媒也, 利者亂之源也."

5. 19세기 성리학의 사상사적 의미

　19세기 조선사회의 상황은 안으로는 세도정치의 부패로 사회기강이 붕괴하면서 삼정(三政)의 문란으로 민생이 도탄에 허덕이게 되자, 홍경래난(1811)이 발생하고 진주민란(1862)에서 전국으로 민란이 확산되어 국가기반에 균열이 일어나기 시작하였으며, 천주교신앙이 서민 속으로 확산되자 정부는 교옥(敎獄: 1801·1839·1866)을 거듭하여 금압정책을 펼쳤으나 별다른 효과를 얻지 못하고 있을 때, 1860년부터 사회변혁의 의식을 품은 민중신앙으로 동학이 창도되어 급속히 확산되고 동학농민봉기(1894)가 일어나기에 이르러 국가체제의 기반에 격심한 동요가 일어났다. 그러나 조선사회의 체제이념을 뒷받침해온 도학자들은 기존질서에 안주하여 사회내부의 붕괴에 대처하는데 무기력하였다. 도학자들이 사회현실 문제를 해결할 능력을 상실하고 시대변화에 따른 개혁의 요구에 장애요인이 되고 있는 현실은 이미 18세기의 실학자들에 의해 심각하게 지적되었던 것이 사실이다.[55] 국내문제에 대해 도학자들이 한 목소리를 내었던 것은 서원(書院)의 폐단을 개혁하기 위해 대원군(大院君)이 1871년 서원훼철(書院毁撤)을 시행하자 이에 반대하였던 정도일 것이다.

　안으로 사회기반의 동요가 심각한 현실에 더하여 밖으로부터 서양

---

55) 18세기 중반에 실학자 星湖 李瀷이 제자 鹿菴 權哲身에게 보낸 편지에서, "나는 사람을 대하여 일찌기 儒術로서 말하지를 않았다. 무익하기 때문이다"(吾對人未嘗以儒術爲辭, 無益故也.<『星湖集』, 권30, 30, '答權旣明'>)라고 언급한 것은 도학이 당시 사회의 현실문제해결에 무기력함에 대한 좌절감을 표현한 것이라 하겠다.

의 무력 침략인 '병인양요'(1866)라는 첫 번째 충격과, 일본의 무력위협에 따른 '병자수호조약'(1876)으로 '개항'이라는 두 번째 충격을 받으면서, 조선정부는 사실상 자기 통제력을 잃고 표류하며 파국의 위기에 놓이게 되었다. 이러한 위기는 국가의 위기일 뿐만 아니라 유교이념 곧 '도'의 위기임을 도학자들도 각성하게 되었고, 19세기 후반의 한말 도학은 '척양'(斥洋)·'척왜'(斥倭)를 표방하는 '존화양이론' 내지 '위정척사론'의 강경한 의리론이 제시되었고, 성리학에서도 의리의 근거와 판단의 주체에 대한 심성론의 치밀한 인식과 논쟁이 벌어지면서 학파의 분화가 다양해졌으며, 쟁점과 주장도 선명하게 확립되는 사실을 볼 수 있다.

19세기 후반 한말 도학파는 한편으로 '심설'의 성리학적 인식차이를 중심으로 학파간의 논쟁을 격렬하게 벌였으며, 다른 한편으로 유교전통의 수호와 외세의 배척을 추구하면서 서양제도를 수용하여 개혁정책을 추진하는 개화파가 정부를 주도하여 '변복령'(1884)·'갑오경장'(1894)·'단발령'(1895)을 시행하자, 개화파의 조선정부와 대립하여 의병을 일으켜 항쟁하는 갈등이 치열하게 벌어져, 학파간의 논쟁, 개화정부와의 대립, 외세에 대한 항거로 겹겹이 대립과 갈등의 소용돌이에 빠져들지 않을 수 없었다.

한말 도학은 성리설과 의리론에서 각각의 특성을 지닌 독자적 학맥이 뚜렷하게 형성되면서, 기호학파 안에서도 화서(華西)학파·노사(蘆沙)학파·연재(淵齋)학파·의당(毅堂)학파·고산-간재(鼓山-艮齋)학파의 분화를 확인할 수 있고, 영남학파 안에서도 정재(定齋)학파·한주(寒洲)학파·사미헌(四未軒)학파·계당(溪堂)학파·성재(性齋)학파의 분화가 뚜렷하게 드러나고 있음을 볼 수 있다.

성리설의 인식에서 심설(心說)을 중심으로 주리론적 인식을 표방하는 화서학파·노사학파와 한주학파가 의리론의 입장에서도 강경한 저항론을 보이거나 독자적 입장을 분명하게 하고 있으며, 서학과 외세에 대한 배척이론에는 화서학파가 가장 선명하고 강경한 입장을 보였다. 외세의 침략으로 국가가 멸망의 위기에 놓이고 '단발령' 등으로 유교전통의 제도가 파괴되는 위협을 당하자, 이에 대응하는 한말 도학의 태도로 의병을 일으켜 항전하는(擧義掃淸) 적극적 입장은 화서학파와 노사학파 및 정재학파와 성재학파에서 드러나고, 자결하여 불의한 침략세력에 저항하고 유교전통을 지키는(致命遂志) 행동은 연재학파와 의당학파에서 볼 수 있으며, 산으로 깊이 숨거나 해외로 망명하여 전통을 지키겠다는(去之守舊·入山自靖) 입장은 고산-간재학파를 비롯하여 사실상 대부분의 도학자들이 취하는 입장이라 할 수 있다.

한말 도학은 조선시대 도학이 마지막 단계에서 결산하는 자리요 그 귀결되는 자리라 할 수 있으며, 이러한 한말 도학이 지닌 사상사적 특성과 의미는 다음의 네가지 양상에서 확인해볼 수 있을 것이다.

첫째, 성리설 쟁점의 심화: 19세기 후반에 이르러 도학파는 이항로의 '심주리설'과 이진상의 '심즉리설'이 제기되면서 조선시대 성리학의 전통에서 벗어난 독자적 '심설'을 제기하면서 성리설 논쟁의 새로운 단계를 열어놓았으며, '심'개념의 주리론적 인식은 시대현실에 대한 의리론적 대응의 새로운 논리로서 중요한 의미를 지니는 것이라 할 수 있다.

둘째, 위정척사(衛正斥邪)의 의리론: 한말 도학은 서양과 일본의 침략세력에 저항하며 유교정통을 수호하는 의리론으로서 '위정척사' 내지

'존화양이'(尊華攘夷)의 의리론을 더욱 강화하여 구체적 현실 속에서 이론적 인식과 실천적 행동으로 전개하였던 것이다.

셋째, 조선유학의 자각: 한말 도학은 주자학 전통을 강화하면서 현실적 위기의식 속에서 조선유학의 전통에 더욱 깊은 관심을 보임으로써, 우리의 역사 현실과 조선시대의 도학전통을 계승하고 정리하는 작업을 수행하였다. 화서학파에서 「송원화동사합편강목」(宋元華東史合編綱目)을 편찬한 것을 비롯하여, 특히 송병선(宋秉璿)에 의한 우리 역사와 조선시대 도학을 체계화하는 편찬작업이 주목된다.56)

넷째로, 국제질서의 인정: 한말 도학은 변혁의 시대에서 도학이념의 전통을 수호하기 위해 '위정척사'의 폐쇄적이고 배타적인 수구론(守舊論)을 주장하였다. 그러나 도학자들의 일부에서는 현실로 당면하고 있는 '개화'문제에 주의를 기울이고 열린 관심을 보이면서 도학의 현대적 적응가능성을 보여주고 있는 사실이 주목된다. 최익현이 '을미사변'에 민비를 시해한 일본의 죄상을 각국에 공법(公法)과 조약(條約)에 비추어 만국의 공론에 비판을 받게 하도록 요구하는 상소(「宣諭大員命下後陳懷待

---

56) 淵齋 宋秉璿은 한국유교의 토양 위에서 道學을 체계화하기 위한 의미 있는 편찬작업을 하였다. ①「近思續錄」(1874)은 「近思錄」의 체제를 모방하여 조선시대의 도학자들의 言說에서 뽑아 편집한 것이다. ②「浿東淵源錄」(1882)은 朱子의 「伊洛淵源錄」을 모방하여 우리나라의 道學派 인물 69명의 言行을 수록하여 비록 畿湖학파 중심이라는 한계는 있지만 우리나라 道統淵源을 정리한 작업이다. ③「武溪謾錄」(1887)은 『大學』의 3綱領 8條目 체제에 상응시켜 治道·治法·治敎의 3篇에 각각 총론과 8장씩을 설정하여 도학의 王道政治論을 우리나라 유학자들의 저술에서 발췌하여 편집한 것이다. ④「東鑑綱目」(1900)은 유교적 義理史觀에 입각하여 三國統一(669)부터 조선조 哲宗末(1863)까지 우리나라 역사를 편찬한 것이다. 宋秉璿이 편집한 이 4종 저술(「近思續錄」·「浿東淵源錄」·「武溪謾錄」·「東鑑綱目」)의 공통점은 우리나라 유학자의 言說로서 道學의 체계를 정리하였고 우리나라 역사를 편찬하였다는 사실이다. 이것은 국가멸망의 위기에서 道學者가 事大主義에서 벗어나 우리의 사상전통에 본격적 관심을 각성한 경우로 중요한 의미가 있다.

罪疏)를 올렸던 것은 '화이론'(華夷論)의 배타적 의리를 넘어서 국제사
회의 공론(公論)에 호소하는 의리의 새로운 적용이라 할 수 있다. 특히
한주학파 안에서는 서양문물에 구체적 관심을 다양하게 보여주고 있
는 사실이 주목된다.57)

---

57) 寒洲학파의 郭鍾錫은 독일인 步倫冠魅(요하네스 C 블룬츨리)의 「公法會通」에 跋文
을 짓고, 그의 門人 李寅梓가 지은 「古代希腦哲學攷辨」에도 跋文을 지어, 新學을
수용하는 자세를 보여주었으며, 그는 1919년 빠리 講和회의에 독립청원서(巴里長書)
를 제출하여 국제사회에서 독립운동의 방법을 추구하였다. 寒洲의 아들인 李承熙는
乙未事變에 대해 日本을 誅討하는 通告文을 각국 公館에 보냈으며, 日帝침략기에
만주에 망명하여 東三省韓人孔敎會支部를 조직하여 康有爲・陳煥章이 주도하는 孔
敎운동에 참여하기도 하였다.

6

명말(明末) 불교-천주교의 교리논쟁

1. 명말(明末) 불교-천주교 교리논쟁의 성격

명(明)나라 말기인 16세기말-17세기초 사이에 천주교가 중국에 전래하였다. 이 때 예수회선교사를 중심으로 서양종교인 천주교와 서양의 과학기술을 한문서적으로 저술하여 이른바 '한역서학서'(漢譯西學書)를 방대하게 간행하였던 사실은 동서문화교류사에 새로운 획은 긋는 일대 사건이었다. '한역서학서'의 첫머리에 등장하여 가장 광범하게 영향을 끼쳤던 천주교교리서는 예수회 선교사 마테오 리치(Matteo Ricci, 利瑪竇)의 『천주실의』(天主實義, 1603刊)라 할 수 있다.

예수회선교사 마테오 리치가 중국선교에 큰 성공을 거두었던 이유로 서양과학기술을 소개하여 중국인의 실용적 요구에 상응하였던 점이나, 중국의 황실과 고위관료들의 호의적 반응을 끌어내었다는 점도

있지만, 무엇보다 중국의 정통이념인 유교사상과 조화를 이루는 가운
데 천주교교리를 제시하였다는 사실이 주목된다. 그것은 이른바 '보유
론'(補儒論)으로 표방되는 적응주의적 선교정책이 기반을 이루었다고
할 수 있다. 이 보유론적 천주교교리서의 물길을 터뜨려준 저술이 바
로 『천주실의』라 하겠다.

마테오 리치는 『천주실의』 등 교리서를 통해 천주교에서 주장하는
'천주'의 존재나 '영혼'의 불멸성과 사후세계를 해명하면서 '천주'의 존
재를 유교경전의 '천'·'상제'와 일치시킬 뿐만 아니라 천당·지옥의
존재까지 유교의 옛 경전을 끌어들여 논증해갔다. 리치는 천주교교리
를 설득하기 위해 유교 경전을 적극적으로 끌어들였지만 성리학의 철
학적 사유체계는 거부하였다. 그것은 주자학-성리학의 사유가 유교 경
전을 정통적으로 계승하고 있다는 견해와는 달리, 유교 경전과 주자학
-성리학의 이질성을 부각시키고 경전을 취하며 성리학을 버리는 선택
적 입장을 밝히는 것이다.

이와더불어 마테오 리치는 불교의 사후세계에 대한 해석인 윤회설
이나 천당지옥설을 전면으로 거부하고 천주교의 영혼론이나 천당지옥
설과 불교를 명확하게 차별화시키는데 세밀한 주의를 기울였다. 리치
의 행적을 보면 처음에 광동(廣東)에 상륙하여 조경(肇慶)에 머물었을
때는 중국이 일본의 경우처럼 불교가 우세한 줄만 알고 스스로 승복을
입고 '서승'(西僧)이라 일컬었으며 절(僊化寺)에 머물었지만, 중국이 공식
적으로 불교를 비판하는 유교국가임을 알고나자 선비의 복색으로 갈
아입고 '서사'(西士)라 일컫는 변신을 했던 일이 있었다. 이러한 사실로
보면 리치는 천주교와 불교를 동일시하는 관점에서 벗어나기 위해 비

상한 노력을 기울였음을 알 수 있다. 이에따라 유교에 접근하고 불교를 비판하는 것이 리치의 선교정책이 당면한 핵심과제의 하나였던 것이라 하겠다. 따라서 불교비판에 엄격하고 강경할수록 천주교의 독자적 지위도 확보될 수 있고 유교지식인들로부터 거부의 대상에서 벗어날 수 있을 것이라 기대했던 것으로 보인다.

『천주실의』를 비롯한 교리서에서 불교에 대해 강경한 비판이 제기되자, 물론 유교지식인들로부터 호의적 반응을 얻으려고 기대했던 효과도 상당히 거두었겠지만, 예상 밖으로 불교 승려나 신도들의 천주교에 대한 강경한 반발과 비판이 만만찮게 일어났다. 불교측의 천주교에 대한 반발과 비판은 리치가 활동하던 시기에 일어나기 시작했지만 대부분 리치가 죽은(1610) 뒤에 활발하게 전개되었고, 이에 맞서 천주교 선교사와 신도들의 불교에 대한 재비판이 일어나면서 이 시대 사상계에 중요한 논쟁의 하나로 자리잡게 되었다.

중국의 경우 천주교가 전래되었을 때 천주교-불교 사이의 논쟁이 유교-천주교 사이의 논쟁보다 훨씬 활발하게 일어났던 사실과는 달리, 조선사회의 경우에는『천주실의』등 같은 천주교교리서를 읽으면서도 유교지식인들의 천주교에 대한 비판은 강경하게 일어났지만 불교-천주교 사이의 논쟁이 전혀 드러나지 않고 있다는 특징적 차이를 드러내고 있다. 바로 이 점은 조선사회의 유교지식인들이 중국의 경우보다 훨씬 더 강경한 이단배척론의 정통주의적 성격을 지녔다는 사실을 말해주고, 이와 더불어 조선사회의 불교인은 중국의 경우와 달리 문제를 제기하여 사회표면에 나서기도 어려운 여건이었거니와 천주교에 대해 반발하고 나서야할 강한 자극을 받지도 않았다는 사상적 사회적 특성을 엿볼 수 있는 대목이다.

불교-천주교의 교리적 갈등은 청나라 초기까지 이어지면서 논쟁에 관련한 문헌도 축적되어갔다. 그러나 천주교 전래초기의 논쟁에 초점을 맞추기 위해 범위를 명나라 말기 까지로 한정시키고자 한다. 불교-천주교의 교리논쟁에 가담한 인물들과 저작이 상당히 많으나, 천주교 쪽에서 처음 문제의 발단을 일으킨 마테오 리치의『천주실의』에서 제기된 불교비판의 내용과, 불교쪽에서 먼저 천주교에 대한 반론을 제시한 연지(蓮池 袾宏)선사의「천설」(天說) 4편과, 천주교쪽에서 연지선사의「천설」에 대해 반박한『변학유독』(辨學遺牘), 그리고 그후 지욱(藕益 智旭)선사의 천주교에 대한 비판서인「천학초징」(天學初徵)ㆍ「천학재징」(天學再徵)에 한정하였다. 범위를 좁힘으로써 쟁점을 좀더 세밀하게 보고 싶은 이유와 더불어, 이 시기의 문헌이 자료적 가치가 크기 때문이다. 곧『변학유독』은 실제 저자는 분명치 않으나 마테오 리치의 이름으로 불교에 대한 반론을 재기하고 있는 초기의 저작이고, 불교쪽의 경우 연지선사와 지욱선사는 '명말불교4대사'(明末佛敎四大師: 蓮池 袾宏, 紫柏 眞可, 憨山 德淸, 藕益 智旭)로 일컬어지는 인물로 그 시대 불교 안에서 비중이 매우 높다.

2. 명말(明末) 불교-천주교 교리논쟁의 전개

마테오 리치(1552-1610)는『천주실의』를 1595년부터 집필하기 시작해 1603년 북경에서 간행하였으나 간행 전에도 일부 필사본이 전파되었다고 한다.[1] 이때 이후 명나라 말기 불교 승려 및 재가 신도들과 천주교 선교사와 천주교 신도들 사이에 불교-천주교 사이의 교리논쟁이 활발하게 일어났다.[2] 논쟁의 처음 발단은 1598년 리치가 남경에서 대보은사(大報恩寺)의 삼괴(雪浪 三槐)선사와 만나 토론을 벌였는데, 이때 삼괴는 리치의 논리에 대응을 제대로 못했다고 한다.

10년이 지나서 1608년 항주의 유교지식인으로 불교신도인 우순희(虞淳熙, ?-1621)는 당시 북경에 머물고 있는 리치에게 편지를 보내어 천주교와 불교에 큰 차이가 없음을 지적하여 리치의 불교비판에 대해 가볍게 문제점을 지적하였다. 이에 대해 리치는 우순희에게 보낸 답장(「李先生復虞銓部書」)에서, 불교를 거부하는 강경한 입장을 재확인하였던 일이 있었다.[3] 우순희는 그후 「천주실의살생변」(天主實義殺生辨)·「파리이참천망세」(破利夷僭天罔世)를 지어 천주교에 대한 엄격한 비판적 견해를 제시하였다. 리치의 이름으로 우순희에게 보낸 답장에서 보여준 강경한 불교비판에 자극을 받아 리치가 죽은 후 항주 운서사(雲棲寺)의 주굉(蓮池 袾宏, 1535-1615)선사는 1615년 「천설」(天說) 4편을 지어 천주교를

---

1) 송영배,『동서철학의 교섭과 동서양 사유방식의 차이』, 논형, 2004, 20쪽.
2) 필자는 이 節에서 明末 불교-천주교 사이의 교리논쟁이 전개되는 과정을 개괄하면서 주로 다음 세 저술에 의거하여 서술하였다.
   夏瑰琦 編,『聖朝破邪集』(建道神學院, 香港, 1996),「聖朝破邪集校注本序」(編者의 서문).
   鄭安德,『天主教和佛教的護教辯論』(1997, 北京大 博士論文),「引言」.
   徐宗澤 篇,『明淸間耶蘇會士譯著提要』(中華書局, 北京, 1989), 권3, '眞教辯護類'.
3) 『明末淸初耶蘇會思想文獻匯編』(北京大 宗教硏究所, 2002), 제4책,『辯學遺牘』에 붙인 解題에서는『辯學遺牘』에 수록되어 있는 虞淳熙에게 보낸 답장인「李先生復虞銓部書」는 文體上의 문제로 보아 마테오 리치의 저작이 아니라 '敎中一名士'가 지은 것으로 보고 있다.

비판하면서 불교-천주교 사이의 교리논쟁은 불교계의 대표적 인물에 의해 정면에 떠오르게 되었다고 할 수 있다.

저술시기는 분명치 않으나 명말에 예부상서(禮部尚書)까지 올랐던 고관이면서 천주교도인 서광계(徐光啓, 1562-1633)는 불교를 비판하는 「벽망」(闢妄: 일명 闢釋氏諸妄, 1689刊)을 저술하자, 불교쪽의 승려 보인절(虞山北澗 普仁載)이 「벽망벽략설」(闢妄闢略說)을 지어 『벽망』 가운데 3조목(持呪·破獄·施食)에 대해 반박하자, 다시 청나라 초기인 1689년에 천주교도인 홍제(洪濟)와 장성요(張星曜)가 합작으로 보인절의 「벽망벽략설」을 재반박하는 「벽략설조박」(闢略說條駁)을 저술하여 논쟁을 벌었던 일이 있다.[4]

그 다음 단계의 논쟁은 주굉선사가 「천설」을 발표한 뒤 다시 20년이 지나서 1634-38년 사이에 복건(福建)지역에서 일어나기 시작하여 절강(浙江)지역으로 확산되었다. 당시 예수회선교사 알레니(Julius Aleni, 艾儒略)가 복건지역 전교에 큰 성공을 거두고 있었는데, 불교신도인 황정(黃貞)은 알레니를 찾아가 천주교에서 '자식이 없다고 첩을 두는 것은 계율을 크게 범한 것으로 지옥에 들어간다'고 말한 사실에 대해 옛 성인인 문왕(文王)은 후비(后妃)가 많았으니 지옥에 갔다는 말인지 따졌다. 이어서 황정은 「존유극경」(尊儒亟鏡)을 지어 천주교를 "유교에 아첨하고 유교를 훔쳐서 유교를 해친다"(媚儒竊儒而害儒)고 공격하며, 또 『불인

---

4) 『明淸間耶蘇會士譯著提要』(徐宗澤 篇)의 권3, '眞敎辯護類'에는 천주교 쪽에서 불교를 비판하는 저술로 徐光啓의 「闢妄」(1689刊)을 비롯하여, 명말의 유학자로 천주교도인 楊廷筠의 『天釋明辯』, 無名氏의 『銓眞指妄』, 郁蒣湘華의 『醒世迷編』(1714刊), 利瑪竇의 『辯學遺牘』(1676刊) 등이 있으나, 「闢妄」과 『辯學遺牘』, 및 『天釋明辯』은 明末에 저술된 것이 분명한 것으로 보이지만 나머지는 확인할 수가 없다.

불언』(不忍不言, 1635)을 지어 천주교를 사교(邪敎)로 규정하고 이를 깨뜨리는데 분발하여 일어나도록 불교계를 격동시키고자 하였다.

황정은 1635년 자신이 지은 천주교를 비판하는 글5)을 가지고 절강으로 가서 천주교를 함께 공격할 동지를 모았는데, 이에 호응하였던 인물로 천동사(天童寺)의 원오(密雲 圓悟)선사와 산음(山陰: 浙江)의 유교지식인 왕조식(王朝式)을 들 수 있다. 원오는 「변천초설」(辨天初說: 「辨天說」3편 가운데 첫편)을 지어 천동사의 보윤(普潤)선사에게 주어 항주의 불교신도 장광첨(張廣湉: 袾宏의 제자)에게 전해주고, 장광첨은 천주당으로 푸르타도(Furtado, 傅汎際)신부를 찾아가 답변을 요구하였지만, 푸르타도는 대답대신 『변학유독』(辨學遺牘) 한권만 내어주었다 한다. 이에 장광첨은 「증망설」(證妄說)을 지어 『변학유독』에 수록된 마테오 리치가 주굉에게 보낸 답장(利先生復蓮池大和尙竹窓天說四端)이 리치가 자신이 죽은 뒤에 나온 저술에 대해 답장을 한 것이 되어 거짓된 글임을 비판하였다. 보윤은 황정이 원오를 찾아오기 이전에 천주교를 비판하는 「주좌집연기」(誅左集緣起, 1634)를 저술한 일이 있고, 이때 장광첨의 「증망설」에 발문을 지었으며, 석대현(釋大賢, 袾宏의 後學)도 「부치소공증」(附緇素共證)을 지어 『변학유독』에 수록된 천주교도 양정균(楊廷筠)의 발문에 대해 비판하였다. 왕조식은 「죄언」(罪言)을 지어 황정의 천주교비판을 적극 지지하였다. 원오의 「변천설」(辨天說) 3편에 뒤이어 석무송(釋撫松)의 「삼교정론」(三敎正論)도 원오와 같은 논리로 천주교를 비판하였던 것이다.

---

5) 黃貞의 천주교비판 저술로는 『聖朝破邪集』(夏瑰琦 編) 권3에 「請顔(壯其)先生闢天主敎書」,「尊儒亟鏡」, 「破邪集自序」, 권6에 「十二深慨序」, 권7에 「不忍不言」이 수록되어 있다.

그후 천주교쪽의 유응(劉凝)은 『각사록』(覺斯錄)을 저술하여 그 속에서 원오의 「변천설」과 무송(撫松)의 「삼교정론」에 대해 반박하는 변론을 제시하였다.6)

이때부터 복건·절강지역의 승려와 불교신도 및 유교지식인들 사이에 천주교비판의 주장이 활발하게 일어났다. 당시 이 지역에서 저작된 천주교비판 저술로는 왕충(王忠)의 「십이심개」(十二深慨, 1636), 유문룡(劉文龍)의 「통정서」(統正序, 1636), 석여순(釋如純)의 「천학초벽」(天學初闢, 1636), 석성용(釋成勇)의 「벽천주교격」(闢天主敎檄, 1637), 통용(費隱 通容)의 「원도벽사설」(原道闢邪說, 1637), 허대수(許大受)의 『성조좌벽』(聖朝佐闢) 등이 있다.

특히 통용선사의 「원도벽사설」7)은 『천주실의』에서 천주를 시작도 없고 끝마침도 없다(無始無終) 하고, 만물을 시작이 있고 끝마침이 있다(有始有終) 하고, 귀신을 시작은 있으나 끝마침은 없다(有始無終)고 한 것을 천주교의 전체적 근원이라 파악하였다. 이에 따라 불교의 이론에서는 천지만물과 인간이 모두 시작도 없고 끝도 없다(無始無終)고 제시하여 천주교가 근원적으로 잘못된 사견(邪見)이라 비판하고 있다. 또한 『천주실의』에서 불교는 '공'(空)을 추구한다고 비판한데 대해, 불교의 일승실상료의지법(一乘實相了義之法)으로 보면 '공'도 아니고 '유'도 아님(非空非有)이라 밝혀, 마테오 리치가 불교를 전혀 모르고 비판하는 것이라 지적하였다. 나아가 『천주실의』에서 말한 생혼(生魂)·각혼(覺魂)·영혼(靈魂)의 삼혼설(三魂說)은 '혼'(魂)이 형체와 일체가 될 수 없어서 천

---

6) 劉凝의 『覺斯錄』에는 「原本論」, 「天主之名非創自西域」과 더불어 「辨天童密雲和尙三說」과 「撫松和尙三敎正論辨」의 4편이 수록되어 있다고 한다. 鄭安德, 『天主敎和佛敎的護敎辯論』, 위의 책, 4쪽 참조.
7) 費隱 通容의 「原道闢邪說」은 『聖朝破邪集』 권8에 수록되어 있다.

성(天性)의 본분에 어긋나는 것이라 비판하는 등, 핵심적 문제를 체계적으로 비판하고 있다.

또한 허대수의 『성조좌벽』8)은 천주교비판문헌을 수집한 『파사집』(破邪集, 8권) 속에 수록된 문헌들 가운데 가장 자세하고 천주교를 전면적으로 비판하고 있는 저술이다. 여기서 그는 천주교의 그릇된 점으로 세상을 속이고(誑世), 하늘을 업신여기고(誣天), 본성을 갈라놓고(裂性), 유교를 깎아내리고(貶儒), 인륜을 배반하고(反倫), 제사를 폐지하고(廢祀), 불교에서 훔쳐다가 불교를 꾸짓는 갖가지 죄를 저지르고(竊佛訶佛種種罪過), 이른바 선이라는 것이 실지는 선이 아님(夷所謂善之實非善) 등 10편으로 나누어 정밀하게 비판하고 있다.

황정은 천주교비판의 기반을 확립하기 위해 1637년 그동안 제시된 천주교비판의 문헌으로 우순희·주굉의 저술을 비롯하여, 관료로서 처음 천주교배척의 입장을 밝혔던 남경 예부시랑(南京禮部侍郎)이었던 심각(沈潅)의 「참원이소」(參遠夷疏, 1616) 등을 수집하여 『파사집』(破邪集)을 편찬하였다. 황정이 편집한 『파사집』은 1639년경에 통용선사에게 보내지고, 통용은 염관(鹽官: 浙江)의 불교신자인 서창치(徐昌治)에게 보내어 간행하게 함으로써 현재 통행되는 『성조파사집』(聖朝破邪集, 1639) 8권본이 나오게 되었다. 이 『성조파사집』은 당시까지 나온 관료들이 천주교를 배척하는 공문서와 불교의 승려와 신도들이 천주교를 비판한 저술들을 망라한 것으로, 천주교에 대한 불교의 비판논리를 확보하고 널리 전파하는 효과를 거두고자 하였던 것이다.

---

8) 許大受의 『聖朝佐闢』은 『聖朝破邪集』 권4 전체를 차지하고 있다.

명나라 말기 불교의 천주교 비판에서 마지막 단계로 등장하였던 인물은 지욱(藕益 智旭, 1599-1665)선사이다. 지욱은 종시성(鍾始聲)이라는 이름으로 「천학초징」(天學初徵)과 「천학재징」(天學再徵)의 두편을 지었고, 또 종시성이 이 저술을 제명(際明)선사에게 보내면서 주고 받은 편지 4건(「鍾振之居士寄初徵與際明禪師柬」·「際明禪師復柬」·「鍾振之寄再征柬」·「際明禪師復柬」)이 있다. 「천학초징」·「천학재징」과 더불어 이 4통의 편지를 모으고 서문(杲庵 大朗 撰)과 발문(鄭智用 撰)을 붙여서 『벽사집』(闢邪集, 1643)을 간행하였다. 지욱선사는 속성이 종(鍾)씨고, 이름이 제명(際明) 혹은 성(聲)이라 하니 종시성은 유교지식인을 자처하여 설정한 인물이고, 제명선사는 불교인을 자처하여 설정한 인물이니, 천주교를 비판하면서 한 사람의 지욱이 유학자와 불교승려로 나누어 설정된 것일 뿐이다.

명나라 말기에 천주교쪽에서 불교비판의 저술로는 리치의 『천주실의』(1603刊), 서광계의 『벽망』(1689刊), 및 『변학유독』(1676刊), 양정균(楊廷筠, 1557-1627)의 『천석명변』(天釋明辯) 등을 들 수 있고, 불교쪽의 천주교 비판서는 황정이 편집한 『성조파사집』(1639刊)과 지욱의 『벽사집』(1643刊)을 대표적 저술이라 할 수 있을 것이다.

3. 『천주실의』에서 마테오 리치의 불교비판

풍응경(馮應京)은 마테오 리치의 『천주실의』에 붙인 서문에서 "이 책은 우리 '육경'의 말씀을 두루 인용하여 그 진실함을 증거하고, '공'(空)을 말하는 견해의 오류를 깊이 꾸짖었으니, 서방(太西: 천주교)으로 서방(天竺: 불교)을 징벌하고, '중화의 도리'(中)로 중국(中)을 교화한 것이다"[9]라고 하여, 리치가 『천주실의』를 통해 제시한 바 유교를 보완하고 불교를 대치시키겠다는 이른바 '보유역불'(補儒易佛)의 입장을 재확인하고 있는 것이다. 서방의 천주교로 서방의 불교를 징벌한다는 것이 '역불'(易佛)이라면 중화의 도리로 중국을 교화한다는 것이 '보유'(補儒)임을 보여준다. 따라서 불교비판의 논지는 『천주실의』 전편을 관통하고 있는 마테오 리치의 기본과제라고 할 수 있다. 그만큼 불교와 차별화를 선명하게 하고 불교에 대한 배척을 엄격하게 하지 못하고서는 유교문화 체제의 중국사회에서 천주교의 실체와 정당성을 확보할 수 없다는 절박한 인식이 기본전제로 깔려있었던 것이라 하겠다.

『천주실의』의 8편은 크게 보면 '천주'의 존재문제(제1-2편)와 '영혼'과 사후세계의 문제(제3-6편), 및 신앙양상의 문제(제7-8편)의 세가지 주제로 이루어진 것으로 보인다. '천주'의 존재는 존재의 근원을 확인하는 우주론의 영역이라면, '영혼'과 사후세계의 문제는 인간존재의 본질과 존재양상에 관한 인간존재론의 영역이라 할 수 있고, 신앙양상의 문제는 종교문화론의 영역이라 할 수 있다. 여기서 그는 '영혼'과 사후세계에 대해 4편(제3-6편)에 걸쳐 분량에서 보면 가장 큰 관심을 드러내준다. '천주'라는 신앙대상의 기준이 확립된 다음에는 영혼과 사후세계의 문제에 인간의 종교적 관심이 가장 깊고 절실하게 집중되고 있음을 의

---

9) 馮應京, 「天主實義序」(『天主實義』 初版에 붙인 서문, 1601作), "是書也歷引吾六經之語以證其實, 而深詆譚空之誤. 以西政西, 以中化中."

미하는 것이다.

(1) '천주'의 존재문제: 『천주실의』는 제1편(首篇)에서 '천주'를 천지·만물의 창조주요 주재자임을 제시하고나서, 제2편에서는 중국 전통종교의 세가지 종파인 유교·불교·도교의 교리와 비교하여 '천주'의 존재를 논증해갔다. 여기서 리치는 질문자인 중국선비의 입을 통해 노자(老子)는 "만물은 '무'(無)에서 생겨난다"고 하여, '무'를 도(道)로 삼고, 불교는 "'색'(色)은 '공'(空)으로부터 나온다"고하여 '공'을 힘쓰며, 유교는 "'역'(易)에 '태극'(太極)이 있다"고 하여 오직 '유'(有)를 근본으로 삼으며 '성'(誠)을 학문으로 삼는다10)고 삼교의 근본종지를 정의해놓고나서, 유교와의 일치점을 받아들이면서 노자(도가·도교)와 불교에 대한 비판에 초점을 맞추고 있다.

이에 대해 리치는 유교지식인들이 노자나 불교를 오랑캐나 이단으로 배척하면서도 이론적으로 분석하여 변론하지 못하였다고 안타까워하면서, 자신이 노자와 불교를 이론적으로 분석하여 변파하겠다는 입장을 밝혔다. 따라서 그는 노자의 종지인 '무'나 불교의 종지인 '공'은 '허무'(虛無)로 규정하고, "이제 '공'이니 '무'니 하는 것은 절대로 자기가 가지고 있지 못하니, 어떻게 속성(性)과 형체(形)가 있도록 베풀어 물체가 되게 하겠는가?…이미 '공'이나 '무'라고 말하면, 사물의 운동인(作者)·형상인(模者)·질료인(質者)·목적인(爲者)이 될 수 없다"11)고 하

---

10) 『天主實義』, 제2편, "中士曰,…吾中國有三敎, 各立門戶. 老氏謂物生於無, 以無爲道. 佛氏謂色由空出, 以空爲務. 儒謂易有太極, 故惟以有爲宗, 以誠爲學."
11) 같은 곳, "今曰空, 曰無者, 絶無所有於己者也, 則胡能施有性形以爲物體哉,…旣謂之空·無, 則不能爲物之作者·模者·質者·爲者."

여, 불교의 '공'이니 노자의 '무'로서는 사물을 형성하는 근원적 존재가 될 수 없는 것이라 논증하였다.

나아가 그는 창조주인 '천주'는 '시작이 없는 존재'(無始之物)로서 없는 때가 없지만, 피조물인 인간이나 사물은 '시작이 있는 존재'(有始之物)로서 애초에 '무'였다가 뒤에 '유'가 되는 것이라 대비시켰다.[12] 곧 처음에 '무'였다가 '유'로 나오는 것은 피조물의 차원으로 규정함으로써, '무'나 '공'이 근원적 존재일 수 없음을 주장하였다. 또한 '공'이나 '무'가 참으로 비었고 없다는 것이 아니라 형체나 소리가 없는 '신'(神)을 말하는 것이라는 반론에 대해, "'신'이란 속성도 있고 재능도 있고 덕도 있으며 우리처럼 형체가 있는 부류들에 비해 더욱 정밀하고 더욱 고상하며, 그 이치는 더욱 진실하다.…'형체가 없다'(無形)는 것과 '없다'(無)는 것은 하늘과 땅처럼 떨어져 있다"[13]고 하여, 형체나 소리가 없어 보이지도 들리지도 않는 신적(神的) 존재를 '공'이나 '무'라고 일컬을 수 없음을 역설하였다. 따라서 불교의 '공'이란 '실유'가 아닌 '허무'라고 규정하여 근원적 존재라 할 수 없다는 주장이다. 물론 글자에 사로잡힌 일방적 비판이요, 불교나 노자에 대한 본질적 이해가 결여된 것이지만, '천주'의 존재를 '실유'로 확인하여 불교의 '공'이나 노자의 '무'와 대립적으로 인식함으로써 비판의 논리를 확보하고 있는 사실을 엿볼 수 있다.

---

12) 같은 곳, "有始之物, 曰先無而後有, 可也. 無始之物, 非所論矣. 無始者, 無始不有, 何時先無焉."
13) 같은 곳, "夫神之有性有才有德, 較吾有形之彙, 益精益高, 其理益寔,…無形者之於無也, 隔霄壤矣."

(2) '영혼'과 사후세계의 문제: '영혼'의 존재는 사후세계로서 '천당·지옥'과 긴밀하게 연결되어 있다. 리치는 '혼'(魂)을 세 등급으로 나누어 하등급으로 초목의 '혼'은 생장하다가 초목이 말라죽으면 '혼'도 소멸되는 것으로 '생혼'(生魂)이라 하고, 중등급으로 동물의 '혼'은 생장하고 또 지각하다가 동물이 죽으면 '혼'도 소멸되는 것으로 '각혼'(覺魂)이라 하고, 상등급으로 인간의 '혼'은 생장하고 지각하며 또 사물의 사정을 추론(推論)하고 이치와 의리를 명변(明辨)할 수 있으며, 인간의 육신이 죽어도 인간의 '혼'은 죽지 않는 것으로 '영혼'(靈魂)이라 한다. 이것이 리치가 제시한 혼삼품설(魂三品說)이다.[14] 인간의 '영혼'은 천주에 의해 창조되었으므로 시작은 있지만 끝마침이 없는(有始無終) 존재이므로 사후세계가 있어야 하고, 천주교에서 제시하는 사후세계가 바로 불교와 같은 용어로 표현된 '천당·지옥'이다. 이렇게 사후에도 소멸되지 않는 인간의 '영혼'은 식물의 '생혼'이나 동물의 '각혼'이 지닌 기능을 그 속에 포함하지만 이를 넘어서며 영원히 존재하는 것으로 인간이 식물이나 동물과 전혀 다른 차원의 존재임을 확인하는 근거로 제시된다.

리치는 '천당·지옥'의 설정에서 천주교와 불교가 같지 않느냐는 유교지식인들의 의문점에 대답하면서 전혀 다르다는 차이를 강조하였다.

---

14) 『天主實義』, 제3편, "彼世界之魂, 有三品, 下品名曰生魂, 卽草木之魂是也, 此魂扶草木以生長, 草木枯萎, 魂亦消滅, 中品名曰覺魂, 則禽獸之魂也, 此能附禽獸長育, 而又使之以耳目視聽, 以口鼻啖嗅, 以肢體覺物情, 但不能推論道理, 至死而魂亦滅焉, 上品名曰靈魂, 卽人魂也, 此兼生魂覺魂, 能扶人長養, 及使人知覺物情, 而又使之能推論事物, 明辨理義, 人身雖死, 而魂非死. 盖永存不滅者焉."
마테오 리치의 魂三品說은 아리스토텔레스(Aristoteles)가 『영혼론』(De Anima)에서 제시한 魂三品說의 이론을 받아들인 토마스 아퀴나스(Thomas Aquinas)의 신학 체계를 따른 것이다.

그는 먼저 불교에서 천주교의 천당지옥설을 전해듣고서 빌려다가 자신의 사사로운 생각과 사특한 도리로 변형시켰다는 주장이다.[15] 나아가 불교의 사후세계에 대한 교리로서 윤회설(輪廻說)도 서양에서 빌려간 것이라 한다. 이러한 견해는 실제의 사실에는 어긋나지만 불교보다 천주교가 더 오래되고 원본이었음을 내세우기 위한 설명이다. 리치의 설명에 따르면 옛날 서양에 피타고라스(Pythagoras)라는 인물이 사람들의 악행을 막기 위해 악행을 저지르면 그 응보로 내세에 가난하고 비천한 집에 태어나거나 동물로 태어나 고통을 받는다는 기이한 이론을 만들어 내었는데, 그가 죽은 뒤 이 말이 국외로 흘러나갔고 인도의 석가모니가 새로 교단을 세우려 할 때 이 윤회설을 이어 받아 '육도'(六道)의 설을 보태어 온갖 거짓말을 책으로 묶어서 '경'(經)이라 하였다는 것이다.[16]

리치는 불교와 천주교의 용어가 동일한 '천당지옥설'에 대한 비판보다 불교의 독특한 사후세계에 대한 이론인 '윤회설'의 비판에 초점을 맞추면서. 여섯가지로 매우 세밀하게 분석하고 있다. ①윤회하여 다른 사람이나 짐승의 몸으로 태어났을 때 그 본성의 영명함(靈)이 남아 있어서 전생을 기억해야되는데, 나 자신도 전생을 기억하지 못하고 전생을 기억한다는 사람도 없다는 문제점과, ②죄 있는 사람이 짐승으로 변했다면 이제 사람의 '혼'을 가진 짐승은 본래부터 짐승의 '혼'을 가진 짐승보다 영명(靈)해야 하는데 그렇지 않고 차이가 없다는 문제점을 지

---

15) 같은 곳, "釋氏借天主天堂地獄之義, 以傳己私意邪道."
16) 『天主實義』, 제5편, "古者吾西域有士, 名曰閉他臥剌,…常痛細民爲惡無忌,…以禁之爲言, 曰: 行不善者, 必來世復生有報, 或産艱難貧賤之家, 或變禽獸之類,…此語忽漏國外, 以及身毒釋氏圖立新門, 承此輪廻, 加之六道, 百端誑言, 輯書謂經."

적한다.[17]

③'혼'(魂)의 차이가 '속성'(性)의 차이를 결정하고, '속성'의 차이가 '부류'(類)의 차이를 결정하고, '부류'의 차이가 '모양'(貌)의 차이를 결정한다는 존재의 생성근원을 제시하고서, 동물과 인간의 모습이 다르다면 그 '부류'와 '속성'과 '혼'이 모두 다르다는 논리에 따라 불교가 짐승과 인간의 '혼'이 다 같이 영명하다고 말하는 것은 이치를 심히 손상시키는 것이라 비판하고, ④자기 '혼'이 남의 몸에 결합되거나 다른 동물의 몸과 결합되지 않음을 도(刀)와 검(劍)의 칼집을 서로 바꾸어 쓸 수 없는 것에 비유하여, 윤회설이 잘못된 것이라 거부한다.[18]

⑤사악한 인간은 사람도리를 따르지 않고 짐승의 정욕만 멋대로 하려고 하는데, 사람의 얼굴을 벗어나 짐승의 추악함에 섞여들게 하면 수치심이나 거리낌이 없이 그 뜻을 이루게 해주니 윤회는 거짓될 뿐만 아니라 악을 막고 선을 권하는데도 무익할 뿐이라 비판하며, ⑥불교에서 살생을 금하는 뜻은 도살된 소나 말이 바로 부모의 후생[後生]이 아닌가 두려워하기 때문인데, 그렇다면 짐승이 후생의 부모일 수 있다면 죽이는 것만 아니라 안장을 지우고 채찍질하는 것도 꼭 같이 해서 안 될 일이라 하고, 농사일을 폐할 수 없다면 가축을 부리지 않을 수 없으니, 살생을 금하는 계율도 의심하지 않을 수 없다는 비판이다.[19]

---

17) 같은 곳, "一日,…假如人魂遷往他身,…必不失其本性之靈, 當能記念前身所爲, 然吾絶無能記焉, 并無聞人有能記之者焉.…二日,…使今之禽獸有人魂, 則今之禽獸魂與古之禽獸魂異, 當必今之靈, 而古之蠢也, 然吾未聞有異也."
18) 같은 곳, "三日,…性異同, 由魂異同焉, 類異同, 由性異同焉. 貌異同, 由類異同焉. 鳥獸之貌, 旣異乎人, 則類性魂, 豈不皆異乎,…佛氏云, 禽獸魂與人魂同靈, 傷理甚矣.…四日,…鳥能以自己之魂而合乎他人之身哉, 又況乎異類之身哉, 亦猶刀只合乎刀之鞘, 劍只合乎劍之鞘. 安能以刀合劍鞘耶."

또한 사람의 '혼'이 짐승으로 태어날 수 있다고 믿게 되면 가축의 용도가 폐지될 것이고, 다른 사람의 몸으로 태어날 수 있다고 믿게 되면 혼인의 의례나 하인을 부리는 일도 행하기 어렵게 된다는 문제점을 지적하여 윤회설이 성립할 수 없음을 강조한다.[20] 그는 불교의 천당지옥설과 윤회설이 천주교의 천당지옥설과 차이를 강조하는 일종의 결론적 주장으로, "저들(불교)이 말하는 윤회·왕생은 이익(利)을 말하는데 그치지만, 우리(천주교)가 말하는 천당·지옥은 이로움과 해로움을 밝게 드러내어 이로움으로써 사람을 의로움(義)으로 이끄는 것이다"[21]라고 하였다. 곧 불교는 이해관계로 사람을 유인하려하지만, 논리적 진실성 뿐만 아니라 도덕적 정당성도 결여되어 있다는 것이다.

(3) 신앙행위의 문제: 리치는 정도(正道)와 이단(異端)이란 한 나라에 두 임금이 있을 수 없듯이 서로 용납될 수 없음을 전제하여, 천주교가 불교나 도교를 포용할 수 없음을 강조한다. 그는 『법화경』(法華經: 妙法蓮花經)에서 "이 경(經)을 암송하는 자는 천당에 이르러 복을 받을 것이다"라 하고, 또 불교에서 "'나무아미타불'을 소리내어 무수히 외우면, 전에 지은 죄를 면하고 죽은 뒤에 평안하고 복되며 재앙이 없어진다"

---

19) 같은 곳, "五日,…大抵不理人道, 而肆其獸情.…今淂脫其人面, 而雜於獸醜, 無恥無忌, 甚得志也. 故輪廻之謊言蕩詞, 於沮惡勸善無益, 而反有損也. 六日: 彼言戒殺生者, 恐我所屠牛馬, 卽是父母後身, 不忍殺之耳.…弑其親, 與恒加之以鞍而鞭辱之於市朝, 又等也. 然農事不可廢, 畜用不可免. 則何疑于戒殺之說."
20) 같은 곳, "謂人魂能化禽獸, 信其說, 則畜用廢, 謂人魂能化他人身, 信其說, 將使夫婚姻之禮與夫使令之役, 皆有窒碍難行者焉."
21) 『天主實義』, 제6편, "彼言輪廻往生止于言利, 吾言天堂地獄, 利害明揭, 利以引人于義."

고 말 한 것을 인용하면서, "어찌 덕에도 무익하고 도리어 세속을 이끌어서 악을 저지르게 하지 않겠는가?…어디로부터 공을 세우고 행실을 닦을 수 있겠는가"[22]라고 하여, 불교의 송경(誦經)이나 염불(念佛)에 대해 도덕적 실천을 이끌어가는데 아무 도움이 되지 않을 뿐만 아니라, 사람들에게 악을 조장하는 결과가 될 것이라 비판하였다.

또한 불상 아래서 분향하고 기도하면 혹 감응이 있다는 지적에 대해, "'사신'(邪神)과 '마귀'가 저들의 상(像) 속에 몰래 붙어서 미혹시키고 속여 유혹함으로써, 그 어리석음을 증가시킨다. 사람이 이미 '사신'을 받들었다면 죽어서는 영혼이 지옥에 떨어지고 마침내 마귀의 부림을 당하게 된다"[23]고 하여, 불상에 기도하여 얻게 되는 감응은 마귀의 유혹이라 규정하고, 불상을 숭배하면 죽은 뒤에 지옥에 떨어져 마귀의 지배를 받게 될 것이라 극심한 배척태도를 보이고 있다.

나아가 리치는 당시 중국에는 어디서 나왔는지 알 수 없는데 몸은 하나고 머리는 셋인 요괴를 숭상하는 '삼함교'(三函敎)라는 교파가 있다고 소개하였다.[24] 이에 대해 그는 ① '삼교'(三敎: 儒·佛·道)는 동시에 정당할 수 없으며 불교와 도교는 각각 병통이 있으므로 포괄하여 하나로 하고자 하면 나쁜 오류를 면치 못할 것이라 지적하고, ② '삼함교'를 받들게 되면 마음을 세 갈래로 갈라놓아 믿는 마음이 더욱 경박하게 될 것이라 하며, ③ 세 종파는 각각 서로 다른 뜻이 있는데, 이천년 후에 그 세 교조의 마음을 억측하여 억지로 같다고 하면 속이는 일이라

---

22) 『天主實義』, 제7편, "豈不亦無益於德, 而反導世俗以爲惡乎,…從何處立功修行哉."
23) 같은 곳, "邪神魔鬼, 潛附彼像之中, 得以侵迷詿誘, 以增其愚, 夫人旣奉邪神, 至其已死, 靈魂墜於地獄, 卒爲魔鬼所役使."
24) 같은 곳, "近世不知從何出, 一妖怪, 一身三首, 名曰, 三函敎."

하고, ④ '삼교'의 계율이 서로 달라 하나는 살생을 금하고 하나는 희생(犧牲)을 써서 제사를 지내는데, 세 종교를 포함시킨 자는 이쪽을 지키려면 저쪽에 위배되니, 가르침을 어지럽히는 극치가 될 것이라 하였다.[25] 이처럼 그는 당시 중국지식인들의 의식 속에 자리잡고 있는 '삼교융화론' 내지 '삼교합일론'의 사유를 '삼함교'라는 이름으로 표출시켜 그 모순을 조목별로 제시하여 비판하였다.

여기서 그는 "진리는 오직 하나일 뿐이다. 도리가 그 진리와 일치하면, 그래서 번영하여 살아나겠지만, 그 하나를 얻지 못하면, 뿌리가 깊이 침투하지 못하고, 뿌리가 깊지 못하면 도리가 안정되지 못하고, 도리가 안정되지 못하면 믿음이 독실하지 못하다"[26]고 하여, 그

스스로 천주교와 유교의 조화를 추구하는 보유론(補儒論)의 적응주의적 입장을 지키면서도 유교 이외의 불교나 도교에 대해서는 포용론의 사유를 거부하고 진리의 유일성을 내세워 철저한 비판적 입장의 배타적 독단성을 드러내고 있었던 것이다.

---

25) 같은 곳, "吾前明釋二氏之敎, 俱各有病, 若欲包含爲一, 不免惡謬矣,…若奉三函之敎, 豈不俾心分于三路, 信心彌薄乎,…夫三宗自己意不相同, 而二千年之後, 測度彼三心意, 强爲之同, 不亦誣歟,…若一戒殺生, 一令用牲祭祀, 則函三者, 欲守此, 固違彼, 守而違, 違而守, 詎不亂敎之極哉."
26) 같은 곳, "夫眞維一耳, 道契於其眞, 故能榮生, 不得其一, 則根透不深, 根不深, 則道不定, 道不定, 則信不篤."

4. 주굉(袾宏)의 천주교비판에 대한 천주교의 재비판

마테오 리치의 『천주실의』가 나온 뒤에 천주교의 불교비판에 대한 불교 쪽의 반응으로 가장 먼저 우순희(虞淳熙)가 리치에게 편지(「虞德園銓部與利西泰先生書」)를 보내, 리치의 불교비판이 지닌 문제점으로 불교에 대한 이해가 너무 부족하고 불교비판이 그렇게 단순한 문제가 아니라는 점을 지적하며, 불교와 천주교가 융화할 수 있는 가능성을 제시하였다. 이에 대해 리치가 우순희에게 답장(「利先生復虞銓部書」)을 보내 대답하였다. 이 답장에서 리치는 자신이 유교를 옳다하고 불교를 그르다하는 것은 유교에 아첨하려는 것이 아니라, "요·순·주공·공자가 수신(修身)하여 상제를 섬기는 것으로 가르침을 삼은 것이 옳다는 것이요, 불교가 상제에 맞서서 깔보고 그 위에 보태려고 하는 것이 그르다는 것이다"[27]라고 하여, 불교비판의 입장을 재확인함으로써 천주교와 불교가 서로 화합할 수 없음을 분명하게 밝히고 있다. 주굉(蓮池 袾宏)선사는 우순희에게 보낸 답장(「雲棲遺稿答虞德園銓部」)에서 리치가 우순희에게 보낸 답장은 『천주실의』나 『기인십편』(畸人十篇)의 난삽한 문장과는 달리 조리가 통달하고 명쾌한 점으로 보아 경성(京城: 北京)의 사대부가 지은 것이 분명하다고 지적하기도 하였다.[28]

주굉은 1615년 마테오 리치의 불교비판에 대응하여 「천설」(天說) 4

---

27) 『辯學遺牘』(『天學初函』 제2책), "堯舜周孔, 皆以修身事上帝爲敎, 則是之, 佛氏抗誣上帝, 而欲加諸其上, 則非之."

28) 『辯學遺牘』(明末淸初耶蘇會思想文獻匯編, 제4책), '附雲棲遺稿答虞德園銓部', "利瑪竇回柬, 灼然是京城一士大夫作, 向實義畸人二書, 其語雷堆艱澁, 今柬條達明利, 推敲藻繪, 與前不類."

편을 지었는데 1610년에 죽은 리치가 주굉의 「천설」을 보고 답변하는 글인 「리선생복연지대화상<죽창천설>사단」(利先生復蓮池大和尙竹窓天說四端)이 『변학유독』(辨學遺牘)29)에 실려 있다. 그렇다면 「리선생복연지대화상<죽창천설>사단」은 리치가 지은 것이 아니라, 다른 사람이 이미 죽은 리치의 이름으로 지은 것이 분명하다.30) 주굉의 「천설」은 리치의 『천주실의』에서 제시된 천주교의 불교비판에 맞서 불교 쪽의 천주교에 대한 비판적 반박이고, 「리선생복연지대화상<죽창천설>사단」(이하 '「복-천설」'로 줄임)은 주굉의 「천설」에서 제시된 불교의 천주교비판에 대한 재반박으로, 명나라 말기 불교-천주교 사이에 본격적 교리 논쟁의 선구가 되고 있다는 점에서 중요한 의미가 있다. 여기서 불교-천주교 논쟁의 쟁점도 『천주실의』에서 제기된 쟁점과 동일한 '천주'의 존재 문제, 사후세계로서 '윤회'의 문제, 및 신앙행위의 문제라는 세가지 주제로 확인할 수 있을 것이다. 다만 주굉은 사후세계로서 '윤회'의 문제를 주로 신앙행위와 연관된 문제로서 해명하는데 주의를 기울이고 있음을 엿볼 수 있다.

---

29) 『天學初函』(제2책)에 수록된 『辯學遺牘』에는 「虞德園銓部與利西泰先生書」와 「利先生復虞銓部書」 및 「利先生復蓮池大和尙竹窓天說四端」의 3편만 실려 있으나, 1919년 간행된 重刊本 『辯學遺牘』에는 그 외에도 책머리에 陳垣의 「重刊序」(1919)와 相伯馬良의 「重刊跋」(1919)가 추가되어 있고, 책끝에 涼菴의 「原跋」과 彌格子(楊廷筠)의 「原跋」, 및 斂之英華의 「後期」 2편이 추가되어 있다. 이 가운데 彌格子(楊廷筠)의 跋文은 『天學初函』所收本에는 들어 있지 않았는데, 崇禎(1628-1644)때 福建에서 간행된 閩刻本에 새로 수록된 것이라 한다.(陳垣, 「重刊辯學遺牘序」 참조)

30) 『辯學遺牘』에 수록된 「利先生復蓮池大和尙竹窓天說四端」은 마테오 리치의 저작이 아님은 일찍부터 확인되었는데, 方豪·陳垣의 고증에서 徐光啓의 저작이라 보았다고 한다. 夏瑰琦, 「聖朝破邪集校注本序」(『聖朝破邪集』, 20쪽) 참조.

⑴ 천주의 존재에 관한 쟁점: 주굉은 「천설」⑴의 첫머리에서 천주교를 비판하라는 요청을 받고, "교인(敎人: 천주교인)이 하늘을 공경하는 것은 좋은 일인데, 어찌 변론하겠는가"31)라고 먼저 사양의 말을 하였다. 「복-천설」에서는 바로 이 첫머리의 겸사(謙辭)에 대한 반박부터 시작한다. 곧 "교인이 하늘을 공경한다는 것은 교인이 '천주'를 '주'(主)로 삼아 공경하는 것이다"32)라고 하여, 천주교에서 공경의 대상으로 삼는 '하늘'(天)은 중국에서 일반적으로 말하는 '하늘'과 달리 '천주'요, 바로 이 점에서 '하늘'은 자연적 존재나 원리적 존재로 이해될 수 있지만, '천주'는 천지만물과 인간을 낳아주고 길러주며, 인간을 구원해주고, 상·벌과 화·복을 내리는 주재자로서 인격신적 존재임을 확인하고 있는 것이다.

「천설」⑴에서 주굉은 '천주'의 존재를 불교의 세계관 속에서 설명하여 하나의 '4천하와 33천'에서 '주'가 되는 도리천왕(忉利天王)이라 규정하고33), '4천하와 33천'이 천개면 '소천세계'(小千世界)니 천주가 천이나 되고, '소천세계'가 천개면 '중천세계'(中千世界)니 천주가 백만이나 되고, '중천세계'가 천개면 '대천세계'(大千世界)니 천주가 만억(萬億: 10억)이나 된다는 계산이다. 또한 '대천세계'가 3천개나 되는 '삼천대천세계'(三千大千世界)를 거느리는 이가 '대범천왕'(大梵天王)이라 하고, "저들

---

31) 袾宏, 「天說一」, "予以爲敎人敬天, 善事也, 奚辯焉." 袾宏의 「天說」은 夏瑰琦 編, 『聖朝破邪集』 권7에 수록되어 있고, 『辯學遺牘』의 「利先生復蓮池大和尙竹窓天說四端」에서도 단락별로 인용되어 있다.
32) 「利先生復蓮池大和尙竹窓天說四端」(『辯學遺牘』 所收, 이하 '「復-天說」'로 줄임), "敎人敬天者, 是敎人敬天主以爲主也."
33) 袾宏, 「天說一」, "彼所稱天主者, 忉利天王也, 一四天下, 三十三天之主也."

이 가장 존귀하여 위가 없는 '천주'라고 일컫는 것을 '범천'(梵天)이 본다는 것은 주(周)나라 천자가 1,800제후를 보는 것과 대략 비슷하다. 저들이 아는 바는 만억 '천주' 가운데 하나일 뿐이다"34)라 하였다. 여기서 불교의 세계관은 그 규모가 여기서 그치는 것이 아니다. 욕계(欲界)·색계(色界)·무색계(無色界)의 알 수도 없는 무한한 세계가 있는데, 여기서 보면 '천주'란 불교의 무량한 세계 속에서 한낱 '4천하 33천'을 지배하는 미미한 존재일 뿐이라 하여 상대화시키고 있다.

「복-천설」에서는 '주'란 유일하며 둘이 있을 수 없다는 입장에 따라, "나는 '천주'를 '주'로 삼고, 너는 '부처'를 '주'로 삼는데, 이치에는 두 '주'가 없으니, 둘이 옳을 수 없다면 그릇된 쪽은 반드시 심하고 깊은 지옥의 고통을 받을 것이다"35)라고 반격하였다. 서로 물과 기름처럼 양립할 수 없는 극단적 적대감을 드러내고 있는 것이다. 이어서 '4천하'는 서양지리학에 따라 5대륙이 확인되기 이전의 '4대륙'을 가리키고, '33천'은 서양천문학에 따라 칠정(七政: 日·月과 金·木·水·火·土 5星)이 다섯 겹(五重)으로 이루어진 천체 세계의 숫자와 비슷함을 들어 서양에서 끌어온 것으로 규정한다. 또한 '삼천대천'은 인도의 불경에 없는 것으로 중국에 들어온 뒤에 추연(鄒衍)을 조술한 것이라 하여, 조작된 것이라 공격하였다.36) 나아가 "부처란 천주가 낳아준 인간이니, 천주는 (부처를) 개미와 꼭 같이 보는데, 이제 도리어 (부처를) 높여놓으니, 높

---

34) 같은 곳, "統此三千大千世界者, 大梵天王是也, 彼所稱最尊無上之天主, 梵天視之, 略似周天子視千八百諸侯也, 彼所知者, 万亿天主中之一耳."
35) 「復-天說」, "我以天主爲主, 汝以佛爲主, 理無二主, 卽無二是, 無二是, 則非者必受甚深地獄之苦."
36) 같은 곳, "四天下·三十三天, 不出于西國, 謂三千大天, 不出于鄒衍, 可乎."

고 낮음을 바꾸어놓고 크고 작음을 뒤집어놓았다"37)하고, 또 "이제 미치고 꿈에 취해 망녕되게 '천상천하, 유아독존'이라 말하여 모든 나라에서 수천년이래 제왕과 성현이 부지런히 섬겨온 '상제'를 아래로 내려놓아 사물과 동등하게 했다"38)고 격렬하게 비난하였다. 이러한 논쟁태도는 각각의 자기중심적 입장에 사로잡혀 상대방에 대한 이해의 여지를 두지 않고 원색적 비난을 하는 차원을 보여주고 있는 것이다.

「천설」(1)에서 "'천주'란 형체도 없고 색깔도 없고 소리도 없다고 말하니, 이른바 '천'이란 이치일 따름이다. 어떻게 신하와 백성을 통솔하며 정령(政令)을 실시하며 상벌을 시행하겠는가?"39)라고 반문하여, '천주'의 존재를 아무 작용이 없는 '리'(理)로 규정하였다. 이에대해 「복−천설」에서는 '천주'는 형체와 색깔과 소리가 없어도 '신'(神)이므로 온갖 형체와 색깔과 소리의 '주'가 된다고 하여, 사물을 기다려서 존재하게 되는 '리'가 아님을 강조하였다.40) 리치는 『천주실의』에서 이미 '천주'의 존재를 '리'와 엄격히 분별하여 '신'으로서 제시하였지만, 성리학적 사유에서 보면 형체와 색깔과 소리가 없는 존재는 '리'로 이해되는 것이 당연하다. 그렇다면 주굉은 성리학적 사유에 친밀하게 연결되어 있다면, 리치를 비롯한 천주교의 입장은 성리학적 사유를 거부하는 입장으로 기본적 전제에서 차이를 드러내고 있는 것이다.

---

37) 같은 곳, "佛者, 天主所生之人, 天主視之與蟻正等, 今反尊之, 令尊卑易位, 大小倒置."
38) 같은 곳, "今者, 披猖醉夢, 妄言天上天下唯我獨尊, 擧萬國數千年以來, 帝王聖賢, 昭事之上帝, 降而下之, 儕於品庶."
39) 「天說一」, "言天主者, 無形無色無聲, 則所謂天者, 理而已矣, 何以御臣民, 施政令, 行賞罰乎."
40) 「復−天說」, "謂天主無形無色無聲者, 神也,…能爲萬形萬色萬聲之主."

「천설」(3)에서는 유교경전에서 하늘을 공경하고(敬天)과 하늘을 두려워하고(畏天) 하늘을 섬기는(事天) 신앙에 관한 유교경전의 여러 구절을 인용하면서, '천'(天)에 관한 이론은 유교경전의 설명으로 충분한데 천주교의 새로운 이론(新說)을 기다릴 필요가 없음을 강조하였다.41) 이에 대해 「복-천설」에서는 "과연 새로운 이론에 관계되어 유교서적에 없는 것이라 해도, 발명해주고 보완해준다면 그 부족한 것을 채워주는 것이 아닌줄 어찌 아는가?"42)라고 하여, 유교의 '사천'(事天)이론에 보완역할을 한다면 천주교의 새로운 이론이 유교의 부족함을 보완해주는 역할을 할 수 있는 것이라 주장한다. 이 점은 천주교의 '보유론'(補儒論)이 유교의 '사천'이론에 충돌하는 것이 아니라 보완하는 것임을 밝히면서, 유교의 '사천'이론에도 부족함이 있을 수 있음을 주장하는 것이다.

(2) 윤회설에 따른 쟁점: 먼저 '영혼'과 '윤회'의 문제에 관해, 주굉은 천주교에서 "사람이 죽은 뒤에 그 영혼은 항상 존재하며, 윤회가 없다"(人死其魂常在, 無輪廻)고 말하는데 대해, 이미 '혼'이 항상 존재한다면 옛 성현이 어찌 폭군을 훈계하거나 간신을 징벌하지 않았는지 문제점을 제시하였다.43) 영혼불멸설은 불교와 천주교가 공유하지만, 천주교에서는 사후의 영혼은 그 개체가 지속되는 것이라 보는 반면에, 불교

---

41) 「天說三」, "天之說, 何所不足而俟彼之創爲新說也."
42) 「復-天說」, "果系新說, 位儒書所未有者, 便可發明補益, 又安知非足其所不足者乎."
43) 「天說二」, "旣魂常在, 禹・湯・文・武何不一誠訓于桀・紂・幽・厲乎, 先秦兩漢唐宋諸君, 何不一致罰于斯(李斯)・高(趙高)・莽(王莽)・操(曹操)・李(李順)・楊(楊么)・秦(秦檜)・蔡(蔡京)之流乎."

에서는 그 개체가 윤회에 따라 다른 개체로 옮겨간다는 차이점을 드러내는 것이다. 주굉은 윤회의 증거로서 송대 도학자인 정명도(程明道)·정이천(程頤川)등 유교문헌에서도 전생을 기억하는 언급을 찾을 수 있다고 한다. 이에 대해 「복-천설」에서는 불교나 소설의 글에 나오는 윤회(轉生)의 이야기란 기록한 사람이 전해주는 것일 뿐이요 믿을 수 없다는 입장을 밝히고서, "만일 과연 (윤회전생이) 있다면 이것은 마귀가 깃들어서 사람을 속여 홀려, 그 무리를 따르게 하는 것이다"44)라 하여, 마귀의 속임수라고 정면으로 거부하였다.

⑶ 신앙행위와 관련된 쟁점: 주굉은 윤회설에 따라 발생하는 신앙행위로서 살생을 금하는 계율과 혼인의 문제에 특히 주의를 기울이고 있다. 먼저 「천설」(2)에서 『범망경』(梵網經)의 "일체의 생명있는 것은 모두 숙생(宿生: 前生)의 부모이니, 죽여서 먹는 것은 곧 나의 부모를 죽이는 것이다"(一切有生, 皆宿生父母, 殺而食之, 卽殺吾父母)라 하고, 따라서 혼인하거나 비복(婢僕)을 두거나 말을 타는 것이 전생의 부모를 아내로 삼거나 노역을 시키거나 타고다니게 되는 것이라 언급한 구절을 인용하였다. 여기서 주굉은 『범망경』이 살생을 깊이 경계하여 말한 것이라 해명하면서, 『범망경』의 언급을 좀더 완화시켜 해석하여, "혹시 자기 부모일까 두려워하는 것이지 결코 반드시 자기 부모라는 것은 아니다"45)라고 하고, 말에 사로잡혀 뜻을 해치지 말도록 요구하였다.

이에 대해 「복-천설」에서는 『천주실의』 제5편에서 윤회를 6조목으

---

44) 「復-天說」, "萬一果有之, 則是魔鬼憑依以誑惑人, 使從其類."
45) 「天說二」, "蓋恐其或己父母, 非決其必己父母也."

로 비판한데 대한 「천설」에서는 앞의 5조목에 대한 반박의 언급이 없다하여 일방적으로 승복한 것이라 보았다. 그리고나서 다만 여섯번째 조목에 대해 「천설」에서 일체중생이 모두 숙생의 부모일지 모르니 살생을 금한다고 주장으로 대답한 것이라 파악하였다. 따라서 「복-천설」에서는 "혹시 그런지(전생의 부모인지) 두려우면 죽여서는 안되고, 확실히 그렇다고(전생의 부모라고) 말할 수 없으면 혼인하거나 노역을 시키거나 타고다닐 수 있다고 하면 이치에 타당한가?"[46]라고 반박하였다. 곧 윤회설에 따라 모든 존재가 전생의 부모일 가능성이 있다고 전제하면서, 전생의 부모가 아닌지 의심스럽다고 살생을 금하면서, 확실히 전생의 부모라 할 수 없다고 혼인하고 종으로 부리거나 말을 타는 것은 허용한다면 자의적 적용이지 논리적 일관성이 없는 것이 아니냐는 비판이다. 이처럼 윤회설에 따라 살생을 금하는 계율과 혼인의 문제와 비복이나 가축을 부리는 문제가 신앙생활의 과제로서 파생되어 나오는 것임을 보여준다.

그러나 이 점에서 주굉은 「천설」(2)에서 이미 "남녀의 혼인에서 마차를 타고 비복을 부리는 일에 이르기까지 인간세상의 일상적 법도이니, 살생의 잔인한 해독과 비교될 수 없다. 그러므로 불경에서는 '일체의 생명있는 것은 죽여서 안된다'고 말했을 뿐이지, '일체의 생명있는 것은 혼인하거나 부려서는 안된다'고 말한 적이 없다"[47]고 하여, 살생과 혼인·비복·거마가 다른 차원이므로 살생은 금하지만 혼인 등은

---

46) 「復-天說」, "夫恐其或然, 則不宜殺之, 不謂其決然, 則可得而婚娶之, 役使之, 騎乘之, 于理安乎."
47) 「天說二」, "夫男女之嫁娶, 以至車馬僮僕, 皆人世之常法, 非殺生之慘毒比也, 故經止云, 一切有命者不得殺, 未嘗云, 一切有命者不得嫁娶, 不得使令."

금하지 않는 것이 모순된 것이 아니라는 점을 해명해 놓았던 것으로 보인다. 따라서 「복-천설」은 혼인 등의 문제가 아니라, 살생을 금하는 문제를 비판의 초점으로 삼고 있다.

혼인의 문제와 관련하여 「천설」(2)에서는 유교의 예법으로 같은 성(姓)끼리 혼인을 금하는데(同姓禁婚) 첩을 들일 때 그 성(姓)을 알 수 없으면 점을 쳐서(卜) 의심스러운 점을 결단하는 것이, 윤회설에 따라 전생의 부모가 아님을 판단하는 것에 해당한다고 보았다.48) 이에 대해 「복-천설」에서는 "복서(卜筮)와 음양(陰陽)의 이론은 인간 세상에 크게 해로운 것으로 신용함이 불가한데, 하물며 전생의 일을 점치는데 쓴다고 하는가? 해독 가운데 또 해독이 있는 것이다"49)라고 하여, 복서와 윤회의 이론을 동시에 부정하는 입장을 밝히고 있다.

주굉은 전생의 부모인지 의심스러우면 혼인 때는 점을 치는데 더 중대한 죄악이 되는 살생 때는 점을 치지 않는가라는 의문점을 스스로 설정하고, 이에 대해 "의심스러우면 점을 치지만, 살생은 천하 고금의 큰 죄악이므로 단연코 하지 말아야 하지 어찌 의심스럽다고 점치기를 기다리겠는가"50)라고 대답하였다. 그러나 「복-천설」에서는 "살생과 불살생이 공이나 죄가 되는 것이 아니라, 붙은 조건이 있어서 공이나 죄가 된다"51)고 하여, 마귀를 섬기거나 음욕을 행하거나 악행에 결합된 살생은 죄가 되지만, 천주를 섬기거나 인간을 양육하기 위한 살생

---

48) 「天說二」, "彼將曰, 卜而非同姓也, 則婚之固無害, 此亦曰, 娶妻不知其爲父母·爲非父母, 則卜之, 卜而非己父母也, 則娶之亦無害矣."
49) 「復-天說」, "夫卜筮陰陽之說, 人世之大害, 不可信用也, 矧曰用以卜前世事乎, 害之中復有害焉."
50) 「天說餘」, "疑而卜之, 殺生, 天下古今之大過大惡也, 斷不可爲, 何疑而待卜也."
51) 「復-天說」, "殺生不殺生, 不可爲功與罪, 有所附則爲功與罪."

은 공이 된다는 것이다. 천주교의 입장에서는 살인을 금하는 계율은 있지만 짐승을 살생하는 것은 계율이 되지 않음을 강조하며, 살생을 하지 않으면 인간을 해치는 짐승을 제거할 수도 없고 인간이 살아가기 위해 고기와 가죽을 쓸 수도 없다는 점을 제시한다. 곧 "조물주는 인간을 위해 만물을 생겨나게 했고, 인간이 만물을 주재하도록 명령하고, 인간이 만물을 이용하도록 명령하였다"[52]고 하여, 인간에게 만물을 부리고 고기와 가죽을 이용할 권리가 천주로부터 부여되었다는 입장을 강조하고 있다.

주굉의 「천설」과 천주교 쪽의 「복-천설」 사이에 벌어진 논쟁은 서로에 대한 이해의 통로가 없이 각각의 입장을 선언하는 것이다. 「천설」이 『천주실의』에서 제기된 불교비판의 쟁점에 대해 불교쪽 입장을 밝히는 것이라면, 특히 「복-천설」은 불교에 대해 격렬한 적대적 대립의식을 강하게 표현하고 있음을 보여준다. 문제는 서로에 대한 관심과 이해가 결여되어 있기 때문에 일방적 주장에 그쳤을 뿐이다. 다만 여기서 논쟁의 당사자가 아닌 유교에 대해서는 불교나 천주교에서 각각 자신의 주장을 뒷받침하기 위해 유교경전이나 문헌들을 끌어들인다는 점에서 공통점을 보여주는 사실을 확인할 수 있다.

---

52) 같은 곳, "造物之主, 本爲人而生萬物也, 嘗命人主萬物矣, 嘗命人用萬物矣."

5. 지욱(智旭)선사의 유교적 입장에서 천주교비판

『벽사집』(1643)에 수록된 「천학초징」(天學初徵)과 「천학재징」(天學再徵) 두 편은 지욱(藕益 智旭)선사가 천주교의 불교비판에 대응하여 천주교를 비판한 글이지만, 종시성(鍾始聲)이라는 자신의 속명을 하용해 유학자로서 천주교를 비판하고 있다는 독특한 입장을 보여준다. 그는 자신의 또 다른 속명인 제명(際明)을 선사로 설정하여, 제명선사와 두 차례 왕복서신을 주고받는 형식으로 불교와 유교가 천주교를 비판하는 데 공동의 입장에 서 있음을 보여주었는데, 여기서 그는 불교와 유교의 관계를 "유교와 불교는 같으면서도 다르고, 다르면서도 같다. 오직 지혜로운 사람이라야 이 점을 깊이 궁구할 수 있으니, 사설(邪說)로 뒤섞어놓을 수 없는 것이요, 오직 진실한 유학자(眞儒)라야 바야흐로 불교를 알 수 있고, 또한 오직 학식있는 불자(學佛)라야 유교를 알 수 있다"[53]고 하여, 유교와 불교가 근원적으로 상통하고 조화를 이룰 수 있는 관계임을 전제로 제시하였다. 또한 지욱은 자신이 천주교를 비판하는 방법으로 "문득 천주교의 사특한 이론을 듣고서 저들의 창을 빌어서 저들의 방패를 공격했다"[54]고 하여, 천주교의 이론에 근거하여 그 논리적 모순을 드러내는 것임을 강조하였다. 그것은 불교의 일방적 주장이 아니라, 천주교의 주장에 밀착하여 비판하는 것임을 보여준다.

지욱은 「천학초징」에서 천주교 교리서로서 『성상략설』(聖像略說: 未

---

53) 『闢邪集』, '際明禪師復柬', "儒釋二家, 同而復異, 異而復同, 惟智人能深究之, 非邪說可混淆也, 惟眞儒方能知佛, 亦惟學佛始能知儒."

54) 『闢邪集』, '鍾振之居士寄初徵與際明禪師柬', "忽聞天主邪說, 借彼矛, 攻彼盾."

詳)을 읽고난 뒤에 천주교에 대해 “밝은 데서는 불교를 배척하면서 어
두운 데서는 그 찌꺼기를 훔치고, 거짓으로 유교를 높이면서 실지로는
그 도맥(道脈: 道統)을 어지럽히니, 저들의 이론에 나아가서 공격하고자
한다”55)고 자신의 천주교 비판이유를 밝히고, 천주교 교리가 논리적으
로 모순되어 뜻이 통하지 않는 점 곧 ‘불통’(不通)의 점을 22조목으로
제시하였다. 이어서 그는 「천학초징」에서 천주교교리의 ‘불통’한 점을
지적한 사실에 대해 성찰하면서, 객(客)의 이름으로 천주교교리가 ‘불
통’한 것이 아니라 그 자신이 이해가 부족하여 ‘불통’한 것이 아니냐 라
는 지적을 제시하고, 다시 『서래의』(西來意: 未詳)·『삼산논학기』(三山論
學記: 艾儒略 著)·『성교약언』(聖教約言: 未詳) 등 천주교교리서로 세가지
를 정밀하게 읽고나서 「천학재징」 28조목을 지었다고 한다.56) 그의 천
주교비판은 천주의 존재문제에 집중하고 있는 점이 또 하나의 특징
이다.

　(1) 천주의 존재문제: 천주교교리에서는 ‘천주’의 개념으로 유일(唯一)
하며, 무형(無形)하고, 무시무종(無始無終)하며, 편재(遍在)하고, 신과 만물
과 인간의 창조주요 주재자라는 다양한 양상으로 제시하고 있는데, 지
욱은 이를 세밀하게 검토하여 비판하고 있다.

---

55) 「天學初徵」(『闢邪集』 所收), “陽排佛而陰竊其秕糠, 僞尊儒而實亂其道脉, 請卽以彼
　　說攻之.”
56) 「天學再徵」(『闢邪集』 所收), “客閱而笑曰, 甚矣, 子之鹵莽也, 乍聞天說, 曾未深究,
　　遽謂不通而徵之, 子且再閱西來意·三山論學記·及聖教約言, 則不通者, 乃在子而
　　不在彼, 鍾子取而細讀之, 復爲之徵如左.”

① 유일성: 먼저 '천주'의 존재가 유일함을 주장하면서 몸에 머리가 하나뿐이고, 가정에 가장이 하나 뿐이고 나라에 임금이 하나 뿐이고, 하늘에 주인이 하나 뿐이라는 비유에 대해, "한 몸은 비록 머리가 하나 뿐이지만, 머리는 반드시 사지(四肢)·백해(百骸; 한 몸의 모든 뼈)와 더불어 갖추어 생겨나니, 머리가 사지·백해를 생겨나게 하는 것은 아니다.…한 하늘에 비록 주재자는 하나뿐이지만, 주재자 역시 반드시 신·귀·인·물과 더불어 함께 생겨나니, 주재자가 신(神)·귀(鬼)·인(人)·물(物)을 생겨나게 하는 것은 아니다"[57]라고 하여, 비유의 허점을 짚어서 천주가 '주'(主) 곧 주재자라고 하여 천지만물의 창조자가 될 수는 없다고 비판하였다.

지욱은 불교에서 모든 일을 '일심'(一心)에 의지하는 것과 천주교에서 모든 일을 하나의 '천주'에 의지하는 것이 근원적 유일성을 가리키는 점에서 상응하는 것이라 보면서, "만약에 (자기의) 몸과 마음에서 나오는 것을 따라야 한다면, 권세는 '천주'에만 홀로 있는 것이 아님은 분명하다"[58]고 하여, 인간의 마음이 판단과 행위의 주체가 된다면 '천주'만이 유일한 주재자가 될 수 없다고 지적하였다. 또한 "(천주교에서) 단지 유일하고 참된 조물주가 있어서 지극히 크고 지극히 존귀하여 사람들이 받들어 섬기고 절하여 제사드리기를 요구한다면,…곧 불교에서 일컫는 '유아독존'과 무엇이 다른가? 그늘에 숨어서는 그 이론을 본뜨고 밝은 데 나와서는 배척하고 있다"[59]고 하여, 천주교와 불교의 유사

---

57) 「天學再徵」, "一身雖惟一首, 首必與四肢百骸俱生, 非首生四肢百骸也,…則一天雖惟一主, 主亦必與神鬼人物并生, 謂主生神鬼人物可乎."
58) 「天學初徵」, "若仍要從身心做出, 則權不獨在天主明矣."
59) 같은 곳, "只有一造物眞主, 至大至尊, 要人奉事拜祭,…則與佛氏所稱唯吾獨尊何異,

성을 지적하여 천주교에서 불교를 배척하는 것이 근거가 없음을 밝히고 있는 것이다.

② 편재성(遍在性): ‘천주’는 모든 존재를 넘어서는 지극히 높은 존재이면서 시작도 끝도 없고 어느 곳에나 두루 존재하여 무엇이나 가득 채우지 않는 것이 없다고 주장하는데 대해, “만약에 높이 천당에 계신다고 한다면 지극히 존귀하여 위가 없지만, 가득 채운다는 뜻은 성립하지 않을 것이고, 만약에 일체의 모든 곳에 두루 있다고 하면 지극히 존귀한 본체가 수립될 수 없다”[60]고 하여, 지고성(至高性)과 편재성은 서로 모순되는 관계라 하여 동시에 성립할 수 없음을 들어 비판하였다. 또한 천주교에서는 ‘천주’가 사물을 창조하는 조물주이므로 사물의 바깥에 있다고 주장하는데 대해, 지욱은 “그렇다면 ‘천주’는 모서리가 있고 갈라놓음이 있으니 원래 일체에 두루 있는 것이 아니다”[61]라고 하여, 사물의 위에 존재한다면 사물에 편재할 수 없음을 거듭 확인하고 있다.

③ 창조주·주재자: ‘천주’는 천지·만물을 조화·생성(化生)하니 지극히 공정한 아비(大公之父)요, 때맞게 주재하고 길러주니 더 위가 없는 공통의 임금(無上共君)이라 한데 대해, 지욱은 세간의 법에는 전능함이 결코 있을 수 없다고 강조한다. 곧 천지는 덮어주고 실어주며, 일월은 밝게 비춰주고, 부모는 길러주고, 스승은 가르쳐주며, 임금은 상벌을 내리는 등 각각의 역할이 있는데, “만약 천주가 과연 전능함이 있다면,

---

陰仿其說而陽排之.”

60) 「天學再徵」, “若謂高居天堂, 至尊無上, 則盈充之義不成, 若謂徧一切處, 則至尊之體不立.”

61) 같은 곳, “然則天主有方隅也, 有分劑也, 原非徧一切也.”

직접 덮어주고(覆) 실어주며(載) 내려와 비추어주고(照臨) 낳고 길러주
며(生育) 가르쳐 깨우쳐주고(敎誨) 상벌을 내리는 것(賞罰)이 옳다.…천
지·일월·귀신이 진실로 '천주'가 만들어서 사람을 덮어주고 실어주
며 비쳐주고 보호해주는 것이라면 또한 절하고 제사하기를 금하는 것
은 이상하지 않은가?"[62]라고 하여, 천주만이 주재하는 것이 아님을 지
적하고, 또 천지·일월·귀신을 숭배하여 제사하는 것을 금하는 천주
교의 태도가 모순된 것이라 비판하고 있다.

또한 천주교에서는 천지·만물이 스스로 이루어진 것이 아니라 '천
주'가 창조했음을 증명하기 위하여, 물건이나 건물은 만든 장인(工匠)이
있는 것에 비유하였다. 이에대해 지욱은 "장인이 방이나 집을 만들었
다고 방이나 집의 주인이 될 수 없는데, 저 천지를 만든 자는 어찌 천
지의 주인이 될 수 있겠는가?"[63]라고 하여, 제작자와 주재자는 별개의
존재임을 강조함으로서, 장인의 비유로 제작자(창조주)임을 설명할 수
있지만 동시에 주재자임을 설명할 수 없음을 강조하였다. 이와더불어
천주교에서 '천주'가 천지·일월·성신의 주재자임을 증명하기 위하
여, 강을 건는 배에 사공(舵工)이 있는 것에 비유하였다. 이에대해 지욱
은 같은 논리로 "배를 조종하는 자는 반드시 배를 만든자는 아닌데, 하
늘의 한 주재자(一主)가 아울러 제작하고 운행하는 것이 옳겠는가?"[64]
라고 하여, 주재자는 동시에 창조주가 될 수 없음을 강조하고 있다.

천주교에서 "오직 '천주'는 시작도 없고 끝도 없으며, 만물을 시작하

---

62) 같은 곳, "若天主果有全能也, 則直以天主覆載·照臨·生育·敎誨·賞罰之而可
矣,…天地·日月·鬼神, 固天主所造以覆載照護人者, 而亦禁其拜祭, 不亦異乎."
63) 같은 곳, "工匠成房屋, 不能爲房屋主, 彼成天地者, 又烏能爲天地主乎."
64) 같은 곳, "操舟者, 必非造舟人也, 謂天惟一主, 并造之, 并運行之, 可乎."

고 끝나게 하니, 천주가 없으면 만물도 없다"(惟天主無始無終, 而能始終萬物, 無天主則無物矣)고 언급한데 대해, 유교에서는 "'성'(誠)이 만물의 시작과 끝이 되니, '성'하지 않으면 만물이 없다"(誠者物之終始, 不誠無物.<『中庸』 25>)고 언급한 것과 상응하는 것으로 보았다. 그는 유교에서 '성'(誠)이란 하늘로부터 받은 성품과 인간이 실행하는 수양이 둘이 아니고(性修不二) 하늘과 인간이 하나로 합하는 것(天人合一)임을 지적하면서, "만약 반드시 하나의 '천주'만 세워서 지극히 영명하고 지극히 신성하여 할 수 없는 것이 없으며, 위엄과 권세가 둘도 없는 것이라 하면, (천지·만물의) 조화와 양육에 결코 수고로움과 보좌함이 없으며 (인간도) 결코 참여할 수 없다면 어찌 이치라 하겠는가?"[65]라고 비판하였다. 그것은 『중용』(22장)에서 인간이 지성(至誠)하면 "천지가 조화하고 양육함을 도울 수 있고, 천지와 더불어 셋이 된다"(可以贊天地之化育, 則可以與天地參矣)는 삼재(三才: 天·地·人)의 상응구조 속에 우주의 조화·생성을 이해하는 세계관에 근거하여, '천주'만이 홀로 조화(造化)와 주재를 한다고 말하는 것은 이치에 맞지 않는 것이라 지적한 것이다.

'천주'가 마귀의 두목인 루시퍼(Lucifer, 露際弗爾)[66]를 창조하고 큰 능력을 주었다는 사실에 대해, "만약 그 요구를 모르고서 교만함을 일으켰는데 능력을 주었다면 지혜롭지 못한 것이요, 만약 그 요구를 알면서도 교만함을 일으켰는데 능력을 주었다면 어질지 못한 것이다"[67]라

---

65) 같은 곳, "若必立一天主, 至靈至聖, 無所不能, 威權不二, 則化育決無勞贊, 而天地決不可參, 豈理也哉."
66) 송영배 外譯, 『천주실의』, 서울대출판부, 1999, 191쪽 참조.
67) 「天學初徵」, "若不知其要, 起驕傲而賜之, 是不智也, 若 知其要, 起驕傲而賜之, 是不仁也."

고 하여, '천주'가 사악한 마귀를 창조했다는 것은 지혜롭지 못하거나 어질지 못함을 드러내는 것으로 '천주'라 일컬을 수 없다고 비판하는 것이다. 같은 맥락에서 '천주'가 선을 좋아한다면서 인간의 악한 마음을 낳아주었다는 것도 전능함과 모순된 것이라 보았다.

④ 유교의 태극(太極)·리(理)·천(天)개념과 비교: 지욱은 '천주'를 큰 주재자라 하는데 대해, "('천주'가) 만약 형질이 있다면 ('천주'는) 어디서 생겨난 것이며, 천지가 아직 없을 때에는 어디에 머물었다는 것인가? 만약 형질이 없다면 유교에서 말하는 '태극'이요, '태극'은 본래 '무극'이니 어찌 사랑하고 미워함이 있으며, 어찌 사람이 받들고 명령을 듣기를 요구하며, 어찌 복과 벌을 내려줄 수 있다는 것인가?"[68] 라고 하였다. 그것은 '천주'가 형질이 있는 존재라면 그 형질의 근원을 또 찾아야 하고 천지를 생성하기 이전에 존재하던 공간이 어디인지 설명해야 하는 문제점이 있으며, 또한 '천주'가 형질이 없는 존재라면 유교에서 말하는 '태극'에 해당하는 것으로 생성의 근원이 되겠지만 형체가 있는 개별적 존재이거나 감정과 의지가 있는 인격적 존재이거나 숭배의 대상이 될 수는 없다는 문제점이 있음을 지적하였다. 그것은 성리학적 이기론(理氣論)의 틀에 따라 '천주'가 형질(氣)의 존재인지, 이치(理)의 존재인지 선택하여 대답하도록 요구하고 있는 것이다.

천주교에서 '천주'를 유교경전에서 말하는 '상제'(上帝)와 일치시키는 견해에 대해, 지욱은 유교에서 말하는 '천'(天)개념에 대한 이해가 없는 것이라 비판한다. 곧 그는 유교에서 '천'은 첫째 '바라보아 푸른 하늘'

---

68) 같은 곳, "若有形質, 復從何生, 且未有天地時, 住止何處, 若無形質, 則吾儒所謂太極也, 太極本無極, 云何有愛惡, 云何要人奉事聽候使令, 云何能爲福罰."

(望而蒼蒼之天)이요, 둘째 ‘세간을 통어하며 선을 주장하고 악을 벌하는 하늘’(統御世間主善罰惡之天) 곧 ‘상제’요, 셋째 ‘본래 지니고 있는 영명한 성품’(本有靈明之性)으로 시작과 끝이 없고 생성과 소멸이 없음을 ‘천’이라 이름붙이며, 천지·만물의 본래 근원이 됨을 ‘명’(命)이라 이름붙인다고 세가지로 제시하였다.69) 여기서 그는 ‘천주’란 둘째 ‘세간을 통어하는 하늘’로서 ‘상제’를 가리키는 것으로 보고, “이 ‘천제’(天帝: 上帝)는 세상을 다스리기만 하고 세상을 생성하지는 않는다. 비유하면 제왕이 백성을 다스리기만 하지 백성을 생성하지 않는 것과 같다. 이에 잘못 헤아려 사람과 사물을 생성하는 주인으로 삼으니 큰 오류이다”70)라 하여, ‘천주’를 유교의 ‘상제’와 동일시 한다면 주재자일 수는 있지만 창조주일 수는 없다는 것이다.

또한 그는 셋째 ‘본래 지니고 있는 영명한 성품’ 곧 『중용』에서 말하는 ‘천명’(天命)으로서의 ‘성품’(性)은 ‘푸른 하늘’도 아니고 ‘상제’도 아니라 구별하면서, 그 ‘명’(命)을 타이른다(諄諄)는 ‘명’도 아니요, 부여한다(賦畀)는 뜻으로 해석해서도 안되는 것으로 보고, 유교경전 속에서 일컫는 여러 가지 경우(知天命·中·易·良知·不睹不聞,·獨·心·己·我·誠)를 들고서, ‘성’(性)을 “진정한 천지·만물의 본래 근원이며 실지로 기뻐하거나 노여워함이 없고, 만들어냄이 없고, 상주거나 벌줌도 없고, 소리나 냄새도 없다. 다만 이 천연한 ‘성’의 덕 가운데 법도요, 이·기(理氣)

---

69) 「天學再徵」, “吾儒所謂天者, 有三焉, 一者, 望而蒼蒼之天,…二者, 統御世間主善罰惡之天, 卽詩·易·中庸所稱上帝是也,…三者, 本有靈明之性, 無始無終, 不生不滅, 名之爲天, 此乃天地萬物本原, 名之爲命.”
70) 같은 곳, “此之天帝, 但治世而非生世, 譬如帝王, 但治民而非生民也, 乃謬計爲生人生物之主, 則大謬矣.”

와 체·용(體用)을 다 갖추고 있다. 그러므로 '역(易)에 태극이 있으며, 태극이 양의(兩儀) 등을 낳는다' 하였다"71)고 밝혔다. 이처럼 그는 유교에서 '천'개념을 세가지 유형으로 구분하면서 '성'(性)을 천지·만물의 진정한 근원이요 '태극'이라 하여, '성'을 궁극존재로 인식하는 불교의 유심론적 입장을 분명히 보여주고 있는 것이다.

⑤ '천주'의 강생(降生)과 대속(代贖): 지욱은 유교에서 '하늘은 말을 하지 않는다'(天何言哉<『논어』,陽貨>, 天不言<『맹자』,萬章上>)는 인식에 따라 천주교에서 "옛날에 '천주'가 내려와 '십계'(十戒)를 내려주었다고 말하는 것은 한(漢)·송(宋)시대의 봉선(封禪)이나 천서(天書)와 무엇이 다른가? 세상을 미혹하고 백성을 속임이 이보다 더 심할 수 없다"72)고 하여, 한마디로 거짓된 것이라 비판하였다. 또한 '천주'가 강생할 때에 온갖 기이한 상스러움이 있었다는 것은 불교에서 석가모니의 탄생을 서술할 때의 상스러움과 차이가 없다고 지적하며, '천주'가 강생한 다음에 "본래의 몸이 (천당에) 없다면 천상에 주인이 없는 것이요, 있다면 불교의 진신(眞身)·응신(應身) 이신설(二身說)을 훔쳐간 것이지만 억천만 화신(化身)의 기이한 환상에는 미치지 못했다"73)고 하여, 천주교의 '천주강생설'도 불교의 삼신설(三身說: 法身·報身·化身) 안에서 일부를 취한 것에 불과한 것으로 지적하기도 하였다.

천주교에서 '천주'가 강생할 때 본성의 원체(原體)가 인간의 성체(性

---

71) 같은 곳, "此眞天地萬物本原, 而實無喜怒·無造作·無賞罰·無聲臭, 但此天然性德之中法爾, 具足理氣體用, 故曰, 易有太極, 是生兩儀等."
72) 「天學初徵」, "今言古時天主降下十戒, 則與漢宋之封禪天書何異, 惑世誣民莫此爲甚."
73) 같은 곳, "天主旣降生后, 彼天堂上, 爲有本身, 爲無本身, 若無本身, 則天上無主, 若有本身, 則濫佛氏眞應二身之說, 而又不及千百億化身之奇幻."

體)와 결합한 것이라 하고, 이를 비유하여 복숭아나무 뿌리에 배나무 가지를 접붙였을 때 복숭아나무도 그 본체에 손상이 없다고 하였다. 지운은 이 비유에 대해 "세간의 배는 모두 복숭아가 낳았다고 말하는 것인가? 배가 복숭아에 뿌리를 두어 산다고 어찌 반드시 접붙이기를 기다리겠는가? 접붙이기를 기다려 살겠지만 복숭아는 본래 배를 낳을 수 없다"[74]고 하여, '천주'가 인간의 몸으로서 태어나는 것 자체를 부정하는 것이 아니라 이질적인 두 나무의 접목에 비유하는 것이 적합하지 못함을 비판하고 있다.

지욱은 '천주'가 자신의 몸으로 천하 만세의 죄를 속죄하였다는 '대속'(代贖)의 교리에도 관심을 기울여, '천주'가 지극히 존귀하여 견줄 수 없고, 자애와 위엄이 한량없다면 왜 직접 인간의 죄를 용서하지 않고 자신의 몸으로 속죄해야하는지, 그리고 자신의 몸으로 인간의 죄를 속죄했다면 왜 죄를 짓지 않게 할 수는 없는지[75] 의문을 제기하여 논리적으로 이해할 수 없음을 지적하기도 하였다. 그것은 '천주'가 주재자로서 전능하다는 조건과 자신의 몸을 희생시켜 인간의 죄를 '대속'한다는 것이 서로 충돌하고 있음을 지적한 것이다.

(2) 영혼과 사후세계의 문제: 천주교에서 '혼'을 3품으로 구분하면서 초목의 '생혼'과 금수의 '각혼'은 시작과 끝남이 있다하고, 인간의 '영혼'은 시작은 있지만 끝남이 없다고 구분한데 대해, 오늘의 세상에 어

---

74) 「天學再徵」, "將謂世間之梨, 皆桃所生乎, 梨本桃生, 何鬚待接, 待接方生, 則桃本不能生梨矣."
75) 「天學初徵」, "何不直赦人罪, 而鬚以身贖罪,⋯何以不能使勿造罪."

리석은 사람이 욕심만 추구하는 경우는 금수와 다름이 없고, 금수로서 개의 경우 의리가 있어서 주인을 위해 죽기도 하니 인간과 다름없다는 점을 들어서, 금수의 '각혼'은 끝남이 있고 인간의 '영혼'은 끝남이 없다고 망녕되게 분별한다고 비판하였다.76) 불교의 윤회설은 물론이고, 성리학에서 일부 견해인 인간의 성품과 동물의 성품이 본질적으로 같다는 '인물성동론'(人物性同論)에서 본다면 인간과 동물의 '혼'을 너무 엄격하게 구별하는 것으로 보일 수 있는 것은 당연할 것이다.

천주교에서 인간의 사후존재인 '신'(神: 靈魂)은 형체가 없으므로 천당이나 지옥의 공간이 부족할 수 없다는 주장에 대해, 지욱은 '신'이 형체가 없다는 말은 찬성하지만, "형체가 없으면 왕래도 없고 수로 셀 것도 없고 생멸도 없는데, '영혼'이 '천주'가 만든 것이라 함이 옳겠는가?"77) 라고 하여, '신' 내지 '영혼'이 형체가 없다면 천주가 만들었다는 말이 성립할 수 없다고 비판하였다. 또한 천주교에서 생전에 지은 행위의 선악에 따라 사후에 '영혼'이 천주에게 나아가 심판을 받는다는 주장에 대해, "만약 천주가 형체도 소리도 처소도 없다면, 죽은 자가 장차 어디로 가겠는가"78)라고 의문을 제시하였다. '천주'는 형상도 자리도 없으니 심판을 받으러 갈 곳이 없고, 또 '천주'는 소리도 없으니 심판이 무엇인지 알 수도 없다는 말이다.

지욱은 불교가 '삼천대천화장세계'(三千大千華藏世界)를 일컫는데 아무도 본 사람이 없으니 황당하다는 천주교 쪽의 비판을 그대로 맞받아서,

---

76) 「天學再徵」, "現見世之愚人, 但念飮食淫欲, 他無所知, 與禽獸何異, 現見世有義犬義
　　猴, 舍身殉主, 訴官理究, 與人何異,…豈可妄分一有終一無終耶."
77) 같은 곳, "無形則無往來, 亦無數目, 亦無生滅, 而曰靈魂天主所生, 其可乎哉."
78) 같은 곳, "若天主無形聲處所, 則死者將何所赴."

천주교에서 천당지옥을 일컫는데 누가 보았다는 것인지 반박하였다.[79) 따라서 천주교의 천당지옥이 보이지 않아도 진실한 이치가 있다고 주장하면 마찬가지로 불교의 '삼천대천화장세계'도 진실한 이치가 있음을 변론한다. 천당지옥은 불교와 천주교 양쪽에서 공유하는 것이니, 천당지옥 자체가 실제로 있는지 없는지를 논란하지 않고 있음을 보여준다.

천주교에서는 불교의 '윤회설'을 비판하면서 아무도 전생의 일을 기억하지 못하니 전생이 없다고 단정하는데 대해, 지욱은 "길가는 사람을 붙잡고 처음 태어났을 때의 일을 물으면 아무도 기억하지 못하지만 처음 태어났을 때의 일이 없다고 말할 수 있겠는가?"[80)라고 반문하여, 전생은 기억을 못한다고 해도 없는 것이 아니라 주장한다. 초생(初生)의 일을 기억하지 못하는 것으로 전생의 일을 기억하지 못하는 것에 견주어 말하는 것은 반론의 여지가 커서 논리적인 반박이라 보기는 어려운 것은 사실이다.

(3) 신앙행위의 문제: 지욱은 천주교에서 임종의 순간에 천주교의 교법을 듣고 회개하는 것이 불교에서 임종때의 십념(十念)과 같고, 천주교에서 '십계'에 의거하는 것이나 불교에서 '십계'에 의거하는 것과 같다는 등, 천주교와 불교 사이에 신앙행위에서 여러 가지 일치점이 많음을 주목하면서, "오로지 천주교가 불교의 교설을 훔쳐가서는 도로

---

79) 「天學初徵」, "彼謂佛氏所稱三千大千華藏世界, 人所不見, 便是荒唐, 今彼所稱天堂地獄, 又誰見之, 其不通者十七也."
80) 「天學再徵」, "執途之人而問以初生時事, 亦無一人能憶之者, 可謂并無初生事乎."

불교를 비난한다"[81]고 비판하였다. 또한 그는 천주교에서 불교와 도교를 비판하여 그 병통을 찾아내니 그들도 심복할 것이라 하고, 사람들에게 재물을 희사하게 하여 음식을 차려 재(齋)를 지내고 소지(燒紙)하는 것을 말한 점은 공로라고 인정하였다.[82] 그만큼 그 자신이 유학자로서 비판하고 있다는 입장을 보여주고 있다. 그러나 여기서 그는 천주교에서도 교인들이 '천주'의 성상을 받들고 제사하는 것이 불교나 도교와 다름이 없는데 천주교의 비난에 심복하지 않을 것임을 지적하였다.

나아가 천주교에서 신선·부처·보살이 사람들로 하여금 자기를 받들어 공경하게 하는 것은 '천주'의 권한에 항거하는 것이라 비난한데 대해, "천지·일월·성신·귀신을 모두 응당 받들어 섬기니, 오로지 자기를 받들어 섬기는 것이 아니다. 예수는 사람들로 하여금 하나의 '주'(一主)만 오로지 섬기게 하고 천지·일월 등에는 절하거나 제사를 드리지 못하게 하니, 그 이익을 독차지하고 질투함이 더욱 심한 것이 아닌가?"[83]라고 하여, 천주교에서 '천주'이외의 '신'에게 절하거나 제사드리지 못하게 하는 것은 불교나 도교와 달리 독점욕과 질투심이 심한 것이라 비판하였다.

지욱은 주굉의 비판단계보다 천주교에 대한 지식이 훨씬 넓어진 단계에 와 있음을 보여주며, 무엇보다 자신이 불교승려이지만 유학자의

---

81) 「天學初徵」, "全偸佛氏之說, 而又非之."
82) 같은 곳, "汝旣要攻釋道兩家, 鬚搜其病根, 彼方心服, 若謂要人施舍些錢財, 備辦些齋飯, 燒化些紙張, 便是功果."
83) 「天學再徵」, "天地日月星辰鬼神皆應奉事, 則非專奉自己也, 耶穌乃令人專奉一主, 不得拜祭天地日月等, 其專利嫉妒不尤甚乎."

입장에 서서 비록 불교에 친밀한 입장을 드러내고 있지만 제삼자의 보다 객관적이고 논리적 비판을 시도하여, 한편으로 불교와 천주교가 직접 맞붙어 싸우는 모습도 피하면서 다른 한편으로 비판의 객관성과 논리적 설득력을 높이려 시도하고 있는 점이 중요한 특징으로 확인될 수 있다.

6. 명말 불교-천주교 교리논쟁의 의미

명나라 말기 불교-천주교 사이에 전개된 교리논변의 양상과 쟁점을 이해한다는 것은 동아시아에서 천주교가 전래된 초기에 유교-천주교 사이에 벌어졌던 교류와 갈등을 이해하는 범위에서 한걸음 나아가 불교-천주교 사이의 갈등이라는 또 하나의 시야를 열어줄 수 있다는 점에서 중요한 의미가 있다. 특히 마테오 리치의 『천주실의』를 중심으로 유교를 보완하고 불교를 바꿔놓겠다는 '보유역불'(補儒易佛)의 천주교 선교정책에 따라 천주교의 불교비판론이 강경하게 제기되었을 때 유교 쪽에서 반론하기에 앞서 불교 쪽에서 천주교 쪽의 비판에 대한 반박이 일어나면서 명나라 말기에 중요한 사상사의 쟁점으로 등장하였다. 더구나 조선사회에서는 유교 쪽의 천주교 비판이 있을 뿐 불교 쪽의 반론이 일어나지 않았던 상황에서 조선사회의 사상적 체질과 사상사적 양상을 엿볼 수 있는 점에서도 의미있는 일이다.

명나라 말기에 불교-천주교 사이에 격렬한 논쟁이 벌어지면서 많은 인물들의 많은 저술이 제시되었지만, 큰 줄기를 보자면 천주교 쪽의 불교비판 내용은『천주실의』가 발단이 되었다고 할 수 있으며, 주굉의 「천설」(4편)이 이에 대응하는 불교쪽 반론의 성격을 분명히 밝혀주고 있다. 또한 저자를 분명히 확인할 수는 없지만『변학유독』은 주굉의 「천설」에 조목별로 재반박을 하고 나선 천주교쪽의 문헌이었고, 초기에 이루어진 불교쪽의 많은 천주교비판은『벽사집』(聖朝闢邪集)에 수집되어 있다. 명말의 마지막 단계로 지욱의 「천학초징」·「천학재징」은 한층 더 정밀한 이론으로 천주교를 비판한 것이요, 더구나 지욱이 종시성(鍾始聲)이라는 속명으로 유학자의 입장을 취하여 유교-천주교 논쟁의 형식으로 천주교의 불교비판에 대해 반박하였다는 사실에서 매우 독특하고 중요한 의미가 있는 것이다.

불교 쪽에서 천주교비판에 나섰던 인물과 관련 저술이 상당수 있지만, 주굉과 지욱은 명말불교계에서 '4대사'(四大師)로 꼽히는 이 시대 불교계의 대표적 얼굴이었던 만큼, 이들의 비판이 불교계 안에서 차지하는 비중이 가장 크다고 볼 수 있다. 천주교 쪽에서 불교를 비판하고 불교 쪽의 비판에 재반박하였던 문헌도 매우 많지만,『천주실의』는 그 단초를 열어주고 엄청난 영향력을 발휘하였다는 사실 뿐만 아니라, 중국사회에 천주교교리의 전반적 체계를 전달하는 과정에서 불교비판에 초점을 맞추었다는 점에서 중요하다. 또한『변학유독』에 수록된 「리선생복연지대화상죽창천설사단」(利先生復蓮池大和尚竹窓天說四端)은 마테오 리치의 사후에 마테오 리치의 이름으로 주굉의 「천설」에 대해 조목별로 재반박한 직접적 논쟁의 저작이라는 점에서 대표적 비중을 지니고 있는 것이다. 많은 관련저작과 인물들을 제외하고 이 네가지 문헌

을 드러냄으로써, 논쟁의 초점을 보다 분명하게 드러내고자 의도한 것
이다.

천주교와 불교가 중국에서 만났을 때, 그 핵심의 쟁점들은 천주교교
리의 체계에 따라 제기되고, 이에 따라 반박과 재반박이 지속되어 왔
다. 그 핵심의 쟁점은 (1)'천주'의 존재문제, (2)'영혼'과 사후세계의 문
제, (3)신앙행위와 관련된 문제로 집약해볼 수 있다. 논쟁의 진행과정
에서 보면 리치의『천주실의』나 주굉의「천설」에서는 (2)'영혼'과 사후
세계의 문제에 가장 큰 비중과 관심을 두고 비판과 재비판이 일어났다.
이에 비해 지욱의「천학초징」·「천학재징」에는 (1)'천주'의 존재문제
와 관련된 천주교 교리 비판에 집중되고 있는 사실이 불교-천주교 논
쟁의 중요한 특징의 하나로 드러난다. 인간의 사생관에 따른 사후세계
의 문제가 대중신앙의 중심에 가장 크게 자리잡고 있는 것이기에 처음
에 가장 큰 관심과 논란의 대상이 되었던 것이다. 더구나 불교와 천주
교가 '천당·지옥'을 제시하고 있는 점에서 공통성을 보여주니, 차별화
를 시킴으로써 자신의 정체성을 확보하려는 것이 천주교 쪽의 문제의
식이었던 것으로 보인다. 이에 비해 궁극적 존재로서 '천주'의 존재문
제에 대한 논쟁으로 관심의 초점이 전환된 것은 논쟁이 심화되면서 두
종교 사이에 근본적 출발점을 재점검 할 필요가 제기되었던 것이라 하
겠다. 근본적 문제에 진실성과 허위가 확인되면 나머지 문제는 따라서
보다 쉽게 해결될 수 있다는 인식의 심화가 이루어졌음을 보여주는 것
이다.

명말의 중국사회가 유교를 통치원리로 삼고 있는 만큼, 불교가 오랜
세월 유불조화론의 입장을 계발해왔던 것이요, 예수회 선교사들이 처

음부터 유교에 적응하는 '보유론'의 선교정책을 채택하였던 것이다. 바로 이 점에서 불교-천주교 사이의 논쟁에서 공통적으로 양쪽이 모두 자신의 정당성을 유교경전에서 끌어들이고 있는 사실을 볼 수 있다. 그렇다면 이 시대 불교-천주교 사이의 논쟁도 서로의 차별성과 대립을 전제로 전개되었던 것이므로, 상호이해의 여지가 그만큼 결핍되었던 것이 사실이다. 불교 쪽에서는 천주교가 불교 사이에 공통점이 있는데 천주교가 불교를 비판하는 것이 부당하다고 반박하는 태도를 보여준다면, 천주교 쪽에서는 같은 것으로 보이는 점 속에서 그 근원에 차이점을 강조하고 부각시키는데 강한 집착을 드러내고 있다. 바로 이러한 적대적 대립의 논쟁은 서로에 대한 입장이 배타성에서 포용성으로 전환하면 전혀 다른 토론으로 전개될 수 있는 길을 내포한 것이다. 논쟁과정에서 무리하고 편협한 자기중심의 논리가 성찰된다면 바로 상호이해의 포용적 시야를 열어줄 수 있을 것으로 보인다.

── 참고문헌 ────────────────────

유교관련

金富軾: 『三國史記』　　/『朝鮮王朝實錄』

朱熹 : 『朱子語類』　　/蔡沈 : 『書集傳』

鄭道傳: 『三峰集』　　/李滉 : 『退溪全書』　　　/李珥 : 『栗谷全書』

李瀷 : 『星湖全書』　　/李瀷 : 『星湖僿說』　　　/柳致明: 『定齋集』

丁若鏞: 『與猶堂全書』/成海應: 『研經齋全集』　/宋穉圭: 『剛齋集』

南公轍: 『金陵集』　　/吳熙常: 『老洲集』　　　/李恒老: 『華西集』

金平默: 『重菴集』　　/柳重敎: 『省齋集』　　　/崔益鉉: 『勉庵集』

宋秉璿: 『淵齋集』　　/柳麟錫: 『毅菴集』　　　/李源祚: 『凝窩全書』

李震相: 『寒洲集』　　/李震相: 『理學綜要』　　/張福樞: 『四未軒集』

許傳 : 『許傳全集』　　/朴世堂: 『南華經註解刪補』/韓元震: 『莊子辨解』

불교관련

己和 : 『顯正論』·『涵虛堂得通和尙語錄』·『金剛經五家解說誼』

未詳 : 『儒釋質疑論』

金時習: 『梅月堂集』

普雨 : 『懶庵雜著』·『虛應堂集』

休靜 : 『淸虛集』·『三家龜鑑』·『禪家龜鑑』

夏瑰琦 編, 『聖朝破邪集』, 香港, 建道神學院, 1996.

『闢邪集』

허남진외 편,『한국철학사상연구자료집』(서울대학교 철학사상연구, 미간행본).

박해당: 「『顯正論』과 『儒釋質疑論』의 삼교론」,『불교학연구』10, 불교학연
　　　구회, 2005.

천주교관련

愼後聃: 『河濱全集』　　/安鼎福: 『順菴集』　　/洪正河: 『四編證疑』

李晩采:『闢衛編』／崔濟愚:『龍潭遺詞』／『辯學遺牘』(『天學初函』 제2책)

송영배外譯:『천주실의』, 서울대출판부, 1999

徐宗澤:『明淸間耶穌會士譯著提要』, 臺北, 1958

鄭安德,『天主敎和佛敎的護敎辯論』(1997, 北京大 博士論文)

Ch. Dallet:『한국천주교회사』, 안응렬·최석우譯, 한국교회사연구소, 1980,

금장태:『華西학파의 철학과 시대의식』, 2001, 태학사

______:『한국유학의 心說: 심성론과 영혼론의 쟁점』, 2002, 서울대출판부

송영배,『동서철학의 교섭과 동서양 사유방식의 차이』, 논형, 2004,

최기복:「朝鮮朝에 있어서 天主敎의 廢祭毀主와 儒敎祭祀의 根本意味」,

　　　　『崔奭祐神父華甲紀念 韓國敎會史論叢』, 1982.

______:「윤지충·권상연과 조상제사문제』,

　　　　『윤지충·권상연과 전동성당』, 천주교 전동성당, 1991.

柳光烈편:『抗日宣言·倡義文集』, 서문당, 1975

서명색인

■ 저자약력 ■

금장태琴章泰

1943년 부산생
서울대 종교학과 졸업
성균관대 대학원 동양철학과 수료(철학박사)
현 서울대 종교학과 명예교수
주요 저술『퇴계의 삶과 철학』,『다산실학탐구』,『한국유학의 心說』,
　　　　『조선후기의 儒敎와 西學』,『한국유학의 老子이해』,
　　　　『불교의 유교경전 해석』,『조선유학의 주역사상』,
　　　　『비판과 포용—한국실학의 정신』(2009문화관광부 우수학술도서선정),
　　　　『비움과 밝음—동양고전의 지혜』,
　　　　『鬼神과 祭祀—유교의 종교적 세계』,
　　　　『임계유의 老子 풀어읽기釋讀』(공저),
　　　　『시경—한시와 도』 외

한국유교와 타종교

초판인쇄　2010년 7월 23일
초판발행　2010년 8월 11일

저　　자　금장태
발 행 처　박문사
등록번호　제2009-11호

우편주소　132-702 서울시 도봉구 창동 624-1 현대홈시티 102-1206
대표전화　(02) 992-3253(대)
전　　송　(02) 991-1285
홈페이지　www.jncbms.co.kr
전자우편　bakmunsa@hanmail.net

ⓒ 금장태 2010 All rights reserved. Printed in KOREA

ISBN 978-89-94024-36-3　93210　　　　　　　　　　**정가** 23,000원